KB063350

알프 뤼트케의 일상사 연구와 '아집'
― 직선을 벗어나 구불구불 가기

알프 뤼트케의 일상사 연구와 '아집' – 직선을 벗어나 구불구불 가기

초판 1쇄 인쇄 2020년 10월 15일
초판 1쇄 발행 2020년 10월 22일

지은이 알프 뤼트케
옮긴이 송충기
엮은이 이유재
펴낸이 정순구
책임편집 정윤경
기획편집 조원식 조수정
마케팅 황주영

출력 블루엔
용지 한서지업사
인쇄 한영문화사
제본 한영제책사

펴낸곳 (주) 역사비평사
등록 제300-2007-139호 (2007.9.20)
주소 10497 : 경기도 고양시 덕양구 화중로 100(비전타워21) 506호
전화 02-741-6123~5
팩스 02-741-6126
홈페이지 www.yukbi.com
이메일 yukbi88@naver.com

ISBN 978-89-7696-437-3 93920

책값은 표지 뒷면에 표시되어 있습니다.
잘못 만들어진 책은 구입하신 서점에서 바꾸어 드립니다.

알프 뤼트케의 일상사 연구와 '아집' EIGEN-SINN

직선을 벗어나 구불구불 가기

알프 뤼트케 지음
송충기 옮김
이유재 엮음

역사비평사

차례

독일 일상사 연구와 알프 뤼트케의 삶

이 책은 독일 일상사가로서 세계 역사학계에 큰 영향을 끼친 알프 뤼트케(Alf Lüdtke, 1943~2019)의 논문을 선별하여 모은 것이다. 알프 뤼트케는 1970년대 이후 아래로부터 역사, 노동자 역사, 20세기 독재와 국가폭력, 물리적 폭력, 기억과 과거사 청산, 역사 속 사진과 그림, 감정 등을 연구하면서 권력에 비판적인 여러 행위를 분석하고 이를 일상사로 지칭하면서 역사학의 방법론과 이론을 발전시킨 역사학자다. 그의 연구성과는 한국에서도 많은 관심을 받았다. 그래서 2000년대부터 한국과 잦은 교류가 있었고, 그의 말년에는 한국 역사학계와의 정기적인 만남이 활동에서 큰 비중을 차지하기도 하였다. 그러면서 한국 일간지에도 그의 연구가 자주 소개되었고, 글도 몇 편 번역되었다.[01]

---

01 그간 한국에 소개된 뤼트케의 논문들은 다음과 같다. 「일상생활의 역사서술─사사로운 것과 정치적인 것」, 『문화와 이데올로기와 정치─에릭 홉스봄 기념논문집』, 청계연구소, 1987; 「일상사란 무엇이며, 누가 이끌어 가는가?」, 「'붉은 열정'이 어디 있었던가?」, 「알프 뤼트케 교수와의 인터뷰」, 이상 『일상사란 무엇인가』, 청년사, 2002; 「육체적 폭력, 근대의 한 지속성」(토마스 린덴베르거와 공저), 「'육체적 폭력' 연구에 대한 제언, 그후 10년」, 이상 『트랜스토리아』, 4호, 2004; 「일상사─중간보고」, 이상록·이유재 외, 『일상사로 보는 한국 근현대사─한국과 독일 일상사의 새로운 만남』, 책과함께, 2006; 「꾸불꾸불 가기─개념의 과잉을 넘어 연구의 방향을 틀자」, 임지현·김용우 엮음, 『대중독재』, 책세상, 2007; 「남성의 몸─단련된 근육 또는

그럼에도 불구하고 그의 역사서술을 전반적으로 접하고 이해하기에는 여전히 부족하다. 특히 일상사에 대한 단순한 이론적인 접근이 아니라 일상사를 서술하는 구체적인 방법에 다가가지 못하는 아쉬움이 아주 컸다. 또한 한국 독자의 경우 독일사에 대한 낯섦 때문에 그의 독특한 서술방식이 어렵게 느껴지기도 했다. 그래서 그동안 한국에 일상사를 알리는 데 가교 역할을 해왔던 편자로서는 이 두 가지 측면을 염두에 두고 이 책을 엮게 되었다.

알프 뤼트케의 생애

알프 뤼트케는 1943년 10월 18일 독일 동부의 도시 드레스덴에서 태어났다. 제2차 세계대전 막바지인 1945년 2월 영국공군의 전략폭격으로 고향 도시가 초토화되자, 뤼트케의 어머니는 어린 알프를 데리고 1946년 이제는 서독 지역에 속하게 된 오스트프리스란트 레어(Leer)로 이주했다. 그곳에서는 전쟁 전부터 뤼트케의 아버지가 김나지움 고전어 교사로 재직하고 있었다. 레어에서 김나지움을 졸업하고 군 복무까지 마친 뤼트케는 1965년부터 국비장학생으로 튀빙겐대학교에서 역사학, 정치학, 사회학, 철학을 공부하였다.

튀빙겐 학창시절에 그는 저명한 철학자 에른스트 블로크(Ernst Bloch)와 사회학자 랄프 다렌도르프(Ralf Dahrendorf)의 수업을 인상 깊게 들었고, 독일 현대사의 창시자로 불리는 한스 로트펠스(Hans Rothfels)의 조교로 일하기도 했다. 하지만 1960년대 후반 전 유럽을 휩쓴 학생운동의 파도가 튀빙겐대학교에 밀어

술배? 나치즘의 '최고 인종'에서 동독의 지배계급까지」, 임지현·염운옥 엮음, 『대중독재와 여성』, 책세상, 2010.

닥치자, 뤼트케는 이에 적극 참여하여 학생회를 이끌고 학생들의 자율적 세미나를 조직하면서 파시즘을 공부하기 시작했다. 학창시절에 이미 신마르크스주의 잡지 『다스 아르구멘트(Das Argument)』에 논문을 기고했고, 『교육과 학술을 위한 사회과학 정보(SoWi: Sozialwissenschaftliche Informationen für Unterricht und Studium)』라는 잡지를 창간했다. 이 잡지는 2000년대 폐간될 때까지 오랫동안 대학의 학술연구와 중등학교 역사/사회 교사 사이를 연결해주는 중요한 역할을 했다. 편집장이었던 뤼트케는 학계에서 아직 제대로 연구되지 않은 주제를 찾아 새로운 문제를 제기하면서 이것을 적절하게 교육과 연계하는 방식을 제시하고, 젊은 학자들에게 처음으로 글을 쓸 기회를 제공했다. 그가 이때 찾아낸 주제는 경찰, 원산업화(Proto-industrialization), 저항, 유년기, 아동노동, 난민, 환경, 경계, 스캔들, 유언비어, 미디어 등 다양했다.

알프 뤼트케는 대학교에 입학한 1965년 헬가 뮐러를 만나 3년 후에 그와 결혼하였다. 1972년 딸이 태어나자 그는 당시 공식적으로 존재하지도 않았던 육아휴직을 1년간 내고 부인이 정치학과 도서관 사서로서 일할 수 있도록 도왔다. 이후에도 취직할 때까지 그는 계속해서 가정과 학문 두 가지를 병행했다. 그는 1974년 석사학위를 취득한 후 이력서에 늘 1년간의 육아휴직을 기재했는데, 이는 당시에 매우 드문 일이었다. 알프 뤼트케는 몇십 년 앞서 변화하는 남성상을 기꺼이 실천하고 보여주었다. 부인 헬가는 말년에 투병으로 고생하는 남편을 끝까지 지원하고 보살폈다.

1975년 그는 빌레펠트대학 위르겐 코카(Jürgen Kocka) 교수와 괴팅겐 막스플랑크 역사연구소(Max-Planck-Instituts für Geschichte) 루돌프 피어하우스(Rudolf Vierhaus) 소장에게서 동시에 연구원 자리를 제안 받았다. 뤼트케는 사회사의 중심으로 자리 잡은 빌레펠트대학이 아니라 막스플랑크 연구소를 택하였고, 여기서 이미 원산업화를 미시사적으로 연구해오던 한스 메딕(Hans Medick), 페터 크리트케(Peter Kriedte), 위르겐 슐룸봄(Jürgen Schlumbohm) 등을 만나 혁신적인 연구를 진행시킬 수 있었다. 한스 메딕과 그는 1976/77년에 빌레펠트학파의 사회사에서 제시한 근대화 이론과 그에 포함된 유럽중심주의적 접근방식을 처음으로 비판하였다.

정년을 맞은 2008년까지 알프 뤼트케는 막스플랑크 역사연구소에 소속되어 있었고, 여기서 일상사라는 역사학의 새로운 흐름을 열었다. 19세기 초반의 프로이센 경찰을 연구한 박사학위논문이 1980년 콘스탄츠대학에서 통과되었고, 이어 19~20세기 공장노동자에 대한 연구를 진행하여 1988년에 하노버대학에서 교수자격논문(Habilitation)이 통과되었다. 그 후 하노버대학 역사학과에서 1999년까지 강의했고, 1995년에는 동 대학에서 교수 직함을 얻었다.

이때 이미 세계적으로 명성을 얻었음에도 당시 독일 대학 가운데 그를 정교수로 채용한 학교가 한 곳도 없었다는 것은 상당한 아이러니이다. 그는 미국 프린스턴대학교, 시카고대학교, 미시건대학교, 이스라엘 히브리대학교 등여러 곳에 초빙되면서 국제적인 명성을 이어갔다. 그는 비주류의 주류로서그가 연구한 다수와 많이 닮아 있었다. 독일이 통일된 후 동독 지역에 에어푸르트대학 역사학과가 다시 문을 열자, 그는 막스플랑크 역사연구소에서 한스 메딕과 함께 이곳에 파견되어 역사인류학연구소의 둥지를 틀었다. 그 후뤼트케는 동독사라는 새로운 연구영역을 개척했고,[02] 본격적으로 후학 양성에 집중할 수 있었다. 2008년 정년을 맞은 후 에어푸르트대학 역사학과 명예교수가 되었다.

정년과 함께 뤼트케는 한국과 체계적인 교류를 할 기회를 얻었다. 2008년

---

02 Alf Lüdtke, Peter Becker ed., *Akten. Eingaben. Schaufenster. Die DDR und ihre Texte. Erkundungen zu Herrschaft und Alltag*, Berlin, 1997; Alf Lüdtke, Karin Hartewig ed., *Die DDR im Bild. Zum Gebrauch der Fotografie im anderen deutschen Staat*, Göttingen, 2004; Alf Lüdtke et al, *AUSNAHMEZUSTAND: Der 17. Juni 1953 in Erfurt*, Erfurt, 2004.

부터 2013년까지 5년 동안 WCU 프로그램으로 한양대학교 비교역사문화연구소 임지현 소장의 초청을 받아 한국에서 정기적으로 강의를 하고 대중독재 프로젝트에 참여했다.[03] 프로그램이 끝난 이후 2014년부터 작년 사망할 때까지 베를린 훔볼트대학의 '지구적 시각으로 본 노동과 생애 re:work' 국제연구센터의 객원연구원으로 일하게 되었다. 바로 이곳에서 2018년 가을에 동료와 제자들과 함께 뜻 깊은 75세 기념 학술 심포지엄을 가졌다. 이때 그는 이미 거의 시력을 잃은 상태였다.

이 학술 심포지엄의 마지막을 장식한 것은 알프 뤼트케와 위르겐 코카의 '벽난로 앞의 대화'였다. 독일 일상사와 사회사를 대표하는 두 거장이 1980년대 왜 그렇게 서로 치열하게 싸워야 했는지 회고하고 반성하는 아주 인상적인 장면이었다. 앞으로의 전망을 이야기할 때 뤼트케는 본인의 한국 경험을 많이 언급하였고, 코카는 "그래서 우리는 한국에서 배울 것이 많다"고 말했다. 이 대화에서 뤼트케는 한국에서 받은 아주 강한 인상과 자극, 그리고 더 깊은 연구에 대한 희망을 내비쳤다. 하지만 아쉽게도 그는 몇 달 뒤 2019년 1월 29일에 아직 마무리하지 못한 숱한 연구를 남겨두고 세상을 떠났다.

일상사란 무엇인가

학생운동에 참여하면서 파시즘에 대한 문제의식이 쌓이자, 뤼트케는 그 근원을 찾아 나서면서 19~20세기의 역사를 본격적으로 공부하게 되었다. 그가 19세기 초 프로이센 경찰에 대해 박사논문을 쓰게 된 것도 국가의 폭력성

---

03 Alf Lüdtke ed., *Everyday Life in Mass Dictatorship. Collusion and Evasion*, London, 2016.

에 대한 관심 때문이었다. 그는 국가가 어떻게 행정과 무장조직인 경찰을 통해 공공의 영역에서 자신을 표상화하는지 파고들면서, 특히 경찰의 폭력 가능성이 어떻게 '좋은 질서'를 회구하는 하위주체의 욕구와 맞물렸는지 밝혔다. 말하자면 뤼트케는 경찰조직과 같은 관료제가 상명하달식의 작동방식에서가 아니라 아래로부터 나오는 경찰의 행위로 이루어졌다는 결론에 도달했다.[04] 이처럼 뤼트케가 19세기 프로이센 연구에 새로운 전환점을 제공한 것은 바로 지배가 아래에서 이루어지는 실천을 바탕으로 한다는 점을 밝혀내면서였다. 이 연구성과로 인해 19세기와 20세기 경찰에 대한 역사서술은 신체에 대한 일상적 국가폭력에 바탕을 둔 분야로 나아갔다. 지배행위로서 국가폭력과 물리적 폭력은 이후 뤼트케의 역사연구에서 한 축을 이루게 된다.[05]

국가폭력에 대한 박사논문이 종결되기 전에 뤼트케는 벌써 두 번째 연구영역인 노동사에 관심을 기울이고 있었다. 그는 1978년에 처음으로 산업노동자의 일상현실에 대한 글을 발표하였다. 이 글에서 뤼트케는 공산당 지도부나 노동운동 지도부의 기대에 어긋난 아래로부터의 노동자들의 행위에 주목했다. 그는 이 시기에 '일상'이라는 개념과 함께 행위자 중심의 시각과 실천과 물질성을 중요시하는 방법론을 만들어 나갔다. 그러면서 근대화 이론을 바탕으로 구조와 과정을 중요시하는 빌레펠트대학교 역사학과(1973년 설립), 소위 '빌레펠트학파'의 사회사와 마찰이 생기기 시작하였다.

괴팅겐과 빌레펠트, 두 집단 모두 민족사를 거부하고 정치사를 멀리하며

---

04 Alf Lüdtke, *"Gemeinwohl", Polizei und "Festungspraxis". Innere Verwaltung und staatliche Gewaltsamkeit in Preußen, 1815–50*, Göttingen, 1982(영어판 *Police and State in Prussia, 1815–50*, Cambridge, 1989).

05 Alf Lüdtke, Thomas Lindenberger ed., *Physische Gewalt. Studien zur Geschichte der Neuzeit*, Frankfurt a.M., 1995; Alf Lüdtke, Bernd Weisbrod ed., *No Man's Land of Violence. Extreme Wars in the 20th Century*, Göttingen, 2006; Alf Lüdtke, Michael Wildt ed., *Staats-Gewalt: Ausnahmezustand und Sicherheitsregimes. Historische Perspektiven*, Göttingen, 2008; Alf Lüdtke, Herbert Reinke, Michael Sturm ed., *Polizei, Staat, Gewalt. Vergleichende Perspektiven zum 19. und 20. Jahrhundert*, Wiesbaden, 2011.

서민과 노동자에 관심을 기울였고, 때문에 보수적 역사주의자들에 반하는 진보적 역사학자들이었는데, 정작 싸움은 이 두 진영 사이에서 더 치열했다. 사회사는 근대화와 계몽의 프로젝트라는 깃발을 내세운 반면, 일상사와 미시사는 근대화에 대한 비판과 유럽 계몽주의에 대한 회의를 품고 있었기 때문이다. 두 진영 사이의 투쟁은 학술 내적인 이유도 있었지만 학술 외적인 정치적 흐름과도 관련이 있었다. 사회사가 사민당 중심의 진보를 대변한다면 일상사는 녹색당과 1980년대 평화운동과 환경운동의 급진성에 더 가까웠다고 할 수 있을 것이다. 일상사는 학계 내의 흐름이기도 했지만 학계 바깥 대중의 비판적 역사운동과도 관련이 있었던 것이다.

유감스럽게도 일상사와 사회사 두 진영의 논의는 건설적이지 않았고, 결론적으로 학술적 발전에 이바지한 부분은 크지 않았다. 대신 먼저 대학 내에서 자리 잡은 사회사 교수들에 의해 일상사가 학계 내에서 고립되거나 주변화되는 효과를 낳았다. 이는 교수직에 부임하거나 연구 공동체에서 연구 프로젝트를 신청할 때마다 일상사가들이 뼈저리게 느끼곤 했던 것이다. 그래서 독일 일상사는 독일 내에서보다 영미권과 프랑스에서 더 일찍, 그리고 더 많은 인정을 받았다.

뤼트케가 얼마나 정치참여적 성격을 띤 학자이자 동시에 운동가였는가는 1980년대 초 역사공방(Geschichtswerkstatt) 운동에서도 잘 드러난다. 그는 영국과 스웨덴에서 자극을 받아 독일 전역에 우후죽순으로 생겨나던 역사공방을 비판적 역사운동가들과 연결하여 전국적 차원에서 조직할 필요를 느꼈다. 그래서 1982년 11월 학계의 일상사 연구자들과 학계 밖에서 지역적으로 활동하는 비판적 역사운동가들을 괴팅겐 막스플랑크 역사연구소에 초대하여 2박3일 모임을 가졌다. 그 결과 전국적 사단법인인 '역사공방'이 결성되었고, 1984년부터 매년 한 번씩 각 지역 역사공방들이 한곳에 모여 발표, 토론, 전시회 등을 개최하는 역사축제가 조직되었으며, 『역사공방』이라는 잡지가 출간되었다. 뤼트케는 '역사공방'의 초대 회장단에 선출되었고, 동시에 괴팅겐 역사공방의 창립멤버이기도 했다.

1980년대 역사공방 운동은 지역의 보수적인 유지들이 운영하는 향토사에 적극적으로 도전하면서 나치 과거에 대한 비판을 꾸준히 제기했다. 가족과 이웃, 지역의 기업과 기관을 연구대상으로 삼으면서, 오랫동안 침묵했고 숨겨졌고 당연시되었던 과거를 수면 위로 끌어올려 '불편한' 토론을 전개했다. 하지만 비판적으로 검토해보건대, 초기 공방운동은 작은 사람을 영웅화시키고, 그들의 구술을 통해 과거의 진실을 있는 그대로 알 수 있다는 착각을 품고 있었음이 분명하다. 아마추어 역사가의 이런 신념을 전문 역사학계는 역사의 낭만화와 신역사주의로의 길이라고 비난하기도 하였다.

이런 비판에 직면하면서 역사공방은 더욱 전문화될 필요성을 느꼈다. 하지만 이런 통찰이 동시에 내부에 분열을 야기하기도 하였다. 결국 역사공방 잡지의 전문화를 둘러싼 논쟁은 1992년 영국 『역사공방잡지(History Workshop Journal)』를 모델로 삼은 대안적인 전문 역사잡지 『공방역사(WerkstattGeschichte)』가 창간되면서 끝이 났지만, 그 과정에서 전국조직으로서의 사단법인 역사공방도 분열되었다. 뤼트케는 새로운 잡지의 창간멤버로 계속 활동하였으며, 1993년 다시 『역사인류학(Historische Anthropologie)』이라는 학술전문잡지를 공동 창간하기도 하였다. 이 잡지로 인해 학계 내에서 사회 및 문화인류학적 관점이 더욱 입지를 굳힐 수 있었다.

그 과정에서 영국 신마르크스주의에 영향을 받아 아래로부터의 역사로 시작된 일상사는 차츰 인류학의 문제의식과 방법론을 받아들이면서 독일에서는 1990년대 신문화사가 시작하기 전에 이미 그 방향의 선두주자가 되었다.[06] 다만 '언어적 전환'으로 대표되는 구성주의에 대해서 뤼트케는 항상 거리를 두었다. 신체와 물질성과 실천과 행위를 항상 중심에 두는 그의 입장에서는 언어로 환원할 수 없는 영역을 포기할 수 없었다. 대신 처음부터 타자에 대한 관념과 지배와 종속의 관계에서 피지배자의 행위를 탐구한 뤼트케에 의해 일상사는 독일의 탈식민 연구에 아주 중요한 영향을 끼치게 되었다.[07] 그가 보기에 여기서 중요한 사항은 타자의 중첩성과 다의성을 쉽게 단일화하지 않는 것이며, 지배와 '서구'를 등치시키지 않고 구체적인 행위에서 나타나는 다양성을 잘 읽어내는 것이었다. 또한 더 나아가 일상사는 지구사에도 중요한 기여를 할 수 있었다. 왜냐하면 지구사에서는 세계의 동질성이 너무 쉽게 전제되기 때문이다. 지구적 과정을 추상적 수치나 구조에서 살피는 것보다 구체적이고 지역에 기반을 둔 전유의 과정과 연결시켜 행위자의 희망과 불안, 공포와 환상, 그리고 물질적 조건의 변화에까지 시각을 확장할 필요가 있다. 일상사를 지구적으로, 트랜스내셔널하게 연구한다는 것은 바로 이런 가능성을 내포한다.

일상, 매일을 살아내려는 다층적이고 다양한 삶의 형태

알프 뤼트케가 1989년 일상사라는 제목으로 책을 편집했을 때 이미 일상사는 체계적으로 정립되고 전 세계로 알려지기 시작했다.[08] 하지만 독일 내에

---

06 Alf Lüdtke ed., *Herrschaft als soziale Praxis. Historische und sozialanthropologische Studien*, Göttingen, 1991.

07 Alf Lüdtke et al, *Kololonial-Geschichten. Regionale Perspektiven auf ein globales Phänomen*, Frankfurt am Main, 2010.

08 Alf Lüdtke ed., *Alltaggeschichte. Zur Rekonstruktion historischer Erfahrungen und Lebensweisen*, Frankfurt a.M. 1989(프랑스어판 *Histoire du quotidien*, Paris, 1994, 영어판 *History of Everyday Life*, Princeton 1995, 한국어판 『일상사란 무엇인

서도 아직 일상사에 대한 토론이 종결되지는 않았다. 일상사를 접할 때 제일 흔하게 하는 질문은 '일상사에서 일상은 무엇인가'이다. 일상을 장소, 대상 또는 영역으로 정의하려는 노력이 있었다. 반복적인 것, 쳇바퀴 돌리는 리듬, 축제나 일요일과 다른 요일로 보는 경향도 있었다. 일상을 '큰 정치에서 벗어난 사적 공간'으로 간주하기도 하였다. 때로는 근대화가 전체 사회 영역으로 침투하여 인간의 생활을 규정하고 변화시킬 때 일상은 인간이 소외되기 전, 따뜻한 인간성이 보존되는 전통의 보호구역처럼 보였다.[09] 아니면 전 세계적으로 팽창하는 자본의 지배에 마지막으로 저항하는 영역으로 일상을 규정하기도 하였다.[10] 또는 일상은 국가의 식민화에 노출된 고유한 생활세계로서 이해되기도 하였다.[11]

하지만 이런 식의 일상의 정의는 뤼트케가 추구하는 일상사와 거리가 멀다. 뤼트케는 일상을 대상화하지 않는다. 일상사의 일상은 무엇보다 하나의 시각이다. 사람들이 상황을 인지하고 전유하는 다양한 행위들에 초점을 맞추는 연구태도인 것이다. 매일 매일을 살면서 살아남으려는 사람들의 움직임의 다층적이고 다양한 형태를 밝히는 것이 중요하다. 뤼트케는 지배체제나 전체에 대해 손쉽게 질서 구상을 제시하는 것을 회의적으로 보았고, 어떤 거대한 내러티브로 역사를 체계화하기를 거부했다. 일상을 대상화하지 않으니 일상에 접근하는 하나의 방법론이나 이론이 따로 있을 수도 없다. 일상은 다만 복합적인 시점들의 상징으로 기능할 뿐이다.

가』, 청년사, 2002).

09 앙리 르페브르, 『현대세계의 일상성』, 기파랑, 2005.

10 해리 하르투니언, 『역사의 요동—근대성, 문화 그리고 일상생활』, 후마니스트, 2006.

11 위르겐 하버마스, 『의사소통행위 이론』 1, 2, 나남, 2006.

아집, 순수하게 자기 자신을 위하여 구불구불 가기

일상사는 인간의 일상적 행동 전체를 다루는 시각이라고 볼 수 있는데, 뤼트케가 권력관계에서 제일 많이 신경을 써서 개발한 행위 개념은 아집 (Eigensinn)이다.[12] '아집'은 일상용어이고, 그림(Grimm) 형제의 수집에 따르면 16세 기부터 존재하였다. 처음에는 부정적이지도 긍정적이지도 않았고, 중립적 인 내나 자기중심주의로 쓰이기도 하였다. 그렇지만 계몽기를 거치면서 하층민, 여자, 아동의 태도를 지칭하게 되면서 '고집스럽고, 설득되지 않고, 어린이 같 다'는 부정적 의미가 우세해졌다. 합리적 목적과 논리적인 제안을 수용하지 못하는 문제적 사람이 아집이라는 단어와 연결되었다. 결국 그림 형제가 수 집한 이야기에서 막무가내로 고집을 부리는 아이의 상이 아집의 의미로 자 리 잡게 되었는데, 20세기까지는 아집에 대한 이와 같은 상이 내내 지배적이 었다. 이런 아이는 매질이나 태형으로 다루어야 한다는 교육적 입장이 제기 되기도 하였다. 헤겔도 정신현상학에서 아집을 '자기의 의미를 간직한 상태 에서 아직 노예로 머무는 자유'라고 정의 내렸다. 절대정신을 추구한 헤겔은 이런 아집에는 별 관심이 없었다.

하지만 20세기 노동사회학, 교육학, 개인심리학 등에서 아집은 긍정적 의 미로 사용되기 시작했다. 그것은 아집의 개념을 권한부여(Empowerment) 혹은 적 응유연성(Resilience)과 관련시키면서 이루어진 것이다. 역사학에서도 프랑크푸

---

12 최근 뤼트케는 린덴베르거와 함께 폴란드어로 『아집—20세기 일상, 주체성 그리고 사회적 실천』이라 는 책을 편집 출간하면서, 서문(「아집—행위공간과 지배실천」)에서 아집의 개념사를 추적했다. Thomas Lindenberger, Alf Lüdtke, "Eigen-Sinn: Praktyki społeczne i sprawowanie władzy. Wprowadzenie", Eigen-Sinn. Życie codzienne, podmiotowość i sprawowanie władzy w XX wieku [Eigen-Sinn. Alltag, Subjektivität und soziale Praxis im 20. Jahrhundert], 번역: Antoni Górny, Kornelia Kończal, Mirosława Zielińska, Red., Kornelia Kończal, Poznań: Wydawnictwo Nauka i Innowacje 2018, pp. 7~46. 독일어 원본은 다음 링크에서 접할 수 있다. eigensinn.hypotheses.org.

르트 비판이론에 가까운 넥트와 클루게가 쓴 『역사와 아집』이란 책에서 아집은 반자본주의적 전복 태도를 보이는 저항적 성격을 강하게 드러냈다.[13] 뤼트케도 비슷한 시점에 '아집'이라는 용어를 처음 썼는데, 그는 아집을 열린 개념으로 사용했다. 아집은 해방도 아니고 저항도 아니며, 어떤 집단행위로서 계급, 민족, 종교, 성별 등 그 어디에도 귀결될 수 없는 개념이다. 뤼트케는 헤겔의 아집 개념에서 "순수하게 자기 자신을 위해 있다"라는 표현을 매우 중요시하면서 '다층적이고 직접적이고 매개 불가능한 개별 행위자의 실천'을 아집이라고 정의했다. 아집에 따른 행동은 논리정연하지 않고 모순적인 면도 있으면서 가볍고 쉽게 부서질 수 있는 실천들이다. 동기가 뚜렷하지도 않고 결과를 의도하지도 않기 때문에 합목적적 행위나 이해관계나 인과관계가 뚜렷한 행동과는 거리가 멀고, 직선적이고 단선적 발전을 찾기 어렵다. 도리어 구불구불한 나선형의 형태를 띤다. 그렇기 때문에 아집에 따른 행위에서는 가해, 참여, 동의, 회피, 물러나기, 돌파하기, 연대, 거리두기, 저항, 복종 등의 행위 가능성이 동시에 나타나기도 한다. 지배에 저항하는 사람도 항상 저항하는 것이 아니고, 권력에 동참하는 사람도 항상 똑같이 동참하는 것이 아니다. 동참과 저항 사이에 있는 그 많은 가능성이 항상 언제 어디서나 나타날 수 있다. 다만 이 모든 행위는 행위자가 "순수하게 자기 자신을 위해" 있기 때문에 나타나는 것이라고 뤼트케는 설명한다. 여기서 '자기 자신'은 독일 관념론에서 의미하는 자주적인 주체를 말하는 것이 아니다. 뤼트케는 공장노동자의 행위를 연구하면서 이 개념을 처음 사용했는데, 아집은 육체와 감각, 감정과 많이 얽혀 있다. 아집은 노동자들의 뺀질거림, 애매한 행동, 두리뭉실 넘어가는 것, 명확한 입장이 없는 행동들을 관찰하면서 사용되었다. 권력과 지

---

13 Oskar Negt, Alexander Kluge, *Geschichte und Eigensinn*, Frankfurt a.M., 1981.

배에 직접적으로 부딪히며 살아남기 위해서 보이는 모습이란 합리적이고 논리적이고 목적지향적인 행위보다는 이런 모순적이고 다층적인 행위가 아닐까. 뤼트케는 아집을 철저하게 추적하고 역사화하면서 인간의 행위공간이 시시각각으로 얼마나 변하는지 잘 보여준다. 역사적 행위자의 실천은 이렇게 비직선성을 가지고 구불구불 가는 것이라고 생각되어 이 책의 부제도 그렇게 결정했다.[14]

이 책의 구성에 대하여

이 책에 꾸려진 논문들은 뤼트케가 지금까지 쓴 여러 논문 중 한국 학자와 대중에게 그의 핵심 연구분야를 폭넓게 알리면서도 접근하기 쉬운 글을 모은 것이다. 동시에 한국 일상사 연구에 시사점과 자극을 줄 만한 글을 엮은 이가 우선 선별하여 저자와 상의 후 결정했다.

이 책은 전체 4부로 나뉘는데, 1부에서는 동독과 서독에서의 기억, 기념, 그리고 과거극복에 대한 글을 모았다. 이 글들은 한국에서 과거사 청산이 여전히 중요한 논란거리이니만큼 많은 시사점이 있을 것이라고 생각한다. 1장 (헌화와 비석, 모든 전몰자를 위한 것인가)에서 뤼트케는 통일 이전부터 동독 베를린 주변 지역에서 시작된 몇몇 묘지 조성의 과정을 연구하였다. 사회주의 국가로서 나치의 과거와 확실한 선을 긋고 극복하였다고 선언한 동독은 나치독일을 위해 싸우다가 죽은 군인들은 어떻게 추모했는가? 그리고 나치독일을

---

14 알프 뤼트케는 이미 이 말을 자신의 한 논문 제목으로 삼기도 했다. 「꾸불꾸불 가기」, 임지현·김용우 엮음, 『대중독재 3. 일상의 욕망과 미망』, 책세상, 2007.

점령하려다 제일 많은 희생자를 냈던 소련 전몰자를 이제는 우방국이 된 동독에서 동독 사람들은 어떻게 추모하는가? 전장에서 애인을 잃은 여인이 묘지를 관리하고, 군인정신으로 모든 전몰자의 마지막 평화를 위해 이름 모를 시신을 돌보는 것과 공식적인 추모비 이외의 의례 사이에는 배제와 통합, 기억과 망각이라는 이중의 논리가 동시에 작동하고 있다. 뤼트케는 부분적으로 동시대 서독에서의 전몰자 추모를 비교하면서 동독과 차이와 유사성을 지적한다.

2장(과거와의 대면)에서 뤼트케는 서독에서 진행되었던 나치의 과거청산과 그에 대한 논쟁을 매우 상세하게 소개한다. 뉘른베르크 재판에서 나치 전범들을 법정에 세울 때, 독일인들은 소수의 가해자들—악명 높은 정치가와 전쟁의 책임자들—만 정리하면 나치의 끔찍한 범죄 행위와 그에 대한 책임감에서 자유로워질 수 있을 줄 알았다. 하지만 일상사 연구자들은 나치체제가 평범한 일반시민들의 참여와 지지로 지탱되었음을 밝히고, 책임 문제는 그렇게 소홀하게 다뤄선 안 된다는 것을 끊임없이 지적하였다. 그렇다고 해서 모든 독일인의 집단책임을 앞세워 결국 아무도 책임을 지지 않으려는 것이 아니라, 작은 가해자일지라도 자신의 책임을 하나하나 밝히는 것이 중요하다는 것이다. 동시에 가해자가 있으면 피해자도 있는 법이므로, 누가 피해자에 속하고, 보상과 배상은 어떻게 이루어져야 하는가라는 질문은 과거를 극복하는 데 여전히 매우 중요하다.

2부는 근대의 감정과 폭력을 다룬 논문 5편으로 채웠다. 특히 감정사와 폭력사는 한국 역사학계에서 앞으로 많이 토론되고 연구될 주제이기 때문에 시사하는 바가 클 것이다. 3장(밀고—애정에서 우러난 정치?)에서 뤼트케는 밀고와 제보를 통해 일반인이 지배에 동참하는 면을 포착하였다. 그런데 밀고 행위는 단순히 이웃에게 보복하기 위해서, 혹은 국가의 대의에 감동해서 이루어지는 게 아니다. 이 행위의 다의성과 다면성을 동시에 포착해야 하는데, 그 경우 '협력'이라는 감정적 동조를 놓칠 수 없다. 업무에 대한 성실성은 의무를 넘어 창조적 협력으로 이어지고, 애착/열망/감정이 계속적으로 작동했던 것이다.

4장(감정의 힘, 생산력으로서의 '감정')에서 뤼트케는 최근 등장한 감정사에 대해 토론하면서 감정의 자기역동성을 지적한다. 감정은 다양하고 여러 의미를 가지고 있는데, 공포와 즐거움 같은 반대되는 느낌이 동시에 결합하기도 한다. 아집이 직선적 행위를 뜻하지 않는 것처럼 감정도 다층적이고 복합적인 측면을 가지고 있다. 뤼트케는 감정이 언어로 표현되는 이모티브(emotive)가 아니라, 언어로 환원되지 않는 행동과 행동 사이에 존재한다는 점을 강조한다. 결국 대중 스스로 표현하게끔 하는 것을 감정이 보여주기 때문에 감정연구는 일상사에서 그만큼 주목받는다.

한편 이 문제는 7장(국가에 대한 사랑, 권위에 대한 애착)에서 조금 다른 관점에서 설명된다. 즉 대중이 국가를 '아버지 국가'로 명명하면서 아버지에 대한 감정을 국가에 전이시킨다는 것이다. 또한 노동행위를 국가라는 상징적 차원과 연결시켜 독일품질노동에 대한 자부심을 불러일으키기도 한다. 독일 파시즘은 독일품질노동을 존중하고 인정함으로써 그 상품을 생산하는 노동자에게 인정받는 감정을 전달했다. 열정을 가지고 독일품질노동을 지키려는 노력은 나치가 정책적으로 실행한 파괴 작업에 참여하게 하는 결과를 가져왔다.

노동이 갖고 있는 이 파괴적 측면을 뤼트케는 5장(노동으로서의 전쟁—20세기 전쟁에서 군인의 업무)에서 본격적으로 논의한다. 그는 노동과 노동자가 생산과정에서 접하는 업무내용, 숙련, 솜씨, 숙달, 재량권 등을 군인이 전쟁에서 수행하는 '일'과 연관시켜 설명함으로써 노동자인 군인이 파괴를 생산하는 과정을 밝힌다. 사람을 죽이는 것을 '일을 깔끔하게 잘했다'고 표현하는 방식들에서는 분명히 전쟁을 노동과정으로 간주하는 측면이 발견된다. 당연히 노동자와 군인은 확연한 차이를 보이지만, 산업화 과정에 나타난 노동자 만들기가 결국 전쟁에 사용될 군인 만들기로 귀결되었다는 지적은 매우 인상적이다. 한국의 경우 '산업전사'라는 표어가 압축적 근대성을 대표하고 있는데, 한국 같은 후발 산업국가에서는 거꾸로 군인이 노동자가 되는 현상도 존재했다고 볼 수 있다.

6장(20세기 폭력과 일상)에서 뤼트케는 근대에 문명화와 함께 물리적 폭력이 감소하고 결국 사라질 것이라는 테제를 반대한다. 일상적으로 이루어지는 사소해 보이는 구타와 따귀에서 피해자는 육체적 아픔보다도 죽음에 대한 공포를 가질 수 있음을 보여준다. 체제 유지에는 홀로코스트처럼 엄청난 폭력이 필요했던 것이 아니다. 일상적이고 사소한 폭력이 죽음에 대한 공포를 전달하면서 체제가 유지될 수 있었고, 이 사소한 폭력이 또한 홀로코스트처럼 큰 폭력으로 이어졌다. 후자는 전자 없이는 가능하지 않았다.

3부에는 뤼트케 일상사 연구의 출발점이라고 할 수 있는 노동사에 관한 논문 두 편을 모았다. 8장(임금, 휴식, 장난—1900년경 독일 공장노동자의 '아집'과 정치)은 뤼트케가 공장노동자의 행동을 연구하면서 처음으로 '아집'이란 개념을 제시한 논문이다. 19세기 공장에 들어가 공장노동자를 관찰하고 그들의 행동을 서술한 괴레나 브롬메의 글을 보면서, 뤼트케는 노동계급이나 노동운동사로 충분히 설명되지 않는 노동자의 행위를 발견한다. 동료들과의 몸싸움, 몸 장난, 노동시간에 딴짓하기 등을 유지하면서도 동시에 성과급제를 잘 이용하여 월급을 올리고 생활의 질을 높이려는 움직임을 보면, 공장규율, 노동착취, 노동과정에서 노동자는 자기 공간과 시간을 확보하고 재생산의 여지를 마련하려고 했음이 확인된다. 이렇게 하루하루 일상을 보내던 노동자들은 결국 파시즘에 저항하지 않고 동참하게 되는데, 그것을 전반적으로 보여주는 것이 9장(일하는 사람들—일상의 삶과 독일 파시즘)이다. 앞에서 이야기했듯이 독일품질노동, 폭력, 저항 속에서 노동자는 파시즘에 강력하게 저항하는 것도 그렇다고 적극적으로 동참하는 것도 아닌 복잡한 삶의 궤적을 보여준다.

4부는 뤼트케가 정년을 맞이할 때까지 새로운 연구영역으로 삼았던 동독에 대한 연구를 묶었다. 이는 20세기 한반도가 겪은 독재나 북한 연구에도 많은 시사점을 줄 것이다. 10장(역사로서의 동독)에서 뤼트케는 1990년대 동독을 역사연구의 대상으로 끌어올린 다음 동독을 규정하는 여러 주장들을 소개한다. 이때 여러 연구자들의 주된 관심사는 동독체제가 어떻게 이렇게 오랫동안 상대적 안정성을 유지할 수 있었으며 동시에 왜 이렇게 빨리 갑자기 아무도 예측하지 못한 상태에서 몰락했는지에 대한 의문이었다. 뤼트케는 전체주의로 오해되는 것을 피하고자 '완전히 지배된 사회'라는 개념을 쓰면서 동독 일상은 국가의 지배권력이 서구의 산업화된 사회보다 더 관철되었다고 보았다. 그럼에도 불구하고 동독 사람들도 자기만의 공간인 틈새를 만들었고, 자신들에게 주어진 환경을 아집적으로 전유하는 방식을 알고 있었다. 하지만 동독사회의 몰락을 가져온 것은 전후세대와 그 다음 세대 사이의 차이와 합작이었다. 서구의 68세대가 겪었던 세대갈등처럼, 통일 직전에 동독을 탈출한 젊은 세대와 동독에 머물면서 개혁을 외친 전후세대는 서로 다르지만 또한 결합하면서 동독을 무너뜨렸다.

11장('노동영웅', 노동의 수고스러움)에서 뤼트케는 그의 익숙한 노동 주제를 동독으로 연장시킨다. 뤼트케는 동독 초기 1961년까지 품질노동의 가치가 새로운 사회주의 계획경제의 생산기준과 갈등을 벌였음을 잘 보여준다. 생산량의 기준에 대한 불만이 1953년 노동자 봉기로 나타나기도 했지만, 독일품질노동의 가치를 더 이상 추구하지 않는 분위기는 동독이 무너질 때까지 점점 더 확산되었다. 자신의 노동에 자부심을 느끼기보다는 좋은 추가노동을 구하면서 내적 만족을 추구한 동독 노동자들은 결국 주어진 상황을 마지못해 수용했던 것이다.

이 논문집이 나오기까지 인내심을 가지고 지켜봐주고 필요할 때마다 적극 도움을 주고 한국 출판을 위해 후기를 써준 알프 뤼트케 선생님께 깊은 감사의 뜻을 전하고 싶다. 살아생전 이 책을 바치지 못한 것이 아쉬움으로 남는다. 그리고 마지막으로 이 책을 번역해주신 송충기 선생에게 고개 숙여 감사의 뜻을 전한다. 송충기 선생은 2005년 한양대 일상사 워크숍 때부터 통역과 번역자로 모든 과정을 함께해주셨고, 2011/2012년 1년 동안 초빙교수로 튀빙겐대 한국학과에 머물면서 이 책의 기획에 동의해주고 흔쾌히 번역을 맡아주셨다. 뤼트케의 어려운 문체를 번역하는 것이 결코 쉽지 않았을 텐데, 송충기 선생의 도움으로 이렇게 한국 독자들과 만나게 되어 감개무량할 뿐이다. 이 책이 한국 일상사 연구에 조금이라도 도움이 된다면 더할 나위가 없겠다.

2020년 10월

이유재(튀빙겐대학교 한국학과장)

1부

동독과 서독의 과거청산

헌화와 비석, 모든 전몰자를 위한 것인가*
—동독의 추모, 기억, 침묵: 베를린 주변 지역의 사례

공적인, 특히 국가가 거행하는 공식적인 추모식에서 참가자들은 개개인들을 애도한다. 무엇보다 20세기의 대규모 전쟁이 수많은 무명 전몰자를 낳았기에, 이 이름 없는 죽음은 마땅히 기억되어야 한다.[01] 살아남은 자도 이 추모의례를 통해 고통과 애석함을 씻어내는 위로를 받는다. 곧 이를 통해 각자의 기억이나 혹은 망각이 형성된다. 이러한 기념 행위가 후손들에게는 '위대한 전체', 즉 새롭고 더 나은 미래와 공동체와 '국가'에 대한 의무감을 일깨우기도 한다.

나는 이 글에서 공식적인 표명과 공식적인 침묵이, 또한 지배적인 통제와 개개인의 실천이 서로 결합될 뿐만 아니라 직접적이면서도 지속적으로 병존함을 살펴보고자 한다. 그에 대한 서술은 어떤 명확한 상(像)을 제시하기보다

---

*   영어로 먼저 작성한 글을 상당부분 수정하고 보완했다. "Histories of Mourning: Flowers and Stones for the War Dead, Confusion for the Living", in Gerald Sider, Gavin Smith ed., *Between History and Histories. The Making of Silences and Commemorations*, Toronto, 1997, pp. 149~179. 또한 나는 1985년 오데르브루흐(Oderbruch) 답사에 대한 짧은 요약문을 발표한 적이 있었다. 제목과 지면은 다음과 같다. "Lebende und ihre Toten. Augen-Blicke bei einem Ausflug in das Oderbruch", *Geschichtswerkstatt* 16, 1985, pp. 24~28.

01 전몰자를 위한 공식적인 추모식의 변화, 특히 추모식 상징의 평등함에서 드러난 추모의 '민주화'에 대해서는 라인하르트 코젤렉(Reinhart Koselleck)의 글을 참조하라. Reinhart Koselleck, Michael Jeismann ed., *Der politische Totenkult: Kriegerdenkmäler in der Moderne*, München, 1994.

는 매순간의 모습을 포착하는 방식이 될 것이다. 이 글에서 다루는 범위 역시 지리적으로 여러 곳을 오가며, 시간적으로도 1989년에서 시작해 갑자기 1985년으로 되돌아갔다가 다시 1990년대 초반으로 나아가곤 할 것이다. 마치 애도와 추모의 풍경, 기억과 망각의 풍경 사이를 굽이굽이 휘돌아가는 강줄기를 보려는 것처럼 말이다.

동독에서 진행한 학술답사

동독의 공식적인 추모 정책의 목표이자 기본 사항은 제2차 세계대전에서 사망한 독일군 병사들을 최소한으로 추도하면서 동시에 '히틀러 파시즘'과 최대한 거리를 두는 것이었다. 그러나 묘지를 직접 돌보는 사람들은 과연 어떤 태도를 취했을까? 나는 동독에서 받은 인상을 구(舊)서독에서 전몰자를 추모하고 그들을 기억했던 모습과 대조해보고자 한다. 그 첫 번째 무대는 베를린에서 남동쪽으로 약 50km 떨어진 도시 할베(Halbe)에 있는 '중앙묘지(Zentralfriedhof)'이다.

1989년 4월 중순 어느 맑은 날이었다. 동독 학술원 동료들과 함께 브란덴부르크주(州) 송림(松林)에 있는 마을 할베로 향했다. 1945년의 전투에서 사망한 독일군 병사들을 위해 세워진 묘소 가운데 베를린 주변에 있는 것들을 며칠 동안 둘러본 후였고, 이곳은 그 답사 동선에서 멀찍이 떨어져 있던 마지막 목적지였다. 이 답사는 서독 지역에서 오래 전부터 널리 진행되어온 인류학적 답사와 달랐다. 그 답사를 위해 나는 몇 달 전 미리 여행 허가 신청서를 제출했다. 단 몇 년에 불과했지만 동서독 간의 학술 교류 협약 덕택에 동서독 학술기관은 구체적인 프로그램 내에서만큼은 직접 교류할 수 있었다. 나 또한 사전에 베를린 훔볼트대학 문화학부 소속의 동료들과 묘지 답사를 프로젝트 주제로 하는 데 합의했다.

물론 이러한 답사 여행은 이례적인 일이었다. 내가 대충이라도 알고 있었던 몇몇 예외들, 곧 루츠 디트함머(Lutz Niethammer), 알렉산더 폰 플라토(Alexander von Plato), 도로테 비얼링(Dorothee Wierling)의 인터뷰 프로젝트—그 결과물은 1991년 『인민 소유의 경험(Volkseigene Erfahrung)』이라는 제목으로 출판되었다—를 제외하면, 그때까지 이런 사례는 없었다. 그래서 나는, 아마도 항상 그렇듯이 여행 바로 직전에야 발급된 비자를 받아들고서도 과연 이걸로 동독에서 내 승용차를 이용해 묘지를 방문할 수 있을지 확신하지 못했다.

그러나 동베를린에 도착하자마자 신청서 승인 소식을 들었고, 이미 세세한 부분까지 만반의 준비가 갖추어져 있었다. 다음 날 오전 우리 일행 세 명은 북쪽과 북동쪽을 향해 사흘간의 여정에 돌입했다. 수많은 묘지와 무덤들 가운데 가능한 것은 모두 둘러보았지만, 그래도 베를린을 한 바퀴 빙 돌아 할베까지 오는 길이 쉽지는 않았다. 그래도 일행 중 두 명이 그 지역은 꼭 보아야 한다고 누누이 강조했기 때문에, 나는 금방 마음을 정하고 나머지 한 명에게 같이 갈 시간이 되겠느냐고 물었다.

할베 1. 여성 묘지 관리인

모래와 송림으로 둘러싸인 브란덴부르크주의 도시 할베에 도착해서 묘지를 찾느라 꽤 헤맸다. 시가지로 들어오는 입구에 '중앙묘지'라고 쓴 이정표가 세워져 있었으나 눈에 잘 띄지 않아서 그대로 지나칠 뻔했다. 몇 사람에게 길을 물었지만 다들 너무 당연한 것을 묻는다는 식으로 건성으로 대답하는 것이 고작이었다. 우리는 결국 그들이 손을 들어 멀리 가리키는 쪽으로 무작정 찾아갔다. 멀리서 군사훈련소의 차단목(遮斷木)이 눈에 들어왔는데, 그것은 분명 동독 군대였던 국가인민군(Nationale Volksarmee, NVA) 소속이었다. 그래서 차를 반대로 돌렸고, 그러자 우리가 이미 중앙묘지의 길을 따라가고 있던 중이었음을 바로 깨달았다. 1945년에 죽은 군인들의 묘지 바로 옆에 현재의 군사훈련소가 자리하고 있었던 것이다.

소나무 숲의 안쪽에 사암으로 만든 회색빛 조그마한 석판이 줄지어 늘어서 있었는데, 석판은 각각 한쪽이 50cm, 다른 쪽이 30cm 정도의 직사각형 모양이었다. 이 석판이 전사자 묘소를 뜻했고 거기에는 모두 2만 2천 명 이상이 묻혔다. 여기에 묻힌 병사들은 대부분 1945년 4월 22일부터 30일 사이에 사망했다. 전쟁 막바지에 이르러 소련의 붉은군대가 베를린을 포위하자, '제국 수도'—그리고 히틀러 최후의 도피처—의 남쪽에 위치한 이곳에서 여러 군단 병사들로 재구성된 제9군단과 제5여단이 소련군을 저지하고자 했다. 이들 독일 병력은 약 20만 명으로 나치국방군(Wehrmacht),[02] 무장친위대(Waffen-SS)와 예비군, 히틀러유겐트,[03] 경찰, 제국근로봉사대, 항공수비대 및 SS 디를레방어(Dirlewanger) 헌병대로[04] 구성되었다. 진격해 오던 소련군 병사들은 4월 26~28일 사이에 이 독일 합동군과 잔여 병력을 무찔렀다. 당시 사망한 군인 및 민간 피난민의 수는 정확하게 알려지지 않았다.[05]

---

02 [역자주] 나치 독일의 정규군으로, 친위대 같은 정치군인과 달리 유대인 학살에 관여하지 않았다고 해서 '깨끗한 정규군'이라는 말까지 나왔지만, 나중에 이들도 학살에 가담한 것으로 밝혀졌다.

03 [역자주] 나치 시대의 유일한 공식 청소년 조직으로, 약 870만 명이 가입해 있었다.

04 [역자주] 오스카 디를레방어(Oskar Paul Dirlewanger)가 이끌던 히틀러 친위대 SS 산하의 무장친위대(Waffen-SS)로 전쟁포로 및 유대인 학살로 악명이 높았다.

05 이에 대해서는 다음을 참조하라. Richard Lakowski, "Von der Oder nach Halbe", in Herbert Pietsch, Reiner Potratz and Meinhard Stark ed., *Nun hängen die Schreie mir an...: Halbe, Ein Friedhof und seine Toten*, Berlin, 1995, pp. 22~31. 그는 군인 사망자의 수가 4만~6만 명에 이른다고 했다. Herbert Pietsch, "Kesselschlacht bei Halbe, 24. bis 30. April

할베(Halbe)의 전몰자 묘지. 송림 사이에 추모석판이 보이고 사암으로 된 추도비도 세워져 있다. 사진: Clemensfranz, Assenmacher(위키피디아).

석판 위에 이름이 새겨져 있는 것도 많았는데, 어떤 것은 생년월일만, 또 어떤 것은 사망월일까지 적혀 있었다. 표시된 생몰년도로 보아 적지 않은 병사가 사망 당시 기껏해야 15~16세에 불과한 젊은이였거나 칠팔십대 노인이었다. 조화가 놓인 묘지도 몇몇 보였지만, 대다수 석판은 '무명용사' 혹은 '무명용사 11인'의 무덤이었다. 야트막한 언덕에 다다르자 높이가 약 4미터인 사암으로 만든 추도비와 맞닥뜨렸다. 추도비 맨 아래쪽에는 "여기 묻힌 전사자들은 우리가 평화를 수호하고 있는지 지켜보고 있다"라는 문구가 새겨져 있었다.[06]

약 100미터를 더 걸어가다가, 묘지를 청소하고 돌보는 여성 네 명을 만났다. 이들은 길가와 묘지에 떨어지는 나뭇잎과 솔방울을 치우고 각 묘소의 잡초를 뽑았는데 힘든 일처럼 보였다. "항상 무릎을 꿇고 몸을 구부려야 하지

1945", in *Sozialwissenschaftliche Information/SOWI* 24, 1995, pp. 120~124.

06 이 추모비는 1961년에 세워졌다. 이를 건립한 마을 담임목사 에른스트 타이히만(Ernst Teichmann, 1906~1983)은 나무로 된 십자가도 함께 세울 것을 요구했다. 유명한 (서독의) 헤센 나사우 지역 목사이자 주 개신교협회장이었던 마르틴 니묄러(Martin Niemöller)가 1961년 7월에 할베를 방문했을 때, 타이히만은 그 기회를 살려 자신의 요구에 대한 지원을 얻어냈다. 그렇지만 그해 10월 포츠담 지역의 관할 의회는 무엇보다도 이미 묘지에 추모비가 있다는 이유를 들어 십자가를 세울 "필요성이 없다"고 결정했다. 이에 대해서는 "Briefe vom 12. Oktober und 11. November 1961", in *Kreisarchiv Wusterhausen*, No. 517. 또한 다음도 보라. Andreas Matschenz, Rainer Potratz, "Der Waldfriedhof in Halbe", in *Nun hängen die Schreie mir an...*(주5 참고) pp. 58~76. 에른스트 타이히만은 1950년대부터 경찰과 여권과의 감시를 받고 있었으며, 일찍부터 동독국가안전부(Ministerium für Staatssicherheit, MfS)의 관찰 대상자로 최소한 그에 관한 특이한 정보는 모두 수집되고 있었다. 1960년대 동독국가안전부의 서류 가운데는 베를린의 개신교 연맹체 소속이자 저명한 사회민주당 여성 정치가였던 마리에 쉴라이(Marie Schlei)가 타이히만을 만났던 내용도 있다. 서류 작성자는 타이히만이 "할베 토이피츠(Halbe-Teupitz) 공동묘지의 형성에 특별한 공헌"을 했으며 쉴라이가 큰 관심을 갖고 동독 교회와 접촉하도록 도왔다고 긍정적으로 적었다. 1964년의 기록을 보면, 타이히만은 서베를린과 서독에 사는 17명과 "상시적인" 우편교환을 하고 있었으며, 무엇보다도 젊은이들에게 영향을 미치고 있었다. 1980년 7월 말에도 국가안전부는 그에 대해 여전히 광범위한 감찰을 하고 있었는데, 그에 따르면 타이히만은 할베 공동묘지에 안치된 사망자의 신원을 찾기 위해 서남부 독일에 있는 개신교구에 동일한 편지 51통을 보냈다. 국가안전부 직원들은 그 동기와 "관심"을 추적했고, 또한 여기에 사용된 비용도 조사했다. 타이히만은 "동독에 있던 서독 상설대표부의 과장들"도 자주 만났다. 이들은 발트 공동묘지에 화환을 놓았으며 "이어서 대부분 '셴크 폰 란츠베르크(Schenk von Landsberg)'라는 식당에서 같이 식사도 했다." "그의 활동을 동독에 있는 서독 상설대표부가 배후조종하고 있는지에 대한 증거"를 급히 확인해야 한다는 언급도 있다. BStU, ZA, MfS, HA XX AP 12158-92, Bl.1-13.

요. 손도 늘 더러운 데다, 손톱도 갈라지고 망가집니다." 임금은 분명 낮았지만 그래도 중요했다. 이전에 이들을 감독했던 '그 남자'가 비운 자리—한 여성이 예전 상사는 은퇴했다고 언급했다—는 이미 1년 넘게 충원되지 않았다. 그들이 말하고 싶어 했던 건, 그가 받았던 임금이—분명 그녀들보다 높았을 텐데—이들에게 결코 분배되지 않았다는 점이었다. 이들은 이제 자신들이 그의 업무까지 도맡고 있지만 그 돈을 받지 못한다고 사무적이고 담담한 말투로 이야기했다. 그들을 분노하게 한 것은 다른 데 있었다. 이전에 '그 남자'가 담당했던 업무를 전부 떠맡게 되면서 이제 무거운 마차를 끌고 손수레를 미는 일까지 해야 했기 때문이다.[07]

이 묘지는 언제 조성되었을까? 우리가 이후 만난 할베 시장에게 들은 바와 같이, "1950년경에" 이 지역 목사들과 교회에서 자발적으로 묘지공원 조성 운동을 전개했다. 그들은 전사자 유해를 발굴하여 할베로 옮겼다. 그래서 대다수 신원이 밝혀지지 않은 시신들이 이곳에 함께 묻혔다. 이후 국가와 기초단체가 이 묘지의 관리를 맡았는데, 이 여성들에게는 그것이 아주 '당연한 일'이었다.[08]

---

07 그 밖에도 동독에는 1961년부터 교회 내에서 활동하는 '공동묘지 전담반(hauptamtliche Friedhofsbrigade)'이 있었는데, 1980년대 매르키쉐 슈바이츠(Märkische Schweiz) 지역의 부코우(Buckow)에 사는 코발케(Kowalke) 씨와 여성 두 명도 여기에 소속되어 있었다. 이들은 베를린장벽이 세워진 후 독일개신교협회(Evangelische Kirche in Deutschland: EKD) 서베를린 지부에 설치된 동독지역교회관할협의회의 묘지관리(Gräberfürsorge) 주무관의 지휘를 받았다. 활동 비용은 독일전몰자묘지관리민족협회(Volksbund Deutsche Kriegsgräberfürsorge)와 나누어 반반씩 부담했다. 이 공동묘지단은 공동묘지 60곳을 돌보았는데, 대부분 교회 소속 묘지였고 지방자치단체 소속 묘지도 있었다. 전사자 및 전쟁희생자 묘지 수는 총 20만여 기로 알려졌다. 이에 대해서는 내가 은퇴한 주(州)교회연합 의장이었던 발터 팝스트(Walter Pabst, 1912년생)와 나눈 1992년 2월 2일의 인터뷰를 참조하라. 팝스트는 1980년에 이미 은퇴한 연금생활자였지만 주 담당자였다. 그는 또한 동독의 유가족들과 서독 담당자들 사이의 연락(사진과 꽃장식)도 맡고 있었다. 다음을 참조하라. Gemeinsames Archiv der Evangelischen Kirchen in der DDR (GA) 70/61. 70/134, 70/114, 8275, 827 I, 827 II.

08 독일개신교협회(EKD)는 독일의 개신교 교회를 총괄하는 조직으로 동독 정부가 들어서기 이전인 1949년부터 이미 전몰자 묘소 관련 활동을 전개하고 있었다(소련 군정 당국과 동독 당국은 '독일전몰자묘지관리민족협회'를 인정하지 않았음이 분명하다). 독일개신교협회는 가톨릭교회와 협의하에 서베를린에 사무

동시에 그녀들은 그에 대해 회의적인 감정도 결코 숨기지 않았고, 심지어 냉담한 거부감마저 드러냈다. 이런 감정은 아마도 지역공동체 전체에 대한 것이기도 했겠지만, 당장은 주로 시장을 겨냥한 것이었다. 시장이 부임한 지 1년 후 이 묘지에 대한 새로운 조례를 제정했는데,—그녀들 가운데 한 사람은 노골적으로 분노를 표했다—조례에 따르면 묘지나 비석에 더 이상 개별적으로 꽃을 놓을 수 없었다. 대신 꽃과 화환을 모두 모아 기념비 아래에 놓아야 한다는 것이 새 규정이었다. "어떻게 자기가 사랑하는 사람의 무덤에 꽃다발을 놓는 것조차 금지할 수 있어요?"라고 한 여성이 큰 목소리로 말하자, 다른 이들도 고개를 끄덕였다. 그렇다면 할베 시장은 왜 그런 규정을 만들었으며 어떤 근거로 그렇게 했을까? "그는 이렇게 말했어요. 누구나 똑같이 대우받아야 한다고요. 모든 사망자가 고난을 겪었으니, 이제 대우 또한 똑같이 받아야 한다고요." 여성 가운데 한 명이 아주 사무적으로, 심지어 약간 냉정한 말투로 덧붙였다. "이제 우리는 그 규정에 구애받지 않으려고 합니다. 누군가가 특별히 사랑하는 이의 무덤 앞에 애써 바친 꽃을 대체 그 누가 치워버릴 수 있단 말입니까?"

기념비에 가까이 가자, 그 앞에 꽃다발과 수반(水盤) 여러 개가 놓여 있었다. 물망초나 카네이션으로 꾸민 꽃다발에는 붉은 띠가 붙어 있었는데, 왼편에는 "다시는 전쟁이 없기를"이라는 말이, 오른편에는 사회단체들, 곧 이 지역 학교와 기업들 이름이 적혀 있었다. 여성 관리자들에게 화환에 대해 묻자, 체육동호회, 학생회, 노동조합 등 지역 내 단체가 화환을 들고 정기적으로 찾

실을 설치했는데, 그곳에서 동독 지역에 있던 8개 주(州)교회들과의 연락을 책임지고 있었다. 여기에는 각 주(州)교회마다 담당목사 한 명이 지정되었는데, 일부는 은퇴한 목사들이 그 일을 맡았다. 이들은 각 지역에서 묘소 관리를 담당했다. 국가도 이를 알았지만, '호의적인 관용'을 베풀어 그 일을 묵인하고 있었다. 이에 대해서는 1992년 2월 2일자 발터 팝스트 인터뷰를 참조하라(주7 참고).

아온다고 답했다. 국가인민군과 근처에 주둔하고 있는 안기부–펠릭스 드지에르쥔스키(Felks Dzierzynski) 연대[09] 소속원들도 방문했다. 그들의 방문은 특정한 날이나 기간에 집중되지 않았고, 일 년 내내 언제든 찾아왔다. 그에 반해 최근 (1980년대) 방문하기 시작한 서독인들은 9월 첫째 일요일인 평화의 날에만[10] 찾아왔다.[11] 그날엔 (서독)상설대표부의 공식 대표도 화환을 바쳤다.[12]

할베 전투에서 사망했거나 부상당한 사람 가운데 이 지역 출신은 소수였다. 대다수 병사들은 저마다 다른 부대 소속이었고, 간혹 해산된 부대 출신이나 예비군, 보충대, 심지어 인민돌격대(Volkssturm)[13] 소속원도 있었다. 인민돌격대는 이 지역 출신이거나 최소한 라우지츠(Lausitz), 니더슐레지엔, 혹은 브란덴부르크 지역에서 온 사람들이었다. 동시에 이 도시의 거리는 동쪽으로부터 '붉은군대'에게 쫓겨 온 피난민의 행렬로 가득 찼다. 1980년대에 근처에 사는

---

09 [역자주] 펠릭스 드지에르쥔스키(Felix Dzierzynski) 경비대는 동독의 무장한 준(準)군사 조직으로 1954년에 창설되었으며, 동독국가안전부에 소속되어 있었다. 명칭은 소련 비밀경찰인 체카를 창설한 펠릭스 에드문도비치 드지에르쥔스키로부터 따왔다.

10 [역자주] 동독은 1950년대 초부터 제2차 세계대전이 시작된 날인 9월 1일을 '세계평화의 날'로 정하고 전쟁에 반대하는 모임을 시작했다. 서독에서는 독일노동조합연맹이 주도하여 1966년에 이 날을 기념일로 삼았다.

11 동독 당국은 1950년대와 1960년대에 서독에서 오는 묘소 참배객의 수를 엄격하게 제한했다. 타이히만 목사는 이 시기에 할베 시장과 마을의회, 시와 군의회, 그리고 정부 부처에 끊임없이 방문 허가서를 요청했다. 그는 방문 신청자, 특히 서독 출신 방문객에 대한 공개적이고 '인간적인' 대우를 분명하게 요구했다. 이와 마찬가지로 서독의 친척을 방문하지 못한 동독 사람, 특히 죽음을 목전에 둔 사람의 고통에도 관심을 촉구했다. Vorgänge Kreisarchiv Wusterhausen, Nr. 504, Nr. 517, 그리고 또한 A. Matschenz, R. Potratz, "Waldfriedhof", in *Nun hängen die Schreie mir an...*,(주5 참고) p. 65 이하.

12 1990년대 9월 할베 방문 당시 내 증인 가운데 한 사람이었던 어떤 여성은 동독국가안전부가 서독이 보낸 화환이 놓인 다음 날, 혹은 그 직후에 거기에서 리본을 잘라냈다고 말했다. 할베에서 서독 '상설대표부'가 헌화하는 과정도 동독 당국에 의해 낱낱이 사찰당하고 있었다. 이후에도 서독 상설대표부는 5월 8일마다 여러 번, 예컨대 1979년, 그리고 "현지인으로서 은퇴한 마을 목사인 에른스트 타이히만(72)과 함께" 헌화했다. 다음을 참조하라. BStU (Der Bundesbeauftragte für die Unterlagen des Staatssicherheitsdientes der ehemaligen Deutschen Demokratischen Republik), ZA(Zentral Archiv), MfS, HA XX/4, Nr. 2899, Bl. 55. 1978년 타이히만의 방문에 대해서는 위의 것, Bll. 61~67, 그리고 1975년의 것은 Bl. 61을 보라. 또한 다음도 참조하라. BStU, ZA, MfS, HA XX/4, Nr. 189, 여러 곳을 참조하라.

13 [역자주] 이 부대는 후방을 방어할 목적으로 1944년 9월에 창설되었고 16~60세의 남자들이 소속되었다.

사람들이 할레의 묘지를 참배했을 때, 수많은 묘지들은 대체로 '자기' 지역 출신이 아닌 사람들의 것이었다. 그렇지만 피난민과 추방민 등 동독의 '이주자'가 차지하는 비율이 총인구 가운데 4분의 1을 넘어섰기 때문에, 바로 이들 '무명용사'의 묘지는 사람들이 '자기의' 전사자를 멀리서나마 추모할 수 있는 장소였다.

할베 2. 시장

할베의 시장(市長) 집무실로 장면을 바꾸어보자. 중앙묘지를 방문한 후 우리는 '시청사'라는 간판이 붙어 있는 조그마한 건물로 들어섰다. 미리 연락도 하지 않은 채, 우리는 무조건 문부터 두드렸다. 시장이 곧장 우리를 맞이했다. 나는 전쟁기념비를 연구하기 위해 서독에서 온 역사가라고 소개하고, 그에게 몇 가지 질문을 던졌다.

우리는 미리 연락을 취하지 않았지만 시장은 놀랍게도 전혀 개의치 않았다. 그는 우리에게 다른 기관, 곧 군청이나 도청 혹은 심지어 외무부에 가서 알아보라고 하지 않았다. 아무것도 따져 묻지 않고 그는 우리에게 답변할 자세를 취했다. 우리가 이미 묘지에서 들었던 것처럼, 그것은 1950년대 초에 조성되었고 사망한 병사와 민간인 약 2만 2천 명이 묻혀 있었다. 대다수 시신은 주변 숲과 마을에서 찾아냈고 그 시신들을 할베에 집단으로 매장했다. 친지를 찾았거나 국제적십자사의 신원확인서에 답변이 있는 경우에는 당국이 개인 묘지를 따로 마련하여 이름과—경우에 따라서는—생몰년도가 적힌 비석을 세웠다.

이야기를 끝내면서 시장은 동독 혹은 "우리 국가"는 "히틀러 군대"의 전사자에 대한 기억과 기념에 관련된 모든 문제를 "해결"했다고 강조했다. 이어서 "우리는 베를린에 중앙기념관을 세웠습니다. 그곳은 파시즘과 군국주의에 희생당한 모든 이를 위한 것이지요"[14]라고 말했다. 나는 시장에게 물었다. 그도 분명 그냥 사망했거나 혹은 [파시즘을 위해—역자] 전투하다가 죽은 모든 병사들까지—중앙기념관의 사례처럼—파시즘과 군국주의의 희생자로 파악하느냐고 말이다. 다시 말해, 어떤 방식으로든 파시즘에 이바지했을, 최소한 잔인한 파시즘의 침략전쟁에 간접적으로라도 참여했던 이들까지 '희생자'로 볼 수 있는가? 시장은 의아한 눈빛으로 답하려다가 이내 침묵했다. 단지 이런 말을 덧붙였다. 이 묘지 추모식에 서독의 '대표자'가 참석했으며 공식적으로 화환을 바쳤다고

서독의 전쟁 사망자와 '전몰자'에 대한 추모: 국가행사

1989년 4월 당시, 나는 서독에서 넘어온 방문객이었다. 나치 독일군 병사

---

14 동독 당국이 내놓은 최종 규정은 1971년 7월 13일 내각의 결의에 따라 통과되었다(Nr. 793/71). 그에 따르면 외국인 병사와 민간인 묘소, 그리고 독일 나치국방군 소속 병사의 무덤은 등록되어야 하고, 기초단체가 관리해야 하며, 출입이 허용되어야 했다. 이와 달리 친위대인 SS와 무장친위대(Waffen-SS), 경찰군, 혹은 보조군(블라소프 군대Wlassow-Armee: 러시아인들이 독일을 위해 싸우고자 조직한 일종의 의용대로서 '러시아 해방군'이라고 지칭하거나 그 사령관이었던 블라소프의 이름을 따서 부르기도 했다—역자)의 무덤은 등록만 하고 돌보거나 출입하는 것이 허용되지 않았다. BStU, ZA, MfS, HA XX/4, Nr. 189, Bll. 133ff, 그리고 Bll. 286~389. 다음도 참조하라. BStU, ZA, MfS Rechtstelle, Nr. 286. 예전에는 '사회주의' 국가 출신의 사망자 묘소만 등록되고 공식적으로 관리되었다. 이러한 포괄적인 규정은 유엔 회원국이 되기 위한 동독의 노력의 일환이었다. 그 노력에는 1949년 8월 12일의 네 가지 제네바 협정, 곧 전쟁포로, 민간인, 그리고 전쟁 사망자에 관한 조약의 규정을 준수한다는 것도 포함되었다(정확하게 말하면 제네바 협정이 다룬 대상자는 부상자, 전쟁포로, 민간인이었고, 부상자의 경우 육지와 해상으로 나누어 협정을 맺었다—역자). 등록 업무의 시점에 대해서는(어쩌면 이미 1970년에, 다시 말해 1971년 7월의 내각결의에 앞서 시작되었을 것이다) 노이브란덴부르크(Neubrandenburg)에 거주하는 크뤼거(Dieter Krüger) 박사가 내게 보낸 1992년 10월 22일자 편지를 참조하라.

들을 추모하고 기리는 형식에 담긴 내 감정과 의미에는 서독이라는 다른 곳에서 겪은 경험이 반영되어 있었다. 종전 직후부터 이미 연합국 점령 지역의 독일 측 당국자들은 그 병사들이 나치 정권의 직접적인 희생자라고 누누이 강조했다.[15] 거기에는 '군인이라면 어쩔 수 없이 의무를 다할 수밖에 없지 않느냐'라는 생각이나, 독일 파시즘이 전쟁 시기에 벌인 약탈과 대량학살에서 그 정도 희생은 불가피했다는,—비록 열광적이지는 않았지만—확신이 담겨 있었다.

그런 시각에서 보면, 독일 병사의 압도적 다수가 '제국'에게나 자신에게 '이미 가망 없는' 상황이었는데도 마지막 총알 한 방까지 쏘며 싸웠던 것은 그저 명령을 수행한 것에 불과했다. 독일 병사를 몇몇 괴수 혹은 '권력자'의 '희생양'으로 보는 기본 시각은 1958년 울름(Ulm)의 SS특무대(Einsatzgruppen)[16] 재판 이후에 진행된 여타 재판들에서도 거의 변하지 않았다. 1963년부터 진행되어 서독에 큰 반향을 일으켰던 프랑크푸르트의 아우슈비츠 재판에서도 오로지 문제가 되었던 것은 SS대원이나 수용소 감시원들이었다. 정규군인 나치 국방군과 그 병사들은 이와 무관한 듯이 보였고, 지방 및 전국 여론도 그 남자들의 익숙한 군대 이야기에 동조했다.

1985년 초에 전쟁 사망자의 예우에 걸맞은 형식을 둘러싸고 언론과 여론에서 첨예한 갈등이 불거졌을 때조차, 문제는 '그러한 예우를 정치적으로 금지해야 하는가'가 아니었다. 논란의 불씨를 지핀 것은 소위 '화해의 날(Tag der Versöhnung)'이었다. 서독 정부와 미국 대통령 보좌진이 긴밀한 사전 조율을 거친 끝에 1985년 4월 이날 양국 정상인 헬무트 콜(Helmut Kohl)과 레이건이 비트

---

15 Ulrich Brochhagen, *Nach Nürnberg. Vergangenheitsbewältigung und Westintegration in der Ära Adenauer*, Hamburg, 1994.

16 [역자주] SS 휘하의 특수부대로 나치 점령 지역에서 소위 유대인 제거의 총괄 책임을 맡았고, 추산하건대 약 2백만 명의 대량학살에 대한 책임이 있었다.

부르크(Bitburg) 묘지를 함께 방문하기로 합의했다.[17] 그런데 이 묘지에 연합군과 나치국방군 외에 SS 소속 군인도 함께 묻혔다는 점이 곧바로 알려졌고, 이것이 서독 내부는 물론이고 국제사회에서 심각한 비판을 불러왔다. 범죄자(공범)와 희생자의 구분이 여전히 이루어지지 않았다는 비판이었다. 그렇지만 강력한 반발에도 불구하고, 서독 수상과 미국 대통령은 그곳에 가서 전사한 연합군 병사와 독일 병사를 함께 추모했다. 레이건은 비트부르크 행사에 앞서 예정에 없던 베르겐 벨젠(Bergen-Belsen) 강제수용소 추모비를 참배하는 일정을 추가했는데, 이는 두말할 필요도 없이 양국의 비판적인 여론을 누그러뜨리고자 한 것이었다.[18]

그 이전에도 독일 혹은 '독일인'은 '언제까지 참회를 해야 하나' 하는 불평이 여론과 언론 내에서 결코 사라지지 않았다.[19] 비트부르크 행사가 치러지면서 그 불만은 다시 힘을 얻었다. 이 불만의 목소리는 1960년대 말에 나왔던 것보다 더 컸다. 그런 분위기 속에서 학계에서는 홀로코스트가 '유일한 것'인가를 둘러싼 논쟁이 시작되었다. 철학자이자 사회학자인 위르겐 하버마스(Jürgen Habermas)는 역사학자이자 철학자인 에른스트 놀테(Ernst Nolte)를 이렇게 공박했다. 만약 히틀러가 단지 볼셰비키의 테러에 대응하기 위해 그런 일을 저질렀다고 주장한다면, 이는 행동의 결과를 무시하는 것에 그치지 않는다. 그런 주장은 무엇보다도 문명의 단절, 곧 철저히 계획되고 대규모로 진행된 대량학살이라는 악행을 사소한 것으로 치부하는 짓이라고 말이다. 하버마스의

---

17 1984년 9월 22일 베르덩(Verdun)에서 열린 추모식이 그 사례이다. 콜 수상은 '묘지 앞에서' 프랑스 대통령 미테랑에게 분명 갑자기 손을 내밀었고, 두 사람은 몇 분 동안 서로 손을 잡고 있었다.

18 Geoffrey H. Hartmann ed., *Bitburg in Moral and Political Perspective*, Bloomington, 1986.

19 1950년대에 정당, 서독 정부, 그리고 언론계의 진출에 대해서는 다음을 참조하라. Ulrich Brochhagen, *Nach Nürnberg*(주15 참고).

개입으로 떠들썩하고 열띤 논쟁이 벌어졌다. 나치 군대와 병사가 한 역할도 직접 논쟁의 도마 위에 올랐다.[20] 결국 연방장관이던 노르베르트 블륌(Norbert Blüm)까지 나서서 "동부전선이 유지될 때까지는 SS가 아우슈비츠에서 학살을 계속할 수 있었다"[21]라고 고백했다.

비트부르크의 일화는 1950년대 초부터 서독에서 무엇이 일상이 되었는지를 세계 여론에 보여주었다. 해마다 한 번씩 제2차 세계대전의 전사자들이, 1945년 이후부터는 여러 전쟁의 사망자들이 추모되고 있었다.[22] 이 '현충일(Volkstrauertag)'에는 지방과 중앙에서 추모행사가 거행되는데, 후자는 연방의회가 특별 회기를 갖는 가운데 '독일전몰자묘지관리민족협회(Volksbund Deutsche Kriegsgräberfürsorge)'의 주도로 열린다. 지방의 추모행사는 여전히 의례적인 진행을 보여주었다. 우선 헌화를 하고 나서 지역 유지 가운데 한 사람이 인사말을

---

20 안드레아스 힐그루버(Andreas Hillgruber)가 역사가들에게 요구한 바는 "동부에 살았던 독일 민간인의 운명을 자신의 것처럼 느끼고, 또한 동부전선에 남았던 독일군의 절망적인 자기희생을 느끼는" 것이었다. 그는 그럴 때 비로소 '파시즘의 종결'에 대한 이해가 가능하다고 했다. Andreas Hillgruber, *Zweierlei Untergang: die Zerschlagung des Deutschen Reiches und das Ende des europäischen Judentums*, Berlin, 1995, pp. 24f.

21 블륌(Blüm)은 이미 몇 년 전에 비슷한 주장을 했다. 당시 바덴 뷔르템베르크 주지사였던 한스 필빙어(Hans Filbinger, CDU)가 무조건 항복 이후 해군법무관으로 복무했던 경력(그는 법무관으로 재직하면서 사형을 선고하기도 했다)을 두고 벌어진 논란에서 블륌은 이렇게 밝혔다. "강제수용소는 결국 전선이 유지되는 동안 존재했다." *Der Spiegel*, no. 28, 1978. 10. 7, pp. 32f. 이를 내게 알려준 괴팅겐의 슈투름(R. Sturm) 씨에게 감사드린다.

22 1952년에 현충일이 다시 도입된 이래 그 날짜는 물론 매년 11월 첫째주 일요일로 정해졌다. 이 행사 당사자들은 나치가 3월 둘째주 일요일에 거행했던 '용사참배일(Heldengedenktag)'의 추모행사를 되도록 배제하기 위해 그렇게 날짜를 정했다고 강조했다. 3월의 이날은 앞서 바이마르공화국 시기에도 현충일로 제정된 적이 있었다. 이에 대해서는 Gerhard Schneider, *"...nicht umsonst gefallen"? Kriegerdenkmäler und Kriegstotenkult in Hannover*, Hannover, 1991 참조. 1952년의 현충일 제정에 대해서는 이 책 301쪽 이하를 보라. 저자인 슈나이더(Schneider)는 또한 1945년에 파시즘 반대자들이 파시즘 희생자들의 공식 추모일을 제정하고자 했던 일(비록 성사되지는 않았지만)에 대해서도 서술하고 있다. 앞의 책 284쪽 이하를 보라. 베를린장벽이 무너진 후에 동서독의 신나치들은 그 날짜를 선점하고자 했다. 베를린장벽 붕괴 후 2주 반이 채 지나가기도 전인 1989년 11월 26일에 이미 신나치 수백 명이 할베의 묘지에 모여 그날을 현충일로 삼았다. 이들은 1990년과 1991년에 더 크게 자신들의 '현충일'을 거행했다. 1992년 결국 이를 금지하는 법령이 제정되었고, 경찰에 의해 강력하게 제지되었다.

한다. 대체로 50년대 후반부터는 정복을 갖춰 입은 군인들도—철모까지 쓰고—행사에 적극 참여했다. 때로는 군대가 화환을 바치기도 했는데, 화환의 리본에는 사망한, 혹은 '전사한' 병사를 '나치 테러의 희생자'로 묘사하며 애도하는 말이 적혀 있었다. 이 전몰자들이 자발적으로 참여했는지, 징집되었는지, 아니면 어떻게 이들이 '병사의 의무'를 다했는지에 대해서는 더 이상 아무런 언급도 없다. 그렇다면 사망자 혹은 '전사자', 곧 안타깝고 불쌍한 이들이 '갈색의 테러 정권'에 기여한 '나름의 몫'은 없단 말인가? 추모제 참여자들의 수는 그 이후 격감했다. 참여자 대부분은 가족이거나 생존자들이며, 이제는 그들의 후손들이다. 이 추모제의 주최자는 여전히 지방단체의 정당 또는 (지역) 당국의 대표자들이다.

서독의 전쟁 사망자와 '전몰자'에 대한 추모: 지역행사

1993년 11월 베를린의 '노이에 바헤(Neue Wache)'가[23] 전몰용사 추모관으로 변경되어 제막될 때까지, 서독에는 '전국적인' 추모비가 없었다. 대신 지방의 거의 모든 시군에 추모비와 추모탑이 있었다. 예컨대 중소 규모의 대학도시인 괴팅겐에서는 개신교가 주도한 추모행사가 주로 열렸다. 19세기 이래의 전쟁기념비로는 성벽 앞과 기차역 건너편에 자리한 신고딕 양식의 추모석이 있는데, 이것은 1866년 랑엔잘차(Langensalza)에서 프로이센군에 패한 전투에서 사망한 병사들을 추모하기 위한 것이다. 거기에는 또한 1870/71년 프랑스와의

---

23 [역자주] 건물명을 말 그대로 번역하면 '새로운 경비대'이다. 이 건물은 1931년부터 전쟁기념관으로 사용되어왔다. 1816년에 세워진 이 건물은 프로이센 황태자의 경비대를 위해 건축가 쉰켈(Karl Friedrich Schinkel)이 설계하여 지은 것이다.

전쟁에서 거둔 '영광스러운 승리'를 기리는 기념비도 있다. 1950년대에 시 당국은 이 기념비에서 거대한 독수리 장식 문양을 떼어내 시(市) 자재창고에 보관했다. 그런데 1980년대 후반에 이 독수리 문양이 다시 등장했다. 물론 이제는 더 이상 공공장소가 아닌, 비판적인 눈을 피한 안전한 곳이나 스프레이를 쏘아 만든 그림에서 말이다. 시 당국은 근처에 주둔한 '찌텐(Zieten)' 군대의 요청을 받아들여, 그 문양을 군대의 막사 연병장에 세웠다.[24]

괴팅겐의 다른 추모비는 황제를 상징하는 독수리가 반항하는 백성을 억누르는 문양이 새겨진 채 몇십 년 동안 세워져 있었다. 이 문양은 1904년 당시 독일이 남서부 아프리카 식민지였던 나미비아(Namibia)에서 일어났던 헤레로(Herero) 반란을 진압한 것을 의미했다. 괴팅겐에 주둔했던 제82 보병연대 소속원들은 당시 진압 과정에서 사망한 부대 소속 병사 네 명을 기리기 위해 1910년에 이 추모 표지판을 세웠다. 얼마 뒤에는 시민의 기부를 받아 그 독수리 모양을 구리로 새겨넣었다. 1978년 4월 이 문양을 누군가 훔쳐가자, 많은 선량한 시민들이 분노했다. '학생' 혹은 '과격한 좌파'가 그랬을 것이라는 소문이 여전히 나돌고 있지만 그뿐이다. 이후로는 기념물 받침대만 외롭게 남아 있다.[25]

이 기념물 가운데 대중들의 각별한 관심을 받은 것이 하나 있다. 그것은 앞서 말한 제82 보병연대의 생존자 단체가 1925년에 제1차 세계대전 당시 '전사한 영웅'을 기리기 위해 조성한 조형물로, 돌로 병사의 모습을 조각한 것이

---

24 *Göttingener Tageblatt*, 2. Juli, 1993, p. 17.

25 Holger Biermann, "Ein Adler für Namibia. Das Südwest-Afrika-Denkmal", in Gottschalk ed., *Verewigt und Vergessen*, pp. 51~53. 소련 군정 당국은 1946년 6월 자신들이 점령한 지역에서 전쟁의 무용(武勇)을 기리거나 혹은 다른 방식으로 '군국주의적 경향'을 보이는 모든 공공기념물(교회와 공동묘지를 포함하여)의 비문을 삭제하라고 지시했고, 이는 도로명도 해당되었다. 또한 유사한 경향을 드러낸 디자인의 기념물도 제거되어야 했다. 지방 보고서가 포함된 다음을 참조하라. Landeshauptarchiv Potsdam, Rep. 230, Oberlandratsamt Cottbus, Nr. 66.

다. 이 조각은 1953년 조그마한 공원인 '로젠가르텐(Rosengarten)'으로 옮겨져, 뒤쪽을 빙 둘러싼 담벼락 앞에 높이 세워졌다. 조각상 바닥에는 그 연대의 '전사한 병사'라는 문구를 새기고, 뒤편 담벼락에는 동프로이센의 여러 군대에 대한 추모판을 부착했다.[26]

여기 '로젠가르텐'에서는 1990년까지 매년 현충일에 지역 차원의 추모식이 열렸다. 1988년까지는 제복과 군장을 갖춘 서독 병사들과 지역 유지 및 여러 향우회 단체들도 참여했다. 다만 이곳에 들어선 '기념비'는 거의 처음부터 갈등을 동반했다. 병사를 조각한 동상이 1959년에 부서졌고, 1980년과 1987년, 그리고 1988년에 또 다시 크게 훼손되었다. 1980년대 중반부터 매년 최소한 수십 명이 추모식을 훼방하거나 아예 취소시키려 했다. 이에 경찰이 출동하여 여러 번 그런 시도를 미리 차단하기도 했다. 이 추모식을 비난하는 사람들은 전쟁에 참여하여 나치군에 복무하기를 거부했던, 말하자면 독일 파시즘에 충성하라는 압박을 벗어던진 탈영병에 대해서도 똑같이 추모비를 세우라고 요구했다.

이러한 요구에 부응한 사례도 있다. 1990년 9월 1일 괴팅겐 시 당국은 서독의 도시 중 처음으로 제2차 세계대전 당시의 탈영병들을 위한 공식 추모비를 세웠다. 독일사회민주당 출신으로 나치를 피해 영국으로 망명한 전력이 있었던 괴팅겐 시장 아르투르 레비(Arthur Levi)가 화강암으로 제작된 탈영병 추모 표지판을 시청 청사에 걸었다. 크기가 1.5m²인 이 표지판 표면에는 발로 짓이겨져 부서진 채 바닥에 버려진 하켄크로이츠 위로 벚나무 가지가 새겨졌다. 그 아래에는 탈영병이었던 알프레트 안더쉬(Alfred Andersch)가 지은 소설 『자

---

26 이것과 이하의 사항에 대해서는 다음을 보라. Holger Biermann, Frauke Lindloff, "'Alle werden fallen', Das Kriegsdenkmal im Rosengarten", in Gottschalk ed., *Verewigt und Vergessen*, pp. 54~66, 주17번.

유의 벗나무(Kirsch der Freiheit)』의 한 구절이 적혔다. "죽음에 대한 공포에서가 아니라 살고자 하는 의지로부터."[27]

나치 탈영병을 공개적으로, 혹은 더 나아가 공식적으로 인정하는 것이 적법한지를 놓고 벌어진 심각한 대립 상황은 이 추모비 제막식에서도 뚜렷하게 드러났다. 언뜻 보면 제막식은 단일 행사처럼 보였지만, 실상은 두 부분으로 구성되었다. 일단 시장이 제막식을 거행한 이후에도 군중 대다수인 수십 명이 자리에 남았다. 그러자 조각가가 몇 마디 인사말을 했고, 이어 '군복무를 거부하는 연방군 징집예비자' 대표가 축사를 했다. 독일노동조합연맹(DGB) 지부가 후원한 이 제막식 2부에서 비로소 탈영의 현 상황에 대해, 그리고 나치 시기의 전쟁 복무와 서독 시기의 군복무 사이에 연속성이 있는지에 대해 토론이 벌어졌다.

1989년 4월 답사

처음에 언급했다시피 이 글을 쓰게 된 계기는 독일 병사들의 묘비, 곧 제2차 세계대전 막바지에 베를린 근처에서 사망하거나 전사한 사람들의 묘비를 며칠 동안 답사하는 여행이었다. 우리 일행은 세 명이었는데, 동행한 두 사람 모두 동독 출신으로, 그 전까지는 전혀 모르는 사이였다. 그중 한 사람은 동독 장교 출신으로 1989년 당시 한 지역 박물관에서 역사가로 일하고 있었으며, 다른 한 사람은 동독 훔볼트대학의 문화 연구자였다. 그들이 답사할 장소를

---

27 이것과 이하의 사항에 대해서는 다음과 그 자신의 회상을 보라. Eckart Stedeler, "Der Stein des Anstoßes. Ein Denkmal für Deserteure", in Gottschalk ed., *Verewigt und Vergessen*, pp. 134~140, 주7.

물색하고 여행 동선을 짰으며, 지역 당 조직 및 관청과도 조율했다.[28]

답사 노선은 1945년 4월에 일어난 전투, 그중에서도 베를린 북동부에서 있었던 전투를 따라 정해졌다. 베를린에서 북쪽으로 약 40km 떨어진 지역인 템플린(Templin)에 있는 묘지도 방문했는데, 이곳에는 폭격으로 사망한 사람들이 묻혔다. 우리는 거기서 북동쪽으로 약 1km 떨어진 한 마을을 방문했다. 동행한 두 사람이 나를 비교적 넓은 농가 마당에 데려갔는데, 그곳에 유독 눈에 띄는 묘소가 있었다. 이 묘지는 잘 관리되고, 붐비는 도로에서도 잘 보일 만큼 비석이 컸다. 거기에 새겨진 문구는 이러했다. "우리의 사랑스런 아들을 기억하며." 동행 중 한 사람이 설명한 바에 따르면, 1945년 3월 이 집 주인은 집 근처 죽은 병사들의 시체더미에서 자기 아들을 찾아냈다.

그곳에서 몇 킬로미터 더 떨어진 가르츠(Garz) 남쪽, 오데르강 좌안에 바싹 붙어 있는 한 마을에서 우리는 1945년 3월에 사망한 병사 23명의 무덤을 돌보고 있는 한 여성을 만났다. 전투 당시에 '붉은군대'는 도강(渡江)을 위한 만반의 태세를 갖추고 있었다. 그들의 작전은 오데르강 연안과 후면에 있던 독일군 진지에 포탄과 폭격 세례를 퍼붓는 것이었다. 그 여성의 말에 따르면, '붉은군대'는 독일 군대를 쳐부수고 몰아낸 뒤 1945년 4월 말에 숲속에서 마을로 되돌아온 주민들에게 시체를 운반하도록 시켰다. 그녀도 당시 스무 살가량으로 그 마을 주민이었다. 그녀는 죽은 병사 가운데 한 명을 알고 있었다—그리고 아마도 그를 사랑했었다—고 한다(필자의 동행이었던 전역한 국가인민군 장교가 마을 주민으로부터 들은 이야기다). 그녀는 지금까지도 그 묘지들을 돌보고 있는데, 지인의 묘비 옆에 다른 스물두 명을 위한 묘비도 공들여 세워놓았다. 1945

---

28 이와 연관된 교회의 활동은 위의 주6번부터 8번까지를 참조하라. 이러한 교회의 활동에 관심을 보인 동독 주민도 있었지만, 교회에 소속되지 않았던 이들에게서는 그러한 활동이 보이지 않았다.

년 여름 이후 그녀는 그 모래땅에 '적당한' 묘지를 조성하느라 온 힘을 다했을 것이 분명했다.

남쪽으로 몇 킬로미터 못 미쳐 치코우(Zichow) 마을 공동목장이 길게 늘어선 가운데 중간 크기의 표석이 눈에 띄었다. 도로 쪽으로 서 있는 검은 색 석판으로, 옆면에는 알아보기 쉽게 황금색으로 "죽은 자들이 경고한다"라는 글자를 새겼다. 이 표석 앞 잔디밭에는 더 작은 비석들도 있었는데, 풍화된 비명(碑銘)이 1914~1918년 사이에 세워진 것임을 알려줄 뿐, 사망자 명단은 거의 알아볼 수 없었다. 마을 사람들도 그 이상 아는 바가 없었다. 그렇지만 우리 일행 중 한 사람이 소개해준 노파의 말에 따르면, 1920년대에는 커다란 석판 주위를 조그마한 돌들로 둘러싸고 거기에 이 마을 전사자들의 이름을 새겨놓았는데, 제2차 세계대전 후에 사람들이 그것을 치웠단다. 한편 우리 일행 중 한 사람은 그 석판에 1945년까지는 다른 내용의 비문이 있었으며, 그것을 없애버린 것이 아니라 그저 앞뒷면을 바꾸어놓았을 뿐이라고 말했다. 노파에게 그런 얘기를 들어본 적 있느냐고 묻자, 그녀는 그저 어깨를 으쓱하고 말았다. 금시초문이라는 것이다.

다시 장소를 바꾸어 프렌츨라우(Prenzlau) 남쪽에 있는 작은 마을로 갔다. 여기에도 교회 근처에 무덤이 하나 있었다. 우리가 걸어서 다가가자, 가까운 집에서 나이든 여성 한 명이 문을 열고 나왔다. 그녀는 몹시 초조한 표정으로 달려왔지만, 내 일행 가운데 옛 국가인민군 장교가 있다는 걸 알고는 안심하는 듯했다. 그녀는 거두절미하고 곧바로 내게 몸을 돌려 말했다. "여기에는 1945년 4월 독일군 무명용사 네 명이 묻혔어요. 나도 그 전쟁 때 동부전선에서 아들 둘을 잃었기 때문에, 내가 이 무덤을 돌봐야 하고 돌보고 싶습니다. 누군가 러시아에서도 내 두 아들을 위해 똑같은 일을 해줬을 거라고 믿으니까요." 그리고는 바로 몸을 휙 돌려서 무덤을 향해 이해할 수 없고 화가 치미는 듯 이렇게 말했다. "내가 묘지 둘레에 철책에 쳐놓았지만, 젊은이들이 거기에 앉아서 무덤에 담배꽁초를 던지거나 꽃을 뜯어간다니까요." 동물도 그녀의 화를 돋웠는데, 특히 토끼가 꽃을 먹어치우기 때문이었다. 그래서 그녀는 철책 뒤로 철조망을 설치하여 토끼가 더 이상 꽃에 가까이 오지 못하도록 막아버렸다.

노이브란덴부르크(Neubrandenburg) 지방사박물관(Museum für Regionalgeschichte)에서 근무하던 우리 동행자는 계속해서 시신들이 발견되거나 발굴되었던 무덤과 장소들로 우리를 안내했다. 무덤에서 그는—예전에 국가인민군 장교였다—몇 년 전까지만 하더라도 이들 무덤에서, 혹은 그 무덤 위에 세웠던 십자가에서 철모를 발견하곤 했다는 점을 누누이 강조했다. "그렇지만 이제는 거의 다 사라졌습니다." 물론 많은 곳에서 여전히 그런 철모들을 발견할 수 있었지만, 대부분 꽃이나 잡초로 뒤덮인 상태였다.

답사를 하면서 나는 그에게 '전사자 추모지', 곧 독일군 현충원과 각 묘지들이 어떻게 관리되어왔는지, 또 묘비에 관한 규정은 어떻게 발전해왔는지 물었다. 실제로 그는 몇 년 전부터 이와 관련된 자료를 수집해왔다. 그는 1945년 여름에는 모든 것이 소련군 사령부에 달려 있었다고 강조했다. 소련군은 독일 민간인들과 새 시장에게 시신을 묻고 묘지를 조성하도록 명령했다. 이 전역장교에 따르면, 마을 주민들은 시신들을 안치하고 이장했던 자신들을 마치 '시체털이꾼'처럼 느꼈다고 한다. 누구보다 군의관들이 급하게 재촉했는데, 그도 그럴 것이 더운 여름 날씨에 전염병이 퍼지기 전에 시신을 빨리 수습할 필요가 있었다.

1945년 말까지 묘지 조성 초창기에 결정적인 역할을 한 건 마을 성직자들이었다. 그들이 나서서 논밭이나 초원, 숲에서 시체를 찾아 모았다. 할베에서 북쪽으로 20~30km 떨어진 어느 숲속 마을에서는 마을 목사가 새로운 묘지를 알려주는 사람에게 1마르크씩 주었다고 한다. 나는 이 이야기를 1989년에 한 여성으로부터 들었다. 그녀는 1945년 당시 열 살 남짓이었다. 그녀는 또래 아이들과 함께 그 무덤들을 아주 정성껏, 열정적으로 돌보았다. 1949~1950년 사이에 이 시신들이 국가 당국과 교회에 의해 할베로 체계적으로 이장되면서, 아이들은 '자신들의' 묘지와 그 강렬했던 기억까지 다 잃어버렸다. 그 전까지 그곳에서 이들은 뭐든 하고 싶은 일을 할 수 있었다. 꽃을 놓기도 하고, 꽃과 나무를 심기도 하며, 잡초를 뽑기도 했다. 그 땅을 돌보면서 어른들의 칭찬도 받았다. 묘지 자체와 묘지 관리는 어린이들의 몫이었고, 그곳은 "그들 자신의" 공간이었다.

소련 점령기와 동독 시기의 규정들

내가 만난 증인들에 따르면, 독일 당국이 이 문제에 관심을 보이기 시작한 것은 1947년, 혹은 1948년부터였다. 전몰자 묘지를 목록화하기 위해 소련 점령 지구(SBZ) 내에 독일인 중앙부서(1946/47년부터)를 설립하기로 했던 것이다. 이는 정상적인 행정기구를 복원하려는 정치의 일환이었지만, 나중에 동독 내무부가 될 이 독일 내무청(Deutsche Verwaltung des Innern)에서 전체 목록을 작성했는지는 확실치 않다. 그렇지만 최소한 중간급 행정 단위에서는 1952년까지는 각 주의 내무부가, 그 이후에는 각 지방 당국의 총무과가 자기 관할 구역 내에 있던 모든 정보를 카드로 정리하고자 노력했다.

그후 오랫동안 아무 일도 진행되지 않았다.[29] 그러다가 1970년에 이르러서

---

29 동독 당국은 '반파시즘'을 수용하고 전파할 강한 필요성에 부합하는 전몰자 묘지와 추모시설에 각별한

야 비로소 다시 이 문제가 불거졌다. 동독은 1960년대 말과 1970년대 초에 국가 위상을 높이고자 적극적으로 노력하고 있었다. 그 수많은 결과 가운데 하나가 병사 및 전몰자의 무덤을 1949년 8월 12일에 맺어진 네 가지 제네바협정에[30] 의거하여 지속적으로 보존하고 정리하며 열람할 수 있도록 만드는 것이었다. 그에 따라 군인 묘지에 대한 모든 정보를 목록화했다.[31]

동시에 동독 정부는 각 지방 차원에서 이 묘소들을 의무적으로 돌보도록 규정했다. 우리가 여러 마을에서 들었던 바와 같이, 각 마을에서 무덤 4기, 6기, 혹은 23기를 실제로 관리하고 있는 사람들에게 꽃과 화환을 마련할 비용으로 일 년에 100~200마르크 정도씩 지불되었던 것도 이 정책을 통해서였다.

관심을 기울였다. 따라서 희생자들과 '파시즘의 희생자', 독일통합사회당에 의해 노동운동의 영웅으로 추앙받는 사람들, 특히 1933년 이전의 나치 투쟁이나 그 이후 나치의 테러에 의해 사망한 1920~1930년대의 공산당원이 묻힌 지역이 중점적으로 관리됐다. 동독 건국(공식적으로 1949년 10월 7일) 이전인 바이마르 시대에 공산주의 운동의 지도자였고 1945년 이후 통합사회당 의장 두 사람 중 하나였던 빌헬름 피크(Wilhelm Pieck)는 프리드릭스펠데(Friedrichsfelde)에 있는 묘지와 '옛 사회주의자들의 추모지'를 다시 조성하고 새로 단장하고자 노력했다. 1949년 2월 그는 바이마르공화국 초대 대통령의 아들이자 동베를린 시장이었던 프리드리히 에베르트(Friedrich Ebert)에게 일련의 변화 및 전체 시설의 확장을 제안했다. 그 후 몇 개월 동안 피크는 이 변화를 힘주어 강조했다. 이 시설이 사회주의자와 공산주의자에 대한 테러의 희생자들, 특히 나치 시대뿐만 아니라 바이마르 시기의 희생자들까지 모두 아울러 추모하는 데 기여해야 한다는 것이었다. 변경된 사항의 핵심은 나치가 파괴한 것을 회복하는 것이었다. 곧 1919년 학살작전의 희생자였던 로자 룩셈부르크(Rosa Luxemburg), 칼 립크네히트(Karl Liebknecht), 그리고 다른 희생자의 묘소를 복원하는 것이었다. Stiftung Archiv der Parteien und Massenorganisationen der DDR im Bundesarchiv (SAPMO-BA), NY 36/611, fol. 57ff. 피크가 직접 나서서 이 일에 힘껏 매진한 것은 영웅의 전설을 (재)생산하려는 동독통합사회당의 뒤늦은 노력의 산물이었다. 그렇지만 또한 독일 공산주의 운동의 지도자들에 대한 그의 개인적인 경험도 한몫을 했다. 그는 1919년에 이미 사망자 추모시설의 건설(1929년 그로피우스Gropius가 이 시설을 만들었다)을 제안하고 지지했던 사람들 가운데 한 명이었다. 1933년 이전에도 그는 죽은 동료를 추모시설을 통해 기렸고, 그 전통을 1951년 1월 재개했던 것이다.

30 주14번을 참조하라.
31 동독 국가안전부(MfS) 제XX/4국 국장이 1975년 7월 1일 기록한 바에 따르면, "파시스트적인 나치국방군의 옛 병사'들의 공동묘지, 무덤 그리고 집단매장지에 대한 "총일람표"는 내무부와 "지역 산업 및 기간산업부에만 존재했다." BStU, ZA, MfS, HA XX/4, Nr. 2899, Bl. 130.

기억: 1985년 오데르브루흐

그보다 몇 해 전에 나는 이미 근처의 다른 마을을 방문한 적이 있었다. 1985년 6월, 나는 오데르강 좌안(左岸)의 쿠너스도르프(Kunersdorf)에 있었다. 그곳은 1989년에 우리가 방문했던 곳에서 남쪽으로 50km 정도 떨어진 지역으로, 1945년 4월 붉은군대가 오데르강을 넘어 베를린을 포위공격하기 위해 마지막 총공세를 가했던 전쟁터였다. 그 근처의 한 향토박물관 관장이 어느 일요일 오후 나를 초대하여 주변을 안내해주었는데, 그는 1945년 전투에서 최소한 2만 명의 군인과 인민돌격대 대원들이 사망했을 거라고 추측했다. 하지만 확인된 사망자 수는 1,500명에 불과했고, 묘지도 그만큼만 존재한다고 했다. 덧붙여 그는 근처에 있는 굿 프리드란트(Gut Friedland)의[32] 소유자가 1945년 3월 이 언덕에 공동묘지를 조성했다고 말했다. 4월 전투에서 발생한 시신 수십 구도 거기에 안치되었다—이 공동묘지는 원래 2월, 그리고 특히 3월에 벌어진 진지전에서 포격에 의해 사망한 희생자들을 위한 것이었다.

이 수치로 미루어보건대, 시신 약 2만 구가 전혀 기록되지 못하고 여타의 정보도 남기지 않았다. 1980년대까지도 지나가다 해골에 발이 걸려 넘어질 뻔하곤 했다고 박물관장은 전했다. 나중에 1989년 4월 답사 때 동행했던 국가인민군 전역장교도 비슷한 기억을 말해줬다. 예전에 이 근처 숲에서 버섯을 찾다가 땅에서 나뭇가지를 발견하고 무심코 주웠는데, 알고 보니 사람의 뼈였다는 것이다. 그렇지만 묻히지 못한 수많은 시신의 문제는 이렇게 수치상으로만 드러나는 것이 아니다. 그 박물관장은 여전히 숲에서 일하다가—문자 그대로—뼈에 걸려 넘어질 뻔하고 있는 마을 주민들과 나눈 이야기를 전해

---

32 [역자주] 쿠너스도르프 남쪽에 있는 마을 이름이다.

주었다. 만약 사망자들이 제대로 안치되지 않아서 마지막 휴식마저 찾지 못했다면, 어찌 해야 하는가?

1985년 여름 오데르브루흐로 가는 길에서 박물관장은 '1945년에 대한 기억'을 언급했다. 그는 1945년 3월과 4월의 전투를 기억할 때 자주 떠오르는 것은 독일 병사의 묘지에 비석을 세우거나 묘비를 새길 때 소련군의 승리를 언급하는 게 금기시되었던 일이라고 했다. 공동묘지였기 때문에 그 무덤들 곁에는 '붉은군대'와 연합군 병사들의 묘도 함께 있었는데, 그럼에도 다른 곳들과 마찬가지로 오데르브루흐에서도 묘비, 곧 추모비를 각 묘지마다 세워두었다. 게다가 살아남은 사람들을 괴롭히고 아마도 후손들까지 곤란하게 만들었던 것은, 새로운 권력자가 '우리나라 사람'인 독일인 사망자에 대한 추모나 애도를 일체 금지했다는 점이다. 1983년이나 1984년에, 그러니까 '파시즘으로부터의 해방' 40주년을 맞이하는 기념식을 준비하는 과정에서야 비로소 독일통합사회당(SED) 지구당과 지역 간부의 동의하에 각지에서 이들에 대한 추모 과정을 기록하는 지방의 프로젝트가 가능해졌다는 점을 박물관장은 지적했다. 이 프로젝트에서는 그 지역 출신 사람들에게 1945년 초기를 어떻게 기억하고 있는지를 물었다. 그 답변은 아주 모순적일만큼 서로 달랐다. '그당시'의 고통을 기억하는 한편, 살아남고야 말겠다는 희망과 의지도 드러났다. 다른 한편 주민들이—특히 여성들이—해방군에게 희생당하지 않도록 도망치느라 얼마나 애썼는지도 뚜렷이 보여주었다.[33] 그렇지만 1985년 5월 9일 기념식 직후에 독일통합사회당은 이 문제가 종결되었음을 선언했다. 이제는 더 이상 이 문제로 고민할 필요가 없다는 것이었다. 이러한 '문화 활동'을 어

---

33 Atina Grossmann, "Eine Frage des Schweigens? Die Vergewaltigung deutscher Frauen durch Besatzungssoldaten", in *Sozialwissenschaftliche Information/SOWI* 24, 1995, pp. 109~119.

떻게 '모든 측면에서' 항구적으로 발전시킬 것인가에 대한 계획에서 1945년 4월과 5월에 대한 기억과 자기 과거에 대한 반성은 명백히 사라졌다.

박물관장은 우리가 1945년 3월에 쿠너스도르프의 언덕 위에 조성된 공동묘지를 방문했을 때 그 이야기를 꺼냈다. 이 공동묘지는 붕괴된 건 아니라 해도 결코 잘 관리된 상태도 아니었다. 눈에 들어온 것은 한복판에 서 있던 나무십자가였다. 높이는 약 5m 정도였고 아래쪽에는 "1945년 독일 병사 199명이 잠들다"라고 적힌 석판이 있었다. 입구 근처에는 흙더미 묘지 앞에 조그마한 검은색 게시판이 세워져 있었는데, 거기에는 "독일 무명용사 95인이 1945년 쿠너스도르프 근처에서 전사했다"라고 써 있었다. 이름이 새겨진 묘비도 몇 개 있었다. 우리는 그곳에서 다시 2~3km쯤 더 달려서 쿠너스도르프 바로 옆 동네에 있는 공동묘지에 도착했다. 규모는 작지만 전반적으로 잘 정비된 곳이었다. 꽃과 나무도 손질되어 있었고 잡초도 전혀 없었다. 박물관장의 전언에 따르면, 이 공동묘지는 사비로 운영되고 관리되고 있었다. 이 공동묘지는 원래 굿 프리드란트 구역에 있었고, 묘지도 10구만 있었다. 첫 묘지는 18세기에 생겼고, 마지막 무덤이 들어선 것은 제1차 세계대전의 첫 전투가 있었던 1914년 8월이었다. 바로 이—특히 소박한—묘지가 '가장 늠름한' 프로이센 기마연대였던 보병 제1근위대 소속 폰 오펜(von Oppen) 소위의 것이었다. 가느다란 나무십자가에는 직급과 이름이 담긴 철십자 훈장이 새겨져 있었고, 그 위에 "여기 하느님 품에 잠들다"라는 글귀를, 그 아래엔 부상을 입은 날과 사망한 날(그 다음 날) 일시를 적었다. 이 글씨체는 로마자체가 아니라 바이마르공화국 이래 정치적 우익의 상징이 된 프락투어(Fraktur)였다.[34]

---

34 [역자주] 16세기 중반부터 독일에서 사용된 글자체로 19세기에 독일 민족의 글자체로 선전되면서 점차 널리 쓰였다. 나치는 한때 로마자체 대신 프락투어를 공식 글자체로 삼으려 했지만, 점령 지역에 더 쉽게 독일어를 전파하고자 그들의 글자체와 유사한 로마자체를 선호하면서 이런 움직임은 중단되었다.

참으로 극렬한 대비가 아닐 수 없었다. 주변 논밭과 초원에는 극소수를 제외하고 대부분 신원조차 밝혀지지 않은 시체가 몇 천 구까지는 아니더라도 몇 백 구나 안장되지 못한 채 버려져 있었는데, 여기 묘비의 내용은 전사(戰死)라는 행위를 뚜렷하게 강조하며 현세의 의무와 종교적 믿음을 충족시켰을 뿐만 아니라 심지어 그 본질과 결과에서 제국주의 전쟁에 아주 의식적으로 참여했다는 점을 드러내고 있었다. 물론 이들 안장되지 못한 시신에 대한 쓸쓸한 무언의 기억들이, 특히 그렇게 화창한 일요일에는, 이 들판과 초원 어딘가에 드러나지 않은 채 존재했다. 이곳 사정을 아는 사람들이 그 기억을 이야기할 때 비로소 주변 경관 아래에 숨어 있던 다른 층이 드러났다.

추모시설: '붉은군대'의 전몰자들

남쪽으로 몇 킬로미터 떨어지지 않은 높은 오데르강가에 제로우(Seelow)라는 작은 도시가 있다. 여기서부터 걸어서 제방의 경사면을 오르면 주변을 압도하는 조각상이 더 잘 보인다. '붉은군대'의 제복을 입은 군인의 형상이다. 더 가까이 가서 보니, 그 석상은 실물보다 크기가 훨씬 더 컸다(높이 8m).

제로우의 추모지에는 석상만이 아니라 공동묘지와 박물관도 있는데, 이는 1945년 4월 16일 소련군이 베를린 공격을 개시한 것—제2차 세계대전의 '최후 전투'—를 기념한 것이다. 이곳 오데르강을 둘러싼 포위전투에서 '붉은군대'는 엄청난 손실을 입었고, 최소한 병사 3만 3천 명이 전사했다. 이 추모지는 1945년 11월 27일에 이미 조성되었다. 석상의 설치는 베를린을 포위하여 탈환했던 '붉은군대'의 총사령관 주코프(Schukow) 원수가 지시했다. 이곳은 1972년 소련 건국 50주년 기념식에 맞추어 형태를 바꾸어 새로운 분위기를 조성했다. 그때 박물관이 새로 들어섰고, 야외에 무기와 탱크가 전시되었다. 1985년 베를린 공격 40주년을 계기로 전시장을 확장했고, 무엇보다도 1945년 주코프가 지휘한 벙커가 복원되었다.[35]

박물관 동료와 나는 통일 전 1990년 9월 어느 추운 날 오후 늦게 이곳 추모지를 방문했다. 그곳에는 아무도 없었지만, 아직 생기 넘치는 꽃이 놓여 있는 것으로 보아 방금 전에 방문객이 다녀갔음을 알 수 있었다. 화환 대부분에 러시아어가 적힌 리본이 달려 있었다. 그렇지만 독일어와 폴란드어로 된 화환이나 꽃다발도 보았다. 이 추모지는 전체 시설도 그렇고 각각의 시설도 예컨대 라벤스브뤼크(Ravensbrück)에 있는 강제수용소 희생자 추모시설을 연상시켰다. 여기는 모든 점에서 할베에 있는 공동묘지와 아주 달랐다. 무엇보다도 꽃다발의 언어가 달랐다. 할베에서는 근처 학교와 공장에서 꽃을 보냈지만, 제로우의 독일어로 된 꽃다발은 동독 전역에 있는 독일통합사회당 당 조직이나 동독 청소년 조직인 '자유독일청년(FDJ)'의 산하기구 혹은 다른 공공기관과 조직에서 보낸 것이었다.[36]

제로우에 있는 추모공간과 석조상은 베를린과 그 주변 지역에 있는 '붉은

---

35 다음 책을 보라. *Gedenkstätte der Befreiung auf der Seelower Höhe*, Seelow, 1985, 특히 p. 50 이하와 p. 56 이하. 소련, 동독, 그리고 폴란드 군대가 군사 사열을 위해 추모시설을 어떻게 이용했는지에 대해서도 위 자료를 참조하라. 1990년 9월 10일 그 박물관을 방문했을 당시, 1989년 12월까지의 방문객 수가 적힌 표를 보았다. 그에 따르면, 러시아 방문객 수는 28만 7,774명, 폴란드 방문객 수는 2만 4,831명, 서독 방문객 수는 8,951명, 서베를린 방문객 수는 2,255명이었다. 다른 나라에서 온 방문객도 소수지만 있었다. 동독 출신 방문객 수는 기재되지 않았다. 동서독이 통일되기 몇 주 전인 1990년 9월, 처음으로 그 전투에서 독일 측이 어떤 상황이었는지 알 수 있는 전시작품이 등장했다. 그 가운데는 오데르브루흐 브리에첸(Wriezen) 근처 묘지를 담은 사진도 있었다. 사진 설명문에 따르면, 이들 독일 전사자들은 독일군이 매장했고, 묘소에는 철십자가 형태의 비석을 세웠다.

36 1991년 4월 소련의 추모지 근처에 '반(反)기념비(Gegen-Denkmal)'와 같은 조형물이 설치되었다. 브란덴부르크 주지사였던 만프레트 슈톨페(Manfred Stolpe)는 소련군 및 폴란드군 장군들과 함께 '평화의 숲' 조성을 위해 나무를 심었다. 어쨌든 슈톨페는 이를 계기로 전쟁과 죽음을 대신하여 그 숲을 가꾸어야 할 필요성이 확인될 것이라고 했다. *Die Kirche*, 28. April 1991, p. 8 참조.

제로우(Seelow)에 있는 붉은군대의 추모묘역. 석주('쿠르칸')가 보이고 병사의 묘지도 보인다. 사진: Assenmacher(위키피디아).

군대'의 전사자를 기리는 위풍당당한 추모지 가운데 하나일 뿐이다.[37] '붉은
군대'의 전사자 수는 수치상으로 독일 민간인과 병사의 사망자 수를 능가하
는데, 이들은 집단매장지에 안치되었다. 전사자 각각의 면모는 그저 매장된
사람의 총 수치 속에서나 간접적으로 드러난다. 그렇지만 여기 제로우에서
도 알 수 있듯이, 이 묘지에서 압도적인 것은 시각적으로 위로 뻗은 석조 기
념물이나 석주—러시아어로 '쿠르간'—이다. '쿠르간'은 일부가 아주 멀리서
도 잘 보였고 지금도 잘 보인다. 이것이 주변 풍경을 지배하고 변화시킨다. 이
곳 주변에서 일하고 있는 사람들, 정기적으로 혹은 가끔 지나치는 사람들까
지도 시야에서 그것의 존재를 놓칠 수 없다.

　이 조형물은 대체로 들판의 돌로 만들어졌고 중심 부분만 약간 붉은 대리
석을 사용했다. 대부분 전쟁에서 승리하고 난 후 몇 달 만에 세워졌다. 거기에
새겨진 문구는 "대조국전쟁의 영웅"들을 기리고, 전사자의 투쟁심과 비참함
을—그곳이 그들의 '영원한 안식처'가 되었으니 말이다—되새긴다. 개개인의
이름과 정확한 날짜가 새겨진 무덤들은 아마도 점령군 사망자의 묘일 것이

---

37 이 독일 전쟁기념비들 중 가장 크고 웅장한 것은 1947~1949년까지 베를린 남쪽 트렙토우공원(Treptower
Park)에 건립된 것이다. 이 공원은 19세기 후반부터 노동자 집회와 시위의 장소로 사용되었다. 1946년 5
월 1일 독일의 노동조합과 파시즘 반대자들이 이곳에 작은 비석을 세웠다. 1947년에 소련군 점령 당국
의 명령에 따라 거대한 기념비가 건립되기 시작했고, 1949년 5월 종전 및 해방 4주년에 맞춰 공개되었
다. 기념비에 쓰인 자재 중에는 히틀러의 새로운 수상관저의 잔해에서 나온 대리석도 있었다. 다음을 참
조하라. Horst Köpstein und Helga Köpstein, *Das Treptower Ehrenmal: Geschichte und Gegenwart des Ehrenmals für die
gefallenen sowjetischen Helden in Berlin*, Berlin, 1987. 다음도 참조하라. Wolfgang Gottschalk, *Ausländische Ehrenmale und
Ehrenfriedhöfe in Berlin*, Berlin, 1992. 이 기념비는 동독에서 곧 필수적인 명소가 되었다. 예컨대 교과서와 어린
이 책에서 말이다. (동)베를린을 한 바퀴 돌면서 서술한 다음 아동서적을 참조하라. Dänhardt, *Alex, Spree und
Ehrenmal*, Berlin, 1979~1981. 이 책이 언급한 관광 명소 31곳 가운데는 '전사한 소련 영웅을 위한 기념비'도 있
었다. 저자는 이것이 '전사한 소련 영웅을 위한 주요한 기념비'라고 덧붙였다. '파시즘과 군국주의 희생자
를 위한' 기념비와 '노이에 바헤(Neue Wache)'도 언급되었다(p. 68). 베를린장벽이 무너진 후에 '붉은군대'
전사자를 위한 묘지는 주로 우익에 경도된 사람들, 우익이나 신나치 배지를 단 젊은이의 단체나 모임, 그리
고 신나치주의자들에게 훼손의 표적이 되었다. 『베를리너 차이퉁』지는 1993년 5월 29일과 30일에 걸친 주
말 동안 베를린 근처에서 발생한 유사한 훼손 사건을 3건이나 보도했다. *Berliner Zeitung*, 1. Juni 1993, p. 4.

고, 1945년 이후에나 세워졌다. 이들의 묘비에는 이름과 날짜뿐만 아니라 전 사자의 상반신 사진이 붙은 배지가 에나멜로 칠해져 부착되었다.

1989년 4월의 답사 때, 내 동행자 두 사람은 사망자를 안치하는 '러시아풍 예식'에 대해 여러 번 언급했다. 그들은 '아주 분명'하다고 자신하면서도 사실 이 '러시아풍 예식'이 정말로 러시아에서 보편적인 방식인지 명백한 증거는 없다는 것을 인정했다. 그중 한 명이 건성으로 질문을 던졌다. "그렇게 하고 나서 러시아인은 개인적으로 더 이상 아무 일도 하지 않는다고 하는데, 정말 그럴까?" 두 사람 모두, 그리고 우리가 방문했던 곳에 살던 사람들 역시, 전사자를 묘지에 안치하는 방식에 대해 분명히 다른 생각을 갖고 있었다. 민간인이거나 군인이거나 전쟁의 '사망자'에게는 이름과 십자가 표식을 세워야 하고, 병사의 경우 묘비나 추모 십자가 옆에 철모를 두어야 한다는 등이다.[38]

당시 소련군 사령관들은 사망한 자국 병사들만 묻으라는 명령을 내렸다. 베를린에서 북동쪽으로 약 150km 떨어진 바르틴(Wartin) 마을에서는 동독 장교 출신의 동행자가 다른 주민으로부터 마을 어귀에 있는 소련식 석주 아래에 있는 공동의 집단매장지에 대한 이야기를 들었다. 그에 따르면, 그곳에는 독일인과 소련인 사망자가 같이 안장되어 있었다. 내가 1990년에 다시 그곳에 갔을 때, 마을 공동묘지에서 독일군 전몰장병의 묘소를 보았다. 이 묘소는 공동묘지의 다른 무덤들처럼 아주 잘 단장되어 있었다. 마을 주변의 석주가 있는 야트막한 언덕에서는 1989년 4월에 놓여 있던 꽃과 화환을 더 이상 찾을 수 없었다. 시설 전체가 완전히 방치되고 있는 것처럼 보였다.[39] 그 소련식 석

---

38 그 '반박 문건'으로는 벨로루시에서 스탈린 테러의 시기에 벌어졌던 학살 현장을 발굴한 보고서를 참조하라. Kurapaty, *Ausgrabung eines Gräberfeldes aus dem Stalinismus*, Minsk, 1994; Deutsche Fassung übers. von Harald Pinl, Hannover/Barsinghausen 1997 (=Verein für Geschichte des Weltsystems, Rundbrief 21, Anl. 1).

39 그렇지만 1940년대도 마찬가지이다. 1947년 5월 10일 레부스(Lebus) 시장은 '면장 및 읍장들'에게 회람용 서신을 발송했다. 여기에서 그는 소련군 전사자 묘소와 러시아 묘지를 관리하는 것이 독일 측 의무라

주가 있는 언덕으로 가는 길목에 있던 한 농가의 늙은 부인이, 되돌아오던 나에게 이렇게 말했다. "그런 것에는 이제 더 이상 돈을 쓰지 않아요." 내가 공동의 집단매장지에 대해 물어봤을 때, 그녀는 그저 어깨를 들썩일 뿐이었다. 최소한 독일인들이라도 새로 안치했을까? 아니면 그에 대한 이야기는 모두 소문에 불과했을까? 나는 더 이상 물어볼 엄두가 나지 않았다.

동기

1989년 4월 동독 장교 출신의 동행자는 전쟁 사망자와 전쟁묘지에 대해 나와 이야기를 나눴던 사람들 중 유일하게, 살해당한 소련군 포로에 대해 언급했다. 주지하다시피 1941년부터 1945년까지 소련군 포로 3백만 명 이상이 독일군의 포로수용소에서 굶어 죽었다. 더 정확하게 말하자면, 나치국방군이 일부러 그들을 굶어 죽도록 내버려 두었다.[40] 이 사망자들은 집단으로 매장되었다. 오랫동안 묘비나 비석이 제대로 설치되지도 않았으며, 어떤 식으로든 눈에 띄게 보존되지도 않았다.

그는 자신이 동독 당국에 죽은 소련군 포로가 매장된 노이브란덴부르크 근처에 적당한 무덤이나 최소한 비석이라도 세워달라고 요청했다고 무덤덤하게 말했다. 하지만 그 제안은 심각한 난관에 부딪쳤다. 그 땅은 국가 소유였

는 점을 여러 번 반복해서 강조했다. "최근 이러한 묘지와 묘소들이 전반적으로 관리가 소홀한 채 방치되어 있다는 불만을 이곳 군사령관(붉은군대) 측에서 자주 제기하고 있습니다. 그러므로 모든 면장과 읍장께서는 즉시 모든 수단을 강구하셔서 러시아 무명용사 묘지와 현재 존재하는 개개인 묘소가 정돈되고 항상 손질되어 있도록 해주시기 바랍니다." 곧바로 5월 15일에 시행조치가 이루어졌다. Brandenburgische Landeshauptarchiv (BLHA), Rep. 250 Lebus/Seelow, Nr. 348.

40 Christian Streit, *Keine Kameraden*, Stuttgart, 1988.

는데 동독 국가인민군의 거대 시설이 당시 거기에 들어선 상태였기 때문이다. 군대는 그에게 추모시설이든 묘비든 군사작전에 방해가 될 것이라고 통보했다. 그러니 더 이상 어떤 요구나 시도도 하지 말라는 것이었다.[41]

나는 되물었다. "당신은 왜 그런 추모지에 대해 관심이 많습니까? 당신은 왜 그런 일을 시도합니까? 그리고 왜 묘지를 돌보는 사람을 만나려 합니까?" 그는 내 쪽으로 몸을 돌리고 이렇게 말했다. "글쎄요, 나는 정규군 장교였습니다. 장교의 직분을 진지하게 여긴다면 피해 갈 수 없는 물음이 하나 있습니다. 전쟁이 나면 무슨 일이 벌어질까 하는 것이지요 그리고 나는 항상 제대로 묻히고 싶다는 마음이 아주 간절했습니다. 전선에서 비참하게 죽은 모든 이들의 처지를 생각하면, 고통스럽게 죽은 불쌍한 그들이 아주 가깝게 느껴집니다. 그 피비린내 나는 전쟁의 가장 비참한 시기에 있었던 사람들의 처지가 특히 그렇습니다."

윤곽 1. 모순

이런 개별적인 관찰과 그림만으로는 일반적인 결론에 도달하지 못한다. 오히려 수없이 굴절된 형상의 윤곽만 그려질 뿐이다.

① 서독과 동독의 추모행사와 그에 대한 수사(修辭)는 서로 유사하다. 동독에서 전쟁과 인민 대량학살의 주된 원인으로 인식되는 것은 '인간 배후에 있

---

41 다음을 참조하라. Dieter Krüger, ...doch sie liebten das Leben: Gefangenenlager in Neubrandenburg 1939 bis 1945, Neubrandenburg, 1990.

는' 전반적인 역사과정—자본주의의 축적 과정—이다.[42] 그 과정에서 인간 개개인에 대한 언급은 그저 일화(逸話)와 논쟁의 선명함을 강조하기 위해 등장할 뿐이다. 사회집단에 대한 질문, 특히 수많은 (방조한) 가해자에 대한 질문은 분명 서독보다 이곳에서 더욱 오랫동안 제기되지 않은 채로 있었다. 왜냐하면 동독은 연설이나 텍스트를 통해 계속해서 1945년 이후 "…모든 수단을 강구하여" 얼마나 '뿌리째' 가차 없이 제거했는지만을 강조해왔기 때문이다. 대지주와 기업가, 특히 적극적으로 참여한 나치들의 소유권 박탈, 또한 나치당에 가입했던 모든 공무원의 해직이 그 증거로 제시되었다.[43]

구(舊)서독의 담론과 행사는 이와 달랐다. 그렇지만 그들도 판에 박은 듯이 똑같은 논법을 구사했다. 우선 히틀러와 몇몇 사악한 잔당에게만 죄가 있는 것처럼 말했다. 나중에야 비로소 테러와 조작, 전쟁과 학살의 원인을 고삐 풀린 지배기구의 이름 없는 동력에서 찾게 되었다. 수십 년 동안 이런 해석이 지배적이었다. 그렇지만 여기에서도 방조자의 역할이 간과되었다. '제국 독일인' 대다수가 나치를 지지하지 않았다 하더라도 파시즘과 약탈전쟁, 대량학살을 무수히 못 본 척하거나 감수했다. 다수가 "그 일이 일어나도록 내버려두었다." 수많은 사람이 약탈과 억압에 아주 기꺼이, 자주 협조했을 뿐만 아니라, 그것을 지속시키고자 했다.

---

42 여기에 사용된 용어와 강조 부분은 코민테른이 1935년에 분명하게 확인했던 내용과 직접 연관되어 있다. 그에 따르면, 소련 지도부가 통제하던 공산주의 운동은 파시즘을 '반동적이고, 가장 국수적이며, 가장 제국주의적인 금융자본가 분자들의 명백한 테러독재'로 보았다. 그로 인해 형성된 반파시즘에 대해서는 다음을 참조하라. Jeffrey Herf, *Zweierlei Erinnerung, NS-Vergangenheit im geteilten Deutschland*, Berlin 1998(영어판 1997년 출간); Herfried Münkler, "Antifaschismus und antifaschistischer Widerstand als Gründungsmythos der DDR", in Aus Politik und Zeitgeschichte B 45/98, pp. 16~29; Jürgen Danyel ed., *Die geteilte Vergangenheit, Zum Umgang mit Nationalsozialismus und Widerstand in beiden deutschen Staaten*, Berlin, 1995; Lutz Niethammer, unter Mitarbeit von Karin Hartewig ed., *Der 'gesäuberte' Antifaschismus, Die SED und die roten Kapos von Buchenwald*, Berlin, 1994.

43 이러한 축출이 결코 모든 곳에서 전반적으로 시행된 것은 아니었으며, 1948년 이후 소련 점령 지역에서도 아주 단순한 나치당원 경력은 더 이상 배제 대상이 아니었다는 점은 언급되지 않았다.

이렇듯 간과해온 합의의 침묵에 대해, 서독에서는 1970년대 후반부터 의문이 제기되었다. 추모 프로젝트와 일상사 연구를 통해 '나치'로서 적극적이고 열정적으로 자기 일을 수행했던 '그 파시스트'는 바로 남녀 불문한 수십만 명이었음이 드러났다. 지방의 연구들은 다름 아닌 바로 우리 이웃들이 '유대인'의 영업을 방해하고 그들을 몰아냈으며, 그들에게 욕설을 퍼붓고 그들이 돌에 맞는 것을 외면하거나 심지어 박수를 쳤으며, '외국인 노동자'를 가혹하게 다루고 아마도 구타했으며, 강제노동자나 강제수용소 수감자들도 비슷하게 대했고, '불순분자'를 상관이나 관청에 밀고했음을 보여주었다.

분단된 두 독일 국가의 공식적인 해석은 어느 특별한 대목을 강조하거나 숨기기도 했다. 서독에서는 '해외'와 '고향'의 전선에 있던 독일인의 고통과 죽음이 전면에 부상했다. 동독은 독일의 전쟁 수행 과정에 나타난 희생자들의 고통에 집중했다. 그와 동시에 이곳의 추모행사는 군사적 승리를 거둔 쪽이 치렀고, '사회주의'의 조건을 스스로 일구어낸 것을 축하했다. 이쪽에서나 저쪽에서나 주요 공통점—'평범한 독일인'의 태도—은 전혀 문제 삼지 않았다. 그리하여 독일 파시즘을 가능케 하고 그것을 유지하고 '나치즘'으로 비화시킨 사람들이 결코 전멸 전쟁과 쇼아(Shoah)의[44] 희생자가 아닌 공범이었다는 사실은 주목받지 못한 채 남아 있었다.

② 공식 추모행사는 항의를 불러일으켰지만, 대안적인 기억의 형태는 그대로 숨어 있었다. '현충일'의 추모행사는 서독에서 항상 저항을 야기했다. 특히 1980년대 이후 독일군 탈영병들, 요컨대 전쟁터를 떠났거나 거부했기에

---

44 [역자주] 홀로코스트가 원래 번제(燔祭)라는 뜻에서 유래했기 때문에 올바른 용어가 아니라고 여겨져, 이제는 그 용어보다 '대재앙'이라는 의미를 담은 이 말을 사용하기도 한다.

공식적인 추모식에서 늘 배제되어왔던 사람들도 추모해야 한다는 요구가 제기되었다.

추모행사에 군대를 등장시키는 것만큼 모순적인 일도 없다. 동독과 서독에서 구체적인 형태는 달랐지만, 추모행사에 병사와 군부대가 당당하게 공개적으로 모습을 보이는 것은 대체로 항상 군사적 질서를 일깨우며, 죽음을 명령하고 실제로 죽이게 하는 군대의 목적을 은연중에 환기시킨다. 물론 그런 행사에서 행해진 연설은 이러한 군대의 목적을 가차없이 비판한다. 하지만 추모행사에 군대가 더 군사적으로 등장하면 할수록, 이들을 등장시킨 원래의 목적과 더욱 더 모순되어 보인다. 화려한 제복을 입고 질서정연하게 사열하는 모습은 병사들이 추모의식을 엄숙하게 여긴다는 점을 보여주기도 하지만, 그 형태는 '국가' 전체의 책임을 일깨운다. 사열행진, 특히 걷는 자세(프로이센 독일의 전통을 뚜렷이 보여주는 이것을 동독 국가인민군이 잘 보존하지 않았던가!)는 —병사들 스스로 일으킨 것이든 제3자가 일으킨 것을 방조한 것이든—무수히 많은 학대 행위에 책임이 있다.

③ 개인적 욕구와 공식적 제의들—사적인 것의 내부에 있는 공식적인 것. 공식적인 규정에 따라 거행되는 행사도 개인의 사적인 요구를 드러내고 충족시키는, 말 그대로 간접적인 공간이 될 수 있다. 어느 공동묘지에서 아마도 연인이었던 사람을 포함해 23명의 묘소를 한꺼번에 돌보고 있던 여성을 떠올려보자. 한편, 옛 동독 국가인민군 장교의 경우도 생각해볼 수 있다. 그는 자신의 죽음에 대한 두려움과 타인의 죽음을 대할 때 느끼는 끔찍함을 단지 추상적인 무엇인가로 여기지 않았다. 그는 스스로 시신들을 수습하고 안치했다. 거기에서 그는 아마도 군인인 자신에게 닥칠지도 모르는 운명과 조우했다고 생각했다. 제대로 된 무덤과 묘비 및 비석에 대한 걱정이 그를 사로잡

았다. 물론 그는 특히 묘지와 그것을 돌보는 사람들에게 끊임없이 헌신함으로써 그런 걱정을 잘 추슬렀다.

공식적 추모행사는 개인이 엄두도 내지 못했던 것을 가능하게 하거나 지원할 수 있다. 국가와 지방의 재원에서 나오는 돈으로 꽃을 바치거나 정기적으로 묘지를 돌보는 것도 가능하다. 물론 문제는 이것이 무한히 계속되도록 보장하는 것이다—제네바협정에 따르면, 사망한 병사의 안식처는 '영구히' 보존되어야 하기 때문이다. 토끼들로부터 묘소를 지키는 여성이 사망하면, 국가나 지방단체는 관련 규정에 따라 후임자를 찾아야만 한다. 물론 이런 공공의 개입에도 우려되는 측면이 있기 마련이다. 그로 인해 각 개인의 필요성이 무시되거나 심지어 침해당하기 때문이다. 그런 사례 중 하나가 할베의 시장이 석주 앞에만 꽃을 놓을 수 있도록 규정한 것이었다.

추모공간에서는 특별한 행위가 요구된다. 엄숙한 추모 행위나 제의에 대한 존중이 바로 그런 것들이다. 그렇지만 개개인은 이 행위를 전유할 수 있다. 즉, 각자 나름대로 해석하고 행동할 수도 있고 '은닉 대본'[45]에 따라 그대로 행동할 수도 있다. 혹은 다른 방식이 생기기도 한다. 예컨대 1945년 직후에 태어난 아이들은 각자 맡은 무덤을 돌보면서 스스로 (놀이) 공간을 확보했다.

④ 많은 이들이 다른 사람도 기억할 수 있도록 표식을 남길 만한 장소를 찾는데, 특히 전몰자의 경우 더욱 그렇다. 이렇게 '적당한' 장소를 찾으려는 노력 때문에 사람들은 관청의 공식적인 추모행사에 쉽게 참여하게 되고, 그것의 지배적인 목적에 이용된다.

---

45 James W. Scot, *Domination and the Art of Resistance: Hidden Transcripts*, New Haven/London, 1990. 특히 p. 183 이하(이 책 10장 주13 참조—역자).

윤곽 2. 침묵도 추모의 일부다

① 할베 중앙묘지의 경우, 누구도 무덤이 조성된 정확한 날짜를 모르고 어디에도 흔적이 남아 있지 않다는 사실은 사망자와 그들의 유골 수습에 대한 집단적인 인식이 없는 일종의 전반적인 침묵을 보여준다. 그와 달리 할베 시장이 베를린 중앙기념관에 대해 이야기한 것은 독일군 전몰자를 기억하고 추모하는 동독 방식의 또 다른 측면이었다.[46] 물론 베를린의 중앙기념관을 더 집중적으로 분석해봐야겠지만 말이다. 말하자면 개별적인 추모는 오로지 개인적이고 사적인 것에 머물러야 하며, 결코 공적인 추모에 영향을 주거나 그것을 침범해서는 안 되는 방식이었다.

② 할베에서처럼 묘지의 내력에 대해 침묵하면서 동시에 비석을 길게 잘 정돈한 일이 말해주는 바는 죽음의 규칙이다. 이처럼 고요하고 정돈된 상태에서는 사망자의 고통과 공포에 대한 이야기나 소문들은 비현실적인 것으로

---

46 할베를 방문하는 일이 항상 얼마나 민감한 사안이었는가는 국가의 감시와 개입에서 잘 드러난다. 1983년 6월 베를린 구원교회(Erlösekirche)에서 열린 제2차 평화정치포럼(Friedenspolitisches Forum)은 9월 세계평화의 날에 할베로 향하는 '평화를 위한 자동차여행'을 개최할 예정이었으나 강력한 반대에 부딪혀 계획을 수정할 수밖에 없었다. Matschenz, Potratz, *"Waldfriedhof"*, 주5, p. 73. 1985년 초에 '판코우 평화모임(Der Pankower Friedenskreis)'(1981년에 결성된 동독의 반체제 교회조직—역자) 출신의 동독안전부 비공식 요원은 "해방 40주년을 기념하는 활동"에 관한 논의에서 할베가 한몫을 하고 있다고 보고했다. 그 활동 그룹 가운데 한 지도자는 "할베에 있는 독일군 병사 묘지를 추모하기 위해 방문할 것"을 제안했다. 그 밖에도 이 지도자는 "계속해서 반(反)사회주의적이고 이데올로기적인 입장을 강조함으로써" "비록 기독교적이며 평화주의적이지만 전체적으로 결코 적대적인 입장을 드러내지 않은" 다른 구성원과 구별되었기 때문에, 비밀요원의 주시를 받게 되었다. 또 다른 보고서에 따르면, 판코우 평화모임에 속했던 '폭력 없는 훈련(Gewaltfreies Training)'이라는 활동그룹은 1985년 4월 29일 새로운 모임을 결성했다. 그렇지만 이들은 "해방과 승리 40주년 기념일에 이제는 더 이상 할베의 독일군 병사 묘지를 방문하지 않"기로 했다. 대신 그들은 '작센하우젠 민족기념비(Nationale Mahn- und Gedenkstätte Sachsenhausen)'를 방문하기로 했다. 이에 덧붙여 "비공식적으로 알려진 바에 따르면" 이 활동그룹 지도자는 "서베를린 연락 책임자 모(謀) 씨를 초청해서 할베의 병사 묘지를 함께 방문하고자 했다." 그렇지만 이 '연락 책임자'는 그에게 '명확히 거부의사'를 밝혔다. BStU, ZA, MfS, HA XVVIII, Nr. 11482, Bl. 117 u. Bl. 140.

보인다. 그 표면 아래 숨겨져 드러나지 않는 것은 바로 주변 들판과 숲에서 나온 뼈와 유골을 한곳에 모아둔 집단매장지이다.

비석을 일렬로 세우는 것은, 말할 것도 없이 전사(戰死)와 전사자를 재현시키는 국제적으로 공유된 기호 양식이다. 늦어도 제1차 세계대전 이후 동일한 십자가와 비석을 끝없이 여러 줄로 세우는 방법으로 죽은 병사 모두가 동일하게 단지 '희생자'일 뿐이라는 점을 알려줄 수 있게 되었다. 그런 관점에서 할베는 최후에 고통과 죽음밖에 남아 있지 않았던 사람들을 추모함으로써, 모든 인간들 사이에 최소한의 연대의식을 요구하고자 했다. 그렇지만 동시에 이로써 죽음과 전멸의 비참함도 서서히 완전히 사라졌다. 죽어가는 모든 사람들이 느끼는 죽음에 대한 공포—독일 파시즘과 약탈전쟁으로 죽은 독일군 병사와 희생자들 사이의 유일한 끈—는 침묵 속에 묻혔다.

③ 그리고 할레에서는 과거의 또 다른 층이 수십 년 동안 침묵 속에 있었다. 1989년 베를린장벽이 무너진 직후, 처음 며칠과 몇 주 동안 이곳에서 사망자 유가족들이 공식적으로 추모식을 거행했다. 여기서 사망자란 나치국방군을 탈영하여 사살된 55명과 공동묘지 끝 들판에 묻혔던 사망자 수천 명(최소한 3천 명)으로, 후자는 케첸도르프(Ketschendorf) 수용소에서 할베로 이장되었다. 1945년 이후 소련 당국은 나치 (전쟁)범죄자와 그 혐의자를 수용하기 위한 임시수용소를 세웠는데, 케첸도르프 수용소도 1947년 2월에 해체될 때까지 그런 용도로 사용되었다. 임시수용소는 소련군 점령 지구 내의 나치 강제수용소나 전쟁포로수용소를 용도 변경하거나 새로 건립했다.[47]

---

47 Alexander Plato ed., *Sowjetische Speziallager in Deutschland 1945 bis 1950*, Bd. 1, Studien und Berichte, Berlin, 1998를 참조하라. 그 가운데 특히 Lutz Prieß, "das Speziallager des NKVD Nr.5 Ketschendorf", pp. 353~363을 보라(여기서는 할베가 언급되지 않았다). 할베에 대해서는 다음을 참조하라. Jan van Flocken, Michael Klonovsky, Christian

④ 그렇지만 침묵하는 것을 그리고 심지어 부인(否認)하는 것조차 그저 '거 짓말'로만 취급할 수 없다. 모든 침묵에도 불구하고, 이들 묘지는 하나의 종 합적인 경관으로서 항상 '그 아래에' 무엇이 있는지 일깨워준다. 동시에 정돈 된 표지판과 질서정연한 추모의식은 여러 방식으로 영향을 미친다. 이것들 은 죽음의 공포를 침묵에 빠뜨려 잊게 하지만, 간절하고 경건한 행동을 통해 그것을 다시 상기시키며, 동시에 훗날의 기억이나 추모조차 죽은 자의 고통 이나 유가족의 슬픔 그 어느 것도 갈음할 수 없다는 점을 일깨워준다. 죽음을 숨기면서도 동시에 죽은 자는 일깨우는 이러한 특성 때문에 국가권력이나 후손들 양쪽 모두에게 어떤 식으로든 '중앙묘지'가 필요하다.[48]

⑤ 추모공간을 방문하는 사람들이나 추모시설과 공동묘지에서 일하는 사 람들, 꽃이나 화환을 바치는 사람들(할베에서 이들은 중앙 석주 앞에만 꽃과 화환을 놓 아두도록 당부 받았다), 또한 공식적인 행사에 참여하거나 그것을 적극적으로 추

Münter, *Halbe mahnt! Denkschrift für Frieden, Freiheit und Völkerverständigung*, Halbe, 1990.

48 이러한 (의도적인) 침묵이 얼마나 의미심장한 것이었고 특히 당시 널리 알려진 사실에 기반하고 있었는 지는 1970년대 후반과 1980년대에 나온 두 문학작품을 통해 확인해볼 수 있다. 언론에 등장한 사례는 실 제로 아주 적었고, 그것을 언급하는 것만으로는 충분하지 않다. 다음을 참조하라. A. Matschenz, R. Potratz, "*Waldfriedhof*", p. 71. 소설 『가족사진(Familienfoto)』에서 주인공 파울(Paul)은 베를린 남쪽 호숫가에서 휴가를 보내던 중 답답한 기시감을 경험한다. 그는 잠을 이루지 못했는데 "그것은 새로운 주변 환경 때문이 아니 라 과거의 주변 환경 때문이었다. 30년 넘는 세월도 허사였다. 토이피츠(Teupitz)숲에서 그를 부르는 소리 가 들렸다. 새는 그렇게 이상한 소리로 울지 않는다." 잠을 청했을 때, 그는 다시 '16일 새벽녘'으로 돌아가 있었다. "밤이 금방 낮이 [되고] (…) 총소리가 들리고 지축이 울리고, 숲이 흔들리며, 땅이 갈라졌다. 포탄 연기가 그들의 시야를 가렸다. (…) 제9군단은 군대이기를 그만두었다." 그 지역을 설명하면서 파울은 당시 의 모습을 끊임없이 기록했다. "여기에는 독일 기갑사단이 있었고, 탱크인 티거판처(Tiegerpanzer)가 그들 을 깔아뭉개고 지나갔다. 독일인들의 포위망을 뚫기 위한 최후의 전투였다. 탱크 위에 앉아 있던 장군은 서 부로 돌파구를 마련했다." Wolfgang Eckert, *Familienfoto*, Roman, Halle, Leipzig [ca. 1979], pp. 340ff. 또한 다른 곳 에서는 1945년에 일어난 전쟁의 학살에 주목하여 문학 다큐멘터리를 제작하기도 했다. 『동독의 건설현장 (Bauplatz DDR)』이라는 제목의 책은 르포 형식의 글 7편으로 구성되어 있는데, 그 가운데 한 편이 오데르브 루흐에 관한 것이다. "당시 오데르브루흐에서는 모든 삶이 소멸된 것처럼 보였다." 게다가 작가에게 특히 큰 충격을 준 것은 "나치전쟁의 학살이 (…) 지칠 줄 모르는 것" 같아 보였다는 점이다. 개인이든 집단이든 계속해서 지뢰에 "당했다." Peter Nell, *Bauplatz DDR, Sieben Reportagen*, Potsdam o. J., pp. 15ff., 21ff.

진하는 관리, 당 간부, 병사들에게도 상황은 비슷하다. 어떤 면에서는 굴러다니는 유해가 발에 치였던 사람들도 마찬가지이다. 더 나아가 사망자들도 살아 있는 동안에는 전쟁의 와중에서도 '아집(Eigen-Sinn)'을 보존하면서도 당국에 그들의 모든 것을 바치고자 노력했다. 그리고 바로 이 점에서 전몰자와 대다수 국가 희생자 사이에 존재하는 차이는 단순한 정도의 차이에 불과하다. 독일 파시즘의 약탈전쟁과 대량학살의 목표가 되었던 이들 전몰자도 마찬가지로 항상 살아남아, 지배자가 누구이건 간에 그들로부터 벗어나 휴식을 취하고 싶을 따름이었다.

사망자와 추모자의 차이는 사소하다. 그것은 크지 않다. 추모객, 묘지를 돌보고 묘지 관리소에서 일하는 사람들, 동독의 국가 지도부도, 서독 관리와 정치가도 살아 있다―반면에 이들이 추모하는 사람들은 죽었다. 죽어가는 독일 병사에게 '외부에서' 소련의 권력이 들이닥침으로써, 이들 사망자의 역사―이들 과거가 갖는 자기 의미―는 침묵에 잠겼다. 전몰자들은 당국과 국가의 부름에 응했지만, 이는 그들에게 목숨을 대가로 지불할 만큼 가치 있는 일이 아니었다.

⑥ 묘지는 영원히 권위의 보호를 받아야 한다. 그렇지만 묘지의 지속성은 생존자와 그들의 후손에게나 의미가 있다. 그들, 바로 후손들에게는 그곳이 기억과 추모의 장소이기 때문이다. 무명용사의 무덤과 묘지는 개개인의 욕구가 충족됨과 동시에 '위대한 전체'를 위한 충성이나 인내도 함께 잘 유지되기란 불가능함을 보여준다. 나름의 시도와 노력 끝에 그 결과와 대면해야 했던 사람이 수백만이었다. 그들은 살아남지 못했고, 남은 것이라곤 집단매장지뿐이었다.

후기

노이브란데부르크의 디터 크뤼거(Dieter Krüger) 박사와 베를린의 헤르베르트 피치(Herbert Pietsch) 씨에게 진심으로 감사드린다. 두 사람은 1989년 4월 나에게 베를린 북쪽과 동쪽에 남아 있는 전쟁의 흔적과 전몰자의 유해를 보여주었다. 또한 묘지를 돌보는 사람들과 전쟁의 공포에 대한 기억을 간직한 사람들을 기꺼이 소개해주었다. 퓌어스텐베르크 안 데어 하펠(Fürstenberg an der Havel)에 사는 볼프강 야코바이트(Wolfgang Jacobeit)와 지그리트 야코바이트(Sigrid Jacobeit), 그리고 바트 프라이엔발데(Bad Freienwalde)에 사는 라인하르트 슈묵(Reinhard Schmook) 씨에게도 각별한 고마움을 전한다. 세 사람은 내게 1985년 6월 베를린 동쪽 오데르강 연안에 묘지와 추모시설이 조성된 배경을 설명해주었다. 무엇보다 내 동료이자 친구인 뉴욕시립대학 대학원의 제랄드 사이더(Gerald M. Sider) 교수와의 집중적인 의견교환이 없었더라면, 이 다양하고 모순된 인상들을 하나로 묶는 작업은 불가능했을 것이다.

'과거와의 대면'*
—서독에서 나치즘을 기억한다는 환상, 그것을 잊는 방식

독일에서 나치의 과거를 처리하는 방법에 대한 대중의 관심은 나라와 사회를 대표하는 사람의 행위나 연설에 집중되곤 한다. 그렇지만 이러한 '위로부터의' 시각은 이들 대의정치의 관객을 그저 수동적인 역할에 머물게 한다. 이런 방식에서는 '대중'의 감정, 여론, 실천이 적극적인 역할을 맡지 못한다. 그러므로 정치의 중심으로 보이는 이들이 주는 메시지의 범위와 영향력은 탐구되지 않고 추정될 뿐이다. 더욱 심각한 것은 이 접근방식이 사회와 사회계급, 사회 환경, 사회 집단에서 기인한 공적이고 형식적인 정치에 주는 자극을 무시한다는 점이다.

---

* '과거와의 대면'이라는 표현은 과거를 '정리하는 것(working through)'에 대한 아도르노(Theodor W. Adorno)의 연설에서 따왔다(주29 참고). 영문판에서는 이것이 '과거사와의 대면(coming to terms)'이라고 번역되었는데, 이는 영·미에서 발간된 글 「과거사와의 대면은 무엇을 의미하는가?(What Does Coming to Terms with the Past Mean?)」에 따른 것이다(Geoffrey H. Hartmann ed., *Bitburg in Moral and Political Perspective*, Bloomington, Ind., 1986, pp. 114~129). "구어체로는 아직 적당하지 않다"는 필자의 주를 참조하라(pp. 114~115). 반면 드물게 쓰인 '재평가(reappraisal)'라는 번역어(Helmut Peitsch, "Autobiographical Writing as Vergangenheitsbewältigung (Mastering the Past)", *German History* 7, 1989, pp. 47~70)는 자신의 과거와 의식적으로 대면했을 때 느끼는 고통에 대한 고려가 몹시 부족하다. 그렇지만 독일어 단어 '정리(Aufarbeitung)'에는 그런 의미가 들어 있다. 이 글은 1990년 3월 로스앤젤레스 남캘리포니아대학에서 열린 학술회의 〈대립 40년—두 독일, 1949~1989(Forty Contentious Years: the Two Germanies, 1949~1989)〉에서 발표한 것을 수정하고 증보한 것이다.

기억하고 망각하는 실천적인 행위는 과거 경험을 역사로서 읽는 것을 허용하기도 하고, 미리 배제하기도 한다. 독특한 경험은 기억을 정교하게 만들지만, 거꾸로 계속 변화하는 성찰에 의해 기억이 변화하기도 한다. 기억과 망각은 순간적인 육체적 기쁨 혹은 고통의 느낌과 분리될 수 없다. 관념과 이미지는 사람의 몸속에 자신의 흔적을 새겨놓는다. 과거의 경험이 실제의 행복이나 불행과 '신체적으로' 맺는 복잡한 연결성을 보여줄 두 여성의 회상이 여기에 있다. 게다가 그들 중 한 명은 하층민이었지만 우월한 '게르만 지배 인종'에 속했기 때문에, 고통스러운 경험들 사이의 차이도 드러날 것이다.

해방되던 날, 나는 불결했고, 다리는 퉁퉁 붓고 해골이나 다름없었으며, 종양이 온 몸을 뒤덮고 있었다. 얼마 뒤 나는 이러한 육체적인 병을 이겨냈다. 하지만 강제수용소의 경험 때문에 나는 다른 사람이 되었다. 이제 나는 염세적이고, 의심이 많고, 아주 신경질적인 여자로 바뀌었다. 여전히 두통에 시달리고, 생각을 집중하는 데 어려움을 겪는다. 그리고 아직도 박해를 받던 시기로 되돌아가 다시 견디고 살아남아야 하는 꿈을 자주 꾼다. 흥분하면 심장이 갑자기 마구 뛰고 위경련도 일어난다.[01]

이것은 1944년 독일 강제수용소에 수감되었던 어느 헝가리 출신 유대인 여성이 쓴 긴 보고서의 일부이다. 그녀는 헤씨쉬 리히테나우(Hessisch-Lichtenau, 헤

---

01 이것은 헤씨쉬 리히테나우 출신인 위르겐 예쎈(Jürgen Jessen) 씨가 자신의 경험을 들려준 내용이다. SS는 디나미트 노벨사(Dynamit Nobel Company)(1865년 노벨이 독일에 세운 화학회사로 제2차 세계대전 당시 헤쎈의 헤씨쉬 리히테나우에 탄약제조공장을 두고 있었다―역자)에 부헨발트(Buchenwald) 강제수용소 수감자들을 '팔아넘겼는데,' 그녀도 그중 한 사람이었다. 당시 그곳에 근무했던 화학공장 노동자들을 추모하고 기록으로 남기는 프로젝트인 '역사공방(history workshop)' 프로그램이 1987년부터 실시되었는데, 예쎈 씨도 이 프로그램의 일환으로 당시 상황을 회상했다.

센 북부)에 있던 한 화약공장으로 전출되었고, 분명 그 때문에 아우슈비츠 가스실에서 죽을 뻔한 목숨을 건졌다. 그렇지만 점령당한 동유럽 지역에서 독일로 이송된 다른 많은 강제노동자들과 마찬가지로, 지금까지 그녀는 여전히 배상받지 못하고 있다. 현재 독일 배상법은 고국으로 돌아가 그곳에 거주한 희생자를 대상자에 포함시키지 않기 때문이다. 그렇지만 그 법으로 배상을 받을 수 있는 사람조차도 강제수용소에서 보냈던 기간을 하루당 고작 1.5마르크로 계산하여 배상금을 받을 수 있다. 게다가 평생연금을 받는 이들은 신체가 손상당해서 일할 능력이 최소 25%까지 감소했을 경우로 제한되었다. 그 경우에조차 대개 연금액은 한 달에 최대 600마르크였다.

헝가리 출신의 이 유대인 여성이 1944년 화약공장에서 땀 흘리고 있을 때, 1922년에 태어난 비슷한 또래의 어느 독일 여성도 같은 지역에서 간호원으로 일했다. 1989년에 그녀는 이렇게 회상했다.

> 맹세코 단언하건대, 이 지역에 그런 여성들이 있었다는 사실을 전혀 알지 못했어요. 1948년이 되어서야 나는 갑자기 이런 말을 듣게 되었어요. "사실 당신은 그들을 알고 있었지만, 모른 척했던 거지요."[02]

1.

1979년 1월, TV 드라마 시리즈 한 편이 서독인 수백만 명을 감동시켰다.[03]

---

02 이 회상도 헤씨쉬 리히테나우 출신의 위르겐 예쎈이 들려준 내용이다.

03 수백만 동독인이 서독 텔레비전을 공공연히 시청하고 있었지만, 얼마나 많은 동독인이 단조로운 일상생활 속에서 이 드라마를 시청했는지에 대한 연구 결과는 없다. 아직까지도 나는 동독의 지배정당인 독일통

동시에 전문 역사가들은 이로써 나치즘에 대한 자신들의 연구가 얼마나 영향력이 없었는지를 확실히 알게 되었다. 서독 텔레비전 방송국은 나흘 동안 저녁마다 미국에서 제작된 드라마 〈홀로코스트(Holocaust)〉를 방영했다. 가공인물인 독일 유대인 바이스(Weiss)의 가족사를 다룬 이 드라마는 이전까지 알려지지 않았던 파시즘 역사의 새로운 부분이나 '사실'들을 보여준 것은 아니었다. 여기에 나온 내용은 그저 역사가들이 1960년대에 합의한 사항에 불과했다. 곧 테러와 전멸의 기제들, 특히 SS, 게슈타포, SD가[04] 수백만 명의 목숨을 '파괴한' 주된 담당자들이었다는 사실이었다.[05] 이 영화는 유대인의 고통을 강조함으로써 정말로 '홀로코스트'를 다루었다. 나치 당국과 그 공범자들이 '독일제국과 그 국민들'의 '적대자'라고 선언하여 고문하고 살해했던 다른 희생자들은 드라마에 전혀 등장하지 않았다. 말하자면 동성애자들, 내친 김에 말하자면 집시들—이하 '진티와 로마(Sinti and Roma)로[06] 표기함—과 같은 희생자는 물론이고, 공산주의자, 사회주의자, 기독교도도 이러한 재현에서 배제되었다.

〈홀로코스트〉는 한 가족의 드라마를 보여줌으로써 행정상 차별과 정치

합사회당(SED)의 중앙위원회 서류에서 드라마 〈홀로코스트〉에 관한 특별한 보고서는커녕 언급조차 찾지 못했다. 라이프치히에 있는 '청소년중앙연구소(Zentralinstitut für Jugendforschung)' 소속 연구자들도 이 주제에 특별한 관심을 보이지 않았다. 비록 그들이 1960년대부터 1989년까지 경험적인 여러 연구를 제안하고 수행했음에도, 다시 말해 동독사회의 다양한 주제와 생활방식에 대한 폭넓은 조사를 했음에도 말이다. 베를린의 '현대사 청소년연구소(Institut für Zeitgeschichtliche Jugendforschung)' 문서고에 있는 그들의 보고서를 참조하라.

04 [역자주] 나치 친위대 SS 소속인 보안국(Sicherheitsdienst)의 약칭이다.

05 1961년에 출간된 라울 힐버그(Raul Hilberg)의 연구서 『유럽 유대인의 전멸(The Destruction of the European Jews)』 초판은 1982년에야 베를린에서 독일어 번역본으로 출간되었다. 크게 증보된 제2판(1985)은 1991년에 프랑크푸르트에서 비로소 보급판으로 번역 출간되었다(한국어판, 김학이 옮김, 『홀로코스트—유럽 유대인의 파괴』 1, 2권, 개마고원, 2009—역자).

06 롬(Rom, 복수 Roma)족은 인도 북부에서 유래한 유랑족으로 중부 및 동부유럽에 많이 거주했다. 진티족도 롬족의 일부이다. 원래는 집시라고 불렸으나 폄하하는 용어여서 1980년대부터 '진티와 로마'로 부르게 되었다.

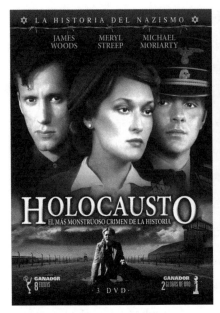

독일에서 방영되어 큰 반향을 일으킨 미국 드라마 〈홀로코스트〉와 이 방영을 기사화
한 잡지 『슈피겔』 1979년 1월 29일자 표지. "유대인 학살이 독일인을 사로잡았다."

적 억압을 사적인 슬픔과 개인적 어려움으로 치환시켰다. 1970년대 말 (서부)
독일의 분위기에서 이 접근방식은 새로운 돌파구가 되었다. 이 드라마 방영
은 학교나 미디어가 그 이전까지 수행한 광범위한 교육 활동보다 훨씬 더 많
은 것을 이루어냈다. 몇 시간 혹은 며칠 만에 시청자 수백만 명이 자신들 대
다수와 부모(및 조부모)들이 추구했던 태도, 곧 방관자의 태도를 은연중에 바꾸
었다. 비록 짧은 순간이었지만, 많은 사람들이 독일 나치가 희생자로 삼았던[07]

---

07 클로드 란츠만(Claude Lanzman)이 만든 영화인 〈쇼아(Shoah)〉(1985)에 대해서는 방송사나 대중의 대응이
이와 달랐다. 이것도 공영 텔레비전 방송국이 연속 4부작으로 나누어 일주일 내에 모두 방영했지만, 전화
로 질문을 받는 구성은 없었고 시청자들의 견해나 태도에 대한 조사도 이루어지지 않았다. 물론 영화의 내
용도 전혀 달랐다. 무엇보다도 〈쇼아〉는 허구적인 스토리를 담고 있지 않았다. 내가 "희생자로 삼았다"라
고 말한 점에 유의하라. [희생자로 삼고자 하는] 나치의 노력이 성공적이었는지, 혹은 어느 정도였는지에

사람들의 불안감, 비참함, 절망감에 공감하고자 했다.

여기에서 이 드라마를 상세히 묘사할 필요는 없다. 공포와 고통, 나치즘에 대한 저항—이를 빠뜨릴 수 없다—을 그린 장면은 분명 울림이 있었고, 시청자들에게 특별한 호소력을 지녔다. 대신 사회적 과정—말하자면 사회적 관계와 적대감, 또한 그것의 양면성—을 묘사한 부분은 모호했다. 개인적 경험과 감정이 사회적 맥락과 동떨어져 있다. 그렇지만 여기서 중요한 것은 시청자 수천 명이 강렬하게 폭발적으로 반응했다는 점이다.

방송사는 이런 반응을 이끌어내기 위해 많은 준비를 했다. 방영 몇 주 전부터 담당자와 평론가가 드라마 스토리를 부분적으로 정리해서 예고편을 내보냈다. 각 학교에는 보도자료가 배포되었다. 공영방송 시스템이 절대적 독점권을 쥐고 있었기 때문에 상업적 성공에 크게 신경 쓸 필요가 없었음에도, 이 방송사는 논쟁을 부추기고 시청률에 열을 올렸다. 기록적인 시청률을 올릴 경우 방송사 안팎에서 자신들의 위상이 크게 강화될 것처럼 말이다.

원래 이 드라마는 24부작으로 구성되어 있었다. 독일 방송국 경영진은 그것을 네 편으로 나누어 일주일 동안 황금시간대에 편성했다. 방송이 끝날 때마다 시청자들이 전화로 질문하거나 소감을 말하는 프로그램도 편성되었다. 전문가 패널들이 준비되었다. 그들의 역할은 독일 파시즘 전반에 대한 것은 물론, 영화 내용에 관한 질문에 답하고 의견을 교환하는 것이었다.[08] 이 '전문가'들 가운데는 늘 홀로코스트 생존자 대표도 있었다. 예컨대 어느 날 저녁에는 헤르만 랑바인(Hermann Langbein)이 참여했다. 그는 아우슈비츠와 부헨발트

대한 답은 유보하고 싶다.

08 나는 여전히 다음 세 가지 이유에서 '독일 파시즘'이라는 용어를 선호한다. 첫째, 여기에는 '파시즘'에 반대한 당시의 정치적 의미가 함축되어 있다. 둘째, 파시즘 사회의 복잡한 전체성을 보여주고 그것을 상기시킨다. 그리고 셋째, 이 용어는 비교하는 관점—응당 그래야 하겠지만 여기서는 그렇게 할 수가 없다—을 요구한다.

수용소에서 살아남았으며, 1945년 이후 강제수용소에서 겪은 바에 대해 글을 썼고, 나치 과거를 망각하거나 억누르는 것에 반대하는 운동을 열심히 조직했다.[09] 전문 역사가들도 참여했다. 그중 한 사람인 서베를린 출신의 볼프 쉘러(Wolf Scheller)는 경찰과 SS를 전문적으로 연구한 역사가였다. 안드레아스 힐그루버(Andreas Hilgruber)도 출연했다. 그때까지만 해도—다시 말해 1986년 역사가 논쟁(Historikerstreit)이[10] 터지기 전까지—그는 여전히 존경받는 나치 외교 정책 전문 역사가였다.[11] 마틴 브로샤트(Martin Broszat)도 역사가로서 참여했다. 그는 1972년부터 나치 시대를 연구하는 핵심 기관인 뮌헨 소재 현대사연구소(Institut für Zeitgeschichte) 소장직을 맡고 있었고, 1977년 대다수 독일인이 일상에서 나치를 수용하는 방식에 대한 광범위하고 야심찬 프로젝트를 시작했다.[12]

기억할 만한 장면은 바로 이것이다. 둥그렇게 모여 앉아 있던 전문가들은 어쩔 줄 몰라 쩔쩔맸다. 전화로 수천 개 질문이 물밀듯이 쏟아졌던 것이다.[13]

---

09 Hermann Langbein, *Die Stärkeren: Erfahrungen in Auschwitz und anderen Konzentrationslagern*, Cologne, 1982; 다음 책도 썼다. *Menschen in Auschwitz*, Vienna, 1987.

10 [역자주] 1986년부터 1989년까지 서독에서 지식인들이 나치와 홀로코스트를 역사적으로 특수한 형태로 볼 것인지 아니면 비교 가능한 것으로 볼 것인지를 놓고 벌인 논쟁이다. 안드레아스 힐그루버는 연합국의 전쟁 수행과 나치의 홀로코스트 사이에 도덕적인 차이가 없다고 해서 논란을 일으켰다.

11 특히 섬뜩하게도 힐그루버는 1944~1945년까지 동부전선에서 독일군이 계속 싸우고 있었다는 것에 대해 동의하라고 역사가들에게 요청했다. 그 갈등과 이후 논쟁에 대해서는 다음 잡지의 특집호를 참조하라. *New German Critique*, no. 44, 1988. 더 일반적으로는 얼리(Geoff Eley)의 평가를 참조하라. "Nazism, Politics and the Image of the Past: Thoughts on the West German Historikerstreit, 1986~1987", *Past and Present*, no. 121, 1988, pp. 171~208.

12 Martin Broszat, Elke Fröhlich, and Falk Wiesemann eds., *Bayern in der NS-Zeit*, Munich and Vienna, 1977, vol. 1, 2~6권 은 1980~1983년 사이에 출간되었다.

13 언론 연구팀은 드라마 〈홀로코스트〉의 방송이 미친 영향과 시청자의 반응을 탐구하기 위해 집중적인 설문조사를 벌였다. 그에 따르면, 이 방송을 본 시청자 수는 2천만 명을 넘었다. 이는 당시 국민 전체 중 성인의 절반을 넘는 수치였다. 그때까지 현대사의 주제를 다룬 독일 방송 프로그램 가운데 이보다 더 관심을 끌었던 예는 없었다. 시청자 가운데 청소년의 비율도 현저하게 높았다(8~13살 사이의 비율은 약 15%였다). 시청자 중 약 56%는 초등학교만 마친 사람들이었다. 설문조사에 응한 사람의 80% 이상은 이 시리즈가 나치하의 상황과 생활조건을 잘 표현했다고 평했다. 또한 응답자 가운데 절반 이상은 친척이나 이웃 혹은 직장 동료와 이 드라마에 대해 이야기를 나누었다. 이 드라마를 봤던 사람 가운데 '피해자에게 배상하고 약

더욱 중요한 사실은, 많은 전화가 그냥 질문만 던지는 것이 아니었다는 점이다. 수천 명이 전화에 대고 울었다. 수백만 시청자들은 그 소리를 들을 수 있었다. 더 정확히 말하자면, 들어야 했다. 깊은 절망과 곤혹을 공개적으로 표현하려는 수많은 익명의 목소리를.

어떻게 그런 일이 있을 수 있었을까? 또 어떻게 그런 일이 벌어졌을까? 어떻게 사람들이—예컨대 독일 시민이—나치의 잔인한 행위들을, 게토 집(유대인 집Judenhaus)에[14] 유대인을 격리시키는 것을, 마침내 유대인들이 '동부'로—실제로는 죽음의 수용소로—가는 것을 목격했으면서도 가만히 있을 수 있었을까? 강제로 이송당한 유대인의 재산은 어떻게 되었을까? 떠나라는 명령을 받은 후 짧은 시간 내에 황망하게 도시를 떠났던 이들의 재물은 누가 가져갔을까? 그들이 탄 열차를 담당했던 철도 승무원의 행동은 어떠했나? 그들은 기차 안에서 흘러나오는 신음과 울음소리를 듣고서 무슨 일인지 조사했던가?

전문 역사학자들은 점차 답변에 어려움을 느꼈고, 낙담까지는 아닐지라

탈 재산을 반환하는 것이 독일인의 도덕적 의무'라는 데 찬성하는 수치가 현저하게 증가했다(이 시리즈물이 방영되기 전에는 45%만 동의했으나, 보고 난 사람들 사이에서는 54%였다). 또한 드라마 방영 이후 나치 시대에 성인이었던 사람이라면 모두가 '최소한 조금이라도 죄책감을 가져야 한다'는 입장에 더 많은 사람들이 동의했다(이전에는 16%, 이후에는 22%). 설문조사는 두 번 실시되었는데, 방영 직후에 한 번, 그리고 2주 뒤에 다시 실시되었다. 곧 똑같은 사람에게 시간차를 두고 두 번 인터뷰를 했던 것이다. 이 드라마가 나치즘을 바라보는 시청자들의 시각에 영향을 주었는지 살피기 위해서는, 다음과 같은 방법론상 문제점을 피할 수 없다. 곧 몇몇 방송사들이 이 드라마에 대한 시사회를 했고 이 주제에 대한 다른 후속 프로그램도 제작했기 때문에, 이 영화를 직접 보지 않았던 사람들도 몇 가지 정보를 알게 되었다. 그래서 엄밀히 말해 응대한 사람이 방송 전과 후에 반드시 같은 사람일 수 없었다. 나치 테러의 생존자로 등장한 이들 가운데 정치학자이자 언론인이었던 오이겐 코곤(Eugen Kogon)—그는 1946년 SS가 강제수용소에서 저지른 학살 만행을 처음으로 설명한 책인 『SS 국가』를 출간했다—이 있었는데, 그는 방송이 끝난 지 몇 달 후에 그 방송이 '히틀러 열광'을 끝나게 해주었다고 강조하면서 덧붙여 이렇게 말했다. "전혀 예상치 못했지만 그 이후 서독에는 휴머니즘이 자리를 잡았다." 이 방송과 그 반응에 대한 전반적인 내용은 다음을 참조하라. Peter Märtheschemier and Ivo Frenzel, eds., *Der Fernsehfilm "Holocaust": Eine Nation ist betroffen*, Frankfurt, 1979; F. T. Ernst, "Holocaust: Das Fernsehereignis aus der Sicht politischer Bildung", *Aus Politik und Zeitgeschichte* 34, 1981, pp. 3~22.

14 [역자주] 나치는 유대인 소유의 집에는 세입자도 오로지 유대인만 들일 수 있도록 하여 유대인을 이웃과 격리시켰는데, 당시에는 일상적으로 '유대인 집'이라고 불렸지만 지금은 '게토 집(Ghettohaus)'이라는 역사 용어를 사용한다.

도 불안감을 드러냈다. 물론 그들은 산만한 분위기를 정리하기 위해 노력했다. 곧 그들은 끊임없이 기존의 연구 성과를 언급했다. 그들이 책들을 언급하고 저자의 이름을 거명한 것은 놀랄 일이 아니었다. 주지하다시피, 브로샤트는 이미 오랜 전인 1969년에 '히틀러 국가'에 대해 명저라 할 만한 책을 선보였다. 또한 이와 같은 중요한 연구들은 값싼 보급판으로 나와 누구나 접할 수 있었다. 전문가인 그들이 할 수 있는 완벽한 역할이 바로 그것이었을지도 모르겠다. 그들은 독자들이 칼 디트리히 브라허(Karl-Dietrich Bracher)의 연구서를 읽고 히틀러의 권력과 영향을 냉정하게 분석해낼 수 있을 것으로 믿었다. 또한 나치즘에 대한 브라허의 해석을 비판적으로 바라보고자 한다면 한스 몸젠(Hans Mommsen)의 글을 참조하면 된다고 생각했다. 몸젠은 국가기구와 나치당이 반대자를 억압하면서 동시에 지지자를 어떻게 사회문화적으로 나치즘 구조에 통합시켰는지를 관료제의 '작동'을 통해 성실하게 재구성했다. 이들 연구는 권위주의적인 행동의 장기적이고 구조적인 근원뿐만 아니라, 1930년대 나치 정책의 기능주의적 측면에 집중했다. 이러한 연구들 덕분에, 독일 파시즘은 더 이상 미스터리 '사건'이나 갑작스러운 '파국'으로 인식될 수 없었다.[15] 그럼에도 시청자 전화는 점차 새로운 의문점을 제기했다. 왜 사람들은 이 연구 결과들을 무시했는가? 왜 그들은 책에서 그것을 찾아보지 않았는가?

전화로 질문하고 답하는 모습을 보고 있자니, 학계와 학교 외부에 나치

---

15 서독의 역사 연구가 이룩한 성과를 높이 평가한 다음의 짧은 글을 참조하라. Ulrich Herbert, "Der Holocaust in der Geschichtsschreibung der Bundesrepublik Deutschland", in *Zweierlei Bewältigung: Vier Beiträge über den Umgang mit der NS-Vergangenheit in den beiden Staaten*, ed., U. Herbert and O. Groehler, Hamburg, 1992, pp. 67~86. 이 글은 드라마 〈홀로코스트〉가 미친 영향에 대해 회의적이다(p. 78). '파국'이라는 단어는 프리드리히 마이네케의 저작이나 다른 책에서 채택되고 사용되었다. Friedrich Meinecke, *Die deutsche Katastrophe*, Berlin, 1946. 그렇지만 마이네케가 나치즘에 이르게 한 구조적 특징을 찾고자 했다는 점, 곧 프로이센에서 독일로 이어지는 군국주의 전통을 그 원인으로 지목했다는 점에 대해서는 주의해야만 한다(이렇게 장기적인 측면을 강조하는 것은 마이네케 연구서의 제목인 '파국'과 적어도 부분적으로는 모순이었다).

과거에 대한 '다른' 혹은 '침묵'의 역사가 존재했던 것은 아닌가 하는 생각이 들었다. 걸려오는 수많은 전화는 내용이 달랐지만 한 가지 질문을 겨냥했다. 사람들이 악랄한 일을 저지르거나 타인을 살해하는 일에 가담하지는 않았다 하더라도, 왜 '그런 일이 발생하도록 놔두었나' 하는 것이었다. 원인과 도덕적 판단에 대한 질문들이 전화를 걸었던 사람들 수천 명을 괴롭혔다.

그들의 관심사는 '독일 파시즘의 공범자는 누구인가' 하는 것이었다. 자기 이웃이 1933년 3월부터 공개적인 탄압을 받았고 그 결과 그들에게 무슨 일이 벌어졌는지를 '우리' 혹은 드물게 '우리 부모'가 인정했던가? 예를 들어 유대인을 공직이나 학교에서 추방시킨 것은 어떠했던가? 1934년 이후 특히 활발하게 진행되었던 크고 작은 상점의 '아리안화(Arisierung)'는 어떠했던가?[16] 소위 유대인을 특정 가옥에 격리시키고 (1941년부터) 눈에 띄도록 다윗별 표식을 패용하게 한 것, 그리고 마침내 시골과 도시에서 유대인 희생자들을 여러 철도역으로 내몰았던 강제이송은 또 어떠했던가? '대중들'—말하자면 우리 자신들이나 우리 부모들—이 '그런 일이 벌어지도록 내버려두는 것'이 어떻게 가능했을까? 대다수 사람들은 일어나고 있던 일을 수긍해버린 것은 아닌가? 다수는 '새로운' 독일의 약속된 영광을 위해, 혹은 군사적 강성함이나 사회적 '정화'를 위해, '불결하고' 따라서 '위험스러운' 분자(分子)들을 모두 제거하는 일에 적극적으로 지지를 표하거나 심지어 가담하지 않았던가? 그렇지만 역사는 현재인 지금까지도 또한 이렇게 묻는다. 만약 우리라면, 비슷한 상황에 처했을 경우 어떻게 대처하고 행동할까?

---

16 Avraham Barkai, *Vom Boykott zur 'Entjudung' Der wirtschaftliche Existenzkampf der Juden im Dritten Reich, 1933~1945*, Frankfurt, 1987.

2.

1945년의 군사적인 패배 이후, 대다수 독일인 사이에는 한 가지 폭넓은 합의가 있는 것처럼 보였다. 작가와 성직자들은 신문이나 잡지, 연극, 시, 그리고 설교에서 한목소리로 "다시는 그런 일이 일어나서는 안 된다"고 말했다.[17] 그렇지만 이를 좀 더 자세히 들여다보면, 그 합의 이면에는 서로 다른 견해, 심지어 모순까지 숨어 있었다. '다시는 안 된다'는 슬로건에는 분명 '파국'이라는 지배적인 표상과 반대되는 측면이 있었다.

파국과 완전한 파멸이라는 개념이 그저 위에서 제시된 것만은 아니었다. 1943년 초, 그러니까 스탈린그라드에서 나치 군대가 크게 패배하고, 더불어 독일제국 전역에 대한 공습이 강화된 이후, 극악한 전쟁에도 '끝이 보이는 듯했다.'[18] 이 전쟁의 심리적 '전환점' 이후 서방 연합국이 '무조건 항복'을 요구

---

17 1945년부터 약 1950년까지 시기에 특히 반유대주의적 편견이 암묵적으로 강하게 지속되었던 점에 대해서는 다음의 요약을 참조하라. Wolfgang Benz, "Postwar Society and National Socialism: Remembrance, Amnesia, Rejection", *Tel Aviver Jahrbuch für Deutsche Geschichte* 19, 1990, pp. 1~12. 또한 당시의 사회조사에 대한 연구도 있다. Uta Gerhardt, "Re-Demokratisierung nach 1945 im Spiegel der zeitgenössischen Sozialforschung und sozialwissenschaftlichen Literatur", in *Gesellschaftlicher Umbruch, 1945-1990: Re-Demokratisierung und Lebensverhältnisse*, ed., U. Gerhardt and B. Mochmann, Bonn, 1992, pp. 27~57. 지식인들의 논의(주로 잡지와 라디오 방송에 나온 것)를 분석한 것도 있다. Thomas Koebner, "Die Schuldfrage: Vergangenheitsverweigerung und Lebenslügen in der Diskussion, 1945~1949", in *Deutschland nach Hitler*, ed., T. Koebner, G, Sauermeister, and S. Schneider, Olpaden, 1987, pp. 301~329. 1948/49년 이전 소련 점령 지역의 지식인들 사이에 있었던 논쟁도 서방에 알려졌다. 그 상황에서 '반파시즘' 정책 및 문화에 대한 개념이 갖는 중요성을 유용하게 설명한 책도 나왔는데, 당시 소련 점령 지역의 문화를 다룬 주요 신문을 분석했다. Verena Blaum, *Kunst und Politik im SONNTAG*, Cologne, 1992. 자전적인 글로는 다음을 참조하라. Helmut Peitsch, "Autobiographical Writing as Vergangenheitsbewältigung (Mastering the Past)", *German History* 7, 1989, pp. 47~70. (기독교) 교회의 태도도 아주 중요한데 이에 대해서는 다음을 보라. Clemens Vollnhals, *Evangelische Kirche und Entnazifizierung, 1945-1949: Die Last der nationalsozialistischen Vergangenheit*, Munich, 1989; Thomas Friebel, *Kirche und politische Verantwortung in der sowjetischen Zone und der DDR, 1945~1969*, Gütersloh, 1992.

18 일반적인 설명은 다음을 참조하라. Marc Roseman, "World War II and Social Change in Germany", in *Total War and Social Change*, ed. Arthur Marwick, London, 1988, pp. 58~78; Bernd Rusinek, "'Maskenlose Zeit': Der Zerfall der Gesellschaft im Krieg", in *Über Leben im Krieg: Kriegserfahrungen in einer Industrieregion, 1939~1945*, ed., U. Borsdorf and M. Jamin, Reinbek, 1989, pp. 180~194.

하자, 전쟁을 지속하려는 노력은 모호한 입장에 처하게 되었다. 나치즘에 회의감을 느끼거나 심지어 거리를 두는 사람들조차 어떻게 해야 할지 몰랐다. 무슨 일이 일어나든 모두가 그에 대해 책임을 져야 할 것처럼 보였기 때문이다.[19] 결국 많은 독일인들에게 1945년 연합국의 승리란 물질적이고 감정적인 손실일 뿐만 아니라 개인적 고통과 깊이 연관된 문제였다. 평범한 사람들이 오래 전부터 겪어왔던 이러한 경험이 새삼 눈앞에서 다시 확인되는 것처럼 보였다. 곧 이 보통 사람들은 저항하지 못한 채 역시 일종의 희생자가 되었다.

표면상으로는 공개적인 혹은 묵언의 합의가 존재했지만, 그 밑에서는 다양한 논조가 요동치고 있었다. 최근 출간된 일기와 간간이 나오는 전쟁에 관한 설명에는 '죄책감'도 묻어난다.[20] 곧 독일이 영국에 가한 '전격전'과 특히 동부에서 행한 전투—유대인과 소위 '(독일) 공동체의[21] 적'들을 명백히 가혹하게 대했다는 것은 말할 것도 없고—를 감안하면, 연합국 공습은 정당한 것 아니었을까? 사회의 일부에서는 여전히 다른 견해가 지배적이었는데, 사회주의자와 공산주의자들은 사회적 경제적 인과관계에 매달리고 있었다. 더 구체적으로 말하자면, 이들은 국가권력을 장악한—그들은 국가권력을 나치에게 넘겨준 것을 파시스트적 '해결'이라고[22] 보았는데, 이것까지 포함해—지배

---

19 사람들의 생애에 관한 자료를 분석한 글로는 다음과 같은 것들이 있다. Gabriele Rosenthal ed., *"Als der Krieg kam, hatte ich mit Hitler nichts mehr zu tun": Zur Gegenwärtigkeit des 'Dritten Reiches' in Biographien*, Opladen, 1990; Lutz Niethammer, "Heimat und Front", in *"Die Jahre weiß man nicht, wo man die heute hinsetzen soll": Faschismuserfahrungen im Ruhrgebiet, 1930~1960*, ed., Lutz Niethammer, Berlin and Bonn, 1983, pp. 142ff.

20 Herbert Obenaus and Sybille Obenaus, eds., *"Schreiben wie es wirklich war": Die Aufzeichnungen Karl Dürkefäldens aus der Zeit des Nationalsozialismus*, Hannover, 1985, 특히 p. 123.

21 1930년대에 이 개념을 사회생활의 기본 규범으로 정착시킨 행정적 과학적 노력에 대해서는 다음을 참조하라. Detlev Peukert, *Inside Nazi Germany*, Oxford, 1987, 10~12장.

22 [역자주] 자본주의의 지배계급인 부르주아지가 당면한 문제를 해결하기 위해 나치즘을 동원했다는 의미로, 나치가 홀로코스트를 '최종해결'이라고 부른 것을 빗대어 사용한 용어이다.

계급을 비난했다.[23] 주지하다시피 1945년 이후 서독에서는 아주 소수만이 파시즘을 이렇게 해석하고 또 개인적 경험과 행위에 관심을 보였다.

1945년 여름에 열린 포츠담 회담에서 연합국은 나치 청산을 점령 정책과 정치의 주된 목표로 정했다. 그러나 거의 첫날부터 연합국 각국은 서로 다른 노선을 추구했다. 소련 당국은 자국 점령 지역에서 과거에 관리였던 사람들을 추방하고 공장 및 '대'토지 소유자로부터 재산을 몰수했지만,[24] 서방의 점령 지역에서는 이런 일이 대규모로 일어나지 않았다—그리고 대다수 교사들과 국가 관료들이 1945년과 1946년에 해고되거나 업무를 중지당했지만, 1948년과 1949년에 복직되었다.[25]

서방 점령 지역에서 탈나치화의 노력은 곧바로 거대한 관료기구로 전락하여 서류만 잔뜩 만들어냈다. 그 결과 독일 국민 대다수가 강렬한 자기연민

---

23 이러한 견해의 구체적 사례로는 공산주의 신문의 편집자로서 수감되었던 다고베르트 루빈스키(Dagobert Lubinski)가 1937년 4월부터 1942년 11월까지 자기 가족에게 보냈던 편지를 보라. 그는 독일공산당(KPD) 주류가 따르는 코민테른 노선을 공개적으로 비판한 반대파-독일공산당(KPD-O)에서 적극적으로 활동했다(이후 공산당에서 쫓겨났다). 유대인이었던 루빈스키는 1943년 1월 나치법에 따라 감옥에서 아우슈비츠로 이송되어 살해당했다. 안네테 레오(Annette Leo)가 편집한 그의 편지는 다음 제목으로 출간되었다. *Briefe zwischen Kommen und Gehen*, Berlin, 1991.

24 Helga A. Welsh, "'Antifaschistisch-demokratische Umwälzung' und politische Säuberung in der sowjetischen Besatzungszone Deutschlands", in *Politische Säuberung in Europa: Die Abrechnung mit Faschismus und Kollaboration nach dem Zweiten Weltkrieg*, ed., Klaus-Dietmar Henke, Munich, 1991, pp. 84~107. 나는 여기에서 동독의 반파시즘 주장과 그에 따른 문화적 혹은 정치적 실천의 문제—그리고 최소한 1980년대에 점차 드러날 이들의 모순—를 추적하지는 않을 것이다. 서독의 작가와 동독의 역사가가 제시한 심층적이며 흥미로운 해석도 참조하라. 전자는 Horst Domdey, "Deutschland erlöst nicht mehr die Welt: Anmerkungen zum antifaschistischen Feindbild und seinem Fortleben unter den Dichtern", *Kursbuch* 110, 1992, pp. 82~105이고, 후자는 Olaf Groehler, "Antifaschismus: vom Umgang mit einem Begriff", in Herbert and Groehler, eds., (주14 참조), pp. 29~40이다. 또한 서독 역사가의 글 Herbert Obenaus, *NS-Geschichte nach dem Ende der DDR: Eine abgeschlossene Vergangenheit?*, Hannover, 1992, pp. 7~10과 최신의 경향 Christain Marquart, "Topographie der Empfindlichkeiten", *Frankfurt Allgemeine Zeitung*, March 18, 1993 도 있다.

25 다음과 비교하라. Klaus-Dietmar Henke, "Die Trennung vom Nationalsozialismus: Selbstzerstörung, politische Säuberung, 'Entnazifizierung, Strafverfolgung'", in Henke, ed., op.cit., Munich, 1991, pp. 21~83, 특히 pp. 32ff. 또한 특히 영국인의 재교육 정책에 대해서는 다음을 참조하라. Heiner Wember, *Umerziehung im Lager: Internierung und Bestrafung von Nationalsozialisten in der britischen Besatzungszone Deutschlands*, Essen, 1991.

80 알프 뤼트케의 일상사 연구와 '아집'

에 빠지고 '우리도 피해자'라는 개념이 나타난 것은 놀라운 일이 아니었다. 예컨대 수치상으로 보더라도, 영국 점령 지역에서는 조사를 받은 사람들—말하자면 나치당이나 산하기관의 구성원—의 약 95%가 '단순가담자(Mitläufer)' 등급을 받았다. 게다가 각종 위원회가 재판과 같은 절차를 거쳐 공식적인 판정을 내리기 때문에, 이 판정이 갖는 의미는—마치 '최종' 혹은 재판 판결처럼—특히 무겁게 다가왔다. '단순가담자'라는 판정은 더 이상의 정치적 혹은 도덕적 조사를 무색하게 만드는 법적 면죄부로 여겨졌다. 심지어 '단순가담자'라는 용어 자체도 문제였는데, 이 말을 풀이하면, 나치와 협력한 사람이 아주 많았고 그들 모두는 그저 소수 나치 지도자를 무의식적으로 추종했을 따름이라는 것이었다. 이들 단순가담자는 나치 지배하에서 감옥에 가고 고문을 받고 살해당한 사람들이 받았던 고통과 자기 행동 사이에 어떠한 차이가 있는지를 고민하지 않았다. 이렇듯 '탈나치화'라는 기획 전체가 대중에게는 책임이 없다는 생각을 조장하는 경향이 있었고, 단순가담자도 스스로를 가해자보다는 피해자로 생각하게 되었다.[26]

1947년과 1948년에 냉전으로 인해 연합국이 양쪽으로 분열된 이후, 미 군정 당국은 나치 청산을 위한 전반적인 노력을 재빨리 그만두었다. 그들이 더 중요하게 생각한 것은 경제 회복과 행정의 효율성이었다. 그 결과 독일에서 과거의 기능적 엘리트는 해체의 위험을 피할 수 있게 되었다.

이렇게 서방 연합국이 탈나치화의 주안점을 바꾸고 있을 무렵, 독일 작가들도 자기 독자를 위한 자서전에서 시각을 변화시켰다. 최근에 이들의 책

---

26 '보편적인' 역사와 개인적인 역사를 '죄'라는 관점에서 바라보려는, 말하자면 '양심'을 채택한 사례와는 정반대되는 완벽한 사례가 바로 살로몬(Salomon)의 소설이다. 과거 파시스트 의용단(Freikorps) 소속이었던 이 작가는 자전적인 기록을 남겼는데, 그것은 1961년까지 보급판이 25만 부나 출간되는 등 큰 호응을 얻었다. Ernst von Salomon, *Der Fragebogen*, Reinbek, 1951.

을 연구한 결과에 따르면, 1947년까지는 제3제국(나치)에 관한 서적 가운데 (1945~1947년까지 이 주제의 책이 해마다 40~50권 출간되었다) 다수가 강제수용소 생존자의 일기였다.[27] 1947년과 1948년에 나온 이 책들에 대한 서평은 개인적 서술에 점차 회의적인 시각을 보였다. 평자들은 작가들이 자기 자신과 거리를 두지 않았다고 비판하고, 더 예술적인 형상화(Gestaltung)를 주문했다. '객관적인' 서술을 요구했던 이 평론가들은 우선 망명 생활의 묘사를 부정적 사례로 언급했다. 그와 동시에 치열한 대중 논쟁의 핵심이 되었던 것은 토마스 만(Thomas Mann)과 프랑크 티쓰(Frank Thiess) 사이의 첨예한 대립이었다. 전자는 '내부망명(internal emigration)'의[28] 한계와 자기기만을 강조했고, 후자는 내부망명이 비록 침묵의 영웅주의는 아니라 하더라도 일정한 성과가 있었다고 보았다.

'거리두기'와 '객관성'을 요구하는 사람들은 또한 예술적이고 공상적인 재현에도 적절한 형식이 요구된다고 말했다. 역사적 설명은 균형이 잡혀야 하며, '객관적인' 텍스트로 나타나야 한다는 것이었다. 감정이입과 감성적 열광이 나치즘의 토대가 되었던 것처럼 보였기 때문에, 감성과 비합리성을 억누르기 위한 온갖 노력을 시도했다.

3.

1959년 가을 테오도르 아도르노(Theodor W. Adorno)는 〈과거사 정리란 무엇을 의미하는가〉라는 제목의 공개강연을 했고, 이것이 라디오로 방영되었다.[29] 드

---

27 Peitsch, op.cit., (주16 참고).

28 [역자주] 나치 시기에 외국으로 망명하지 않고 독일에 남아서 나치와 거리를 두었던 것을 말한다.

29 Theodor W. Adorno, "Was bedeutet: Aufarbeitung der Vergangenheit" (1959), *Eingriffe*, Frankfurt, 1963, pp. 125~146.

라마 〈홀로코스트〉와는 대조적으로, 이에 대한 청취자들의 반응이나 질문은 전혀 기록으로 남아 있지 않다. 그렇지만 이 텍스트는 여러 번 출간되어 자주 인용되고 참조되며 권위를 얻었다.

아도르노는 '과거사 정리'가 잘못된 개념이라고 주장한다. 그에 따르면, 서독에서 이 용어는 '대다수 독일인이 독일 파시즘을 지지하거나 적극 가담하지는 않았더라도 적어도 그것을 수용했던 과정'을 비판적으로 분석하려는 뜻이 없었기 때문이다. 그러기는커녕 대다수 독일인은 나치즘을 대면하는 과정에서 '계몽된 의식'이 아니라 여러 형태의 의도적인 '망각'을 드러냈다고 보았다. 그의 견해에 따르면, '과거사 정리'라는 개념은 그러한 '지루한' 문제제기를 '종결시켜주는' 기능을 한다. 이때 사람들의 심성(mentalité)은 의식적이든 무의식적이든 기필코 죄의식에서 벗어나려는 것, 요컨대 '과거를 없애버리려는' 것이었다. 강제이송과 대량학살이라는 현실과 대면하고 싶지 않아 이 용어를 완곡하게 사용한 사례가 널리 퍼져 있었고, 그 대표적인 사례가 1938년 11월에 발생한 유대인 대(大)박해를 '제국 수정의 밤(Reichskristallnacht)'이라고 불렀던 것이라고 그는 지적했다.[30]

아도르노의 설명에 따르면, '우리'라는 집단적인 개념을 지탱해준 것은 폭넓은 강제적 규정과 절차였다. 독일인들은 파시즘하에서 그것을 경험했음에도 나중에 사실상 그것을 부정했다—혹은 최소한 망각했다. 이렇게 사람들의 경험을 강조하면서도 그의 주장이 특정한 경험의 형성과 억압에 대한 면밀한 검토로 이어지지 않았던 것은 아주 의아한 일이다. 진작 그랬어야 하

---

30 최근의 논쟁, 특히 1938년 지방의 '대박해' 연구 프로젝트의 결과에 따르면, '제국 수정의 밤'이라는 개념은 나치의 냉소주의를 표현한 것이라기보다는 나치의 잔인성에 대한 비판적 입장을 드러낸 것이다. 말하자면 베를린 주민들이 기지를 발휘해서 바로 그러한 개념을 만들고 사용함으로써 파시즘으로부터 거리를 두었다는 것이다.

지만, 그로부터 20년이 더 지난 후에야 비로소 '평범한 사람'의 일상적인 삶에 대한 연구가 이루어져, 1920년대 중반 이전에 태어난 많은 사람들이 파시즘하에서 생활수준의 향상을 겪었고, 취업과 결혼의 기회가 늘어났다는 사실이 확인되었다.[31] 무엇보다도 가족이나 이웃에 대한 몇몇 연구에 따르면, 1936~1942년 사이에 나치 정권은 영웅적 행위와 군사적 승리를 공공집회나 축제의 형태로 기념하여, 사람들이 심취할 만한 '흥분상태(Rausch)'를 조장했다. 하지만 이렇게 해서 만들고자 했던 독일의 정체성에 토대가 되었던 것은 오히려 공통된 유약함과 무기력감이었고, 그래서 강력한 '지도자'에 대한 종속이 가능했다고 이 연구는 밝혔다. 그러므로 1945년과 그 이후에 나타난 모든 변화에 상관없이, 사람들이 해당 당국에 지속적으로 복종심을 보인 것은 그 무기력감의 증거로도 볼 수 있다.

아도르노에 따르면, 이러한 유약한 감정, 그래서 쉽게 권력에 빌붙는 습성은 사회의 구조와 규제에서 비롯된다. 더 구체적으로 그는 자본주의적 축적과 착취의 시스템이 미친 영향을 강조했다. 그러므로 자본주의의 역동성이 필연적으로 만들어내는 지배적인 소수와 지배당하는 대중 사이의 근본적인 분열이 근원이다. 그럼에도 불구하고, 아도르노는 여전히 변화할 여지가 있다고 믿었다. 그는 사회적 '주체들'에게 행동할 것을 주문했다. 그에 따르면, 그들이 계몽을 증진시키고, 복종을 생산하는 이러한 기제에 맞서 비판적인 '양심'을 키워야 한다. '양심'만이 배회하는 과거의 유령으로부터 모든 사람을 벗어나게 할 수 있다. 그리고 더 많은 사람들을 이러한 일에 참여시키기 위해, 그는 하필 얄궂게도 자신의 시각과 모순되는 방법을 제안했다. 사람

---

31 Ulrich Herbert, "'Die guten und die schlechten Zeiten': Überlegungen zur diachronen Analyse lebensgeschlichtlicher Interviews", pp. 67~96; Michael Zimmermann, "Ausbruchshoffnung: Junge Bergleute in den Dreißiger Jahren", pp. 97~132, in Niethammer ed., op.cit., (주19 참고).

의 양심에 호소할 '교육업무기동대'라는 제도를 만들라고 요구했던 것이다.[32] 이러한 노력은 오로지 인지(認知)와 관련된 것이었고, 동시에 존재하는 비인지적 표현방식은 아도르노에 의해 완전히 무시되었다. 다른 말로 하자면, 사람이라면 남녀노소 모두 다층적인 일상을 경험함으로써 일견 변화하지 않을 것 같은 '구조적 경계'를 재생산할 뿐만 아니라 재전유하고 그럼으로써 변형시키는 법인데, 그는 이를 고려하지 않았다.

4.

아도르노가 강연한 지 몇 주일도 채 지나지 않아, 1959년 성탄절 휴일에 유대인 묘지가 훼손당했다―쾰른을 비롯한 여러 지역에서 그런 일이 발생했다. 모든 정당의 정치인과 언론인, 평론가들은 앞 다투어 이를 크나큰 수치(羞恥)라고 규정했다. 도덕적으로 혐오스러운 사건들이 계속해서 발생했다. 이에 대한 조치가 필요해지자, 언론인과 정치가들은 이구동성으로 학교, 교사, 교과서 출판사에 강한 압력을 가했다. 나치즘이 망각되어서는 안 되며 널리 다루어져야 한다는 것이었다. 하지만 '모든 권력기관'의 대변자들은 이 '사건'과 독일인의 일반적인 태도 사이의 관련성을 암암리에 부정했다. 관계 당국은 이를 젊은이의 '일탈'로 규정했기 때문에, 교육기관과 전문가는 그 '태도'를 교정하고자 했다.[33] 따지고 보면 젊은이들이 그렇게 행동했던 것은 나치즘

---

32 1966년에 방송된 강연과 3년 뒤 출간된 글을 비교하라. Theodor W. Adorno, "Erziehung nach Auschwitz", *Stichworte: Kritische Modelle 2*, Frankfurt, 1969, pp. 85~101.

33 그렇지만 연방정부는 그 사건에 대한 책임이 익명의 어느 동독 대표에게 있다고 발표함으로써, 겉으로 보기에 적당한 대안을 선택했다. 이러한 대응은 분명 냉전의 영향을 반영한 것이었다. *Weißbuch der Bundesregierung zu den antisemitischen und Nazi-Vorfällen*, Bonn, 1960.

에 대한 '사실들'이 늘어나 그것이 이들 귀에까지 들어갔기 때문이지 않았겠는가! 실제적인 결과만 놓고 보자면, 사회의 주류도 비판 이론의 중심인물인 아도르노와 별반 다르지 않았다.

1950년대와 1960년대 초 서독에서는 쾰른과 같은 사건의 발단이 된 나치즘의 매력이 예전부터 계속된 것인지, 아니면 새로운 것인지를 전혀 묻지 않았다. 논쟁의 초점이 곧바로 청소년 교육의 강화로 이어진 것도 그러한 다양한 금기를 보여준 셈이다. 동시에 냉전 시기 서독의 역할이 그러했듯이, 정책도 과거에 대한 교육이나 도덕의 무장으로 제한되었다. 자본주의와 그 권위적 경향을 비판하는 아도르노의 일반적인 지적을 정치적으로 실천한다는 것은, 기존의 사회정치적 질서를 바꾸고 또한 서방과 독일 사이의 유대관계를 약화시킨다는 의미였기 때문이다. 정치 엘리트뿐만 아니라 대다수 주민조차 그러한 사회경제적 변화를 강하게 거부했고, 양자 모두 서독의 국가와 경제가 서방 국가들과 (불평등한) 유대를 맺는 것에도 찬성했다. 경제 회복, 특히 1950년대 중반 이후의 경제 '기적'—한국전쟁의 거대한 수요가 촉발시킨—은 이런 태도의 기반이 되었으며, 계급과 정치적 색깔을 막론하고 모두에게 해당되는 사항이었다. 마치 1930년대 중반처럼, 대다수가 당시의 정치체제를 수용할 만큼 일상의 경제 상황이 눈에 띄게 개선되었다.[34] 여하튼 대다수 사람은 임금인상으로 가능해진 '안락한 삶'을, 서독의 민주국가와 의회가 만들어내지는 못할지언정 망쳐서는 안 된다고 여겼다.[35]

---

34 Hans-Peter Schwarz, *Die Ära Adenauer: Gründerjahre der Republik, 1949~1957*, Stuttgart and Wiesbaden, 1981, pp. 275ff; Christoph Kleßmann, *Die doppelte Staatsgründung: Deutsche Geschichte, 1945~1955*, Göttingen, 1982, 제7장.

35 '프롤레타리아 습관과 행동(Proletarität)의 종말'에 대해서는 다음을 참조하라. Josef Mooser, *Arbeiterleben in Deutschland, 1900-1970: Klassenlagen, Kultur und Politik*, Frankfurt, 1984, pp. 179ff, 224ff. 이러한 과정의 순환과 모호함에 대한 훨씬 더 미묘한 분석은 다음을 참조하라. Michael Wildt, "Am Beginn der Konsumgesellschaft: Konsum in Westdeutschland in den fünfziger Jahren", Ph. D. diss., University of Hamburg, 1992(같은 제목으로 Hamburg, 1993 출간).

1945년 직후 문화에 대한 '갈증'을 토로했던 사람들—연극을 관람하고 잡지를 읽고 라디오 프로그램을 청취하는 사람들—은 대부분 교사와 교육 이론가들이었다. 비록 폭넓은 이들 교양시민층(Bildungsbürgertum)[36] 출신의 다양한 집단들은 서로 다른 정치적 입장을 보였지만, 휴머니즘과 기독교적 이상에 강력한 지지를 보내는 데는 이견이 없었다.[37] 1959년 12월에 일어난 쾰른 '사건'으로 이렇게 휴머니즘적 이상과 도덕 무장이 서로 결합하는 새로운 동력을 얻게 되었다.[38]

이처럼 좋은 의도의 분위기에서 나름의 역동성을 발휘할 더욱 실질적인 제도가 마련되었다. 역사와 '사회학(Gemeinschaftskunde)'—'정치학'이 아니었다!—교사들은 기회를 놓치지 않고 이를 다룰 새로운 전문 직업인과 업무를 개발했다. 1960년대 초 학교와 평생교육원(Volkshochschule)에서는 '근대적인' 혹은 세속적인 반유대주의를 다루거나, 더 광범위하게 나치 역사를 전문적으로 다룰 교과 과정이 개설되었다. 청소년 조직의 교사와 관리자들은 이 문제에 대한 전문지식을 전수해주는 특수한 훈련 과정을 이수했다. 연방정부나 각 주의 '정치교육원(Zentrale für politische Bildung)'은 그 수업에서 다룰 내용에 관한 팸

---

36 [역자주] 전통적으로 부르주아지, 곧 시민 계층은 상인이 중심이지만, 독일에서는 독특하게도 대학교육을 통해 만들어진 시민층이 존재하는데 이를 '교양시민층'이라고 불렀다.

37 Hermann Glaser, *Kulturgeschichte der Bundesrepublik Deutschland*, Munich, 1985~1986, vol. 1, 2.

38 이때의 논의는 교육의 실패와 개선 가능성에 대해 이루어졌지만 대학교육이 아니라 중등교육에 국한되어 있었다. 대학 교수들은—그리고 과학 분야도—이 논의와 무관하게 그 '영향권 밖'에 있었다. 막스 바인라이히(Max Weinreich)가 나치와 연루된 독일의 교수들을 제대로 공격했지만 전혀 반응이 없었다. Max Weinreich, *Hitlers Professors: The Part of Scholarship in Germany's Crimes against the Jewish People*, New York, 1946. 반면 알렉산더 미처리히(Alexander Mitscherlich)와 프리츠 밀케(Fritz Mielke)가 1947년 '서독물리학회 연방위원회'의 위임을 받아 수집한 나치의 어용 물리학자들에 대한 자료집은 바로 그 학회에 의해 '명예훼손'이라는 비판을 받았다. 반(牛)공공기관인 이 학회는 이 책이 서점에 유통되기도 전에 초판 만 부를 전량 사들였다. 이 책의 초판은 1949년에 나왔다. Alexander Mitscherlich and Fritz Mielke, *Medizin ohne Menschlichkeit: Dokumente der Nürnberger Ärzteprozesse*, Heidelberg, 1949. 인문과학의 태도 역시 이와 비슷하게 오만한 무지와 교화시키려는 태도가 혼합되어 있었다. 이에 대해서는 다음을 참조하라. Wolfgang F. Haug, *Der hilflose Antifaschismus: Zur Kritik der Vorlesungsreihen über Wissenschaft und NS an deutschen Universitäten*, Frankfurt, 1967.

플릿과 교재를 만드는 데 많은 돈을 썼다. 이 교재는 주로 인종주의와 반유대주의의 세속적인 혹은 근대적인 형태와 발전을 다루었다. 그러므로 19세기 말에 등장했던 인종주의 이론들이 고등학교의 교재에 수록되었다. 로젠베르크(Alfred Rosenberg)와 같은 나치의 주요 이론가의 내용뿐만 아니라, 챔벌레인(Houston Stuart Chamberlain), 마르(Guenther Maar), 고비노(Count Gobineau), 슈퇴커(Alfred Stoecker), 바그너(Richard Wagner)의 저술까지 새로 유통되었다.[39] 물론 비판적 독서를 장려하여 면역성을 키우려는 의도였다. 이러한 지식의 확대로 인해 궁극적으로 계몽적이거나 '합리적인' 정치행동이 촉발될 것으로 기대되었다. 그리고 최소한 공개적으로는 그 누구도 적절한 지식이 당시 존재하던 정치질서에 대한 지지를 강화시키는 열쇠라는 점을 의심치 않았다.[40]

---

[39] 다음과 비교하라. Harry Pross ed., *Die Zerstörung der deutschen Politik: Dokumente von 1871 bis 1933*, Frankfurt, 1960; Karl Thieme ed., *Judenfeindschaft: Darstellung und Analysen*, Frankfurt, 1963. 이 두 책은 곧바로—그리고 오로지—보급판으로 출간되었다. 특히 피셔(Fischer) 출판사는 문고판 발간을 통해 정치적 교육과 계몽을 추구해왔는데, 이것도 그 일환이었다. 1960년 피셔 출판사는 나치의 어용 물리학자에 대한 자료집을 문고판으로 다시 발간하기도 했다. Alexander Mitscherlich and Fritz Mielke, *Medizin ohne Menschlichkeit: Dokumente der Nürnberger Ärzteprozesse*, Frankfurt, 1960.

[40] 검사와 변호사들도 나치에 가담했지만, 판사들의 가해 사실 혹은 공범 사실도 침묵 속에서 드러나지 않은 채였다. 법률가들 사이에서도 몇몇 비판적인 목소리가 나오긴 했다. 그들은 나치 범죄를 단죄하라고 압력을 가했다. 예컨대 헤센주 검찰총장이었던 프리츠 바우어(Fritz Bauer)는 1963~1964년에 프랑크푸르트에서 아우슈비츠 재판을 준비했다. 이들은 1958년에 설립된 '나치 범죄 청산을 위한 주법무부 센터(Zentrale Stelle der Landesjustizverwaltungen zur Aufklärung von nationalsozialistischen Verbrechen)'에 적극적으로 참여했다. 이에 대해서는 혼란스럽지만 인상적인 다음 글을 참조하라(부분적으로 자전적 서술로 이루어져 있다). Barbara Just-Dahlmann and Helmut Just, *Die Gehilfen: NS-Verbrechen und die Justiz nach 1945*, Frankfurt, 1988. 법학 교수들의 역할에 대해서는 1980년대 후반에 비로소 연구가 시작되었는데, 이에 대해서는 다음을 보라. Ingo Müller, *Furchtbare Juristen: Die unbewältigte Vergangenheit unserer Justiz*, Munich, 1987; Bernd Rüthers, *Rechtslehren und Kronjuristen im Dritten Reich*, 2nd ed., Munich, 1989; Hans Göppinger, *Juristen jüdischer Abstammung im "Dritten Reich": Entrechtung und Verfolgung*, 2nd, ed., Munich, 1990; Lothar Gruchmann, *Justiz im Dritten Reich, 1933~1940: Anpassung und Unterwerfung in der Ära Gürtner*, Munich, 1988. 함부르크 사법부의 법적 관행과 판결을 광범위하면서도 빠짐없이 세밀하게 분석한 다음의 연구가 특히 유익하다. 이에 대해서는 다음을 보라. Justizbehörde Hamburg, Klaus Bästlein, Helge Grabitz, and Wolfgang Scheffler eds., *"Für Führer, Volk und Vaterland...": Hamburger Justiz im Nationalsozialismus*, Hamburg, 1992.

5.

1950년대와 1960년대 초 (서)독일인 대다수는 서로 공모하여 폭력적이고 살인적인 행위를 회상시키는 파시즘의 기억을—비록 억누르지는 않았지만—망각시켰다. 무엇보다도 파시즘 기간의 자신들의 역할과 활동을 '잊거나' '제거했다.' 이들은 암묵적으로 자신들이 수용하고 지지하고 공범으로 참여했던 일들을 기억에서 모두 지워버렸다.[41]

어떤 것이 기억되고 어떤 것이 망각되었는지 여기서 일일이 다 설명할 수는 없다. 그렇지만 사적으로나 공적으로 애도와 집단적 추모를 (다시) 발현하는 과정을 이해하는 것은 중요하다. 공적 행사는 대중정치의 틀 속에서 이루어지지만, 동시에 개인의 목소리를 (다시) 발현하기도 하고 그들의 침묵에 조응하기도 한다.

1950년대 초부터 이러한 공식적인 기념행사가 열렸지만, 생존한 희생자가 연설할 기회는 전혀 없었다. 대신 1944년 7월 20일을 기념하여 매년 파시즘에 저항하다가 살해당하거나 '전몰'한 영웅들을 기리고자 열렸던 행사는 달랐다. 특히 1944년 7월 20일에 나치즘 권력의 상징이자 중심인물이었던 히틀러를 암살하려 했던 슈타우펜베르크(Claus von Stauffenberg)와 그의 몇몇 동지들은 대다수가 정식 군인이었다. 이들이 용기를 내 '독일 국민의 명예를 회복하지' 않았던가? 이러한 논거에 의거하여, 7월 20일의 암살 기도에 대한 공식 추모제가 이 저항자들이 처형당했던 베를린의 바로 그곳(소위 벤들러블록

---

41 그리하여 멜리타 마쉬만의 자서전 출간은 떠들썩한 상업적 성공을 거뒀다. Melita Maschmann, *Fazit: Kein Rechtfertigungsversuch*, Stuttgart, 1963. 소녀와 젊은 여성들의 조직인 '독일소녀단(Bund Deutscher Mädel, BDM)'의 상근관리자로서 파시즘에 바친 무조건적인 열정과 강한 헌신을 회상한 이 책은 6개월도 안되어 4쇄를 출간했다.

Bendlerblock, 이곳은 육군총사령부와 플뢰첸제Plötzensee 감옥이 있었던 자리이다)에서 해마다 거행되고 있다.[42] 사실 그곳은 실제 사건과 행위자의 감성적이고 정서적인 차원까지 전달해줄 유일한 물리적 장소였다. 최소한 여기서는 사건의 명칭과 다른 인쇄물 정보가 유형의 유산, 곧 건물 및 물리적 환경과 연관될 수 있었다.

1950년대와 1960년대 (초)까지 관공서는 공적인 추모제의 거행을 주저했는데, 여기에는 독특한 논리가 작용했다. 추모제가 공식적일수록 거기서 분출될 목소리나 행위도 그만큼 더 감정적이고 아마도 더 비합리적일 것이라는 논리였다. 그러므로 모든 차원의 정치기관들이 취했던 수동적인 태도는 '잊고자 하는' 여러 형태의 욕구에 조응했던 반면, 독일인에 의한 계몽적 담론과 자기비판을 요구했던 사람들—그들은 세미나에서 책을 읽고 텍스트에 대해 토론하는 것이 방정한 품행과 '합리성'의 증가를 보장할 것이라고 믿었다—을 무시하는 결과를 낳았다. 그리하여 나치의 과거와 '대면하는 것'은 '공공대중의 감성'을 피하는 것이어야 한다는 데 정치적 색채를 떠나 모두 쉽게 합의했다.

심지어 강제수용소 공간조차, 나치즘을 기억하는 상시적인 기회를 제공하거나 희생자를 추모하는 장소로 만들려는 노력을 거의 기울이지 않았다. 예를 들어, 영국 군정 당국은 1946년 니더작센주에 있는 베르겐 벨젠(Bergen-Belsen) 강제수용소에 비문이 쓰인 첨탑과 벽을 건립했지만, 1952년 니더작센

---

42 7월 20일 사건을 일으킨 대다수 주동자와 직접적인 후원자들, 특히 '크라이자우 집단(Kreisauer Kreis)'(헬무트 폰 몰트케Helmut James von Moltke를 중심으로 결성된 나치 저항 조직으로서 크라이자우라는 명칭은 몰트케 가문이 거주하던 남부 슐레지엔 지역의 도시 Krzyżowa의 독일식 명칭에서 나왔다—역자) 구성원들이 갖고 있던 권위주의적인 시각을 비판적으로 분석한 글이 1960년대 후반에 커다란 반향을 일으켰지만, 그들에 대한 추모식과 관련된 의회정치의 논의에는 별다른 영향을 미치지 못했다. Hans Mommsen, "Gesellschaftsbild und Verfassungspläne des deutschen Widerstandes", in *Widerstand gegen Hitler*, ed., Walter Schmitthenner and Hans Buchheim, Cologne and Berlin, 1966, pp. 73~167.

주 정부가 권력을 이양받자마자 그 장소는 사실상 방치되었다. 1966년이 되어서야 주 정부는 더욱 협소해진 '증거의 집'이라는 전시관을 열었다. 수용소가 있었던 다른 지역들, 즉 바이에른 지역의 다하우(Dachau)나 플로쎈뷔르크(Flossenbürg), 함부르크 지역의 노이엔감메(Neuengamme), 혹은 노르트라인 베스트팔렌 지역의 베벨스부르크(Wewelsburg)에서는 상황이 더 좋지 않았다.[43]

1960년대 중반, 홀로코스트 생존자 조직의 거센 비판에 밀려 지역과 주 당국은 완강했던 수동적 태도를 버렸다. 그렇지만 그들은 기껏해야 어느 특별한 지역에서, 말하자면 예전 강제수용소가 있던 곳에서만 '무엇인가'를 했을 뿐이었다.[44] 그곳에서 이들은 몇몇 건물을 복원하여 문서나 (모자나 신발 같은) '유물'을 보관하기 시작했다. 하지만 이런 활동들은 인력 면에서나 재정 면에서 여전히 극히 간단하고 수준이 아주 낮았다. 새로운 형식을 개발하려는 노력은 무시되거나 명백하게 불필요한 것으로 인식되었다. 특히 '희생자' 개인이나 그들의 독특한 운명을 더 이상 주목하지 않은 채, 그들을 '전체적으로' 혹은 추상적으로 추모하는 형식 등이 더욱 그러했다.

결국 1970년대 말, 소수의 사람들이 좌파적인 정치적 이해관계와 교육적 전문성을 결합시키고자 할 때까지 또 다시 십 년이 걸렸다. 이들은 강제수용

---

43 Bernd Eichmann, *Versteinert-Verharmlost-Vergessen: KZ-Gedenkstätten in der Bundesrepublik Deutschland*, Frankfurt, 1985. 베르겐 벨젠에는 1990년에 도서관, 교실, 그리고 전시실이 추가로 건립되었다. 1990년 6월 선거에서 사회민주당과 녹색당이 승리함으로써 주정부가 교체되자, 지방의 추모공간에 대한 특별한 프로그램이 성사되었고 추가 시설도 준비 중에 있다. 다른 지역에서는 소집단이 잡지를 만들어 공공대중에게 다가가려 시도했다. 몇몇 사람들은 다하우 강제수용소 박물관의 큐레이터 바바라 디스텔(Barbara Distel)의 제안을 받아들이고 '다하우 수감자 위원회(Comité Internal de Dachau)'와 협력하여 1985년 『다하우 소식지(Dachauer Hefte)』를 발간하기 시작했다. 그 제목은 『아우슈비츠 소식지(Hefte von Auschwitz)』에서 따온 것인데, 이 잡지는 1960년대부터 아우슈비츠 국립박물관이 발행하고 있다.

44 사실 다하우 혹은 노이엔감메 같은 주요 강제수용소에만 관심이 집중되었을 뿐, 몇십 개—전쟁 동안에는 수백 개—에 달하는 외부수용소(Außenlager)는 그렇지 않았다. 지방의 수용소를 폭넓게, 그리고 문자 그대로 그려낸 최초의 연구서로는 다음을 보라. Rainer Fröbe et al., *Konzentrationslager in Hannover: KZ-Arbeit und Rüstungsindustrie in der Spätphase des Zweiten Weltkriegs*, Hildesheim, 1985.

소 자리를 '배움의 장소'로 만드는 프로그램을 개발하기 시작했다.[45] 나치즘의 가해자 개개인의 면모가 어떠했고 희생자 개개인이 어떤 고통을 당했는지 탐구할 적당한 장소가 바로 그곳이었을 것이다. 이 행동가들은 1930년대 나치즘에 저항했던 사회주의자나 공산주의자의 유산을 이어받았다고 자처했다. 이들은 '아데나워 시절'에 널리 퍼진, 나치 과거를 억누르려는 암울한 행위와 결별하기를 원했다.[46] 특히 노동조합의 청년 조직이 이 일에 적극적이었다. 비슷한 생각이 지역의 역사공방(history workshop/ Geschichtswerkstatt) 프로젝트에서 나왔고, 강력하게 추진되었다.[47] 이들은 모두 가해자나 공범자를 밝히는

---

45 Giesela Lehrke, *Gedenkstätten für Opfer des Nationalsozialismus: Historisch-politische Bildung an Stätten des Widerstandes*, Frankfurt and New York, 1898.

46 예컨대, 바젤로 망명했던 철학자 칼 야스퍼스의 팸플릿(*Die Schuldfrage*, Heidelberg, 1946)은 1946~1947년에 널리 논의되었던 것인데, 다른 정치평론과 (라디오) 강연을 한데 묶어 1963년에 비로소 출간되었다. Karl Jaspers, *Lebensfragen der deutschen Politik*, Munich, 1963, pp. 36~144. 야스퍼스는 보상을 제공할 필요성을 역설했고 테오도르 호이쓰(Theodor Heuss)가 1948년과 1949년에 지적한 '독일인 전체의 책임성'에 대한 논거를 제시했다. 1950년대에는 많은 지식인들이 그들의 개인적 선호에 관계없이 정치문화적 저작을 잘 펴내지 않았는데, 이에 대해서는 다음의 글을 참조하라. Heinrich Böll, *Reden*, Cologne, 1967; *Gesammelte Werke*, vols. 7 and 8., *Aufsätze, Kritiken*, Cologne, 1977 and 1978. 시사평론가들의 다음 글도 참조하라. Erich Kuby, *Das ist des Deutschen Vaterland*, Reinbek, 1959; Gerhard Zwerenz, *Wider die deutschen Tabus: Kritik der reinen Unvernunft*, Munich, 1962; Marion Gräfin Dönhoff, *Die Bundesrepublik in der Ära Adenauer*, Reinbek, 1963.

47 그때까지 지방에서는 무명으로 보이는 사람들이 나치에 대해 벌인 저항이 잊힌 듯 보였는데, 첫 번째 프로젝트가 바로 그것에 집중했다. 이 프로젝트에는 전문가뿐만 아니라 아마추어 역사학자도 함께 참여했다. 1982~83년에 그들은 베를린, 함부르크, 쾰른, 졸링겐, 프라이부르크, 콘스탄츠 등지에서 1933년 나치 집권 당시 대중들은 나치를 공개적으로 지지했고 대거 협력했으며 저항은 적었음을 자세하게 밝혀내 기록했다. 그러자 대중의 관심도 크게 증가했다. Arbeitsgruppe Kiezgeschichte-Berlin 1933 ed., "*Wer sich erinnern will... ist gezwungen, die Geschichte noch einmal zu erleben": Kiezgeschichte Berlin 1933*, Berlin, 1983; W. Tammen and K. Tebbe, ed., *Kreuzberg 1933: Ein Bezirk erinnert sich*, Berlin, 1983. 다음 단계로 이들은 파시즘 아래의 일상적 억압의 역사를 다루었다. Solinger Geschichtswerkstatt, *Fremdarbeiter in Solingen 1939~45*, Solingen, n.d., 1982. Projekt-Gruppe für die 'vergessene' Opfer des NS-Regimes in Hamburg ed., *Verachtet, verfolgt, vernichtet*, Hamburg, 1986. 똑같은 관점에서 더 최근에 나온 것들은 다음과 같다. Dorothea Kolland ed., *Zehn Brüder waren wir gewesen... Spuren jüdischen Lebens in Neukölln*, Berlin, 1988; Hayel Rosenstrauch ed., *Aus Nachbarn wurden Juden: Ausgrenzung und Selbstbehauptung, 1933~1942*, Berlin, 1988; Manfred Gailus ed., *Kirchengemeinden im Nationalsozialismus. Sieben Beispiele aus Berlin*, Berlin, 1990; Karola Frings et al., "*...Einziges Land in dem Judenfrage und Zigeunerfrage gelöst wurden": Die Verfolgung der Roma im faschistisch besetzten Jugoslawien, 1941~1945*, Cologne, 1992. 중요한 것은 의사들, 특히 정신과 의사들이 파시즘하에서 자기 동료들이 했던 일의 역사를 비판적으로 재구성하는 데 참여했다는 점이다. G. Baader and U. Schultz eds., *Medizin und Nationalsozialismus: Tabuisierte Vergangenheit-Ungebrochene Tradition?*, Berlin, 1980; Bernd

작업뿐만 아니라 희생자의 신원을 더 많이 밝히고자 했다. 이 활동가들이 바란 것은 그것이었다. 곧 '평범한' 독일인—나치 언어에 따르면, 제국 독일인—이 파시즘하에서 자신의 역할과 행동을 (자기)비판적으로 조사하는 것이 자신의 도덕적 의무이며 정치적으로 필요한 일이라는 생각을 스스로 더 많이 하게 되는 것 말이다. 그리하여 나치 공범자와 가해자의 자식들이 자기 부모와 조부모에게 공개적으로 물음을 제기하기 시작했다.

서독 시절에는 나치하에서 독일인의 손에 고통을 당한 이들을 위한 '중앙' 기념관이 따로 건립되지 않았다. 홀로코스트 기념관뿐만 아니라 독일 파시즘과 파시스트에 의해 고문당하고 살해당했던 다른 수십만 희생자들을 위한 기념관도 없었다. 1985~86년에 와서야 비로소 베를린에서 소규모 집단이 유대인 희생자를 위한 '중앙' 기념관—말하자면 홀로코스트 기념관—의 필요성을 논의하기 시작했다.[48] 베를린장벽 근처에 있는 프린츠 알브레히트 슈트라쎄(Prinz-Albrecht-Straße)의 정비 계획이 계기가 되었다. 나치 시기에 게슈타포

Müller-Hill, *Tödliche Wissenschaft*, Reinbek, 1984; J. Bleker and N. Jachertz, *Medizin im Dritten Reich*, Cologne, 1989. 좀 더 일반적인 서술에 대해서는 다음을 보라. Norbert Frei ed., *Medizin und Gesundheit in der NS-Zeit*, Munich, 1991.

48 이와 동시에 1985년 여름 프랑크푸르트 유대인공동체 구성원은 작가이자 영화감독인 파스빈더(Rainer W. Faßbinder)의 희곡을 상연하려는 프랑크푸르트 극단의 계획에 공개적으로 반대하는 항의운동을 시작했다. 항의자의 주장에 따르면, 파스빈더의 희곡 〈쓰레기, 도시 그리고 죽음(Der Müll, die Stadt und der Tod)〉은 나치 시대에 이용되었던 '간사한 유대인 자본가'라는 반유대주의적 편견의 전형에 근거했다. 이후 논쟁은 대부분 언론과 예술의 자유에 대한 논쟁으로 번졌다. 이 저항에는 직접행동도 포함되었다. 항의자들은 몇 번이고 무대를 점령하여 리허설을 무산시켰다. 몇 주 뒤 극단은 연극을 포기했다. 다음 해 프랑크푸르트 출신 지식인과 좌파 정치 활동가들이 프랑크푸르트 유대인 게토의 유적을 보존하자는 시위를 벌이기 시작한 것도 분명 우연은 아니었다. 어느 중앙부처의 관공서 건물을 짓는 공사 과정에서 게토 유적이 다시 발견되었다(프랑크푸르트는 폭격을 맞은 시가지를 1954년에 이르러 1945년 이후 처음으로 재건했는데, 이때 사람들은 게토 유적을 주요 간선도로 아래에 과감하게 파묻었다). 1987년 8월에 항의자들이 이 장소를 점거하자, 결국 시청은 이 유적들을 '둘러싼' 벽을 유리로 바꿈으로써 유적과 관공서 건물을 합치기로 결정했다. 그 결과 관청은 예전 게토 자리 위에 건립되었지만, 이제 박물관처럼 구성된 전시시설을 통해 도시의 과거를 일깨워주게 되었다. 게토 유적을 볼 수 있는 창문이 지상에서 아주 높게 설치되었기 때문에 까치발을 들어도 제대로 들여다볼 수 없다는 사실은 아주 역설적이다. *Frankfurter Rundschau*, September 11, 1990, p. 11. 그 사이에 이것도 변화했다. 이에 대해서는 다음을 보라. Dieter Bartetzko, "Die Angst vor der Geschichte: Zur Öffnung des Museums Judengasse", *Frankfurter Rundschau*, November 27, 1992, p. 27.

본부가 있었던 그곳을 다시 정비하자는 논의가 진행되었던 것이다.[49] 다양한 좌파와 '대안' 집단들은 살해당한 이들을 추모할 공간을 갖출 마지막 기회를 '잃지' 않으려면 망각의 흐름을 거스르는 자신들의 투쟁이 중요하다는 사실을 깨달았다. 가해자가 학살 계획을 입안하고 시행했던 바로 그 장소야말로 기억의 명확한 몸짓이자 영구적 표식으로서 적합한 곳이었다.

6.

주나 지역에서 개최하는 파시즘 희생자 추모행사들은 고문당하고 살해당한 개개인에게 관심이 없었다. 다만 전쟁 시기부터 이미 사적 기억과 공적 추모가 함께 이루어진 예외가 있었으니, 바로 전몰 군인과 공습 피해자들이었다. 이들은 국가행사를 통해 추모되었다. 그렇지만 이들의 유가족과 피

---

49 1989년 11월 베를린 텔레비전 편성자 레아 로쉬(Lea Rosh)의 제안에 따라, 한 시민단체가 과거 게슈타포 본부가 있었던 프린츠 알브레히트 슈트라세나 근처(이곳은 가해자를 상징하는 장소로 변해 있었다)에 독일 홀로코스트 기념관을 건립하는 계획을 지원해달라고 요청하기 시작했다. 1992년 4월 연방정부와 베를린 시 정부가 이에 동의하고 토지를 포함한 재원의 일부를 부담하기로 했다. 살해당한 수백만 유대인 개개인을 추모하는 건물을 짓자는 이 제안보다는 뒤이어 '진티와 로마'를 단호히 배제할 것인가를 놓고—혹은 다른 희생자 집단도 포함시킬 것인가를 놓고—격렬한 논쟁이 벌어졌다. 홀로코스트 추모지 건립 운동의 핵심 주도자는 살해당한 유대인을 기억하는 장소를 만드는 것이 목표였다고 주장했다. 이 논쟁의 균열과 고민에 대해서는 다음을 참조하라. Jan Ross, "Singulär: Mahnmal in Berlin", *Frankfurter Allgemeine Zeitung*, July 25, 1992; Rudolf Kraft, "In trennenden Gedenken", *Die Zeit*, July 24, 1992, p. 53; Stefanie Endlich, "Ereigniswege zum Holocaust?", *Gedenkstätten-Rundbrief* 52, 1992, pp. 1~2. 조직적 관점이 아니라 본질적으로, 국립 홀로코스트 기념관 프로젝트와 더 관련이 있었던 것은 베를린 유대인 박물관 건립 계획이었다. 1989년 6월 설계 공모 결과가 나왔지만 오랫동안 미뤄지다가 1992년에 비로소 다니엘 리베스킨트(Daniel Libeskind)의 설계안에 따라 공사가 시작되었다. 1938년 대(大)박해를 기념하는 운동도 다양하게 생겨났다(위의 '역사공방'에 대한 주를 참조하라). 예를 들어 베를린의 개인 혹은 주 정부기관은 베를린의 홀로코스트 장소 두 곳을 기념하는 건축물을 설계하도록 예술가들을 초청했다. 다음을 참조하라. Berlinische Galerie and Der Senator für Bau- und Wohnungswesen eds., *Gedenken und Denkmal: Entwürfe zur Erinnerung an die Deportation und Vernichtung der jüdischen Bevölkerung Berlins*, Berlin, 1988. 또한 교육 및 자료 보관시설을 갖추고자 한 프랑크푸르트시의 계획도 참조하라. Hammo Loewy, *Holocaust: Die Grenzen des Verstehens*, Reinbek, 1992.

부양자의 슬픔을 덜어주는 일은 주로 지역 교회들의 몫이었다. 전쟁 직후인 1945년과 1946년에는 교회에 사망자의 명패가 나붙거나 교회 묘지의 추모지에 전시되었다. 교회는 해당 구역의 죽은 병사—그리고 때로는 공습으로 죽은 시민—의 이름을 보존하고 공개했다. 제1차 세계대전 때 사용했던 명패의 남은 자리를 이용하기도 하고, 기존 명패에 조각을 덧붙여 이름을 새기기도 했다.

세속적인 추모식에서는 희생자의 이름을 호명하거나 특별히 언급하지 않는다. 그런 점에서, 현충일에 지역 전쟁기념관 앞에서 벌어지는 전사자 추모 연례행사는 1938년 11월 8일과 9일, 곧 '제국 수정의 밤'의 대박해가 있었던 바로 그날의 '폭력 지배 희생자'를 위한 추모제와 다르지 않다. 1960년대 초부터 많은 도시에서 예전에 유대인 교회였던 장소에서 추모행사를 거행하는 것이 거의 확고한 관례가 되었다. 그 장소는 비어 있기도 했지만 주차장이나 백화점 같은 건물이 새로 들어선 경우도 있었다(시청은 마지못해 그곳에 예전에 유대인 교회가 있었고 1938년에 불탔다는 것을 알려주는 팻말을 세워놓았을 뿐이다).[50]

그러므로 나치즘과 전쟁에 대한 공식적인 추모식은 추모객의 구체적인 고통과 슬픔에 거의 귀 기울이지 않는다. 이런 형태의 행사에서는 죽은 사람의 수가 수백만이라는 '거대한 숫자놀음'에 다시 추모객의 슬픔이 묻혀버린다. 그러므로 파시즘은 사람이 만들어내고 역사적 배경 속에서 벌어진 일임에도 그 맥락으로부터 멀어지거나 떨어져 있게 된다.

그렇지만 희생자를 한 명씩 거명하는 경우도 있다. 전쟁의 군사작전에

---

50 이런 장소들은 주로 1950년대 초에 원래 소유자의 법적 상속자들 대부분이 토지를 팔았다. 함부르크 오텐젠(Hamburg-Ottensen)의 경우도 마찬가지로 1950년 초에 팔렸는데, 1991/1992년경 한 정통 유대 집단이 그때 팔린 토지와 수십 년 전에 소유권이 넘어간 묘지가 당시 건축 중이던 새 건물에 의해 모독당하고 있다고 주장했다. 논란이 증폭되고 몇 차례 작은 소동이 벌어진 이후, 비로소 그 지하의 유물에 대해 특별한 주의를 기울이는 조건으로 건설작업을 계속하도록 합의가 이루어졌다.

서 '전사한' 용사와 희생자를 위한 연례행사나 정부의 추모식이 그렇다. 비트부르크 묘지에서 독일 수상 콜과 미국 대통령 레이건이 참석한 가운데 열린 소위 화해기념식(1985년 4월)은 1950년대 초부터 서독에서 무엇이 일상으로 자리 잡았는지를 세계에 보여주었다. 곧 최소한 1년에 한 번 11월 일요일에, 연방의회 앞에서뿐만 아니라 무수히 많은 지방 전쟁기념물 앞에서 현충일 (Volkstrauertag) 행사가 거행되고 있다는 것 말이다.[51]

전쟁 기념은 서독의 거의 모든 마을과 도시에서 볼 수 있다. 독일 중부에 있는 중간 규모의 대학도시인 괴팅겐은 1870~1871년 프랑스와의 전쟁에 나선 '영광스러운 전사자'를 위한 전쟁기념물이 없다는 점에서 여느 대다수 독일 도시나 마을과 다르다.[52] 대신 거기에는 식민 '전쟁'―말하자면 1904년 헤레로(Herero)족의 대량학살―을 기억하는 특별한 기념물이 있었는데, 그것은

---

51 1946년 6월 소련군 점령 당국은 자기 관할 지역에서 전쟁영웅을 기리거나 다른 '군국주의적' 인물을 보여주는―교회 묘지를 포함한―모든 공공기념물의 표식과 그와 유사한 거리 이름을 폐기시켰다. 그리고 그와 비슷한 성격의 기념물 자체도 제거했다. 소련 군정 당국의 이러한 명령과 독일 지방 당국의 보고서에 대해서는 다음을 보라. Landeshauptarchiv Potsdam, Repertorium 230 Oberlandratsamt Cottbus, no. 66. 구질서의 잔당에 대한 '반파시스트적' 투쟁을 강조하는 소련 당국의 태도에 대해서는 소련 점령 지역에서 문화와 이데올로기 문제를 담당했던 세르게이 튤파노프(Sergej Tulpanow) 대령의 자서전을 보라. Sergej Tulpanow, *Deutschland nach dem Kriege(1945~1949)*, trans., G. Grossing und L. Jäger, ed., S. Doernberg, Berlin, 1987. 동독 당국도 독일인 전사자를 위한 군인 묘지 건립을 허용하지 않다가 1959년이 되어서야 비로소 한 장소를 허락했고, 그래서 발트프리트호프 할베(Waldfriedhof Halbe) 묘지가 문을 열 수 있었다. 여기에는 1945년 4월 24~28일 사이에 베를린 남부에서 처러진 전투로 사망한 군인과 다양한 국적의 시민 2만 2천여 명이 함께 묻혀 있다. 개신교 목사인 에른스트 타이히만(Ernst Teichmann)은 1947년 사망자의 유해를 모아서 할베 교구―이곳은 전쟁 전에 독립된 교구 자격을 상실하여 이웃 마을 목사에게 이관되었다―에 넘겨주도록 했다. 그는 동독 국가와 여당인 통합사회당의 은밀한 방해 공작과 공공연한 간섭에도 불구하고 1950년대에도 계속 그 일을 추진했다. 교회 관계자들과 타이히만의 상급 목회자들도 그의 노력에 동의했지만, 그렇다고 그 프로젝트에 열성적인 것은 아니었다. 이에 대해서는 Landeshauptarchiv Potsdam, Repertorium 203 Ministerium des Innern, no. 801; Repertorium 401 Bezirksregierung und Rat des Bezirkes, no. 6300. 타이히만의 부인과 딸이 각각 따로 인터뷰한 내용(1992년 8월 17일)과 할베 지역의 현재 목사인 라베스(Labes) 여사가 인터뷰한 내용(1992년 1월 23일자)도 있다. 1989년 베를린 장벽이 무너지고 난 바로 다음 날, 서독 사람들은 보란 듯이 이 묘지에 서독인의 관습을 정착시켰다. 곧 생존자 전우회 조직―이들은 비록 신(新)나치 정책까지는 아니더라도 우익 정책을 드러내놓고 지지했다―이 보낸 화환을 영구히 전시토록 한 것이다.

52 Carola Gottschalk ed., *Verewigt und Vergessen: Kriegerdenkmäler, Mahnmale und Gedenksteine in Göttingen*, Göttingen, 1992.

괴팅겐에 있는 식민지 지배에 대한 기념물. 최근 괴팅겐 시민들이 식민지 지배에 대한 사과와 배상을 요구하는 표지판을 세웠다. 출처: *Antikolonialbündnis* 16, 2006. 1.

독일제국의 상징인 독수리가 몇몇 불충(不忠)한 국민을 쪼면서 공격하는 형상이었다. 그런데 이 쇠로 만든 독수리 조각물이 1978년 도난을 당했고, 지방의 '존경할 만한 시민'들은 이에 분개했다. 이후 받침대만 덩그러니 남아 있다.

그래도 지방 주민들의 감정과 관심을 불러일으켰던 다른 기념물도 분명 존재한다. 괴팅겐에 주둔했던 보병연대의 생존자 전우회는 돌비석을 하나 세웠다. 거기에는 1939~1945년 사이에 '전몰한 동지'를 기리고 추모하는 글이 새겨졌다. 그리고 현충일에는 시장, 지방의회, 정당 대표를 포함해 다 함께 행사를 치르는데, 특히 여기에서 빠질 수 없는 것은 독일연방군 대표자가 정복을 입은 채 헌화하는 식순이었다.[53] 여기에는 시간이 흘러도 변하지 않는 논

---

53 연합군은 히틀러와 독일 파시즘을 가능케 한 사회구성체와 정치적 실천, 그리고 그 이데올로기적 성향

리가 있다. 곧 군대에서 자신의 임무를 비자발적으로 수행한 이 불쌍한 전우들이 '자신들을 희생'시켰다는 것이다. 이들이 '갈색 테러 정권'의 희생자들과 비슷하게 여겨지지 않았겠는가? 지난 3년간 수십 명이 이 모임을 방해하고자 했지만, 그들은 경찰에 의해 옆으로 밀려났다. 몇몇 비판가들은 이제 탈영병에 대한 추모비를 요구하고 있다.

괴팅겐의 기념비뿐만 아니라 다른 비슷한 기념비에 새겨진 글도 이해하기 힘들게 추상적으로 '폭력의 관계(Gewaltverhältnisse)'라고만 언급하고 있다. 그러므로 모든 '폭력의 관계'에 희생당한 사람들에게 추모의 마음을 표시해야 한다는 것이다. 특정한 가해자가 거론되거나 언급되지는 않는다. 이 추모비 내용에는—친위대나 무장친위대와 같은—'범죄 집단'은 말할 것도 없고 개인이나 집단도 들어 있지 않다. '그것'과 거리를 두자는 것이었다. 곧 이것이 명백하면서 동시에 암묵적인 메시지였고, 현재도 여전히 그렇다. 훨씬 더 중요한 사실은 이러한 추모 장소에서도 무수히 많은 사람이 '공범'이었다는 측면은 완전히 관심 밖에 있다는 점이다.

까지 설명해줄 가장 중요한 단서로 프로이센 독일의 '군국주의'를 꼽았다. 그에 따라 군국주의의 철폐가 1945년 연합국의 재교육 정책에서 핵심 사항이 되었다. 한국전쟁이 발발하자, 서방 연합국은 독일(서독) 군대를 재건하는 데 일치된 이해관계를 보였다. 새로운 군대를 지지하는 독일인은 진지하게 과거로부터 교훈을 얻고자 했다. 곧 이들은 과거의 전통과 확연히 다른 종류의 군대를 철저하게 지향했다. 1955년 11월에 창설된 새로운 연방군대의 슬로건으로 이들은 '군복 입은 시민'을 제안했다. 이는 새로운 형식의 사회관계, 그리고 더 중요하게는 군대조직 내에서 기본적으로 '문명화된' 행동양식을 강화시키는 것이었다. 그와 함께 표식도 독일 군사적 전통의 특징을 조심스럽게 피하는 쪽으로 고안되었다. 무릎을 굽히지 않는 걸음걸이는 금지되었고, 군복의 마름질과 색도 전통적인 회녹색 군복과 달리 했다. 특히 미국식 배지와 철모는 이것이 서방 군대라는 점을 명확하게 보여주었다. 행동수칙으로 '내적인 통솔(Innere Führung)'(서독연방군의 공식적인 개념은 아니지만 지휘에서 자발적 의사를 중시한다—역자)의 원칙이 채택됨으로써 '문명화된' 양식으로의 전환이 강조되었다. 이것을 지지한 사람들은 무조건적인 복종을 불법화하길 원했다. 대신 하급자는 동의와 확신으로 상급자를 따라야 한다는 것이었다. 여기에서 동독 군대와의 차이가 두드러졌다. 동독 군대는 서독 군대 창설이 공포된 지 1주일도 채 안된 1956년 1월에 창설되었다. 군복의 마름질과 색은 나치국방군과 거의 유사했다. 무엇보다도 동독의 인민군대는 무릎을 굽히지 않는 걸음걸이를 확고하게 유지했다. '독일인은 독일인을 해하지 않는다'라는 동독의 암묵적 호소조차, 아주 이상할 만큼, 전쟁과 지배체제의 기둥이었던 나치군 편제의 상징성에 근원을 두었다.

7.

아도르노의 질문, 곧 '과거사 정리란 무엇을 의미하는가'라는 질문은 계몽의 확산을 겨냥했다. 분명 이것은 장기적으로 사회경제적이고 정치적인 구조의 변화를 일으키는 정치행동을 이끌어낸다. 아주 역설적인 점은 아도르노가 근본적으로 비역사적이면서 동시에 근본적으로 비정치적인 방식을 추구했다는 것이다.

아도르노의 비역사성은 무엇인가? 그가 보기에 독일 주민의 대다수는 복종하려는 충동적 성향을 가진 사람이고―그러므로 이 견해에 따르면, 독일인은 '강력한' 권위에 끌릴 수밖에 없다―그 성향은 구조적으로 생겨났다. 이와 비슷한 견해들 때문에 거의 1945년부터 '평범한' 독일인뿐만 아니라 희생자도 독일 파시즘을 그렇게 해석하는 경향이 퍼졌다. 예컨대, 오이겐 코곤(Eugen Kogon)은 부헨발트 강제수용소에서 살아남은 사람인데, 자유의 몸이 된 후 바로 몇 개월 뒤에 출간한 『SS 국가(Der SS-Staat)』라는 제목의 책에서 비슷한 견해를 피력했다.[54] 그런 '인간쓰레기들'이 강제수용소에서 수감자들을 감시했다고 말이다. 말하자면 희생자 중 한 명이었던 그도 분명하게 정의되고 인식할 수 있는 소집단을 대표적인 가해자로 규정했다.

무엇보다도 파시즘을 '파국'으로 해석하면서 그 외의 시각은 허용되지 않았다. 또한 이러한 시각의 옹호자는 일개 소규모 '범죄' 집단이 테러와 대량학살에 대한 체제와 정책뿐만 아니라 전쟁의 추구와 수행까지 적극적으로 추진했다고 주장했다. 심지어 연합국도 뉘른베르크 재판―과 그 이후 후

---

54 Kogon(주13 참조). 미 군정 당국은 초판 부수 10만 부―다른 서적과 비교해서, 그리고 종이가 귀했던 점까지 고려한다면 엄청난 부수였다―를 허가해주었다.

속 재판에서도—에서 이와 다르지 않은 비슷한 견해를 갖고 있던 것처럼 보인다. 예컨대, 1933년 이후 '히틀러의 건축가'라 불렸던 알베르트 슈페어(Albert Speer)는 1942년 이후 군비 정책 전반을 시행하고 잔인하게 강제노동자를 대거 고용한 책임이 있었음에도, 전쟁범죄자로서 사형 당하지 않았다. 사실 그는 법정에서 7천 5백만에 달하는 독일인 희생자 가운데 한 사람일 뿐인 것으로 비쳐졌고, 그렇게 인정되는 것처럼 보일 수도 있었다.[55] 희생자들, 망명한 작가들, 그리고 연합국, 말하자면, 해방자이거나 '승리자'—대다수 독일인은 이렇게 부르기를 선호했다—는 몇몇 권력자나 소수의 주모자에게 초점을 맞추는 것에 동의하지 않았던가? 그러한 합의로 인해 '평범한' 독일인 사이에서 '우리'와 '그들'을 엄격하게 구분하는 경향이 크게 강화되었다. 히틀러와 몇몇 다른 사람을 제외하고 누가 가해자라는 말인가? 이런 의심에서 벗어나려는 노력은 출신계급이나 정치적 혹은 문화적 환경과 무관하게 이루어졌다.

이것이 합당한 견해로 보였기에, 어느 누구도 나치 지배하에서 이루어진 대중의 일상생활을 면밀하게 분석하고자 하지 않았다. 전쟁 기간 동안 벌어진 '타자'의 고통에 대한 책임을 통감하는 데 별다른 관심을 보이지 않았다. 특히 1943년부터 1945년까지는 그렇게 기록되었고, 또 심지어 독일인 사이에서도 그렇게 생각되었다. 이어 1945년 이후 역사 연구도 히틀러와 그의 측근(괴링, 괴벨스, 그리고 히믈러)과 같은 '거물급 가해자'에게만 초점을 맞추었다.[56] 또 다시 죄책감은 관심에서 멀어졌다. 1960년대부터 독일 파시즘의 권력구조와 지배 행위가 비록 무정부주의 상태까지는 아니더라도 난립하게 된 측면

---

55 알베르트 슈페어는 20년형을 선고받고 복역했는데, 슈판다우(Spandau) 감옥에서 나온 다음에 밝힌 견해에 대해서는 그의 회고록을 보라. *Erinnerungen*, 8th ed., Frankfurt, 1972, pp. 521ff. 여기서 그는 뉘른베르크 재판에서 주장했던 내용을 변함없이 인용하고 있다.

56 Karl-Dietrich Bracher, *Die deutsche Diktatur: Entstehung, Struktur, Folgen des Nationalsozialismus*, Cologne, 1969.

이 있음을 강조한 다른 전문 역사가들도 주된 관심을 권력의 (외면상) 중심부로부터 이 중심부를 지지하고 환호했던 실행의 측면으로 바꾸지 않았다.[57] 이들의 결론은 테러 기제가 복잡하다는 것을 보여주는 다음과 같은 분석과 비슷했다. 무엇보다도 누가 무슨 일을 '행했던'—혹은 드물기는 하지만, '자행했던'—것일까? 유대인, '진티와 로마', 그리고 동성애자를 구분하는 것을 누가 지지했던가? 그들을 '동부'로 이송할 때 감시한 사람은 누구였는가? 전쟁 노력에 아무도 참여하지 않았던가? 공범자는 없었던 것일까?

8.

'과거사 정리'에 대한 아도르노의 주장은 또한, 이 문제에 대한 대다수 서독의 논쟁이 그렇듯이 비정치적 측면을 강조하는 것이 특징이다. 적절한 기억과 추모는 우선적으로 인식적 정보에 바탕을 둔다는 가정하에서 질문과 제안이 난무했다. '비판적 성찰'은 '거리두기'라는 개념뿐만 아니라 과학적 분석에도 의존한다. 따라서 제례적 요소와 감정은 기억과 추모를 심지어 왜곡시킬 수도 있다. 그렇지만 이렇게 인식적 요소를 강화하자는 제안에는 어떤 애매함이 들어 있다. 어느 특정한 과거를 '정리'하려는 노력 속에 들어 있는 애매함 말이다. 제의—사적인 것이든 공적인 것이든, 간소한 것이든 떠들썩한 것이든—뿐만 아니라 분석도, 성찰도, 그리고 지적인 소통도 과거를 정리하는 작업을 이루어낼 수 없다. 다시금 아도르노의 강연이 그 애매함을 드

---

57 특히 영향력이 있는 저서는 다음의 두 책이다. Martin Broszat, *Der Staat Hitlers*, Munich, 1969(김학이 옮김, 『히틀러 국가』, 문학과지성사, 2011); Hans Mommsen, *Beamtentum im Dritten Reich*, Stuttgart, 1966.

러낸다. 그는 '정리' 과정에서 노력과 고통이 불가피하다고 역설했다. 그리고 몇 년 후에(1967) 미처리히 부부도 비슷한 생각을 강조했다. 그들이 보기에, 스스로를 희생자로 여기는 것을 지양하고 '타자'의 경험을 수용하는 데는 시간이 필요했다.[58]

'타자'에게 시선을 돌리고 '나'와 '타자'의 관계를 경험하기 위해서는 인식적 실천과 감정적 실천 양쪽을 서로 연결하는 작업이 필요한 듯하다. 이런 관점에서 보자면, 자신의 과거와 타인의 과거의 관계를 구성하여 성찰하는 것은 실천적인 결과와 분리될 수 없다. 더 정확하게 말하자면, 나치하에서 받은 개인적 고통에 대한 배상(Entschädigung)의 문제는 사람들이 생각하는 '정리'의 진정한 의미를 알려주는 '증거' 가운데 하나일 것이다.[59] 배상은 엄숙한 의식 행사에 국한되는 것이 아니라 일상적인 상황에 대한 책임과 의무에 관련되어 있다. 더 중요한 것은 일상생활이 금전관계로부터 시작된다는 점이고, 금전관계가 일상과 상상을 결정할 뿐만 아니라 자본주의 사회의 '구조'에도 근간이라는 점이다.

파시즘의 지배로 인한 개인적 고통과 상처에 대해 '배상금' 지급이 이루어져야 한다. 그렇지만 이 문제가 논의되던 정치적 분위기에서는 유대인 재

---

58 Alexander Mitscherlich and Margarete Mitscherlich, *Die Unfähigkeit zu trauern*, Frankfurt, 1967. '대중'의 반응과 이 저자 가운데 한 사람이 벌인 노력의 변함없는 중요성에 대해서는 다음을 참조하라. Margarete Mitscherlich, *Erinnerungsarbeit: Zur Psychoanalyse der Unfähigkeit zu trauern*, Frankfurt, 1987.

59 일반적으로 나치 범죄에 대한 (서)독일의 보상(Wiedergutmachung) 정책은 이스라엘 국가에 대한 배상금과 같은 다른 노력도 포함한다. 여기서 나는 그 다양한 측면을 모두 논하지는 않을 것이다. 법안 과정과 대중의 논쟁에 대한 상세한 분석은 다음 책을 보라. Ludolf Herbst and Constantin Goschler eds., *Wiedergutmachung in der Bundesrepublik Deutschland*, Munich, 1989; Regina Hennig, *Wiedergutmachung oder fortgesetzte Diskriminierung? Unterstützung, Entschädigung und Interessevertretung für NS-Verfolgte in Niedersachsen, 1945~1949*, Bielefeld, 1991. Regina Hennig은 나치에 의한 희생자들의 관점에 초점을 맞추었다. 앞의 책(Herbst and Goschler eds.)도 마지막 3분의 1은 여기에 관심을 두었다. 그리고 특히 다음 책도 참조하라. Christian Pross, *Wiedergutmachung: Der Kleinkrieg gegen die Opfer*, Frankfurt, 1988; Helga Fischer-Hübner and Hermann Fischer-Hübner eds., *Die Kehrseite der 'Wiedergutmachung': Das Leiden von NS-Verfolgten in den Entschädigungsverfahren*, Gerlingen, 1990.

산의 보상(Wiedergutmachung)을 둘러싼 이해관계까지 고려한 더 폭넓은 배상방식이 요구되었다. 다시 말해 한쪽에는 유대인 재산의 보상과 나치 범죄 희생자에 대한 배상을 지지하는 이들이 있었지만, 다른 한쪽에는 전쟁으로 생명을 잃은 독일인 전사자 유가족의 피해를 배상하라는 사람도 있었다. 전쟁이 끝난 직후 연합국은 나름의 원칙을 정했는데, 특히 미 군정 당국은 나치즘의 유대인 피해자에게 재산을 보상해주는 법을 추진했다. 그 법의 목적은 나치가 '경제의 아리안화(Arisierung der Wirtschaft)'를 추진하면서 저지른 모든 재산의 손실을 보상하도록 규정하는 것이었다.[60] 그 법을 준비한 사람은 독일 법률가였지만, 1947년 11월 10일에 법을 공표한 것은 군정 당국이었다. 명백히 그랬기 때문에 '충성스러운 아리안'의 독일인들은 이 법률을 부정하기가 더욱 쉬웠고, 결국 조직체를 결성하여 기업과 상점의 보상에 관한 연합국의 법에 강력하게 대항하여 싸웠다. 이들은 법률 자체를 중지시키거나 개정할 수 없었지만, 결국 '배상의 희생자'로 인정받아 자신들에 대한 배상을 보장하는 규정을 얻어내는 데 성공했다(1969).

9.

그저 재산을 빼앗기거나 재산의 가치를 손해본 경우에만 국한한다면 보상의 해결책이 오히려 간편했다. 반면, 소유한 재산은 없었지만 심리적·육체적인 고통을 겪었거나 친척이나 건강, 혹은 몇 년의 세월과 기회를 잃었다면

---

60 Avraham Barkai, *Vom Boykott zur 'Entjudung': Der wirtschaftliche Existenzkampf der Juden im Dritten Reich, 1933~1945*, Frankfurt, 1987; Helmut Genschel, *Die Verdrängung der Juden aus der Wirtschaft im Dritten Reich*, Göttingen, 1966.

이런 법으로는 결코 보상이 되지 않는다. 그들의 재산을 돌려주어야 할 뿐만 아니라 독일인이 가한 고통에 대해서도 배상해야만 한다는 사실을 독일 주민이 의식했는지 못했는지에 대해 답하기란 어렵다. 1949년 8월의 조사에 따르면, 살아남은 유대인에 대해 그런 의무를 져야 한다고 답한 사람의 비율은 54%였다. 그렇지만 이는 단지 '여전히 독일에 살고 있는 생존자 유대인'에 대해서만 그러했다.[61] 더욱이 이 문제에 대해서조차 31%는 '아니'라고 답했고 15%는 '모름'이라고 했다. 이 조사에는 독일 군인의 미망인과 고아의 대우를 묻는 문항도 포함되어 있었는데, 이 경우 96%가 즉각적인 보상을 지지했다.

미 군정 당국은 이런 독일인들을 마냥 기다릴 수 없었다. 미 군정이 관련 사안을 처리했고 1949년 4월 유대인 생존자에게 배상금을 지급하라는 법안을 공포했다. 그럼에도 불구하고 1952년 2월 서독연방공화국이 주권국가가 되었을 때조차 이 문제에 관한 독일 측 법안은 아무것도 마련되지 않았다. 게다가 나치 범죄자와 공범은 또 다시 특혜를 받았다. 이미 1951년 5월 연방의회는 나치당원이었다는 이유로 1945년 이후에 해직되었던 국가공무원을 복직시키는 법안을 압도적 찬성으로 가결했다—뉘른베르크 재판에 의해 범죄조직으로 선언된 게슈타포, 친위대, 그리고 무장친위대에 소속되었던 사람은 여전히 배제되었다.[62] 1951년 5월 11일 바로 그날, 의회는 또한 히틀러 치하에서 해고당했던 모든 공직자들에 대한 배상을 규정하는 법안을 통과시켰다.

---

61 이 수치에 대한 더욱 긍정적인 평가는 다음을 보라. Michael Wolffsohn, "Das Wiedergutmachungsabkommen mit Israel: Eine Untersuchung deutscher und ausländischer Umfragen", in *Westdeutschland, 1945~1955: Unterwerfung, Kontrolle, Integration,* ed., Ludolf Herbst, Munich, 1986, pp. 203~218. 특히 p. 209. 독일인이 아주 다른 반응, 즉 훨씬 더 부정적인 반응을 보인 것은 1952년에 바로 체결된 이스라엘 국가에 30억 마르크의 배상금을 지불하겠다는 조약에 대해서였다. p. 206 이하를 보라.

62 그렇지만 1961년 헌법재판소는 무장친위대 구성원들—일부는 1943년에 징집된—에게도 1951년 5월 11일 법에 거명된 이들과 똑같은 권리를 주어야 한다고 판결했다. 이에 대해서는 Hermann Weiss, "Alte Kameraden von der Waffen-SS", in *Rechtsextremismus in der Bundesrepublik,* ed., Wolfgang Benz, Frankfurt, 1989, p. 208을 보라.

민간기업체 고용자에 대한 유사한 규정에 비하면, 이 법은 해직 기간의 제한을 전혀 두지 않았다.

그 이후 이 문제에 대해 처음으로 독일인이 제정한 법률이 나왔는데(1953년부터), 여기서는 개인적 고통과 절망을 관료적인 형식에 맞춰 애써 측정하고 계량화함으로써 제한적인 규정이 많았다.[63] 여기에는 두 가지 원칙이 있었다. 첫 번째 원칙은 연합국이 전쟁 기간 중에 전후의 독일 문제를 계획했던 것까지 거슬러 올라간다. 그때도 나치가 제공하거나 실행한 인종적·종교적, 혹은 정치적 '이유' 때문에 고통 받았던 사람만 박해받는 사람으로 정의되었다. 이러한 정의에 따른 즉각적인 결과는 배상받을 수 있는 자격자의 급격한 감소였다. 배상법을 가장 적극적으로 지지했던 사람 가운데 한 명인 헤르만 브릴(Hermann Brill)은 1953년 5월 4일 연방의회 법사위원회에 보낸 성명서에서 부헨발트 강제수용소의 사례를 들어 그 규정의 결과를 보여주었다. 그때 제안된 규정에 따르면, 1945년 이곳 강제수용소에 감금되었던 수감자 4만 2천 명 가운데 '나치의 희생자'는 고작 7백 명에 불과했다.[64] 그렇지만 브릴 자신도 이러한 축소에 반대하지 않았다. 그는 독일인이 아닌 수감자는 무시되어야 한다는 데 분명 동의하는 입장을 취했다. 이 경우에 2만 2천 명이 러시아인이었다. 결국 그 수용소에 남아 있었던 독일인은 '단지' 1천 8백 명에 불과했고, 대다수는 '상습 범법자 혹은 반(反)사회분자'였다. 이런 구분방식이 친위대의 언어로부터 직접 차용된 것이라는 사실조차 그다지 놀랍지 않았을 것이다.

두 번째 원칙은 관대한 규정을 옹호했던 오토 퀴스터(Otto Küster)가 제시한

---

63 이 법이 1949년 미 군정 당국이 공포했던 이 문제 관련 최초의 법률을 대신했다. 구체적인 법적 내용은 Walter Brunn et al., *Das Bundesentschädigungsgesetz*, Munich, 1981, pt. 1을 보라. 이 정책을 둘러싼 정치적 공방은 Pross, op.cit., Frankfurt, 1988을 참조하라.

64 이 문제 전반에 대해서는 Constantin Goschler, *Wiedergutmachung: Westdeutschland und die Verfolgten des Nationalsozialismus, 1945~1954*, Munich, 1992를 보라. 특히 부헨발트의 사례에 대해서는 p. 316을 보라.

것이었다. 그는 1953년 정부 관리뿐만 아니라 정당 의원까지 배상의 유일한
근거가 피해자의 가난이라고 주장하는 것을 비난했다. 퀴스터는 박해받은
사람은 자기의 특수한 상황에 따른 특수한 권리를 갖고 있음을 주장했다. 말
하자면 그들은 자기 고통에 따른 배상을 당연히 받아야 한다는 것이다.

배상과 관련하여 독일이 두 번째로 제정한 법률—독일 정부는 1956년에
이것이 '최종적인' 것이라고 밝혔다—에서 몇 가지 조항이 개선된 것은 분명
했다. 예컨대, 예전에는 연금 수혜 자격이 의료 전문가가 판단할 때 노동력이
70% 이하로 떨어진 사람에게 국한되었는데, 이제는 그렇지 않았다. 새로운
법안은 75% 이하의 노동력을 가진 사람도 배상을 받을 자격이 있다고 규정
함으로써 신체의 손상 정도가 더 적었던 사람도 해당되었다. 또한 이 법률은
강제수용소에 수감되었던 사람에게만 배상이 해당되는 것이 아니라, 나치에
반대하는 정치적인 저항 때문에, 혹은 인종, 신앙, 신념체계와 세계관 때문에
박해를 받았던 모두에게 적용된다고 규정했다. 그리고 이들 모두는 종신연
금뿐만 아니라 다른 특수한 배상금도 받을 수 있었다.

그럼에도 불구하고 부당한 대우를 받았거나 박해를 받았던 수많은 사람
이 여전히 배상을 받을 자격이 없는 것으로 간주되었다. 1953년의 법에 따르
면 배상 대상자는 영토상 독일과 관련이 있어야 했기 때문에, 외국인 강제노
동자는 거의 모두 대상에서 제외되었다.[65] 이 조항은 배상을 받으려면 해당자
가 테러를 가했던 국가로 다시 영구귀국할 것을 사실상 요구했다. 그리고 다
른 집단들, 예컨대 경찰의 감시하에 있었고 그래서 '평범한' 범죄자—'진티와

---

65 간결한 설명은 다음을 보라. Ulrich Herbert, "Nicht entschädigungsfähig? Die Wiedergutmachungsansprüche der
    Ausländer", in Herbst and Goschler, eds., op.cit., Munich, 1989, pp. 273~302. 독일 국가에 대한 혹은 드물게는 사기
    업체에 대한 모든 권리를 부정하려는 결정적인 법적 근거는 1952년 런던에서 조인된 독일채무조약이었다.
    pp. 278ff. 또한 다음 연구도 참조하라. Dietrich Vaupel, *Spuren die nicht vergehen*, Kassel, 1990.

로마', 노숙자, 나치가 말하는 소위 반(反)사회 집단, 동성애자, 그리고 공산주의자들과 같은—로 박해를 당했던 사람은 여기에서도 완전히 무시되었다. 이러한 사고방식은 나치 당국이 '진티와 로마', 그리고 동성애자를 강제수용소에 억류하면서—그리고 살해하면서—도 그것이 사회를 '보호하기 위한 필수적 조치'라고 정당화했던 것과 전혀 다르지 않았다.

심지어 나치의 명백한 정치적 반대자조차, 독일 스스로 1953년에 최초로 제정하고 공포한 배상법에 의거하면 배상을 신청할 자격이 없었다. 이 법은 '다른 형태의 폭력적 지배'를 목표로 삼았던 공산주의자를 제외했다. 서독 연방정부에 의해 공산당이 금지된 이후 제정된 1956년의 법은 이 조항을 수정하여 1945~49년 이후에도 공산당 당적을 계속 가졌던 사람만 배상에서 제외한다고 했다. 이 법은 '자유민주주의 기본질서'의 적대자는 연금이나 '배상을 받을 자격이 없다(entschädigungsunwürdig)'고 선언했다.[66] 1960년대 중반에야 비로소 정치권 지도자와 의원들의 태도가 변했다. 곧 아데나워 시대의 반(反)자유주의적인 단호한 입장은 깨지고, 열렬한 공산주의자를 처벌하려는 긴박성도 다소 누그러졌다. 이런 분위기에서 의회는 헌정질서에 대한 태도와 상관없이 배상하기 시작했다. 1967년 헌법재판소는 1956년 독일공산당이 금지된 이후에도 '적극적으로' 서독 연방공화국의 기본질서에 대해 투쟁했던 공산주의자만 배상에서 제외시키라고 판결했다. 이는 1949년 이후 조용히 소극적으로 지내온 공산주의자라면 모두 지속적인 배상금 지급을 기대할 수 있음을

---

66 Gotthard Jasper, "Die disqualifizierten Opfer: Der Kalte Krieg und die Entschädigung für Kommunisten", in Herbst and Goschler, eds., op.cit., Munich, 1989, pp. 361~384. 특히 1950년대 후반에 두드러진 사건은 루돌프 쇠틀라엔더 (Rudolf Schottlaender)의 경우이다. 나치즘하에서 박해받았던 이 철학자는 동독에서 해직된 후 서베를린으로 이주했다. 그러나 동독 사람과 계속 접촉했기 때문에 곧 '전체주의적 정권의 지지자'라는 이유로 1959년 7월에 경력을 박탈당했다. 1962년에야 비로소 상급법원이 이 판결을 폐기했다. Pross, op.cit., Frankfurt, 1988, pp. 104~105.

의미했다.

　배제의 범위는 엄격한 의미에서 배상 문제에만 국한되었던 것은 아니다. 예컨대 '나치 정권의 피해자연합(Vereinigung der Verfolgten des Nazi-Regimes, VVN)'은 전쟁이 끝난 직후 주로 공산주의자에 의해 창립되었다. 원래부터 이 조직에는 사회민주당원, 기민당원, 자유당원도 포함되었지만 냉전이 격화되면서 연합체는 오래 가지 못했다. 1948년 5월 사회민주당은 자기 당원들이 그 조직의 구성원으로 남아 있을 수 없다고 선언했다. 1950년 기독민주당도 이 선례를 좇아서 사회민주당처럼 독자적인 조직을 구성했다. 그로부터 6개월 뒤 서독 연방정부는 VVN 조직원은 더 이상 정부 관료가 될 수 없다고 밝혔다. 1951년 8월 함부르크 당국은 VVN이 불법이라 선언했고, 그 다음 날 헤센 주도 같은 결정을 내렸다. 그리고 1956년 독일공산당이 불법화되면서 VVN은 공산주의자 지하조직으로 선언되었고, 그 결과 마찬가지로 불법화되었다. 1967년이 되어서야 비로소 한 연방법원이 VVN의 불법화를 무효로 판결했다.

　VVN의 구성원은 대부분 공산당원이었거나 최소한 공산주의조직에 동조했던 나치 테러의 희생자들이었다. 이들 대다수는 파시즘의 테러하에서 엄청난 고초를 겪었고, 그들이 보기에 1933년까지 공산주의 정책은 나무랄 데가 없었다. 그래서 그들은 온갖 종류의 스탈린주의 테러에 침묵하거나 그것을 못 본 척했다(혹은 양쪽 다). 최근에야(1988년과 1989년) 비로소 젊은 사람들이 새로운 방식으로 반파시즘 행위를 규정하기 시작했다. 이들에게는 모든 형태의 억압과 정당화를 비판하고 그에 맞서 투쟁하는 것이 중요했다. 그렇지만 이들 희생자의—말하자면, 옛 세대의—도덕적 권위는 널리 인정되었다.[67]

67　서독의 조직된 공산주의자들은 동독의 통합사회당에 지속적으로 충성을 바쳤지만, 바로 이 파시즘 희생자조직이 공산당 하부조직으로서는 처음으로 충성에 대한 직접적인 대가를 치러야 했다는 것은 특히 역설적이다(혹은 역사적 냉소주의일까?). VVN은 베를린장벽이 무너진 1989년 11월 9일 이후 곧바로 파산했

10.

희생자 집단이 배상 대상자로 인정된 이후에도, 개인들에게는 여전히 행정적 절차가 버거웠다. 특히 배상받을 권리를 검토받고 결정받는 데까지 걸리는 오랜 시간이 고통스러웠다. 만약 어떤 사람이 투옥을 당했다면, 그것을 행정적으로 최종 확인을 받는 데까지 보통 약 5년이 걸렸다. 건강을 해친 경우라면(대다수가 여성이다!) 더욱 오래 걸렸다. 이들은 공식적으로 나치 지배의 희생자로 인정 받고 연금을 받기까지 평균 8년 반 동안 기다리고 찾아다녀야 했다. 무엇보다도 이들은 관료기관이 확인할 수 있는 증거를 제시해야 했는데, 관계 공무원들은 문서고 조사 등을 적극 지원해주지 않았다. 그리고 법률상 모든 신청자는 '독일 언어권 및 문화권' 소속임을 입증해야 했기 때문에, 많은 경우 담당 공무원은 신청자의 독일어를 조사했다. 독일어 사용에 오류가 있거나 그에 대한 지식이 미흡할 경우 '그 권역'에 속하지 않은 사람이라는 증거로 여겨졌다.

그렇지만 이들 희생자를 돕기를 꺼렸던 것이 비단 주 정부와 연방 관료기구만은 아니었다. 강제노동을 요구하고 착취했던 회사도 배상 '업무'에 참여하기를 완강하게 거부했다. 이들 기업이 고용했거나 '사용'했던 많은 노동자는 강제수용소에서 충원되었다. 하지만 독일에 점령당한 국가 출신이 6백만 명, 그 가운데 폴란드와 소련 출신만 3백만 명이 넘었다. 게다가 이들은 독일 지역의 산업과 농업에 투입되기 위해 강제로 독일제국으로 왔다가, 대부분 거의 혹은 아무런 통보 없이 떠나야만 했다. 그와 동시에 강제수용소 수감자

다. 독일공산당(서독에서 1968년에 다시 창당되었다—역자)에서 나오던, 다시 말해 결국 통합사회당이 지급하던 보조금이 하루아침에 끊겼기 때문이었다.

는 70만 명이 넘었고, 주로 '붉은군대' 출신의 전쟁포로가 약 2백만 명에 달했으며, 이들도 독일의 군수공장에서 강제로 일하고 고통을 겪고 굶어 죽었다.[68]

1950년대 후반부터 최소한 몇몇 대기업은 독일의 점령지에서 특별히 선발하여 독일로 데리고 왔던 강제노동자들도 배상을 받아야 한다고 결정했다. 오랜 숙고 끝에 몇몇 대기업, 곧 크룹(Krupp), 지멘스(Siemens), 아에게(AEG), 텔레푼켄(Telefunken), 라인메탈(Rheinmetall), 그리고 이게파르벤(IG Farben) 등이 배상금 지불에 동의했다. 그렇지만 해당자들 중에는 생존자가 얼마 되지 않았고, 총 5천 마르크 이상 받은 사람도 거의 없었다. 그리고 심지어 이 기업들조차 배상이 법적 의무라는 점을 인정하지 않았다. 이들은 책임감 때문에 그 일을 하는 게 아니라는 점을 이 약소한 금액을 지불하겠다는 협정서에서 분명하게 밝혔다. 도이체 방크(Deutsche Bank)는 1980년대에 비로소 얼마간 금액을 지불하는 데 동의했다. 예컨대 이 은행은 자회사인 디나미트(Dynamit) 주식회사와 관련해서 5백만 마르크를 기부했다. 그러나 대상자가 거의 2,500명에 육박했기 때문에—이들 대부분은 1960년대부터 요구해왔다—그 액수는 일인당 5천 마르크를 지급하기에도 부족했다.

강제노동자의 배상 문제가 공개적으로 논의되고 정치적 이슈가 되는 데까지 20년 이상이 걸렸다. 이러한 성취가 가능했던 것은 특히 지방의 활동가들—무엇보다도 '역사공방' 구성원들—이 대기업의 각 지점이나 분점도 이와 연관되어 있음을 입증하고자 노력한 덕분이었다. 지점의 연관성이 입증되면, 중앙일간지와 공영 텔레비전 방송국에서 그것을 심각하게 취급하기 시작했다. 궁극적으로 이러한 성취가 기업 경영진이 기업의 국제적 '위신'을 고려했

---

68 Ulrich Herbert, *Fremdarbeiter: Politik und Praxis des "Ausländer-Einsatzes" in der Kriegswirtschaft des Dritten Reiches*, Berlin and Bonn, 1985.

기 때문인지, 아니면 그들 전임자의 역사적 책임을 인식했기 때문인지는 더 논의해야 할 문제다. 아마도 거기에는 이러한 동기와 함께 이 문제를 최종적으로 매듭짓고 싶었던 이해관계가 작용한 듯하다. 곧 1987년 메르세데스 벤츠(Mercedes Benz)는 배상액으로 2천만 마르크를 책정했고, 생존해 있는 전시 강제노동자에게 그것을 지급하는 행정업무를 국제적십자회, 유대인 배상회의, 그리고 '폴란드-독일-막시밀리안콜베기관(Polish-German Maximilian-Kolbe-Stiftung)'에[69] 맡겼다. 그때까지 어느 회사도 이와 비슷한 제안을 하지 않았다. 독일 기업들은 연방정부가 새로 설립된 '독일 폴란드 화해재단(Polish-German Reconciliation Foundation)'에 5억 마르크를, 또 더욱 최근에 '러시아 독일 화해재단(Russian-German Reconciliation Foundation)'에 10억 마르크를 기부하기로 했을 때도 침묵을 지켰다. 이들 재단이 앞으로 강제노동자였던 사람들이 제기한 배상금 요구를 모두 처리할 것이다.[70] 독일연방 수상은 기업가들에게 5억 마르크를 더 모금 해줄 것을 요청했지만, 한 곳에서 긍정적인 답변을 보낸 것을 제외하고 지금까지 아무런 답변이 없다.[71]

---

69 [역자주] 1964년에 몇몇 사람들이 시작하여 1973년에 공식적으로 설립된 나치 희생자를 후원하는 재단이다. 재단 이름은 아우슈비츠에서 다른 수감자를 대신하여 죽음을 택한 폴란드 출신 수도사제 막시밀리안 콜베에게서 가져왔다.

70 (나중에 이들 강제노동자에 대한 배상은 연방정부와 기업이 함께 부담하여 2000년에 세운 '기억, 책임, 미래재단Stiftung Erinnerung, Verantwortung und Zukunft'이 맡게 되었다—역자). 이러한 정부의 제안은 배상금 지불이 법적인 의무가 아니어서 수용되었다는 점을 은밀히 내비쳤다. '화해재단'에 대한 첫 번째 보고는 다음을 보라. Edith Heller, "Pro Monat KZ gibt es 62 Mark und zwölf Pfennige", *Frankfurter Rundschau*, November 7, 1992. 1992년 11월까지 구(舊)소련의 붕괴로 나타난 국가의 하나인 러시아와 비슷한 규정이 체결되었다. 기부금은 10억 마르크로 알려졌다.

71 1991년 가을 폴크스바겐(Volkswagen) 주식회사는 1천 2백만 마르크를 출연하기로 결정하고 재단에 기부했다. 폴크스바겐 회사의 역사를 연구한 역사가 한스 몸젠(Hans Mommsen)은 전쟁 기간 중에 폴크스바겐에서 일했던 강제노동자들 개개인에게는 배상하지 말라는 권고안을 제시했는데, 이에 대한 갈등은 다음을 참조하라. Eckart Spoo, "'Bei Zwangsarbeit multikulturelle Gesellschaft an der Werkbank'", *Frankfurter Rundschau*, October 10, 1991, p. 1; Otto Köhler, "Kein Stein: Kein Geld", *Die Zeit*, October 15, 1991, p. 71; Hans Mommsen, "Ein Streit um VW", *Die Zeit*, November 22, 1991, p. 75. (이후 배상의 진행에 대해서는 송충기, 「독일의 뒤늦은 과거청산—나치하 외국인 강제노역자에 대한 보상을 중심으로」, 『역사비평』 73, 2005, 271~293쪽 참조—역자).

11.

1980년대 중반에 되어서야 '외면당한' 그리고 '잊힌' 희생자라는 개념이 점차 정치적이고 공식적인 논쟁에 들어오기 시작했다. 몇몇 자유당원과 사민당원, 특히 녹색당과 관련 단체 소속원, 또한 이에 못지않게 독립적인 연구단체와 역사공방이 이들 대상자에 대한 형편없는 대우와 고통을 밝혀주었다. 생체 '실험'으로 거세당했거나 여러모로 끔찍한 일을 당했던 사람뿐만 아니라, 특히 진티와 로마, 그리고 동성애자는 1945년 이후에도, 심지어 공무원과 판사에게까지 계속해서 고통과 차별을 당했다. 판사들이 여기에 적용했던 법률조차 나치즘하에서와 마찬가지로 인간 행동의 어떤 특징, 예컨대 동성애 등을 일종의 범죄로 인식하고 박해와 심지어 강제수용소 형벌까지 정당하다고 보았던 것이다. 1986년 봄 베를린 의회는 배상 대상자에 대한 더 많은 정보를 청취하고자 청문회를 열었지만, 여전히 VVN은 참석을 허가받지 못했다. 한 의원이 직접 개입함으로써 그 결정이 번복되었고, 비로소 공산주의자들이 처음으로 의회 위원회 앞에서 자신들이 행정부와 법정에 의해 얼마나 오랫동안 굴욕을 당하고 조롱당했는지 보고할 수 있는 기회를 얻었다. 집시의 경우, 1979년 진티와 로마의 중앙위원회가 설립될 때까지 그들에 대한 정치적 접촉은 전혀 없었다. 그래서 이들은 이 문제에 관한 청문회나 공개토론회에 한 번도 초청받지 못했다.

배상과 재산 환수를 위한 노력은 대부분 유대인 희생자와 생존자에게 초점이 맞춰져 있었지만, 이것도 특히 대상자 수를 제한하는 방식으로 기획되고 추구되었다. 예컨대 아데나워는 1951년 연방의회 토론에서 독일인의 죄를 언급하면서, 배상 문제를 비관료적으로 처리할 것을 약속했다. 그렇지만 이 문제가 구체화되자 아데나워 내각의 재무장관(Fritz Schäffer)은 단 한 푼이라도 아끼고자 노력했다. 무엇보다도 그 법률을 적용했던 법원이 많은 경우에 그 것을 가장 엄격하게 해석했다. 예컨대, 강제수용소 수감에 대한 배상을 받고 자 할 경우 해당자는 강제수용소에 최소한 1년 동안 머물러 있었음을 증명해 야 했다. 어떤 경우에는 강제이송 날까지 합쳐 이 기간이 딱 채워졌지만, 법원 은 강제이송 당일을 산입하는 데 반대하는 판결을 내렸다.

사법부에 관한 한, 위에서 언급한 엄격한 적용방침을 확인해주는 수많은 자료가 있다. 단지 극소수 저명한 인물만이 그런 협소한 적용에 반대했다. 사 회민주당원인 아돌프 아른트(Adolf Arndt)도 그중 한 명이었는데, 그는 대다수 법정에서 내려진 이러한 가혹한 판결을 신랄하게 비난했다.[72] 예컨대, 그가 인 용한 한 베를린 항소재판부(Kammergericht)의 판결을 보자. 판사들은 원고인 여 성이 "개인적으로 나치의 폭력을 겪지 않고 남편과 이혼할 수 있었을 것"(그 의 남편이 유대인이었다)이라고 판결했다. 그러나 그녀는 그와 이혼하지 않았으 며 오히려 반대로 그를 따라 나치 시대의 불법 행위에 가담했다는 것이다. 이 법정은 불법으로 살게 된 것은 그녀의 '자유의지'였고, 따라서 그녀의 고통도 나치의 폭력에 기인한 것이 아니라고 판시했다. 이 법정은 그 어떤 배상도 거 부했다. 이러한 경우를 종합하면서, 아른트는 1954년에 다음과 같이 지적했 다. "행정기관과 법정은 바로 이런 식으로 사람들을 속 좁고 비열하게 대하고 있다. 이보다 더 하나하나 따지고 용어도 세밀하게 적용하는 곳은 없다." 그 는 덧붙였다. "이것은 반유대주의가 스멀거리는 역겨운 분위기가 자아낸 것 이다."

분명 아른트가 유일한 비판가는 아니었다. 다른 연방의원(예컨대 한스 라이

72 　그의 경력과 정치 배경에 대해서는 Dieter Gosewinkel, *Adolf Arndt: Die Wiedergeburt des Rechtsstaates aus dem Geist der Sozialdemokratie (1945~1961)*, Bonn, 1991.

프Hans Reif, 프란츠 뵘Franz Böhm, 오토 하인리히 그레베Otto-Heinrich Greve)도 똑같은 입장에서 싸웠다. 그러나 몇 안되는 이들로서는 엄격하고 인색하게 행정업무를 처리하던 담당자들로 하여금 공개적으로 자기 방식의 합리성을 밝히도록 할 수조차 없었다. 개정된 배상법 '최종' 법안(1956)은 분명 몇 가지 항목에서 약간 덜 엄격해졌지만, 규정의 근본 취지는 전혀 변하지 않았다.[73]

눈에 띄는 것은 이것과 배상에 관한 다른 조치들 사이의 차이이다. 폴란드에게 이양한 지역과 소련 점령 지역, 그리고 동독에도 독일인이 당한 물질적 손실을 보상하는 법규정(소위 피해보상법Lastenausgleich)이 있었지만, 여기에는 마감 시한이 없었다. 그에 반해 서독의 1956년 배상법은 나치 수용소의 희생자가 제기한 모든 신청에 대해 명료한 마감 시한을 정해두었다. 1965년 최종적인 개정안 역시 신속한 신청을 요구했다. 최종 신청을 1년 안에 하도록 했던 것이다. 그리고 대중적 압력을 가해 그때까지 엄격한 처리로 인해 제외되었거나 완전히 무시되었던 나치 만행의 또 다른 희생자를 지원하는 국가운영재단을 세우는 데까지 또 다른 사반세기가 걸렸다.[74]

12.

1965년 11월 10일 연방의회 연설에서 서독 수상 루드비히 에르하르트(Ludwig Erhard)는 전후 시기가 '종결되었다'고 선언했다. 서독연방공화국이 정치

---

73 Pross, op.cit., Frankfurt, 1988, pp. 99ff.

74 1990년 이후 비로소 몇몇 독일 주정부가 외견상 잊힌 나치 희생자들과 박해자들에 대한 재원을 마련하기 시작했다. *die tageszeitung*, September 18, 1992. 인구가 가장 많은 주(州)인 노르트라인-베스프팔렌 주는 1993년에 시작할 것이다.

114 알프 뤼트케의 일상사 연구와 '아집'

적으로 '성인'이 되었다는 것이었다. 무엇보다도 이것은 "우리는 독일인이 과거에 잔학한 짓을 저질렀다고 해서 독일인의 피에 죄가 있는 것처럼 추론하고 그것을 정치적 목적에 이용하려는 사람을 받아들일 수 없다"는 뜻이었다.

에르하르트의 선언이 있기 일 년 전, 나치 살인의 공소시효를 놓고 열띤 공방이 있었다. 홀로코스트 가해자를 다시 기소하는 일은 1950년대 후반에야 비로소 시작되었기 때문에, 시효를 어떻게 연장할 것인가 하는 것이 명백한 문제였다.[75] 1965년 여름 연방의회는 여당이던 기독민주당과 야당이던 사회민주당 의원들이 공동으로 발의한 안건을 통과시켰다. 이들의 제안은 20년이던 살인 공소시효의 시작을 1945년 5월 9일에서 1950년 1월 1일로 변경하는 것이었다. 그 후 이렇게 연장된 공소시효마저 부족해지자, 해외의 희생자 단체가 제기할 비판을 미리 염두에 둔 연방정부는 이를 방지할 대책을 원했다. 정부는 살인에 대한 공소시효를 아예 없애는 법안을 발의했다. 그렇지만 의회는 동의하지 않았고, 다시 30년으로 연장하는 결의를 가결시켰다. 물론 이러한 결의조차 문제를 해결할 수 없었고, 1978년 다시 논쟁이 시작되었다. 비록 사회민주당이 당시 연립정부에서 주도적인 정당이긴 했지만, 반인륜 범죄 혹은 나치 범죄자와 일반 범죄자를 구분하자는 제안은 또 다시 거의 관심을 끌지 못했다. 1979년 7월 3일, 연방의회는 살인에 대한 공소시효를 아예 폐지하기로 결정했다.[76]

---

75 루트빅스부르크(Ludwigsburg)에서 나치 범죄 기소를 담당했고 독일연방사법부의 중앙기관에서 장기간 고위관료로 지냈던 사람의 개관을 보라. Adalbert Rückerl, *NS-Verbrechen vor Gericht: Versuch einer Vergangenheitsbewältigung*, Heidelberg, 1982. 이 기관은 1958년 가을에 세워졌다. Just-Dahlmann and Just, op.cit., Frankfurt, 1988(주40 참조), 특히 p. 275 이하를 참조하라.

76 Deutscher Bundestag, ed., *Zur Verjährung nationalsozialistischer Verbrechen: Dokumentation der parlamentarischen Bewältigung des Problems, 1960~1979*, 3 pts., Bonn, 1980; Adalbert Rückerl, *NS-Prozesse: Nach 25 Jahren Strafverfolgung*, Karlsruhe, 1971; Peter Steinbach, *Nationalsozialistische Gewaltverbrechen: Die Diskussion in der deutschen Öffentlichkeit nach 1945*, Berlin, 1981.

살인에 대한 공소시효 문제와는 대조적으로, 독일인들이 함께 나치 범죄를 공모한 정황에 대한 인식과 그에 대한 총체적인 비판이 커지고 있음에도 배상 규정의 문제점은 여전했다. 오히려 1961년 예루살렘에서 열린 아이히만 (Eichmann)의 재판이나 1962~63년에 프랑크푸르트에서 열린 아우슈비츠 재판이—그리고 1965년 이에 바탕을 둔 페터 바이스(Peter Weiss)의 희곡이[77]—변화를 촉발시켰다. 곧 1965년 5월 26일, 위에서 언급한 1965년 11월 에르하르트의 선언이 있기 몇 달 전에 연방의회는 배상에 관한 다른 법안을 통과시켰다. 이것은 예전에 간과했던 것의 '요약'으로서, 명백히 다양한 진전을 내포하고 있었다. 그러나 심각한 문제는 여전히 해결되지 않았다. 예컨대 게토에서 고통을 받았거나 불법으로 숨어 산 경우는 강제수용소에서 받은 고통과 동일하게 간주되지 않았다. 그리고 관련 대상자의 요구와는 반대로, 연방의원들은 수용소에 5개월 수감된 것으로는 배상을 받을 만한 '최소' 자격에 못 미친다고 결정했다. 또한 배상을 신청할 수 있는 짧은 기간을 연장하거나 완전히 폐지하지도 않았다.[78]

13.

보여주기식 제스처와 행사는 전반적으로 부적절하다는 점이 서서히 명확해지고 있다. 희생당한 사람을 실질적으로 보살피는 것이야말로 '나치 과

---

77 [역자주] 극작가 페터 바이스는 1965년 '프랑크푸르크 아우슈비츠 재판'을 극화한 작품 〈수사(搜査), 11개의 노래로 이루어진 오라토리움(Die Ermittlung, Oratorium in 11 Gesängen)〉을 썼고 이것은 이후 유럽 여러 나라에서 연극으로 상연되었다.

78 Pross, op.cit., Frankfurt, 1988, pp. 123~124와 비교하라. 극소수의 경우를 제외하면, 배상 신청 시한은 이 법이 공포된 지 약 1년 후인 1966년 9월 30일까지였다.

거를 정리하는' 노력에서 가장 기본적인 것이다. 그렇지만 생존자를 '정의롭게' 대하면서 동시에 독일인의 성격과 행위, 그리고 행동을 변화시키는 것은 거의 불가능해 보인다.[79]

파시즘에서는 일상의 행동이나 실천의 영역 대부분이 나치 범죄와 연루되어 있었다. 이것은 독자적인 영역으로 유지될 수 없었다. 곧 '정치적인 것'은 '사적인 것'과 결합되었다. 그러나 또한 그 과정이 거꾸로 이루어질 수도 있었다. 겉으로 보기에 은밀하고 개인적인 상황이 정치질서의 호소력을 강화시키기 위한 공적이고 정치적인 것으로 구체화되었다.[80] 지역사 연구는 이웃한 작은 가게의 아리안화(Arisierung)에서부터 노동절 행사, 그리고 이웃의 강제이송에 이르기까지 아주 상세히 보여주었다. 말하자면 파시즘의 동원으로 고통당하고 인간적 '희생'을 치러야 했던 사람과 그러한 고통을 가함으로써 이익을 본 사람이 서로 복잡하게 연결되었다. 사적 영역과 공적 영역이 분리될 수 없었으며, 고통과 이익도 서로 떨어져 있는 것이 아니었다. 더 구체적으로 말하자면, 강제수용소 지역인 라벤스브뤼크(Ravensbrück)는 호수 건너편 퓌어스텐베르크(Fürstenberg) 주민들의 시야에서 결코 벗어나지 않은 채 남아 있었다.[81]

---

79 여기서, 여러 지방의 생존한 강제노동자들과 접촉하고 그들과 독일인의 만남을 주선하고 예전의 장소를 방문하도록 했던 노력이 중요하다. 헤씨쉬 리히테나우 지역의 '역사공방'이 1985년부터 해온 활동이나 프랑크푸르트 암 마인에서의 활동에 대해서는 다음을 보라. "Zwangsarbeiter fragen nach", *Frankfurter Rundschau*, December 17. 1992. 강제노동자와 독일인의 재회(再會)에서는 거의 어떤 문제점도 발생하지 않았다. 그러나 서남부 독일의 한 농장에서 강제노동했던 폴란드의 한 부부는 달랐다. 그들은 예전의 여주인—혹은 '여사'—의 방문을 받았고, 이는 1989년에 텔레비전에 방영되었다. 이 폴란드인들은 분명히 독일인이 그들을 방문했을 때, 혹은 뒤늦게라도, 말하자면 이들이 그녀의 초청을 받아 1990년에 독일을 방문했을 때라도, 예전에 그들이 받지 못했던 임금을 받게 될 것으로 기대했다. 물론 쌍방은 서로에게 친절하지는 않았지만 정중했다. 그럼에도 불구하고 이전 주인과 이전 하인 사이의 간극은 분명히 컸다. Tilman Krause, "Gestörte Versöhnung", *Frankfurter Allgemeine Zeitung*, November 20, 1991.

80 사진으로 된 다음의 자료집을 보라. Otto Weber, *Tausend ganz normale Jahre*, Nördlingen, 1987.

81 이것이 폭넓게 논의되기 시작한 것은, 연방공화국 대통령이던 리하르트 폰 바이체커(Richard von

더 최근에는 에른스트 클레(Ernst Klee)와 다른 이들이 목격자의 보고서를 출판했는데, 이것은 단조롭게 반복되는 비참한 광경을 제시했다. 편지, 사진, 일기는 무수히 많은 평범한 독일 군인이 이미 '알고 있었음'을 확인해준다. 이들은 '동부전선의 후방에서' 일어난 대량학살을 보았고, 기록했고, 심지어 사진까지 찍었다—그렇지만 거의 모두가 이에 대해 신경 쓰지 않은 것처럼 보인다! "볼셰비키라고? 우리는 그들을 괴멸시켜야 한다. 그들은 단순한 적이 아니다. 그들은 인간 이하(Untermenschen)이다."[82]

공범의 방식을 찾아내고자 한다면 '사적인 것'과 '정치적인 것'—이것은 대체로 '공적인 것'과 동일하다—의 내밀한 연관성을 깊이 숙고하고자 노력해야 한다. 그리고 주된 목적이 희생자들에게 정의를 되돌려주는 것이라면, 생존자의 요구와 희구, 무엇보다도 불안감을 존중해야 한다. 그러나, 그렇다면 개인적 경험을 공공연하게 정치적으로 이용하기를 그만두어야 하는가? 오히려 그 반대가 아닐까? 만약 개인적 고통이 공개되고 정치적 거래에 이용된다면, 그것이 위안을 주고 결국 역사적 청산이 되는 것일까? 사적인 것의 보존이 모든 생존자의 최고 관심사는 아니다. 그러나 이는 나치 과거에 책임이 있는 사람들이 결정할 문제가 아니다. 우리는 그들의 목소리와 그들의 회

Weizsäcker)가 1985년 5월 8일 나치로부터의 해방을 축하하고 기념하는 연설에서(Von Deutschland aus: Reden des Bundespräsidenten, Munich, 1987, pp. 16ff) 파시즘의 '폭력 지배'에 의한 유대인과 다른 사람의 감금, 강제이송, 파멸이 널리 알려졌음을 명백히 언급하고, 이어 그것을 인정했을 때였다.

82 Ernst Klee et al., "Schöne Zeiten": Judenmord aus der Sicht der Täter und Gaffer, Frankfurt, 1988. 동부에서의 독일군의 연루 사실에 대해서는 특히 다음을 보라. Omer Bartov, Hitler's Army: Soldiers, Nazis, and War in the Third Reich, New York and Oxford, 1991. 독일군이 소련군 포로를 잔인하게 살해하다시피 다룬 것에 대한 연구는 다음을 보라. Christian Streit, Keine Kameraden: Die Wehrmacht und die soujetischen Kriegsgefangenen, 1941~1945, Stuttgart, 1978. 바르토브는 독일군이 폭넓은 이데올로기적 확신을 갖고 있었다고 강조하는데, 다음의 연구는 이를 의문시하고 있다. Theo Schulte, The German Army and Nazi Policies in Occupied Russia, Oxford, 1989; Hans J Schröder, Die gestohlenen Jahre: Erzählgeschichten und Geschichtserzählung im Interview: Der Zweite Weltkrieg aus der Sicht ehemaliger Mannschaftssoldaten, Tübingen, 1992.

상을 들어야 한다. 그렇지 않으면 추모뿐만 아니라 배상조차도 '타인'을 두 번 희생시키는 일이 될 것이다.

2부

근대의 감정과 폭력

밀고(密告)
―애정에서 우러난 정치?

1. 폭로와 고발: 연속과 전환

밀고는 단지 '근대적인' 지배체제와 사회에만 해당되는 것은 아니다. 아무래도 **피지배자**가 **지배자**에게 은밀히 고발하는 일은 최근세사에 국한된 행위가 아니기 때문이다.[01] 오히려 이 시기의 지배형식을 검토해보면, 18세기 후반에서 19세기 후반에 걸쳐 일어난―에릭 홉스봄(Eric Hobsbawm)이 제시한―'이중혁명'을 '전후'하여 지배형태가 질적으로 달라진다는 주장을 더욱 세심하게 살펴보아야 한다. 민주화와 산업화라는 이중혁명이 품고 있는 복잡성과 다양성을 고려할 때, 밀고처럼 '다수'가 지배의 규범과 수단에 적극적으로 가담한 행위를 이중혁명의 단순한 계기(혹은 결과)로만 설명할 수 없기 때문이다.

구체제의 관헌 당국도 분명 비밀제보를 능숙하게 다룰 줄 알았다. 다시 말해 구체제 사회에서도 '다수'는 당국의 통제를 받는 단순한 수동적 대상만

01　Fitzpatrick/R. Gellately, "Introduction to the Practices of Denunciation in Modern European History", *Journal of Modern History* 68, 1996, pp. 747~767, 특히 747쪽 참조. "개인이나 공직자의 비리를 국가(혹은 관계 당국, 예컨대 교회)에 자발적으로 보통은 비밀리에 제보하는데, 직간접적인 처벌을 요구하는 내용이 담겨 있다."

은 결코 아니었다. 이들 '백성'은 다른 형태로 적극적이었거나 혹은 그렇게 되었다. 예컨대 독신자나 여성, 수공업자, 교회, 마을, 도시 구역, 단체 등의 공동체에서 규율을 위반했거나 그랬다고 알려진 사람은 공개적으로 비난당했다. 누군가가 이러한 '비열한' 태도를 강력하고 거침없이 **폭로**하고자 할 경우에는 당국에 고발하지 않았다. 오히려 그는 '노래가사'를 퍼뜨리거나 '소동'을 벌여 공동체의 문제로 인식시켰다. 물론 폭로를 당하는 사람의 입장에서는 그 차이가 그리 크지 않았을지도 모른다. 그래도 이들은 자신이 억압적 폭력에 노출되었다고 여겼다.[02]

이처럼 널리 퍼졌던 고발과 체포가 프랑스대혁명에서는 쓸모가 없었다. 더 정확히 말하자면, 기존의 '좋은' 질서를 비난하던 저항자에게는 그것이 **더 이상** 통용되지 않았다. 이제 공격을 받게 된 사람은 혁명의 '적대자', 곧 세계와 사회의 **새로운** 규율을 적대시하는 사람이었다. 공격의 범위도 지역공동체에서 점차 국가 차원으로 확대되었다. 이제 한 국가 내에서 누구나 고발 대상이 될 수 있었다. 새 질서의 옹호자가 그들을 비난할 때 사용했던 것은 단지 '민중의 분노'를 담은 언어만이 아니었다. 오히려 합법적 형식을 갖춘—그렇지만 실제로는 무제한적인—새로운 폭력 행위와 연계된 대중행동이 등장했다. 곧 고문과 대규모 처형에서 드러나듯이, 다수를 위해 다수가 가담한 새로운 학살 '방식'이 지배도구에 추가되었다. 혁명적 '테러'라는 측면을 감안하면, 목적과 실제에서 차이가 있지만 현대사에 등장한 동원 체제

---

02 이 맥락을 특히 잘 설명한 것은 A Suter, *"Troublen" im Fürstbistum Basel (1726-1740). Eine Fallstudie zum bäuerlichen Widerstand im 18. Jahrhundert*, Göttingen, 1985; 그동안 고전적인 연구가 된 것은 N. Z. Davis, *Society and Culture in Early Modern France*, Stanford, 1975; 최근의 연구는 C. Ulbrich, Shulamit und Margarete, *Macht, Geschlecht und Religion in einer ländlichen Gesellschaft des 18. Jahrhunderts*, Köln, 1999; 또한 다음도 참조. C. Vanja, "Das 'Weibergesicht' zu Breitenbach, Verkehrte Welt in einem russischen Dorf des 17. Jahrhunderts", in H. Wunder/dies ed., *Weiber, Menschen, Frauenzimmer, Frauen in der ländlichen Gesellschaft, 1500~1800*, Göttingen, 1996, pp. 214~222.

(Mobilisierungsregime)도 이와 유사하다. 그중에서도 특히 독일 파시즘을 비롯하여, 1920년대에 등장해 1930년대에 더욱 거세진 볼셰비키의 동원과 이들의 폭력 —그러나 또한 1940년대 및 1950년대 초반의 스탈린 시기도 잊어서는 안 된다 —이 그렇다.[03] 그에 비해, 1940년대 말부터 1950년대 초까지 미국에서 일어난 매카시즘은 그에 대한 일종의 변형으로서, 여기에서는 '대항 세력'과 권력 쟁탈, 법적 절차 등이 비록 일시적으로 멈추긴 했지만 원칙적으로 사라진 적은 결코 없었다.

2. 국가지배와 '자기가치인식'

근대국가의 발전은 불규칙적이면서 장기간에 걸쳐 일어났다. 국가의 통제는 지방을 넘어 더욱 확대되고 강화되는 동시에 집중화되었다. 그 발전은 거대한 재난과 같은 일상적인 위험 상황에 대처하기 위해 규율과 안전을 중시한 결과였다. 이렇듯 '국가기구'가 확대되고 강화되는 과정은 '아버지와 같은 국가(Vater Staat)'에[04] 대한 민중의 상상력이 큰 붐을 이루었던 것과 무관하지 않다. 민중 사이에서는 '상부기관'의 법적 감시와 체포에 대한 두려움과 함께,

---

03 C. Kohser-Spohn, "Théorie et pratiques de la dénonciation (1789~1793): Analyse d'un exemple", in F. Ross/A. Landwehr ed., *Denunziation und Justiz, Historische Dimensionen eines soziales Phänomens*, Tübingen, 2000, pp. 77~94; D. Beyrau, *Schlachtfeld der Diktatoren: Osteuropa im Schatten von Hitler und Stalin*, Göttingen, 2000; Sh. Fitzpatrick, *Everyday Stalinism, Ordinary Life in Extraordinary Times: Soviet Russia in the 1930s*, York/Oxford, 1999, pp. 115ff, 168ff, 199ff. 독일 공산당처럼 정권 장악에 성공하지 못했던 코민테른 산하의 공산당원은 '반역자'나 '믿을 수 없는' 사람이라고 '위로부터' '아래로부터' 고발이나 폭로를 당했다. 이들은 경멸을 받거나 기피 대상으로 취급되었다. 이들에 대한 단호한 조치도 그들을 배제하는 수단이었고, 그런 조치는 달리 언급할 필요가 없을 정도로 자명한 것으로 여겨졌다. 파멜라 스위트(Pamela Swett)의 연구를 참조하라(주9).

04 [역자주] '조국'이라는 전통적 수사법을 이어받아 19세기에 아버지와 같은 보호자의 역할을 국가에 기대하면서 사용한 정치적 수사법.

국가의 보호에 대한 열망 역시 더 크게 자라났다. 그런 점에서 '국가 형성'에 적극적이었던 것은 비단 '주도 세력'으로서 지배자를 자처했던 이들이나 16세기 내지 17세기부터 제후와 (점점 더) 국가의 공복으로서 생계수단을 찾은 '관료'뿐만이 아니었다. 그렇지만 관료제를 유지하고 주도하는 세력이 진짜 누구인지는 금방 드러났다. 18세기와 19세기에 걸친 혁명들로 인해 군주들은 사라졌고 사회적 생산관계가 변화하면서 대중이 깨어났다. 그럼에도—서로 완전히 적대적인 입장에 있었던—토크빌(Alexis de Tocqueville)과 마르크스 같은 동시대인이 공히 확인했다시피 관료의 저항은 존재했다.

이들보다 몇십 년 후에 막스 베버는 계급관계와 이해관계에 대한 관점을 확대했다. 그는 이제 연구의 주된 대상을 관료의 생계, 신분, 권력의 이익만이 아니라 국가의 지배 기능이 작동하는 방식과 실제의 형태로까지 넓혔다. 그 결과 그는 '합법적인 강제력의 독점화'가 '국가'의 결정적인 특징이라고 강조했다.[05] 베버가 보기에 '지배자'의 입장에서 이 독점화는 '질서에 대한 순응(Fügsamkeit in Ordnungen)'이다. 특히 권력이 합법적 지배로 등장하여 '예속의 용기(容器)(Gehäuse der Hörigkeit)'로 제도화되면서, 그 주안점은 가능한 한 피지배자의 모든 반대의사를 깨뜨리거나 중립화하는 데 있었다.

이렇게 국가와 그것의 성격을 다루는 모델에서 요점은 지배자와 피지배자 사이의 엄격한 구분이다. 지배자로서는 피지배자의 '순응'을 보장받는 것이 중요하다. '순응'을 불러일으키는 방식에는 피지배자의 사리분별이나 이해관계에 호소하는 것도 있지만, 카리스마 넘치는 영도자의 혈통이나 후광을 보여주는 방법도 있다. 다음과 같은 형식도 적절한 수단이다. 국가기구라

---

05 M. Weber, *Wirtschaft und Gesellschaft, Grundriß der verstehenden Soziologie*, Tübingen, 1972, pp. 122ff, 특히 p. 27과 p. 660을 보라.

는 '견고한 용기(容器)'를 통해 피지배자의 일상적 삶에서는 지배를 낯설게 만들고, 이에 의문을 품을 경우에는 불가항력적인 것으로 보이도록 유도하는 것이다. 그 결과 사회를 끊임없이 감시하는 예방적이고 억압적인 일련의 전술로써 사회를 '울타리 안에 가둬'놓을 수 있었다. 그렇지만 밀고를 **대중이 지배에 가담하는 방식**으로 간주하는 연구에서 볼 때, 지배자와 피지배자 사이의 **이러한 근본적인 차이**에 대한 믿음은 불만족스럽고 부적절하다.

그렇지만 다시 돌아가 1930년대에 이미 에른스트 카시러(Ernst Cassirer)는 이러한 베버의 사고방식에서 결점을 발견하고 그것을 성찰할 계기를 마련했다. 카시러가 강조한 것은 무엇보다도 의례적인 행동이 낳거나 자극하는 **열망**(Affekt)의 영향력과 강도였다.[06] 그에 따르면, 정치적인 것에는 열망이 보편적이고, 특히 국가에 대한 열망은 근본적이다. 그것은 '피지배층'이나 시민이 국가에 쏟는 애정을 뜻한다. 요컨대, 막스 베버와 달리, 카시러가 보기에 '피지배층' 다수가 의심을 품을 경우 그에 맞선 국가와 국가성(Staatlichkeit)은 결코 유지될 수 없다.

미셸 푸코의 사상에서도 이에 대한 접점을 찾을 수 있다. 푸코는 여러 차례 근대성이란 본질적으로 중세 후기 이후 발전해온 '복잡한 지식형태'에 따라 결정된다고 주장했다. 이 '지식형태'란 '통치성'을 의미한다.[07] 정치경제학과 인구학이 바로 그런 것인데, 실제 영토 안에 사는 주민을 통제하고 조정하는 것이 이들 지식형태의 목표였다. 물론 일반적인 관점과 달리, 이러한 통치과정으로 사회가 결코 국가화(Verstaatlichung)되지 않았다. 오히려 이는 개념상 항상 서로 분리된 것으로 오해받았던 '국가'와 '사회'가 독특하게 서로 **연계**되는

06　E. Cassirer, *Der Mythos des Staates*, Zürich/München, 1978.

07　M. Foucault, *Governmentality*(1978), in M. Foucault, *Power, Essential Works of Michel Foucault*, Vol. 3, New York, 2000, pp. 201~222; M. Foucault, *Was ist Kritik?*(1978/1990), Berlin, 1992, pp. 10~15, 32~41.

결과를 낳았다. 푸코가 '통치성'을 이야기할 때 의미했던 것이 바로 이들의 연계였다. 곧 '사회적' 지식형태가 국가를 장악한다는 것이다.

이와 연결되는 두 번째 지점도 있다. 푸코는 다른 맥락에서 지식이란 다른 사람이나 사물에 대한 통찰을 얻어내 그들을 마음대로 할 수 있게 하는 데 그치는 것이 아니라고 강조했다. 오히려 지식은 자기인식—그리고 그로써 하게 되는 '자기가치인식(Selbstaffirmation)'—을 가능케 한다.[08] 이 논의에 따르면, 몸에 대한 지식은 자기 몸에 대한 지식을 발견하게 하지만, 이러한 지식 때문에 욕망과 두려움에 차 있는 자신을 발견할 수도 있다. 그러나 이러한 자기가치인식이 오로지 저항이나 저항의식만을 목표로 하는 것은 결코 아니다. 오히려 '자기가치인식'은 지배—그리고 착취—에 대한 동의와 참여로 드러날 수 있다.

밀고에 대한 연구를 통해 우리는 고발인이 혐의자와 혐의 사실을 신고할 때 **환희**(Begeisterung)까지는 아니더라도, 얼마나 **열의**(Eifer)를 품고 있었는지를 고발장에서 확인할 수 있었다. 예컨대 사람들은 군주나 혹은 소위 '선의의 공통적인 문제'(전쟁)에 대한 애착에서 밀고하기도 했는데, 이때 그들은 습관적으로 혹은 조심스러운 어법으로 그러한 애착 감정을 표현하곤 했다. 그런 점에서 제1, 2차 세계대전의 시기, 1923년 '루르 지역 점령기'에 나타난 밀고의 사례는 '정당', 독일공산당, 그리고 '혁명'에 대한 애착이라는 맥락 속에서 이해할 수 있다.[09] 그렇지만 이들 고발장의 서술방식을 잘 들여다보면, 문체에서부터 국가와 '위대한 전체'에 대한 걱정과 애착이 뒤섞여 있음을 알게 된다.

---

08 M. Foucault, *Geschichte der Sexualität*, vol. 1, Der Wille zum Wissen, Frankfurt a. M., 1983, p. 148.

09 제1차 세계대전 당시 빈(Wien) 사람들에 대한 힐리(M. Healy)의 연구, 1923년 루르 지역 점령을 두고 보인 주민의 행동에 대한 크뤼거(Krüger)의 연구, 1928년부터 1932년까지 독일공산당의 '내부 사정'에 대한 스위트(P. Swett)의 연구를 참조하라. 이 연구는 모두 *SOWI* 27, 1998, 제2호에 실려 있다.

물론 근대적 지배체제의 발전과—생계형 일자리 같은—자본주의적 생산관계와 교환관계의 발전은 흔히 제로섬게임으로 간주된다. 다시 말해, 지방을 넘어선 국가의 관료적 통제가 커지면 그만큼 다수에 대한 통제력은 상실된다는 것이다. 이런 시각에서 보면, 열망적인 행위와 감성의 표현은 다수가 '자기 본연'에 대한 통제력을 상실한 데 대한—실제로 그러하든, 생각일 뿐이든—반응이었을 수도 있다. 요컨대, 밀고란 1935/36년 파시즘에 직면해서 발터 벤야민(Walter Benjamin)이 최근세사를 진단하던 용어인 '정치의 심미화(Ästhetisierung von Politik)'의 내적 측면일 수 있다. 벤야민이 주목하고자 했던 바는, 최소한 파시즘 정치를 특징짓는 매스게임에서 "대중은 자신의 이익을 관철시키지 않고" '자기의 표현'을 찾는다는 점이었다. 이렇게 자기표현에 집중하는 것은 정치의 상실이라고 벤야민은 비판했다. 그렇지만 바로 이것이 다른 사람을 밀고하고자 하는 유혹에서는 오히려 결정적 요소였다. 이는 곧 **자신을 표현하는 것**이며, 동시에 가장 분명한 형태로, 말하자면 다른 사람에게 가능한 한 오랫동안 고통과 해를 입히는 방식으로, **권력을 시험하고 그것을 과시**한다. 따라서 밀고는 정치적 참여의 한 형태로서 많은 사람이 자신을 훨씬 잘 표현할 수 있는 수단이며, 다른 한편 대의제 민주주의가 이론상 허용할 수 있는 정치적 참여보다 더 많은 권력을 쥐는 형태일 것이다.

밀고에 대한 열망을 이렇게 이해하면, 관리와 '백성'—혹은 국가 관료와 '시민들'—사이의 많은 차이가 줄어든다. 이는 특히 행정 분야에서 두드러지는데, 행정은 폭넓은 의미에서 '경찰'업무까지 포괄했기 때문이다. 구체제에서는 통제와 복지가 아주 밀접하게 연관되었기 때문에, 경찰업무의 중요성이 더욱 확대되었다. 여기에 종사했던 수많은 사람은 보호할 대상자를 통제할 뿐만 아니라 전체의 미래를 위해 그들의 행동을 '교정'해야 한다는 의무감에서 그 업무를 진지하게 받아들였다. 이렇게 '개선'을 성취하려는 열망에서 많은 이들이 거침없고 잔인한 수단을 큰 망설임 없이 동원할 수 있었다. 이러한 숭고한 목적이—거의—모든 수단을 신성하게 만들었다.

3. 밀고가 애착의 행태인가?

가. **전체의지**(volonté de tous)를 표현하는 계기로서의 지배는 **일반의지**(volonté générale)를 실현하려는 지배와 동일하지 않다.[10] 근대에 나타난 '밀고'가 정당화될 수 있는 것은, 그것이 전체의지를 의미하기 때문이 아니라 '일반의지'에 직접 참여하기 때문이다. 고발하는 행위는 각자 이러한 '일반의지'의 지배에, 다시 말해 '일반행복'의 실현에 참여하는 표현이자 수단인 셈이다.

지배형태가 '일인지배(Einherrschaft)'(노르베르트 엘리아스Norbert Elias)에서 대중참여를 기반으로 하거나 지향하는 것으로 넘어가면서, 개개인이 다른 사람이나 집단을 통제하고 조정하며 동원하는 데 '직접적으로 참여'하는 길이 크게 열렸다. 1950년대 후반에 마르그레트 보베리(Margret Boveri)가 편집하고 여러 사람이 참여한 『20세기 반역(Verrat im 20. Jahrhundert)』이라는 책이 이런 대중참여의 역동성이 가져올 불길한 장면 가운데 하나를 제시했다.[11] 이 책의 요지는, 개인은 각자 행위에서 혹은 그것을 통해 '국민과 국가의 동일시(Identifikation von Volk und Staat)'를 시도하는데, 그것이 자주 오해된다는 점이었다. 특히 사회적 평등과 민주적 발언권을 부정하는 사람, 다시 말해 반동적이거나 반혁명적인

---

10 [역자주] 주지하다시피 루소에 따르면 각 개인의 의지인 특수의지를 모두 합한 전체의지와 별도로 일반의지가 있다.

11 M. Boveri, *Der Verrat im 20. Jahrhunderts, vol. 1, Für und gegen die Nation-das sichtbare Geschehen*, Hamburg, 1956, 특히 p. 150.

관점을 지닌 사람이 오해한다는 것이었는데, 이 주장은 틀렸다. 왜냐하면 그러한 동일시를 추구하는 동기가 잘못 제시됐기 때문이었다. 여기서 그 근거로 삼은 것은 조르쥬 이자르(Georges Izard)가[12] 1932년에 했던 말이다. 당시 그는 "권력이란 지배 받는 사람의 주변에서 나온다"라거나, "억압과 중앙조직은 사라진다"라거나, 아니면 "정치적 활동의 본질적인 부분은 사람이 좋아하는 곳에서만 이루어진다"라고 말했다.

그렇다면 **감정**을 다시 살펴보자. 밀고에 대해서는 다음과 같은 의문이 생긴다. '즉흥적인 신고'가 국가에 애정을 드러내면서도 지배에 참여하려는 시도였던가, 혹은 지금도 그러한가? 또한 밀고가 그러한 시도의 수단으로 유용했던가? 또한 국가에 애정을 드러내면서도 지배에 참여하는 이러한 방식의 결과가 자기만족과 자기권력화일 뿐일까?

나. 독일 파시즘의 가해자—요즈음에는 여성 가해자에 대해서도 그렇지만—에 대한 질문은 나름의 역사가 있다. 1945년 직후에는 우선 정치적이고 법률적인, 심지어 도덕적인 측면에 대한 논쟁을 거쳤다. 그 과정에서 가해자라는 개념의 범주는 '주모자' 혹은 '주요 전쟁범죄자'와 그 측근으로 축소되었다. 1960년대 후반 이후 이들 범죄자에게 공공의 관심이 쏠리면서 그 대상이 다시 넓어져서 법률적인 의미의 '가해자'만이 아니라 드디어—소위—익명의, 곧 다수의 범죄 행위까지 가리키게 되었다.

처음에는 감상적인 분위기에서 다수를 저항의 영웅으로 묘사하던 경향이 있었는데, 그 경향을 극복하는 데 결정적이었던 것이 바로 밀고에 대한 연

---

12 [역자주] 조르쥬 이자르(1903~1973)는 인민전선에서 의원으로 선출되었고 레지스탕스 운동을 지휘한 프랑스 정치가이자 작가 및 언론인이기도 했다.

구였다. 전문 역사가도 그렇지만, 특히 '맨발의 역사가(Barfußhistoriker)'들이[13] 점차 대중행동을 연구했던 동기는 무엇보다도 다수가 나치에 대해 저항의식, 혹은 그보다는 못하더라도 '거부감(Resistenz)'(M. Broszat가 사용한 단어)이라도 갖고 있었을 거라고 생각했기 때문이었다. 자기비판적인 구술사나 그 외 다른 문헌기록이 보여주듯이, '좋고 나쁜' 여러 이유 때문에 수많은 대담과 기억이 침묵하고 있었다—아마도 구술자와 대담자 사이에 무의식적인 갈등도 있었을 터였다.

1983년부터 1985년까지 루츠 니트함머(Lutz Niethammer)가 세 권으로 편집한 연구서 『루르 지역 생활세계와 사회문화 1930~1960(Lebenswelt und Sozialkultur im Ruhrgebiet 1930~1960)』뿐만 아니라 라인하르트 만(Reinhard Mann)의 연구는 나치 체제를 용인하면서도 동시에 그에 적극적으로 가담하는—밀고와 같은—형태가 널리 퍼져 있었음을 보여주었다.[14] 후자는 뒤셀도르프 행정구역을 사례로 하여 독일 '민족공동체 구성원'이 게슈타포에 고발하고 밀고했던 것을 연구했다. 이보다 조금 뒤에 슈바인푸르트(Schweinfurt)에 대한 로버트 젤러틀리(Robert Gellately)의 지역사 연구가 추가되었다.[15] 이와 비슷하게 클라우스 말만(Klaus Mallmann)과 게르하르트 파울(Gerhard Paul)이 자르(Saar) 지역의 미시사 연구를 통해, 게슈타포 '신화'에 대한 포괄적인 비판을 가했다.[16] 그 사이에 다른 지방과 지역에 대한 연구도 계속되었다. 리페 데트몰트(Lippe-Detmold)에 대한 디발

---

13 [역자주] 독일의 경우 전문적인 역사가가 아닌 아마추어 역사가로서 68운동 이후 지역사 연구에 투신하여 소위 '아래로부터 역사'를 이끈 이들을 말한다.

14 R. Mann, *Protest und Kontrolle im Dritten Reich: Nationalsozialistische Herrschaft im Alltag einer rheinischeen Großstadt*, Frankfurt a. M., 1987.

15 R. Gellately, *Die Gestapo und die deutsche Gesellschaft, Die Durchsetzung der Rassenpolitik 1933~1945*, Paderborn, 1993.

16 K. Mallmann/G. Paul ed., *Die Gestapo-Mythos und Realität*, Darmstadt, 1995.

트 케르크만(Diewald-Kerkmann)의 연구가 그 예이다.[17] 이들 연구가 공통적으로 지적한 것은, 가해자—그들의 공범자까지—뿐만 아니라 희생자도 게슈타포 신화를 지지하고 수용했으며 그들을 전지전능한 존재로 여겼다는 점이었다.

물론 이 신화가 나치 독일을 지배하는 방식의 특이성을 드러내줬기 때문에만 주목받은 것은 아니었다. '근대적인' 동원 체제에 대한 이들 연구가 보여주는 바는, 일반적으로 그에 대한 대중의 거부감은 미약하거나 기껏해야 가끔 드러났고, 체제비판적 저항정신은 찾아보기 어려웠다는 것이다. 다수가 '대거' 협력한 사례는 독일 파시즘에 국한되지 않고 더 폭넓게 존재한다.

다. 나치시대에 있었던 밀고에 대한 연구는 제보자의 동기가 '개인적인 것'인지 아니면 '정치적인 것'인지에 집중되었다. 개인적인 이유로는 사회적 질투심이 거명되었지만, 분노와 보복, 증오심, 불쾌감도 있었다.[18] 정치적 동기로는 '체제에 대한 충성심'과 '나치에 대한 확신'을 보여주거나 알아달라는 태도가 꼽혔다. 그 외에도 '철저한' 의무감과 '지도자에 대한 거의 종교적인 경배심'도 지목되었다. 하지만 저자들 대부분이 스스로 환기했다시피, 이것들은 서로 구분하기 어렵고 일부는 분명히 의심스러운 것도 있었다. 그러므로 디발트 케르크만이 제시한 수치도 정확한 비율이라기보다는 일종의 경향으로 이해해야 한다. 그녀에 따르면, 제보자 중 38%는 사적인 동기에서, 30%는 정치체제에 대한 충성심에서 그랬다고 한다—라인하르트 만의 연구

---

17 G. Diewald-Kerkmann, *Politische Denunziation im NS-Regime - oder die kleine Macht der 'Volksgenossen'*, Bonn, 1995; 또한 다른 의미를 풍기는 다음의 연구도 참조하라. K. Dördelmann, *Die Macht der Worte, Denunziationen im nationalsozialistischen Köln*, Köln, 1997. 이에 대해 최근 존슨(Johnson)은 서로 비슷한 이들 연구가 주민 다수의 참여를 과대평가했다고 강조했다. 게슈타포는 '사소한 경우'에만 밀고에 의존했고 대부분 스스로 일을 처리했다는 것이다. E. A. Johnson, *Nazi Terror, The Gestapo, Jews and Ordinary Germans*, New York, 1999.

18 G. Diewald-Kerkmann, *Politische Denunziation*, (주17 참고), p. 183. 다음 본문 내용에 대해서는 p. 184를 보라.

나치 시대에는 밀고가 성행했다. 그것을 담당했던 기관 가운데 하나가 사진(위)의 베를
린 게슈타포 본부이다. 출처: Bundsarchiv, Bild 183-R97512.
게슈타포 요원들이 흰색차량을 수색하고 있다(사진 아래).

에서도 비슷한 연관성이 드러났지만, 수치는 약간 달랐다.[19]

독일 파시즘 시기에 고발자들 대다수는 당국에 자기 이름을 정확하게 밝혔다. 일반적으로 이들이 접촉한 관청은 지방경찰서와 게슈타포 사무실이었는데, 대부분은 해당 지역을 관할하거나 그곳에서 가장 인접한 게슈타포 사무소에 신고했다. 고발자는 고발당한 사람이 처벌되거나 불이익을 받거나 '제거되기'를 바랐다. 그들은 이런 식으로 권력을 행사하고자 했으며, 대부분 빠른 시간 내에 성공을 거뒀다. 물론 고발자가 그 '성공'의 결과로 어떤 것—특히 대상자가 강제수용소형을 받거나 심지어 사형에 처해지는 경우—을 염두에 두었는지는 여전히 분명하지 않다.

이 과정에서 **법적인** 용어를 사용했다는 점이 주목된다. 가해자, 방조자, 혹은 공범자, 그리고 희생자나 당사자라는 용어는 형법의 논리와 어법에서 나온 개념이다. 물론 이것이 적용될 때는 그에 필요한 특정한 논리가 필요하고 새로 만들어지기도 하지만 말이다. 여기서 핵심은 책임소재를 명확하게 밝히는 것이다. 곧 어떤 사람의 '정보'와 '의지'를 조사하고 확인해야 한다. '갑'이라는 여인이 '을'이라는 사람을 "아무런 사심이나 감정 없이 당과 국가의 폭력적인 기관에 신고했을까?" 그녀는 자신의 고발로 "이름조차 모르고 그 일이 아니었으면 전혀 알지 못했을 한 남성을 교도소나 강제수용소나 사형장으로 보낼 수 있다는 점"을 알고 있었을까? 전후 1948년 이 사건을 다룬 법원은 밀고의 '결정적인 동기'가 '갑'의 '당 규율'이지 '개인적인 보복'은 아니었다고 판결했다. 하지만 1949년과 훗날 1969년에 다른 법원이 내린 판결에 따르면, '갑'은 "그런 결과를 원한 건 아니었지만 최소한 그렇게 되어도 할 수

---

19 성별 간 차이 문제에 대해서는 I. Marßolek, *Die Denunziantin: Helene Schwaertzel, 1944~1947*, Bremen, 1993을 보라.

없다고 생각했다."[20]

　여전히 답하지 못한 문제가 있다. 법정은 가해자인 '갑'이 정치적 충성심 때문에 고발했다고 판단했는데,—이 주장이 핵심적인 부분에서 옳다고 가정한다면—그녀 자신은 자신의 행위를 어떻게 생각했을까? '스스로' 세운 목표로, 말하자면 그녀 자신이 내린 '결정'으로 여겼을까?

4. 지배와 기관원(Agency): 헌신으로 하는 협력

　가. 나치의 지배를 용인하거나 협력하는 **그러한 형태의 기관원**을 단순히 이분법적 구조에 따라 나누는 것은 적절치 않다. 이를테면 피지배자가 나치가 시행한 격리와 억압 정책에 적극적으로 가담했던 경우 말이다. 이들은 나치의 관계를 나름대로 전유함으로써 스스로 지배 행위를 만들어냈다. 이런 '경우'를 넘어 활동의 정황을 살펴보면 역사적 행위자의 '단 하나의' 명료한 모습을—혹은 그들의 '정체성'까지—찾는 것은 쓸데없는 일이 되고 만다. 이들 행위가 다의성과 다면성 속에서, 무엇보다도 아마 서로 모순되는 방향 사이에서 이루어진다는 점이 중요하다. 역사 속 행위자는 정해진 한 길로 가지 않고 자기 멋대로 움직인다.

　동독의 역사에 등장하는 구체적인 사례를 하나 보자. 모니카(Monika H.)는 1981년 이래 동독 국가안전부의 비공식요원으로 활동했다. 베를린장벽이 무너지기 직전인 1989년 여름에야 비로소 그녀는 어느 재야단체에 자신의 정체를 밝혔다. 사실 그녀는 오래 전부터 그 재야단체와 함께 일했고 부분적으로

20　R. Wolters, *Verrat für die Volksgemeinschaft. Denunziantinnen im Dritten Reich*, Pfaffenweiler, 1996, pp. 83ff.

는 생활까지 공유했다. 그녀를 통해 이들 조직원에 대한 정보가 국가안전부로 넘어갔고, 점차 밀고의 정도가 심해졌다. 때로는 여러 장에 걸친 긴 보고서가 작성되기도 했는데, 심지어 그녀가 정체를 밝히기 몇 주 전인 1989년 4월에 만들어진 것도 있었다. 거기에서 그녀는 자신에 대한 신뢰를 더 높이고 보호해줄 수 있는 방안을 제안하기도 했다. 예컨대 '작전 중'에 자신의 안전과 공격성을 높이기 위해 '현장'에서 더 폭넓은 자율권이 필요하다는 것이었다. 그녀가 감시했던 여성 두 사람과 나눈 대화를 그녀는 이렇게 회고했다.

> 예전에 나는 뿌리 뽑힌 삶을 살았어. 그리고 국가안전부(Stasi)는 나에게 그 뿌리를 제공했지. 국가안전부가 내게 가정의 안락을 가져다준 것 같았어. 당시 나에게 그것은 형식상의 안락이 아니라 정말 실질적인 안락이었지. 나는 언제나 밤낮을 구별하지 않고 전화할 수 있었고, 그러면 그쪽 사람이 시간을 내주었어. 나는 정말이지 거기에 내 모든 것을 바쳤어. 그렇지만 동시에 그것은 정말로 병적인 일이었지. 나는 너희들과 정말 모든 것을 함께 하고 있었어. 그렇지만 동시에 국가안전부에 가서 모든 것을 일러바쳤어.

나. 1960년대 초 멜리타 마쉬만(Melita Maschmann)은 나치 시대에 '독일소녀단'에서 적극적인 상근자로 활동했던 시절을 회고했다. 그녀는 책 『결론(Fazit)』에서 나치에 협력했던 실무 엘리트로서는 처음으로 스스로에게 공개적인 질문을 던졌는데, 이는 아주 주목할 만한 시도였다. 그 질문은 스스로를 '독일제국'의 이상적인 여성으로 여겼던 그녀가 어떻게 나치 정권과 '총통'에 충성하는 아주 열렬한 행동가가 되었는가 하는 것이었다. 마쉬만은 단숨에 자신을 사로잡은 단어로 **헌신**을 들었다. 그 시절을 돌이켜보면서 그녀는 **노동의 강도**가 이러한 '헌신'의 핵심이었음을 강조했다. 그녀는 1937년 포메른(Pommern)에

서 추수 돕기에 완전히 매진하여 황홀한 탈진감을 느꼈는데, 그것이 시작이었다. 그 다음에는 조직하는 것, 통솔하는 일에 빠져들었다. 그녀는 다른 사람에게 영향력을 행사하는 데 흥미를 느꼈다.

하랄트 멘첼(Harald Menzel)은 그녀보다 나이가 몇 살 더 많았다. 그는 1942년부터 우크라이나에서 (강제)노동자를 모집하는 데 강력한 권한을 쥐고 있었다.[21] 그도 역시 이 기회에 **솜씨와 전문성**을 발휘하고 싶었고, 열정적으로 '업무'에 매달렸다. 바로 거기에서 문제가 터졌다. 나치 정권의 '다극지배체제(Polykratie)'[22] 때문에 노동력을 합리적으로 이용하려는 노선과 노동력을 마구잡이로 완전히 착취하려는 노선이 경쟁하고 있었기 때문이다. 동부에서 후자의 노선을 대표하는 사람은 누구보다 동프로이센 옛 관구장이자 우크라이나 제국위원이었던 에리히 코흐(Erich Koch)였다. 멘첼은 그런 착취 관행을 비판하는 보고서를 올려 '제국'으로 소환당했다—그 이상의 조치는 없었다. 물론 이것은 저항과는 전혀 관련이 없었고, 무수히 많은 사례 가운데 하나였다. 대다수 경우에 비교적 낮은 지위에 있는 사람도 단순히 협조하는 정도가 아니라 긴밀하게 협력했고 같이 계획도 세웠다.

다. 우리는 이러한 시각을 더 폭넓게 적용할 수 있다. 이는 다른 지배형태와 사회는 물론이고, 실무 엘리트를 넘어선 다른 부류에도 통용될 수 있다. 교사와 법관, 재무부와 노동부의 사무관뿐만 아니라 의사, 농업경제학자, 건축가, 엔지니어도 나치에 감정적으로 동조했고 혹은 지금까지도 그러하다. 이들은 '업무'를 잘 추진하고자 상부에서 내려온 지침을 적극적으로 해석하고

---

21 H. Menzel, *Zerrissene Heimkehr: Eine Autobiographie*, ed., G. Altmann, Leipzig, 1991, pp. 148~220.

22 [역자주] 나치 체제는 여러 집단이 경쟁하면서 유지되는 체제였다는 주장이다.

세밀하게 살폈다. 공장장과 수공업 장인, 작업반장과 비서진도 마찬가지였다. 이들은 지침을 그냥 수행하는 데 그치지 않았다. 오히려 이들이 스스로를 적재적소에 '배치하여' 자기의 전문적 능력을 나름대로 잘 활용했을 때 비로소 업무가 효율적으로 이루어졌고, 그것은 지금도 그러하다. 노동부에서 노동자를 '모집'할 때도, 혹은 비행기를 제작할 때도—혹은 전멸수용소로 이송하는 일을 조직하거나 심지어 산업적 학살에서도—그랬다.

'근대'에서 지배력은 '피지배자'의 수동적인 복종에만 근거하지 않는다. 이들의 **창조적 협력**이 반드시 필요했고, 또 지금도 그렇다. 이것은 또한 지금까지 지배를 파악했던 방식보다 더 포괄적인 이해방식이다. 달리 말하자면, 지배는 '위대한 전체'를 위한, 곧 그것의 대표자와 상징들—대부분 자기 일상에서 접하고 다루는 것들—을 위한 애착의 열망과 감정을 통해 비로소 가능하다.

04

'감정'의 힘, 생산력으로서의 '감정'*
—어려운 역사에 대한 단상

1. 역사학에서 '감정'

학술적이든 그렇지 않든, 거의 모든 분야의 역사 연구와 서술에서 최근 '감정'과 관련된 주제가 점점 더 주목받고 있다. 물론 다른 주제와 달리 여기에는 개척자도 없었고, 예전에 크게 흥미를 끌었던 적도 없다. 그렇지만 이런 관심이 최근의 현상인 것만은 아니다. 일반적으로 이 분야의 선구자로 역사가 루시앙 페브르(Lucien Febvre)를 들 수 있다. 마르크 블로흐(Marc Bloch)와 함께 『아날(Annales)』지(誌)를 공동 창간했던 그는 역사적 과정에 대한 관점이 변화하면 그것을 결정적으로 포착했고, 더 나아가 아직 변화 중인 것조차 찾아냈다.

1920년대 후반과 1930년대에 『아날』은 사회사적 시도, 특히 경제적이고 물질적인 과정과 행위 전반을 앞세운 시도의 구심점이 되었다. 그로 인해 몇몇 행위자와 그들의 동기나 의도로 귀결시키던 전통적인 연구방법은 극복되

---

* 이 글은 같은 제목으로 다음에 실린 것을 수정하고 보완한 것이다. Arpád von Klimó/Malte Rolf ed., *Rausch und Diktatur: Inszenierung, Mobilisierung und Kontrolle in totalitären Systemen*, Frankfurt am Main, 2006, pp. 44~55.

기에 이르렀다. 그렇지만 다른 한편 새로운 시도를 주창한 그들에게 중요했던 것이 바로 이 행위자를 바라보는 새로운 시각이었다. 그것이 다름 아닌 상징과[01] 감정이었다. 이런 배경에서 페브르는 1941년 비시(Vichy) 정권하의 프랑스에서 『아날』 지면을 통해 글을 발표하여 역사가는 역사적 행위자의 '감수성(sensibilité)'을 연구해야 한다고 진지하게 역설했다.

물론 그가 열정적으로 호소한 내용은 광란과 분노와 같은 감정들, 주로 '흥분 상태에 있는' 행위를 억제하고 순화시키자는 것이었다. 당시에는 "감정 활동의 체계"가 "지속적인 지적 활동의 체계"에 의해 점차 "억제되고 점점 더 사라지고 있다"는 주장이 널리 퍼졌다. 왜냐하면 지적 활동은 "감정을 강압적으로 억눌러 점점 더 (…) 부차적이고 별것이 아닌 존재로 축소시키기" 때문이라는 것이다. 그렇지만 페브르는 이에 반대하여 오히려 "우리 각자에게 존재하는 감성(Emotionalität)이 항상 지성을 덮으려 하고, 또한 감정적인 대화에서 이성적인 대화로 나아가던 것이 갑자기 뒤집어지는 경우를" 아주 쉽게 "발견할 수 있어 깜짝 놀라게 된다"고 주장했다.

그는 '감정'을 순화시키자고 했는데, 그러한 관점을 무서움이라는 감정에서 발견했다. 그가 첨언했듯이, 감정이란 분명히 "먼 동화 속에 나오는 조야한 인간성"이 결코 아니다. 왜냐하면 "아마도 감정은 세계를 당장 악취 나는 시체실로 바꾸어버릴 수 있기 때문이다." 신앙 운동과 1789년 프랑스의 '대공포'를 연구했던 역사가 페브르가 이 주제의 긴급성을 알아보고 감정의 역사에 관심을 갖게 된 것은 전쟁, 나치와 파시즘의 범죄—그리고 아마도 스탈린주의까지도?—를 경험했기 때문이었다. 그런데 이렇게 역사를 분석하려고 들면 분명한 평가도 내려야 한다. 왜냐하면 감정은 파괴적일 뿐만 아니라 동시

---

01 다음을 참조하라. Marc Bloch, *Les rois thaumaturges*, Straßburg, 1924.

에 인간적이면서도 비인간적이기 때문이다.

그 이후 오랫동안 이 주제는 완전히 침묵의 시기를 보냈다. 몇 년 전부터 비로소 상황이 달라졌다. 또한 다른 학문도 이에 뚜렷한 관심을 갖고 있었기 때문에, 그에 발맞춰 역사 연구도 점차 감정을 연구 대상으로 삼고 가능한 한 새로운 방식으로 이를 분석하고자 애썼다. 우선 연구 주제로 떠오른 것은 역사적 주체가 감정을 어떻게 자각했는지, 또 그것을 무엇이라 지칭했고 어떻게 반응했는지 하는 점이었다.[02] 특히 역사적 주체가 감정을 자각(하고 지칭)하는 방식에서 어떤 변화를 확인할 수 있는가가 중요했다. 말하자면, 시기심이나 기쁨, 혹은 (부모, 반려자, 자식에 대한) 사랑과 같은 특별한 감정이 어느 특정 시기나 상황에는 전혀 표현되지도 언급되지도 않다가, 시기와 상황이 바뀌면 강하게 혹은 소극적으로 표출되거나 언급되었는가 하는 점이다.

두 번째 연구 주제는 아주 조심스러운 것이다. 인간은 과거에 어떠한 감정을 갖고 있었으며 그것은 어떻게 변화해왔는가 하는 물음이다.[03]

세 번째 연구 주제에 단초를 제공한 사람은 윌리엄 레디(William Reddy)였다. 그의 기여로 두 번째 연구 주제의 범위가 제한되었지만, 감정을 지칭하는 명칭의 문제를 해결해줄 수 있는 코드화(Kodierung) 방식이 새롭게 제시되었다.[04] 레디는 18세기 후반 프랑스에 존재했던 정서를 분석하면서 인간이 자신의 감정에 어떻게 영향을 주는지 보여주었다. 그는 자신이 다룬 그 감상적인 시

02 Carol Z. Stearns/Peter N. Stearns, "Emotionology: Clarifying the History of Emotions and Emotional Standards", *American Historical Review*, vol. 90, 1985, pp. 813~836; Peter N. Stearns, "Emotion(Emotionology)", in Peter N. Stearns ed., *Encyclopedia of Social History*, New York, 1994, pp. 233~235.

03 Anne-Charlott Trepp, "Code contra Gefühl? Emotionen in der Geschichte", *Sowi*, vol. 3, 2001, S. 44~52.

04 William M. Reddy, "Sentimentalism and Its Erasure: the Role of Emotions in the Era of the French Revolution", *The Journal of Modern History*, vol. 72, 2000, pp. 109~152; William M. Reddy, *The Navigation of Feeling. A Framework for a History of Emotions*, Cambridge, 2001(한국어판, 김학이 옮김, 『감정의 항해』, 문학과지성사, 2016).

대를 코드화하여 당시의 타고난 감수성을 표현해주는 것으로 안락과 동정심, 그리고 사랑과 감사(感謝)를 지목했다. 그에 따르면, 모든 도덕과 사회적 결속의 뿌리가 바로 그러한 감정에서 생겨났다. 이러한 감정을 자극하여 알아가는 것이야말로 길들여지지 않은 욕망을 제어하는 가장 좋은 보호막이자 바른 품행을 수양하는 필수요건이었다. 이러한 배경에서 당시 "나는 사랑한다" 혹은 "나는 연민을 느낀다"라고 표현했던 사람은 그에 해당하는 모든 느낌을 자연스럽고 태생적인 감정의 결과로 이해했다. 그런데 이 자연스럽고 태생적인 감정이란 모든 이성적 통제에서 벗어나 선과 미를 가능하게 한다.

예전에는 '감정'이란 자연적인 원천으로, 말로 그것을 표현하여 자극하면 발현된다고 생각했다. 따라서 누군가 '감정'을 표현하면 그는 그 자연적인 원천을 드러내는 최선의 방법을 알고 있다는 증거로 여겼다. 또한 자연법칙이 그렇듯이, 감정의 강도가 크면 그만큼 표현도 진지하다고 생각했다. 말하자면 사람이 자신의 감정을 강하게 드러내면, 상대방도 '실제로' 아주 쉽게 감지한다고 말이다. 그러나 감정을 '이모티브(emotives)'의[05] 결과로, 즉 사람이 언어로 표현함으로써 '실제적인 것'으로 만들어낸 결과로 여긴다면, 그 감정은 결코 '자연스러운' 것이 아니다. 오히려 학습되고 길러지는 것이다. 그래서 레디에 따르면, "모든 감정은 정도의 차이는 있을지언정, 우리가 그것들을 표현하는 이모티브에 의해 형성되고, 감상주의 과잉도 이와 다르지 않다."[06]

이와 동시에 레디는 1789년 혁명가의 행동을 분석하여 그들이 이러한 '이모티브'의 수사학을 얼마나 잘 수용했고, 그것을 나름대로 잘 실천하고 요구했는지를 강조했다. 「인권선언문」은 감상주의적 의미에서 '행복한 결말'의

---

05 [역자주] 레디가 창안한 개념으로 "생각 재료를 활성화시키고 감정을 발동시키는 것"을 의미한다.

06 William M. Reddy, "Sentimentalism and Its Erasure: the Role of Emotions in the Era of the French Revolution", *The Journal of Modern History*, vol. 72, 2000, p. 134 이하.

모든 특징을 보여준다. 이 문서는 '애국적인 희생'과 관련된 단어로 넘쳐나는데, 여기서 '애국적'이라는 단어는 '무욕(無慾)'과 인류애를 동시에 의미했다. 그리고 당시의 기록물에는 집회에서 분출되었던 엄청난 감정의 폭발도 언급되었을 것이다. 게다가 여기에는 사회적 엘리트의 감정만 들어 있는 것이 아니다. 최소한 파리에서는 '노동하는 가난한 사람' 사이에서 글쓰기가 널리 퍼졌기 때문에, 이들이 감상적 표현을 다양하게 사용했다는 점에 유의해야 한다. 이런 관점에서 보자면 계몽주의적인 이성적 어법에도 감정에 대한 숭배의식—감상주의—이 스며들었음이 확인된다고 하겠다.

2. 개별 주제: 남은 문제

근대의 학문은 상황과 태도의 특성을 '이해하고자' 하면서도 특정한 의미와 가치부여라는 논리에 굴복한다. 아마도 막스 베버가 장기적인 '탈(脫)주술화'라고 규정했던 관점이 이런 방향에 잘 맞아떨어질 것이다. 여기에는 제로섬게임이 전제되어 있다. 말하자면 합리성, 인식적 통찰, 합리적으로 계산된 행동이 많아질수록 감정과 감성은 줄어든다는 것이다. 여기서 그 양면성에 대해 문제를 제대로 제기하는 것이 중요하다. 감정과 인식, 합리성과 감성 등을 양자택일하는 것이 아니라 이들 사이의 상호관련성을 고려할 때에만, 이들 사이의 연결과 관계, 그리고 그 반향을 구체적으로 해명할 수 있다.

또한 탈(脫)주술화의 논리에 빠진 가설 가운데 무엇보다도—어느 정도는 심리학적이고 사회심리학적인 연구에 근거하여—역사가들 사이에 널리 퍼진 것이 하나 있다. 감정이 정신생리학적 기제나 매개의 결과일 것이라는 가정이 그것이다. 그렇다면 감정의 표현 방식과 태도는 보상이 따르는 자극이나 강제(아마도 외부로부터 만들어지는 사랑처럼)의 결과인 셈이다. 예컨대 어린이에게 주는 초콜릿이나 돈과 물건과 같은 상금, 또한 성인에게 주는 상징적인 인정과 같은 보상에 감정이 자극된다. 여기서 결정적인 것은 감정이 항상 결과물, '생산된 것'이나 '자극된 것', 곧 제3자의 행동이나 숨겨진 행동조건의 결과로 간주된다는 점이다.

스탈린주의, 그리고 나치나 파시즘 지배에서 감정이 강렬해지는 상황과 장면을 분석한 연구들이 점점 더 강조하는 것이, 감정은 방향성과 실행력이라는 **자기역동성**을 갖고 있다는 점이다. 예컨대 사랑이라는 감정은 외부로부터 형성될 수도 있지만, 자체적으로 그러한 감정적 격동을 일으킬 수 있다. 또한 정해진 방향을 그대로 '따르지' 않고 새로운 진행을 행할 수도 있다. 그런 한에서 감정적 대응이나 표현방식도 항상 영향력을 행사하며, 최소한 그럴 가능성은 존재한다. 이를 잘 감지하려면, 구체적인 태도와 표현의 형태, 곧 몸의 물리적 운동과 같은 몸짓과 표정을 더욱 더 면밀하게 살펴보아야 한다.[07]

이는 다음 두 번째 질문으로 이어진다. 감정적인 행동을 하는 사람을 얼마나 하나의 동질적 집단으로 간주할 수 있을까? 저항하는 사람, 봉기하는 사람, 반란을 일으킨 사람, 혹은 파업하는 사람이 있는데, 우리는 보통 이들을 하나의 결속된 집단이나 '제어할 수 없는 대중'의 움직임으로 인식한다. 우리가 이렇게 보는 것은 대체로 무엇보다도 경찰과 다른 치안 병력이 수집한 증거와 그들이 작성한 보고서가 그렇게 바라보기 때문이다. 보통 경찰 지휘자는 '이들 다수와' 대면하는 바로 그 순간에 자신도 감정적으로 긴장한다. 이들 지휘자는 관찰자처럼 그 상황을 대개 '대중'이라는 개념으로 설명한다. 하

---

07 Joanna Bourke, "Fear and Anxiety: Writing about Emotion in Modern History", in *History Workshop Journal*, 55, 2003, pp. 111~133.

지만 그 '대중'이라는 단어는 나름대로 거대한 문화적 '외피'를 두르고 있다. 따라서 그런 식으로 파악하면 복잡하고 뒤엉킨 관계가 아주 단순하게 '축소될' 수 있다. '대중'이 개개인으로 파악되는 것이 아니라 하나의 통합된 주체로 뭉뚱그려지기 때문에, 대중의 행동을 확인하려는 이러한 작업은 그들의 감정을 다루는 감수성을 크게 제한하게 된다.

무엇보다도 다수에게서 흔히 **감정은 특히 다양하며 여러 의미를 띤다.** 예컨대 '분노'나 '불안'만 보더라도, 감정은 아주 명확히 규정될 수 없다. 크리스토퍼 브라우닝(Christopher Browning)은 독일이 점령했던 지역인 '총관구(Generalgouvernement)'에 1942년 여름과 가을에 파견된 기동경찰대원인 '아주 평범한 사람들'에 대해 연구했는데, 이를 더 상세하게 살펴보자. 브라우닝은 작전보고서를 꼼꼼하게 읽고서, 또한 나중에 작성된 경찰과 법원의 조사 자료를 근거로, 군대(와 경찰)가 똑같이 행동하는 집단이라는 진부한 생각을 폐기했거나 최소한 그 의미를 크게 축소할 수 있었다. 그에 따르면, 대량학살에 투입된 이들의 감정이 행동을 이끌어냈으며, 동시에 그 행동도 아주 다양했다. '광적으로' 참여한 사람, 아무래도 상관없다는 자세를 취한 사람, 불안감과 아마도 분노에서 거리를 두거나 거부한 사람, 거리낌 없이 행동하거나 심지어 짐작컨대 즐거워했던 사람까지도 있었다.

3. 에고다큐멘트, 감정일지

그래서 '에고다큐멘트(Ego-Dokumente)'를[08] 들여다보는 일이 반드시 필요하

---

08 [역자주] 자기고백의 형식을 띤 일기나 편지, 회고록, 자서전 같은 것을 말한다.

다. 여기서 중요한 것이 일기, 편지, 그리고 항목별로, 때로는 실제 상황이 벌어진 순서대로 기록한 메모나 일지(日誌) 같은 것들이다. 이것들 가운데 핵심은 경찰과 법원의 자료인데, 심문조서도 꼼꼼하게 비판적으로 읽으면 최소한 가끔은, 혹은 부분적으로 '내부의 시각'을 재구성할 수 있다.

이보다 내용상 더 질문해야만 할 것이 있다. 아주 분명하게도 '소비에트식 감정(Fühlen auf sowjetische Art)'은 그리 오랫동안 지속되지 못했다. 이것이 무엇을 의미할까? 안락과 환희의 이 느낌이 지속되지 못한 것은 헤아릴 수 없는 아픔과 파괴로 얼룩진 전쟁의 결과 때문이었을까? 이 경우 우선 급한 것은 감정을 개별화하는 것이다. 곧 개개인에 따라 어떻게 달리 굴절되었는지, 태도와 표현 방식은 어떻게 서로 달랐는지, 종종 서로 모순되지는 않았는지를 물어야 한다. 또한 개인은 결코 일관되지 않으며, 전체를 완성해주는 '최종 단자'가 아니다. 그 과정이 이리저리 오가고 꼬불꼬불하다는 점도 고려해야 한다. 그러므로 개인적 특성을 가지고 특히 장기적으로 명료한 형태를 추론하려는 시도를 중단해야 한다.

1918년에 태어나 1930년대에 베를린에서 나치조직인 독일소녀단의 열렬한 활동가로 활약했던—그녀의 부모가 명확히 반대했음에도 불구하고—멜리타 마쉬만은 "기쁨과 즐거움이라는 강렬한 느낌"을 기억했다.[09] 그녀는 어느 순간에 이러한 느낌을 가졌던 것일까? 무엇보다 그녀가 직접 참여하고 스스로 활동했던 순간과 상황에서 그랬다. 그때 그녀는 자신의 육체에 가까워진 느낌을 받았는데, 그 친밀감이 중요했던 것 같다. 그녀는 받은 임무를 자기 나름대로 처리할 수 있었을 때 특히 그 감정을 '강렬'하게 느꼈다. 학교를 졸

---

09 Melita Maschmann, *Fazit. Kein Rechtfertigungsversuch*, Stuttgart, 1963. 마쉬만의 동기에 대해서는 다음도 참조하라. Gudrun Brockhaus, *Schauer und Idylle. Faschismus als Erlebnisangebot*, München, 1997.

농촌 봉사를 나온 베를린의 '독일소녀단' 모습. 출처: Bundesarchiv, Bild 183-E10868.

업할 무렵 독일소녀단에서 '지도자'로서 활동했던 때, 또한 노동봉사(1937/38)를 할 때도 그런 느낌을 경험했다. 이때 그녀는 동프로이센의 한 소도시에서 지독한 결핍과 어려움을 겪었지만, 그 때문에 오히려 '그럼에도'라는 감정과 '무엇인가를 성취한' 행복감이 더 강해졌다. 특히 그녀는 독일소녀단의 상근 관리자로 근무한 경험을 행복과 성취의 느낌으로 간직했다. 그리고 전쟁 중에 독일이 점령한 폴란드에서 노동봉사단 단장으로 근무했던 때도 그것을 느꼈는데, 그것을 그녀는 긍정적인 감정과 연관시켰다.

그녀의 기억에서 구체적이고 '사소한 것'은 반드시 폭넓고 '거대한' 연관성 속에서, 예컨대 '전쟁 중에'[10] 있다는 느낌이나 생각과 결합했다. 이러한 동

---

10   상징의 비슷한 영향력에 대해서는 다음을 참조하라. Victor Turner, *The Forest of Symbols*, London, 1967.

시적 파악은 바로 위에서 서술한 강렬한 감정의 순간에 분명 중요했다. 그러나 그렇다고 해서 그것을 이데올로기적 관계가 작동하는 '상황'으로만 이해하거나 그것을 가장 먼저 고려해서는 안 된다. 이데올로기적 관계가 무의미하다는 것은 결코 아니지만, 그것은 구체적인 표현이나 행위와 결합하여 상호작용할 때야 비로소 영향력을 발휘한다.

이것은 예컨대 멜리타 마쉬만이 1938년 11월 10일의 이른 아침을 회상하는 상황에서도 마찬가지다. 베를린에서 출근하는 도중에 그녀는 유리조각을 보았고 깨진 진열창과 어질러진 물건들을 지나쳤다. 나중에 회고한 바에 따르면, 그녀는 일시적으로 커다란 충격을 받았지만 곧바로 '그래, 우리는 전쟁 중이지' 하는 생각으로 스스로를 진정시켰다. 이러한 생각은 나치 정책 및 선전 기조와 일치한다. 나치는—인종적으로 구별한—유대인을 제국의 적이자 '아리안 독일 민족'의 적으로 낙인 찍고 그렇게 대했다. 전쟁 중이던 1942년에 마쉬만은 '동부의 노동봉사'를 자원했다. 그녀는 로지(Lodz) 근처에 있는 병합된 폴란드의 '바르테가우' 지역에 있던 한 노동봉사자 숙소의 소장이 되었다. 이 시기에 겪은 일 가운데 그녀가 언급한 것은 수용소 근처 폴란드 마을을 휩쓸고 간 화재다. 그녀는 수용소의 젊은 여성들과 함께 그곳으로 달려가 화재진압과 구조업무를 위해 마을 주민들을 진두지휘하고 조직했다. 이 대목을 서술하면서, 그녀는 당시를 별로 기억하고 싶지 않다고 덧붙였다. 이는 그녀가 이 기억을 점점 '나쁘고' '암담한 것으로' 받아들인다는 증거였고, 그녀도 그 이유를 명확하게 알아챘다. 곧 그때 느꼈던 '내적인 냉정함'이 다시 고통스럽게 엄습했던 것이다. 그녀는 화재를 당한 사람과 생존자 사이를 오가며 도우면서도 냉정함을 유지했다. "나는 그들의 불안과 절망을 보았다—하지만 마치 영화의 한 장면처럼 바라보았다. 내 자신이 몸소 동요한 것은 아니었다."

바로 이 냉정한 '눈길' 때문에 그녀는 자책감을 느꼈다. 그때의 감정을 설명하면서 그녀는 당시 폴란드인을, 말하자면 화재의 희생자를, '적'으로 감지하고 있었다고 말했다. 이 상황에서는 '사소한 것'과 '거대한 것' 사이에 결합이 반대 방향으로 이루어졌다. 곧 이데올로기적 코드가 일상에 영향을 미쳤고, 그녀가 그것을 감정으로 전환하여 다시 구체적 행위로 발현시켰다.

이처럼 '타인'을 적으로 보고 대하는 느낌은 군인들의 보고서와 태도에서도 비슷하게 발견된다. 독일군에게서 적(敵)을 감지하는 감정의 발현은 유격대와의 전투나 유럽 동부와 동남부 지역의 전쟁에서, 1943년부터는 이탈리아에서, 또한 간헐적이긴 하지만 연합군의 유럽 상륙 이후 프랑스에서도 특히 두드러졌다. 그렇지만 이러한 적대 감정은 1933년 이전에 독일공산당과 나치당 산하 조직과 지지자들도 드러냈다. 이들은 공공장소의 점거를 놓고 거리에서 서로 다투면서 자주 유혈충돌을 일으켰는데, 이때 참여한 사람들, 특히 젊은이들에 대한 보고서를 보면 이 점이 드러난다.[11]

물론 이것은 원시적 상태나 혹은 '우리 안에 잠들어 있는 짐승'의 수준으로 되돌아갔던 것은 결코 아니었다. 오히려 여기서 '근대적 존재'가 그 모습을 드러냈다. 어떤 상황에서도 공포와 즐거움을 서로 결합시킬 줄 알았던 존재가 등장한 것이다. 혹은 츠베탕 토도로프(Tzvetan Todorov)가 아메리카 대륙을 정복하는 과정에서 나타난 폭력을 연구하면서 말했듯이, "미래로 가득 찬 근대적 존재는 자체에 도덕이 없고 마음이 내키기 때문에 그리고 마음이 내킬 때 살인을 저지른다."[12]

---

11   Christoph Schmidt, "Zu den Motiven 'Alltag' in der NSDAP", in: Detlev Peukert/Jürgen Reulecke ed., *Die Reihen fast geschlossen: Beiträge zur Geschichte des Alltags unter dem Nationalsozialismus*, Wuppertal, 1981, pp. 21~43.

12   Tzvetan Todorov, *Le conquête de l'Amérique*, Paris, 1982, pp. 184ff.

4. 감정: 언어성의 한계

'감정학(Emotionology)'은 언어의 사용과 관련된 개념이다. 물론 조안나 버크(Joanna Bourke)가 잘 지적한 것처럼, 문제는 일반적인 용어와 어투가 사용된 글에서 역사가는 어떻게 감정과 느낌을 '확인할 수' 있는가이다.[13] 달리 말하자면, 언뜻 보기에 사료(史料)에는 감정이 드러나지 않는데, 그럼 어떻게 감정을 찾아낼 것인가. 예를 들어 편지, 일기, 혹은 기타 에세이가 **어떠한 감정적 코드도 갖고 있지 않거나** 그것을 확인할 수 없을 때, 어떻게 감정에 대해 운운할 수 있단 말인가?

여기서 다시 가장 논쟁적인 부분은 감정의 수행적(performative) 차원, 말하자면 감정이 행동에 미치는 잠재력이다. 왜냐하면 실제 행동을 분석하려면 거기에 잠재된 감정이 무엇인지를 물을 수밖에 없기 때문이다. 예를 들어, 선반작업과 같은 어떤 노동과정을 서술한 글에서 내적 만족, 불안, 근심, 만족감과 자랑 등의 감정을 찾아낼 수 있을까? 사실 이렇게 실제적인 행위를 묘사한 글에는 감정에 관한 개념이 들어 있지 않다. 이와 다른 텍스트나 에세이에서는 감정이 언제 특히 강렬했는지 혹은 고조되었는지 바로 명확하게 드러나기도 한다. 물론 기억을 하는 순간에도 그렇지만 남은 기억에서도, 사람이 행동하는 데 근거가 되는 관심과 의미는 예전이나 지금이나 여전히 강하다. 그렇다면 강력한 느낌이 있었다는 것이 확실할 경우, 그 감정은 한 가지였나 아니면 여러 가지였나?

1935년 나치에 의해 로망어 교수 자리를 박탈당한 빅토르 클렘페러(Victor

---

13 Ingrid Hammer, Susanne zur Nieden ed., *Sehr selten habe ich geweint. Briefe und Tagebücher aus dem Zweiten Weltkrieg von Menschen aus Berlin*, Zürich, 1992.

나치 시대 박해를 받았던 유대인 언어학자 빅토르 클렘페러 (1881~1960).

Klemperer)—나치 기준에 따르면 '유대인'이었던—는 1945년 소련의 붉은군대에 의해 해방된 지 몇 달 후에, 그가 처음으로 접했던 나치의 단어를 적어두었다. 가장 먼저 들은 단어는 '토벌(Strafexpedition)'이었다. 한때 그의 양자였던 한 자동차선반공(1933년 나치가 집권할 때 18세였다)은 1932년 말쯤 나치에 경도되었다. 히틀러가 정권을 장악하고 며칠 뒤, 이 젊은이는 클렘페러에게 전화를 걸어 나치 동료들과 함께 '훌륭한 날'을 보냈다고 이야기했다. 이들 일당은 옆 마을에 가서 '고집 센 공산당원 몇몇과 충돌했고' "유혈 사태는 없었지만, 그래도 토벌은 성공적이다"라고 전했다. 이 단어에는 감정이 섞여 있었고, 실제 그것이 어떤 의미인지를 클렘페러도 명확히 알았다. 그는 전화를 끊고, 한때 자신의 양자였던 그와 영원히 인연을 끊겠다고 다짐했다.[14]

여기서 보이는 것처럼, 감정이란 항상 언어의 사용과, 말하자면 관계와 행

---

14 Victor Klemperer, *LTI. Notizbuch eines Philologen*, Leipzig, 2001, pp. 58ff.

동이 일어나는 상황과 관련을 맺고 있다. 감정을 분석할 때 근본적인 것이 바로 이러한 수행적 차원이다. 행동과 태도의 '방식'은 아주 중요하다. 비록 서술된 단어가 각각의 '언어 행위'가 이루어지는 상황을 가끔은 분명하게 드러내주기도 하지만, 보통은 서술되고 묘사된 텍스트는 바로 그 의사소통과 행위가 이루어지는 비언어적 순간을 포착하는 데 한계가 아주 뚜렷하다. 클렘페러가 자신의 책 『제3제국의 언어(Lingua Tertii Imperii)』에서 사용했던 또 다른 단어인 '광적인(fanatisch)'이라는 말도 그렇다.[15] 이 단어는 당시 일반적으로 사용하는 언어습관에서는 아주 부정적인 의미를 띠었지만, 나치의 언어습관에서는 긍정적인 의미를 갖고 있었고, 또 그렇게 사용되었다고 클렘페러는 지적했다. 나치의 고위층 당 관료의 연설에서, 일반 당원의 집회에서, 그리고 '행동대원'들 사이에서도, '광적인'이라는 단어는 용기와 끈기가 있으며 적극적이며 강력하다는 뜻으로 쓰였다. 이 개념은 한 개인이나 그의 행동이 특별히 뛰어나고 좋다는 표시였다.

클렘페러는 이러한 언어 사용의 이중적 기능을 알아차렸다. 이는 클렘페러가 '일상의 결핍(Alltagsmangel)'이라고 지칭한 것의 동기이자 결과였다. 그가 보기에, 나치 당국은 여러 '역사적인' 날을 제정하여 요란하고 떠들썩하게 기념함으로써 일상의 결핍을 별것 아닌 것처럼 만들거나 억눌렀고, 사실상 그런 결핍을 만들어냈다. 그렇다면 그의 주장은 소통의 관계망을 전제하면서도, 한쪽에서 그렇게 긴장되고 강렬한 행위가 이루어지면 다른 쪽에는 그만큼의 결핍이 존재한다는 일종의 초역사적 심성구조를 염두에 둔 것은 아닐까? 하지만 이들의 관계를 제로섬게임으로 이해하기보다는 열린 잠재력으로 놓고 보는 편이 아마도 더 생산적일 것이다. 이럴 경우 행위자는 자기 세력권

---

15 ibid., pp. 77ff.

내에서 '위에서' 주도하지만, 이 세력권이란 행위자가 통제와 간섭을 통해 장악한 곳이 아니라, 다른 행위자의 행동과 그들 나름의 진취성과 역동성에도 열려 있는 곳이다.

5. 지배에의 참여: 감정과 '대중의 표현'?

한나 아렌트(Hannah Arendt)는 저서 『전체주의적 지배의 요소와 근원(Elemente und Ursprünge totaler Herrschaft)』에서 행한 심층적인 시대진단을 통해, 전체주의가 '지배자와 피지배자 사이의 차이를' 없앤다는 점을 강조했다.[16] 이를 위해 이 지배체제에서 효과적인 것은 무엇보다 테러와 이데올로기, '위로부터의' 장악과 기회 제공이다. 대중 사회로 변해가는 과정 속에서 개인의 사회적 관계가 파편화되면서, 개별화된—특히 아렌트의 말에 따르면, '원자화된'—개인은 지배층이 제시한 동원 프로젝트를 함께 하자는 거창한 약속에 더욱 더 강하게 이끌리게 된다.

거기에 문제가 없는 것은 아니다. 곧 그러한 관점에서는 관헌 당국과 국가경찰이 행하는 간섭과 '통폐합(Gleichschaltung)'과[17] 같은 장악기술이 낳은 심각한 폐해와 영향력이 과대평가되지 않았을까? '관할영역'을 넘어서 그 외부까지(대개는 아래쪽도) 장악하고 영향력을 미치고자 하는 욕구나 열망은 규율과 조작의 산물만은 아니었다. **대중의 자기참여와 자기역동성**이 있었던 것인데, 이는 여러 형태의 밀고(密告)와 다른 형태, 즉 주도적이지는 않더라도 다양한

---

16   Hannah Arendt, *Elemente und Ursprünge totaler Herrschaft*, Frankfurt/M., 1955, p. 488.

17   [역자주] 나치가 기존 여러 사회기관을 하나로 통폐합하면서 유대인과 저항세력을 배제시킨 일련의 정책을 뜻한다.

적극적 참여방식에서—일상에서, 온갖 차원의 작업장에서, 1939년 이후 전장 (戰場)에서—잘 드러난다.[18] 무엇보다도 사회에서 배제되거나 내몰린 사람들, 곧 '외국인'과 '적대자'에 대한 반감이 거세게 증폭되면서[19] 사회의 모든 곳에서 사람들은 쉽게 참여하고 활동하고 타인을 부추길 수 있었다. 이들 행동대원이 만들어낸 역동성에 너무나 많은 사람이 스스로 기여하고 싶어 했다.

그런 점에서 발터 벤야민(Walter Benjamin)의 다음과 같은 지적은 날카로운 판단이기도 했지만 동시에 현실 자체를 냉철하게 받아들인 결과이기도 했다. 파시즘은 **"대중 스스로 표현하게끔"**(하지만 그 표현이 제대로 된 것은 아니다) 만든다.[20] 바로 이것을 제대로 보여주는 것이 '감정'이다. 많은 사람에게 감정은 짧던 길던 '뜨겁거나' '차가운' 형태로[21] 나타났고, 함께했다. 살아남은 독일제국 국민의 다수는 일생 동안 그런 감정을 자주 갖게 되었고, 그것은 다시는 접하지 못할 정도로 강렬했다. 여기에서 만약 그들이 규정한 '외국인'과 '적대자'가 실제로 죽임을 당하지 않았더라면, 이들의 느낌도 분명 그렇게까지 극단으로 치닫지 못했을 것이다. 말하자면 그것이 그토록 강렬했다는 것은 다른 감정, 예컨대 절망감이 그만큼 강렬했던 것과 무관하지 않다. 소외되고, 박해받고, 죽음을 선고받은 사람이 다른 온갖 감정이 소멸되고 작동하지 않는 경험을 할 때 찾아왔던 그 절망감은 그만큼 강했다.

---

18 이 책에 소개된 브로크하우스(Brockhaus)의 논지도 참조하라(주9를 참고하라—역자).

19 Carl Schmitt, *Der Begriff des Politischen*, 6. Aufl., Berlin, 1963, pp. 27ff.

20 Walter Benjamin, *Das Kunstwerk im Zeitalter seiner Reproduzierbarkeit. Drei Studien zur Kunstsoziologie*, *Nachwort*, Frankfurt/M., 1996, p. 42.

21 Helmut Lethen, *Verhaltenslehren der Kälte. Lebensversuche zwischen den Kriegen*, Frankfurt/M., 1994.

05

노동으로서의 전쟁
—20세기 전쟁에서 군인의 업무

1.

 "적군이 멀리 있는 데다 장교가 신중한 태도를 보이자, 병사들도 서두르거나 동요하지 않고 침착하고 무심하게 총을 쏘았다. 게다가 그들은 그 노동에 흥미를 느끼고 훈련도 마다하지 않았던 터다. 그러나 이내 그들의 육체적 움직임은 느려졌다. 총구의 가늠자 너머로 가물가물 보이던 형체가 좀 더 커지면 일제히 연속사격을 가했고, 그때마다 형체의 수는 줄어들었다. 소총은 점차 뜨거워졌다. 총구가 뜨겁게 달아오르면 그들은 대기 중이던 다른 병사와 교체되었다. 맥심 기관총의 덮개에 있던 물이 완전히 떨어지면 카메론 하일랜더(Cameron Highlander)[01] 부대의 수조에서 다시 물을 길어 와야만 살인 노동을 계속할 수 있었다. 빈 탄피가 펑펑 소리를 내면서 땅으로 떨어져 병사 옆에 작은 더미를 이루었다. 그러는 동안에 건너편 들판에서는 총알이 살을 뚫고 뼈를 부수고 있었다. 끔찍한 상처에서 피가 솟구쳤다. 휙휙 소리를 내는 총, 폭발하는 포탄, 뿜어 나오는

---

01   [역자주] 1793년에 만들어진 영국 보병연대. 1898년 수단의 전투에 참가했다.

먼지들이 지옥을 만들었고 용감한 사내들이 그 속에서 사투를 벌이다가 고통 받고, 절망하고, 죽어갔다."[02]

이 글은 사관학교를 졸업한 귀족 출신 기병 장교가 1898년 수단에서 영국군의 전투를 목격하고 나서 몇 주 뒤에 쓴 것이다. 저자인 윈스턴 처칠(Winston Churchill)이 참가했던 이 식민지 전쟁은 더 많은 대중에게 제국과 식민지의 정치에서 결코 사라진 적 없었던 것을 다시 한 번 보여주었다. 그것은 서양의 대리인이 수행한 다양한 '문명화 사명'에도 불구하고 살아남았던 이들의 육체적 전멸이었다.

처칠이 관찰했던 그 '노동'을 행한 군인은 전문적으로 훈련받은 "6년차 경력의 영국군"이었다. 그에 따르면, 이들은 유럽대륙에서 군대로 편성되었기에 "맹목적인 무지로 상관인 장교를" 따르거나 "줄지어 죽음을 향했을" "풋내기 병사"나 "징집병"과는 근본적으로 달랐다. "이들 각각은" 오히려 영국군 가운데 "스스로 생각하고 행동하며, 스스로에 대한 자부심을 지녔고, 침착했으며, 지성이 풍부한 인간이었다." 그래서 "그들이 돌격할 때 나타나는 특징은 단순한 수동적 복종이 아니라 자발성이었다."[03] 이 병사들은 고국의 연병장에서 집중훈련을 거쳤을 뿐만 아니라, 대다수가 영국제국의 다양한 지역에서 복무한 경험이 있었다. 그러므로 처칠도 이 노련한 전문가들의 잘 훈련된 몸이 어떻게 움직이는지 눈여겨보았다. 그들의 행동에서 두드러진 점은 침착성의 유지였다. 그들은 자신과 무기를 통제할 줄 알았고, 동료와 상사 모

---

02 Winston Churchill, *The River War: An Historical Account of the Reconquest of the Soudan, The Collected Works of Sir Winston Churchill*, 34 vols., London, 1974(first published 1899), 3, pp. 247~248.

03 Winston Churchill, *War Correspondent 1895~1900*, ed., Frederik Woods, London, 1992, pp. 150~151. 이 전문을 보낸 날짜는 1898년 9월 11일인데, 이날은 처칠이 인용문에서 언급한 기병의 돌격과 옴두르만(Omdurman) 전투가 있고 난 이틀 뒤였다.

두와 협력을 유지할 수 있었다.

2.

18세기 이후 산업적 분업이 시작된 이래 그 주요한 특징은 반복적인 행동이 규칙처럼 등장한다는 점이었다. 산업적 노동과정의 이러한 발전은 뜨거운 찬사를 받기도 했고 격렬한 비난을 사기도 했다. 당대인이 어떤 입장을 취했건, 산업노동이 '삶'이나 인간, 혹은 노동의 역할을 극적으로 변화시켰다는 점에는 모두가 동의한다. 그런 의미에서, 칼 마르크스는 상식적인 견해 하나를 강조했다. 산업이 인간을 기계의 '단순한 부속품'으로 바꾸어놓았다고.[04]

그렇지만 최근 산업노동을 면밀하게 조사한 결과 다른 견해가 등장했다. 그에 따르면, 생산하는 바로 그 지점에는 근본적으로 모호하고 부분적으로 모순적인 상황이 존재한다. 더위나 악취 같은 작업환경의 제약 때문에 작업규율과 (시간 및 도급) 임금제에 적응해야 한다는 강력한 요구도 생겼다. 그렇다고 해서 이로 인해 어빙 고프만(Erving Goffman)이 말한 '전체 제도(total institution)'가[05] 만들어지는 것도 결코 아닌 듯하다. 최신 연구는 또한 노동자가 특정한 작업환경에 어떻게 대처하고 어떻게 적응하여 환경을 자신의 것으로 만드는지를 보여준다. 그러나 자신을 위한 틈새공간을 만들고 '체제'를 재(再)조정하려는 노동자의 노력은 영웅적인 태도와 무관하다. 오히려 노동자의 이런 행동

---

04 Karl Marx, *Das Kapital*, 3 vols., Berlin, 1967(first published 1865), 1, p. 445, p. 674.

05 [역자주] 다른 사회와 격리된 채 수도원이나 교도소와 같이 단일한 조직 내에서 구성원들이 삶을 영위해가는 사회조직을 말한다.

은 생존을 위한 몸부림이며 하던 일을 '하는 것'일 뿐이다.[06]

그럼에도 불구하고 지난 수십 년 동안 학문 연구는 노동자를 선별하여 산업에 적응시키는 데만 초점을 맞추었다. 그 좋은 사례가 알프레트 베버(Alfred Weber)와 막스 베버(Max Weber)가 1914년 전에 기획하고 감독한 개별 기업에 대한 연구이다. 이 프로젝트에는 마리 베르나이스(Marie Bernays)와[07] 다른 사람들도 참여했고 '사회정책협회(Verein für Socialpolitik)'의[08] 지원도 받았다. 1920년대 중반과 후반에는 이 연구의 범위가 더 넓어졌다.[09] 그와 함께 독일 기업 경영자도 노동자가 적극적으로 생산과정을 구축하는 데 참여하는 것, 곧 도구와 재료를 자기 방식대로―종종 끈질긴 자기 의지대로, 아집으로(eigensinnig)―다루는 생산방식을 독려하기 시작했다. 이렇게 노동을 전유하는 노동자 행위에 대한 분석이 심화되면서, 테일러주의를 비판하고 그로부터 벗어난 합리화 정책이 선보였다. 실제로 1920년대 독일의 산업 합리화 운동은, 노동자가 직업교육을 받았건 아니건, 본인의 숙련도와 기술을 중시했다. 그래도 이들 노동자의 손과 두뇌는 도구나 컨베이어 벨트(당시 이것의 수는 아주 적었지만!)에 맞춰 '작동하도록' 준비되어야 했다. 그렇게 된 다음에야 비로소 "[작업하고 생산

---

06 Michael Burawayo, *Manufacturing Consent: Changes in the Labor Process Under Monopoly Capitalism*, Chicago, 1979; Horst Kern and Michael Schumann, *Das Ende der Arbeitsteilung: Rationalisierung in der industriellen Produktion*, 4th ed., Munich, 1990.

07 [역자주] (1883~1939). 독일 여성으로서 거의 최초로 대학을 졸업하고 박사학위를 받았다. 막스 베버의 제자로 노동자의 생활상에 대한 연구서를 여럿 출간했고, 사회사업, 여성운동, 정치운동도 했다. 유대인 출신으로 나치 때 박해받고 피해 지내다가 병으로 사망했다.

08 [역자주] 독일 경제학자들이 사회문제를 연구하기 위해 만든 협회로서 1872년에 창설되어 많은 학술서적과 잡지를 냈다. 나치 때 해산되었다가 전후 다시 설립되었다. 19세기에는 반자유주의 성향 때문에 '강단사회주의'라는 딱지가 붙기도 했다.

09 이에 대해서는 다음을 보라. Alf Lüdtke, "'Deutsche Qaulitätsarbeit', 'Spielereien' am Arbeitsplatz und 'Fliehen' aus der Fabrik: Industrielle Arbeitsprozesse und Arbeiterverhalten in den 1920er Jahren", in Friedhelm Boll, ed., *Arbeitskulturen zwischen Alltag und Politik*, Vienna, 1986, pp. 155~197, 특히 pp. 173~177을 보라. Mary Nolan, *Visions of Modernity: American Business and the Modernization of Germany*, Oxford, 1994.

하는] 최적의 조건을 갖출 수 있었다."

물론 우리는 기업 경영진의 이해관계를 무시하고 연구할 수 있다. 마찬가지로 우리 동년배 노동사가들이 애호했던 낭만적인 시도도 포기할 수 있다. 그렇지만 한 가지는 분명하다. 노동자의 일상적 활동을 미시사(微視史)적으로 탐구하면 바로 그들이 '자동인형기계'가 아니라는 점이 드러난다. 여기서 그들은 감각적 인식, 체력, 숙련도를 갖춘 개별 행위자로 등장한다. 드물게는 폭력에 가담하거나 동료와 싸우기도 했다.

3.

앞에서 본 처칠의 묘사에서 나타난 바와 같이,[10] 수단의 전투에서 영국군은 맥심 기관총과 유산탄 폭약, 연발총이라는 세 가지 '문명의 무기'를 사용했다. 그러나 유럽 군대의 화력을 엄청나게 높인 것은 그런 총이나 화약만이 아니었다. 미국 남북전쟁 이후, 특히 제1차 세계대전 중에 일어난 전투방식의 산업화가 종종 그 원인으로 지목된다.[11]

그 자세한 내용이 무엇이든, 여기서 내가 강조하고 싶은 것은 위에서 요약한 산업적 생산과 비슷한 현상이다. 당시 조심스럽게 다루어야 했던 운송 및 통신 시스템부터 새로운 살상무기의 장비에 이르기까지, 복잡한 기계설비들은 여전히 인간의 작업에 의존해야 했다. 육군 병사는 총과 화염방사기, 탱크를 다루었고, 해군은 전투함과 잠수함을 운전했으며, 공군은 비행선과

---

10 Churchill, *War Correspondent*, p. 133(dispatch Sept. 8, 1898).

11 Bruno Thoß and Hans-Erich Volkmann eds., *Erster Weltkrieg—Zweiter Weltkrieg: ein Vergleich*, Paderborn, 2002; Gerhard Hirschfeld ed., *Enzyklopädie Erster Weltkrieg*, Paderborn, 2003.

비행기가 '움직이도록' 조종했다.

　이 맥락에서 중요한 것은 명령과 복종이라는 논리의 '내면'을 점검하는 일이다. 이는 늘 잘못 이해된다. 처칠에 따르면, 영국 병사 개개인의 능력은 유럽대륙과 달랐던 직업복무제에서 나왔다. 당시 다른 유럽 국가들의 군대는 징병제에 기반을 두고 있었고, 영국은 자원병 충원 체제를 운영했다. 그렇지만 독일 군대의 교본과 그에 대한 기록을 보면, 독일에서도 비슷하게 개개인의 능력을 강조했다는 점을 알 수 있다. 이곳에서도 장교뿐만 아니라 기본적으로 모든 병사들이 "비록 명령이 없어도, [특정한 작전이나 그 전쟁 전반의] 전체적인 목적에 따라 행동할" 수 있어야 했다. 이는 1914년 이전에 이미 군사훈련의 교본에서 강조되던 내용이었다. 그렇지만 이 인용구는 1940년 개정판으로 나온 '라이베르트(Reibert)'의 **나치국방군** 보병 교본에[12] 실린 것이다. 이 책은 아주 폭넓은 인기를 누렸다.

　이런 배경에서 나는 이중의 **테제**를 제시하고자 한다. 산업노동이건 군대복무이건, 양쪽에서 모두 결정적인 점은 생산의 각 지점마다 운신할 폭이 있는가이다. 두 분야가 아주 똑같지는 않더라도, 자신의 육체를 숙련되게 움직이고 이용하는 것이 필수적이라는 점은 유사했다. 그럴 때만 비로소 특정한 방식의 행위가 효율적이면서도 효과적이었다. 그렇지만 다른 측면에서 노동자와 병사들은 활동영역이 근본적으로 달랐고, 구체적인 실행 내용은 더욱 그러했다. 그 차이를 느끼는 것은 병사의 경우 죽거나 부상당할지—이들의 기억에서는 이것이 종종 더 끔찍하다—모른다는 공포를 경험하거나 그것을 예감하기 때문인데, 전부는 아니더라도 최소한 관련이 있다. 병사에게는 더

12　[W.] Reibert, *Der Dienstunterricht im Heere: Ausgabe der Schützenkompanie*, Berlin, 1940, 12th ed., p. 237. 내 다음 논문도 참조하라. "Fehlgreifen in der Wahl der Mittel', Optionen im Alltag militärischen Handelns", *Mittelweg 36*, 2003, pp. 61~73. 특히 pp. 64~65를 보라.

욱 통렬한 다른 형태의 경험도 있다. 바로 사람을 죽이는 경험이다. 게다가 이 것은 어쩔 수 없어서 할 때도 있지만 어떤 힘에 이끌려 저지를 때도 있다. 그렇게 격한 감정적 반응에는 전투 중에 생겨나는 위험성과 고립감도 영향을 주었을 테지만 그것이 어느 정도인지 쉽게 답할 수 없다. 혹은 반대로 전투원이 그러한 위험성에서 벗어나도록 일부러 격한 반응을 보였을지도 모른다. 병사가 느끼는 감정의 폭은 분명 즐거움은 아닐지라도 혐오와 부끄러움부터 자부심까지 다양했고, 겉으로 보기에는 종종 그 모든 것을 포함했다. 그렇지만 병사가 살인을 불안하게 느꼈건 매력적으로 느꼈건(혹은 양쪽 모두이기도 하다), 그것을 저지르다 보면 '일을 잘한다'라는 의미가 궁극적인 범죄에 대한 흥분으로 바뀌기도 했다.

4.

1920년대에 에른스트 윙어(Ernst Jünger)가 발표한 글, 특히 『강철 폭풍 속에서 (In Stahlgewitter)』에[13] 나오는 제1차 세계대전의 이야기는 잘못 읽히기 일쑤이다. 그 줄거리만 보면 어느 장교가 끊임없이 자기 영웅화를 반복하는 것처럼 보인다. 그렇지만 회고담이라는 성격과 장교의 관점이 부각되었다는 점(이 두 가지는 명백하다)에만 주목해서는 안 된다. 윙어는 '전선'의 생활, 특히 전투 장면과 강렬한 기쁨과 공포가 뒤섞인 그곳 생활을 아주 미묘하게 서술했다. 이 소설에서는 기쁨과 공포, 두 가지가 복잡하게 서로 연결되어 있다. 병사는 처음

---

13 Ernst Jünger, *Strom of Steel*(원래는 *In Stahlgewitter*라는 제목으로 1920년에 출간되었다), London, 1928; 다음을 참조하라. Bernd Weisbrod, "Military Violence and Male Fundamentalism: Ernst Jünger's Contribution to the Conservative Revolution", *History Workshop Journal* 49, 2000, pp. 69~94.

느껴본 완전한 성취감과 '살아 있음'을 실감함으로써 눈앞에 닥친 위험을 알아챈다.[14]

사실 일기와 편지, 회고담—제2차 세계대전에 대한 회고록은 제1차 세계대전에 대한 서술과 아주 다르지는 않다—은, 비록 축약된 형태이긴 하지만 위험과 불안의 감정을 종종 언급한다. 그런데 일기와 편지 모음집에서 글쓴이는 자기가 남을 살해하거나 부상을 입히면서—그것이 '서로 대치하고 있던' 상황이었건, 상대방이 멀리 '점'처럼 거의 보이지 않는 상황이었건—생긴 인식과 감정적 반응에 대해서는 거의 언제나 침묵한다. 이에 반해 회고담은 계속해서 선택의 문제를 언급한다. '그가 아니면 내가' 죽는다는 식이다. 삶과 죽음을 가르는 위험에 부딪힌 순간을 토로하는 것은 단순히 과거의 순간을 회상하는 것 이상의 의미를 띤다. 말하자면 회고에는 도덕적 추론과 아마도 살인 행위를 억제하는 다른 문화적 코드가 얼마간 숨겨져 있다. 이와 동시에 —많은 구술집이 그러하듯[15]—이러한 회상에서 사용된 단어가 한정되거나 어설프다면—윙어의 작품에서처럼—거기에는 분명 강렬한 감정이 남아 있을 것이다.

몇 년 전 마이클 가이어(Michael Geyer)는 역사가들이 군사사(軍土史)는 물론 심지어 전쟁사에서도 '사람을 죽이는 것'을 거의 완전히 무시했다는 점을 환기시켰다.[16] 감성을 등한시했던 것도 비슷하게 지적할 수 있다. 기존의 분석은 성공과 성취에 대한 즐거운 감정이 공포나 불안과 외관상 결합되어 있었다

---

14 다음을 보라. Eric J. Leed, *No Man's Land: Combat and Identity in World War I*, Cambridge, 1979, pp. 150~162. 다음도 참조하라. Paul Fussel, *The Great War and Modern Memory*, Oxford, 1975.

15 Hans Joachim Schröder, *Die gestohlenen Jahre. Erzählgeschichte und Geschichtserzählung im Interview: Der Zweite Weltkrieg aus der Sicht ehemaliger Mannschaftssoldaten*, Tübingen, 1992.

16 Michael Geyer, "Von einer Kriegsgeschichte, die vom Töten spricht", in Thomas Lindenberger and Alf Lüdtke ed., *Physische Gewalt*, Frankfurt/Main, 1995, pp. 136~161.

는 점을 놓쳤다. 사람이 평화적인 환경에서—물론 군대도 마찬가지로—접했던 다양한 '정상상태'에 반대되는 행동을 했던 것은, 아마도 바로 이러한 두 가지 감정이, 비록 동시에 생겨나지 않았을지라도, 겹쳤기 때문이 아니었을까?

요컨대 "책에 결코 나오지 않는"[17] '진짜 전쟁'의 측면에 대해서는—혹시 **단골 술집**이나 사교모임처럼 눈에 덜 띄는 자리에서 이야기했다면 모를까—지금까지 침묵하거나 간단한 몇 마디로 환기시키는 정도였다. 하지만 그 어느 자리에서든 특정한 행동에 대한 아주 미세한 묘사가 아니라 짧게 내뱉는 고백이 전부였을 것이다. 가령 적을 **끝장냈다, 닥치는 대로 해치웠다**, 혹은 **제거했다**고 말이다.[18]

5.

제1차 세계대전이건 제2차 세계대전이건, 이들을 다룬 회고록이나 문학 작품이 주로 말하는 것은 **전우애**(Kameradschaft)이다. 전투원이 누구였고 또 누구와 싸웠는지에 관계없이 모두가 그렇다. 그래서 미국 사회학자인 새뮤얼 스투퍼(Samuel Stouffer)와 마샬(S. L. A. Marshall)이 제2차 세계대전 시기의 전투원을 대상으로 실시한 사회학적 연구에서, 미군에서도 분대나 소집단의 관계가 결정적으로 중요했음을 확인한 것은 놀랄 일이 아니다.[19]

---

17 Joanna Bourke, *An Intimate History of Killing: Face-to-face Killing in Twentieth Century Wars*, London, 1998, pp. 267ff.

18 Hans Jürgen Schröder, *Die gestohlenen Jahre*, p. 565.

19 Samuel L. A. Marshall, *Men Against Fire: The Problem of Battle Command in Future War*, New York, 1947; Samuel Stouffer, *The American Soldier: Combat and Its Aftermath*, Princeton N. J., 1949, pp. 130~137.

소련 전선으로 가는 나치국방군(1942). 출처: Bundesarchiv, Bild 101I-217-0465-32A / Klintzsch.

독일군의 전우애를 연구한 토마스 퀴네(Thomas Kühne)는 그것이 다른 형태의 신뢰와 연관되어 있음을 밝혔다. 그에 따르면, 독일군은 소집단 단위로 전투하고 생활하면서 생성되고 재생산되는 '정체불명의' 특정한 신뢰감을 갖고 있다. 엄밀히 말하자면, 우리가 살피는 것은 소집단인 분대의 관계나, 가장 커봤자 소대, 말하자면 약 30명으로 구성된 조직의 관계이다.[20]

그의 견해에 따르면, 특히 동부전선에서 육체적이고 정신적인 어려움에 봉착했을 때 기본적으로 중요했던 것이 동료관계였다. 이 관계를 통해 그들은 군사적 위계질서와 그에 따른 가혹한 규율도 이겨낼 수 있었다. 바로 이

---

20   Thomas Kühne, "Vertrauen und Kameradschaft, Soziales Kapital im 'Endkampf' der Wehrmacht", in Ute Frevert ed., *Vertrauen*, Göttingen, 2003, pp. 245~247, 256~257, 263~264 참조.

러한 신뢰가 수직적인 상하관계나 사병들 사이의 관계가 충돌하는 '분위기로 흐르지' 않도록 막아주었다. 이렇게 보면, 최근뿐만 아니라 예전부터 이들 사이의 관계를 지배한 것이 나치 이념 전체와 특히 반유대주의였다는 주장은 과장된 것처럼 보인다—후자를 강조한 사람은 오머 바르토브(Omer Bartov)이다.[21] 분명 군대의 사기를 고취시키려는 지휘관의 노력, 특히 새로 도입된 나치 정훈장교(NS-Führungsoffiziere) 체제가 완전히 무의미한 것은 아니었다. 그렇지만 전방에서 보낸 편지와 일기, 신문 부고 같은 증거를 볼 때, 사람들은 '포위된 조국'이라는 개념—물론 인종주의와 다양하게 결합했지만—을 간직했고 이로 인해 군대의 업무조직 내에서 동료애의 경험을 바탕으로 한 다양한 형태의 분위기가 다시 생겨났다.

퀴네에 따르면, 독일 전우애의 이러한 특성은 산업노동 집단의 연대감과 거의 일치한다. 행동규범에 어느 정도 익숙하다는 점, 달리 말하면 동료를 어떻게 대해야 하는지 또는 상급자와 물자, 다양한 제약과 요구(시간 스케줄, 임금 체계)를 어떻게 처리해야 하는지에 대한 지식은 작업장에서나 전쟁터에서나 —혹은 후방에서나—똑같았다. 적어도 부분적으로 퀴네의 설명이 놓친 것은 집단성(sociability)의 나쁜 측면, 다시 말해 집단이 가하는 통제와 억압이다.[22] 크리스토퍼 브라우닝(Christopher Browning)이 '101 기동경찰대대'의 한 소대원들 사이에서 작동했던 역동성을 분석할 때 초점이 되었던 것도 바로 그러한 관계였고, 특히 반항할 가능성에 있는 사람에게 가했던 집단적 억압이었다. 그는 '평범한 사람'이 1942/43년에 독일이 점령한 폴란드 지역에서 어떻게 홀로코

21 Omer Bartov, *The Eastern Front 1941~1945: German Troops and the Barbarisation of Warfare*, Basingstoke, 1985.

22 다음을 보라. Lüdtke, "'Deutsche Qualitätsarbeit', 'Spielereien' am Arbeitsplatz und 'Fliehen' aus der Fabrik", pp. 155~197. 군대조직에 대해서는 다음을 참조하라. Christopher Browning, *Ordinary Men; Reserve Police Battalion 101 and the Final Solution in Poland*, New York, 1992(한국어판, 이진모 옮김, 『아주 평범한 사람들, 101예비경찰대대와 유대인 학살』, 책과함께, 2011).

스트에 연루되어 학살자로 변모하는지를 탐구했다.

6.

이런 관점에서는 개개인의 궤적을 살피는 것이 필수적이다. 그렇지만 여기서 중요한 것은 '전형적인' 혹은 '정상적인' 삶의 과정을 그리는 것이 아니다. 핵심은 특이성이다. 그래야만 잠재성을 확인할 수 있다.

도미니크 리헤르트(Dominik Richert)는 제1차 세계대전이 시작될 때부터 1918년 여름 탈영할 때까지 프로이센 육군의 병사였다. 1893년 알자스의 한 마을에서 태어나 1913년 10월 징집될 때까지 농업으로 생계를 유지하던 젊은이였다. **바덴**(Baden)의 보병연대에서 기본훈련을 마친 뒤 리헤르트는 먼저 서부전선에 투입되었다. 시간이 지나 소속 부대가 동부에 배치되었지만, 그는 곧 서부전선으로 되돌아왔다. 탈영한 후 몇 개월 뒤에 그는 장문의 글을 작성했는데, 다행히 그 글이 사라지지 않고 발견되어 몇 년 전 드디어 출간되었다.[23]

리헤르트는 일반 병사의 관점에서 전투를 상세하게 이야기했다. 그는 "지도상"에서 자신과 적의 위치를 보면서 느끼는 엄청난 불확실성 때문에, 또한 참호 속과 지하에 "숨어 지내는 생활"이 점점 심해졌기 때문에, 날마다 고통에서 벗어날 수 없었다.[24] 그는 가까운 전우이든 적군 병사든, 죽어가는 사람들의 이야기를 빼놓지 않고 증언했다. 장교와 사병들 사이에 존재하던 차별대우의 경험과 생존조건에 대한 이야기도 곁들였다. 예컨대 그는 엄청난 자

---

23 Dominik Richert, *Beste Gelegenheit zum Sterben: Meine Erlebnisse im Kriege 1914~1918*, Angelika Tramitz and Bernd Ulrich, eds., Munich, 1989.

24 Henri Barbusse를 인용한 Leed, *No Man's Land*, , p. 139를 참조하라.

유(와 훌륭한 식사)를 누리면서도 사병을 업신여기고 잔인하게 대하는 장교에 대해 신랄한 비판을 퍼부었다. 리헤르트는 또한 휴식시간도 묘사했다. 가장 인기 있었던 시간은 부대 체육행사였다. 그는 전쟁이라는 대의를 거부하지 않고 거기에 참여함으로써—비록 그가 '자기 업무'를 수행하는 데 앞장서지는 않았지만—고통을 당했던 한 병사의 **우주**(cosmos)를 여러 방식으로 재구성했다.[25]

1918년 초 하사관으로 진급한 리헤르트는 기관총 분대장이 되었다. 비록 그에게 '훌륭한' 군인이 되겠다는 열정은 없었지만, 그의 회상에는 그가 어떠한 지휘관이 되고자 했는지를 엿볼 수 있는 구체적인 모습이 담겨 있다. 기관총을 다루는 분대를 이끌면서, 그는 가능한 한 효과적으로 적을 무찌르고 동시에 자기 부하가 살아남도록 각자 스스로 결정할 운신의 폭을 넓게 확보해주었다. 1915년 독일군 최고사령부는 기관총 분대를 새로운 공격편제의 하나로 도입했다. 면밀하게 관찰해보면, 군대에서 사병과 하사관이 하는 일과 공장에서 일반 노동자와 공장 십장(什長)이 하는 일은 일상적인 업무의 특징에서는 똑같지 않지만 유사하다. 두 무대에 오른 이들 배우는 '독일품질노동'을 수행하고자 노력했다. 여기서 결정적인 것은 상급자와 동료 모두와 사회적 관계를 잘 맺을 뿐만 아니라 도구와 재료를 잘 다루는 개인적인 솜씨였다. 맡은 업무의 물질적이고 사회적인 특징에 대한 감수성을 체득하는 것이 핵심이었고, 마찬가지로 상황에 대처하는 방식을 적극적으로 터득해가는 능력도 중요했다.

---

25 장교와 사병 사이의 차별대우를 리헤르트 혼자만 경험하지 않았다. 전후 독일군에 대한 조사보고서 역시 이 점이 1918년 최후의 붕괴를 맞게 된 결정적인 원인이라고 강조했다. 더 자세한 것은 다음을 참조하라. Wilhelm Deist, "Verdeckter Militärstreik im Kriegsjahr 1918", in Wolfram Wette ed., *Der Krieg des kleinen Mannes. Eine Militärgeschichte vom unten*, Munich/Zurich, 1992, pp. 146~167.

나치노동봉사단(Arbeitdienst, 1940년경). 나치시대에는 노동과 군대가 서로 비슷한 이
미지를 공유했다.

7.

그렇다면 지금까지의 내용과 산업의 노동과정을 비교해보자. 작업현장
에서 중요했던 것은, 1920~1940년대도 그랬지만, 1910년대에도 이미 노동자
의 재량권이었다. 기계를 다루는 노동자 각자가 기계와 재료 모두에 어떤 조
치가 적절할지 결정을 내려야 했다. 물론 여기에는 시간과 에너지의 관리도
포함된다. 뿐만 아니라 그에 못지않게 중요했던 것이 작업장 동료와의 사회
적 관계였다. 이 모두가 업무 성과에 필수적인 것으로서, 그렇게 해야만 노동
자의 안전도 보장되고 기대하는 임금도 받을 수 있었다.

이렇듯 개인의 행동은 '협력의 필요성'에 의해 규정되었을 뿐만 아니라
고무되었다. 하사관이었던 리헤르트는 재량권, 특히 기관총 분대장인 자신의
위치에 걸맞은 재량권이 필요했다. 이들 소규모 분대에서 25~30명이 각자 경
(輕)대포(Infanteriegeschütz), 화염방사기, 경(輕)박격포 같은 무기를 전문적으로 다루

면서 서로 협력하기도 하고 일제히 움직이기도 해야 했다. 훈련이나 실제 전투상황에서 각 분대의 독자적인 작전이 무엇보다 중요해졌고, 결국 개개인의 행위에 초점을 맞추게 되었다. 무엇보다도 하사관은 더 이상 뒤에서 병사를 '떠미는' 사람이 아니었다. 새로 도입된 작전계획에서 이들은 앞에서 병사를 이끌고 초급 장교의 업무를 대신할 수 있어야 했다. 그래서 독일(특히 프로이센) 육군의 위임지향전술(mission-oriented tactics)이[26] 이제 하사관 '다수'뿐만 아니라 일반 사병에게까지 전수되었다.

기업의 업무분장도 똑같았다. 다만 군대에서 독특했던 점은 지속적이고 엄격한 신체훈련이 있었다는 점이었다. 그 목적은 모든 병사에게 즉각적인 준비태세를 갖추도록 하는 것이었는데, 그렇게 해야 그들이 실제로 전투에 임했을 때 공포를 이겨내고 침착하게 행동할 수 있었다. 독일군의 노력에서 특히 강조되었던 사항은 부대 전체와 개별 팀의 협력을 위한 단결의 중요성이었다. 영국이나 프랑스의 관행과 달리, 이곳에서는 하사관과 부대 지휘관이 한 번 배속되면 그들이 재직하는 동안 결코 바뀌지 않았다. 게다가 훈련은 위임전술을 결코 대체하지 못했다. 사실 위임전술은 독일군의 도상훈련에서도 점차 각광받고 있었는데, 참모부뿐만 아니라 예하 부대의 소대, 심지어 분대의 소집단 내에서도 이를 받아들였다. 이로써 초급 장교와 하사관을 포함하여 부대 전체가 정기적인 실습을 통해 기존 방식에 문제를 제기하고 새로 시도하는 분위기가 진작되었고, **도상훈련**은 더욱 더 군복무의 특징으로 자리 잡았다.[27]

---

26 [역자주] 지휘관은 작전의 목표와 대략적인 상황조건만 제시하고 나머지는 병사가 독자적으로 그에 맞추어 임무를 수행하는 전술이다.

27 Bruce I. Gudemundsson, *Storm Troop Tactics: Innovation in the German Army, 1914~1918*, New York/London, 1989. 특히 pp. 50~53, 173~177.

8.

개인이 살아온 삶의 궤적을 그려내기 위해서는 그의 동료와 세대의 특징을 살펴야 한다. 이런 차원의 역사는 최근에야 비로소 역사가의 관심을 끌고 있다.[28] 여기서 나는 1914년과 1920년대 초반 사이에 태어나서 제2차 세계대전 당시 **나치국방군**에서 일반 사병과 하사관, 초급 장교의 다수를 차지했던 세대를 조명하고자 한다. 1914년생인 발터 얀카(Walter Janka)도 그중 한 사람이었다. 숙련노동자였던 그는 나치가 집권한 1933년 이전에 열성적인 공산주의자가 되었고, 나치에 의해 2년 동안 감옥살이를 했다. 석방되자마자 그는 망명했고 스페인 내전 때 공화국 군대에 합류해 프랑코 반군에 대항하여 싸웠다.

1937년 얀카는 대위로 승진하여 어느 스페인 부대로 전출되었고, 그곳 부대의 사령관은 그에게 기관단총 중대를 맡겼다. 그 중대가 작전을 성공적으로 수행하자, 스페인 동료 한 사람이 그의 표현에 따르면 그 중대가 '일을 잘했다'면서 축하했다. 1970년대에 쓴 자서전(출간은 1991년에 이루어졌다)에서,[29] 그는 자기 병사의 특별한 행동 하나를 묘사했다. 그의 부하는 도로 옆 도랑에 기관단총을 숨기고 프랑코군 병사가 가득 탄 버스를 기다리고 있었다.

이들 버스를 처음 본 순간을 얀카는 이렇게 회상했다. "나는 신호를 보냈고 (…) 삽시간에 그 도로는 아수라장으로 변했다. 유리창이 깨지고 기름과 가스가 도로 전역을 뒤덮었다. 차량 대부분이 화염에 휩싸였다. 버스 안에서 죽지 않았던 사람은 모두 제2중대가 투척한 수류탄에 의해 사망했고, 도망치려던 사람은 기관총에 맞아 죽었다. 20분 뒤 연기로 뒤덮인 잔해와 악취, 죽음

---

28 Jürgen Reulecke ed., *Generationalität und Lebensgeschichte im 20. Jahrhundert*, Munich, 2001.

29 Walter Janka, *Supren eines Lebens*, Berlin, 1991, p. 9. 얀카는 동독 출판계의 핵심 인사였지만 1956년 12월 자리를 박탈당했고 5년 징역형을 선고받았다. 그는 4년을 복역한 후에 풀려났다. pp. 273~444.

외에는 아무것도 없었다. 우리는 포로를 잡지도 않았다. 포로에 쓸 시간도 없었다. (…) 바로 그 도로에서의 명백한 승리가 사기를 북돋웠다. 사실 이것은 하루 만에 거둔 두 번째 승리였다."[30]

기계화된—그리고 부분적으로는 자동화된—화기를 잘 계산해 집중적으로 적용하는 것이 전투의, 곧 이들 군인이 수행하는 작업공정의 핵심이었다. 이들은 도구를 가능한 한 효과적이면서도 신속하게 사용할 수 있도록, 다시 말해 자기는 살아남고 '다른 사람'에게 부상과 죽음을 안겨주기 위해, 자신의 모든 에너지와 신체의 움직임을 잘 조정했다. 그렇지만 얀카는 최소한 회고담에서만큼은 곰곰이 생각하기 시작했고 이렇게 덧붙였다. "사람을 죽이는 것은 노동이 아니다. 그렇지만 아마도 병사는 이렇게 알고 있고, 대다수 병사도 노동자이다. 그들이 하는 일은 바로 노동이다."

이 발언을 우리는 어떻게 받아들일 수 있을까? 이 저자는 독자에게 자신이 느끼는 심한 불쾌감을 전했다. 살해하는 행위를 노동으로 보는 것이 가당키나 한 일인가, 혹은 옳을 수도 있을까? 얀카는 1950년대에 동독통합사회당의 반대자였다(그는 몇 년 징역형을 선고받았다). 그는 자신의 글에서 스페인공화국의 반파시즘 운동과 독일 바이마르 시기의 사회주의와 공산주의 노동운동을 함께 언급했다. 이 두 운동이 제시한 핵심적인 이미지는 노동을 인간의 원초적인 행동으로 보는 것이었다. 그러므로 사용가치나 유용한 생산품을 만들어낼 때 드는 '산 노동(living labor)'의[31] 수고스러움뿐만 아니라 그로부터 나오는 만족감도 인류 발전에 기여한다. 그런 점에서 생산과 생산성은 생산현장에서 노동자 정치의 본질을 구축할 뿐만 아니라, 그만큼 사회의 미래와 정치적

---

30 Janka, *Spuren*, pp. 109~110.
31 [역자주] 마르크스의 개념으로 과거의 활동인 죽은 노동이 고정자본이 되고, 이 고정자본이 현재의 산 노동을 흡수하여 새로운 생산물을 만든다는 뜻이다.

전망도 세운다. 달리 말하자면, 노동이 풍기는 아우라는 생산과 내적으로 연관되었다는 점에서 나온다. 그리고 보면 얀카가 회상했던 전투상황에서 노동자이자 군인은 파괴를 생산했다. 더 자세하게 말하자면, 그들은 자신의 에너지를 총동원하여 다른 사람을 죽이는 노동을 했다.

9.

제2차 세계대전 당시 징집되었건 지원했던 간에 **나치국방군**이 되었던 수많은 사람들은 임금노동자였다. 민간인 신분일 때 이들은 공장 노동자나 사무직 노동자로 일했다—그리고 많은 사람이 노동계급을 이웃으로 두었고 그런 분위기 속에서 자라났다. 나는 이런 배경을 가진 병사 몇몇이 각자 고향에 있던 공장(라이프치히에 소재했던 회사) 동료에게 보낸 편지를 다른 곳에서 분석한 적이 있다.[32]

1940년에 프랑스에서 보냈건, 그보다 이삼 년 늦게 동부전선에서 보냈건, 1945년 봄까지 편지를 보낸 사람들은 군대생활이 기업의 공장이나 사무실에서 일하는 것과 얼마나 유사한지를 강조했다. 그들이 거론한 것은 반복성, 지루하진 않지만 판에 박힌 일상, 육체적 노동과 고됨, 분업과 감독부재였다. 이들 편지에는 또한 '협력의 필요성'—그러나 '신뢰'는 아닌—을 담당할 전우가 항상 등장한다.[33] 이 가운데 희귀한 사례는 1943년 6월 **나치공군**(Luftwaffe)의 한

---

32 Alf Lüdtke, *Eigen-Sinn. Arbeiter, Arbeitserfahrungen und Politik vom Kaiserreich bis in den Faschismus*, Hamburg, 1993, pp. 406~409.

33 이 강조점은 종군기자의 설명과 모순되지 않지만 그래도 다르다. 그렇지만 동부전선에서 쿠지오 말라파르테(Curzio Malaparte)가 이탈리아의 파시즘 언론에 쓴 기사는 특별한 사례다. 독일과 소련의 군대를 '움직이는 제철소'로 묘사한 것을 보라. *The Volga Rises in Europe*, London, 1957, p. 47, p. 58.

하사관이 보낸 편지였다. 그는 바르샤바의 유대인 게토가 파괴되고 며칠 뒤에 보낸 편지에서 바르샤바 상공에 출동했던 작전을 언급했다. 그는 이렇게 편지를 끝맺었다. "우리 군대는 이 도시의 유대인 구역을 파괴하는 작업을 훌륭하게 해냈다(gute Arbeit)."[34]

그렇게 도시의 일부를 파괴하면 그곳 주민이나 피난처를 찾는 사람은 살해당할 수밖에 없었다. 그런데 이 편지를 쓴 사람은 그 조종사의 활동을 그저 '노동'으로 간주해버렸다. 더 적합한 뜻의 단어를 찾지 못했기에 일종의 공허함을 이야기한 것으로도 이해할 수 있다. 물론 엄격한 분석을 거쳐 역사적 행위자가 느끼는 감정과 그 추동력이 무엇인지 알게 되면, 그 공허함도 풍부하게 채워질 것이다. 크고 작은 전투현장과 싸우고 죽이는 행위를 묘사한 문서나 여타 기록물에서는 냉정함과 성취, 테러와 열광, 무감각과 몰입이라는 감정이 동시적으로 존재했다는 점을 확인할 수 있다.

10.

이와 관련되지만 한편으로는 다른 두 가지 질문이 제기된다. 첫째, 왜 이들 **나치국방군** 병사는 막판까지, 심지어 그 이후에도 계속해서 싸웠을까? 둘째, 이들 중 많은 사람이 게릴라 진압 전투부터,[35] 특히 동부전선에서, 하지만 점차 남동부와 남부전선에서도 잔인성을 보이기 시작했는데 그것은 왜 더 증폭되지는 않았더라도 계속되었을까?

---

34 Alf Lüdtke, *Eigen-Sinn. Arbeiter, Arbeitserfahrungen und Politik*, p. 408.

35 [역자주] 나치군이 소련에 진군하면서 저항하던 게릴라를 소탕하려는 전투를 말한다.

분대와 같은 소조직에 존재하는 전우애와 협동심을 다시 생각해보면, 이 것이 산업노동의 모습과 대체로 일치한다는 것을 알 수 있다. 수많은 진술 이 확인해주듯이, 대량학살의 현장을 처음 마주쳤을 때 받은 충격은 전우애 와 협동심으로 인해 오래 가지 못했다. 또한 병사들은 그 끔직한 상황을 자 신의 의지가 담긴 '아집(Eigen-Sinn)'으로 이겨내기도 했다. 나치의 홍보 담당자 가 1945년에 제작 배포했던 최후의 극영화 제목은 바로 이랬다. 〈**삶은 계속된 다!**(Das Leben geht weiter)〉.[36] 이 영화에는 **태연함**과 자기의지가 결합하여 등장한다. 바로 이러한 냉정한 결정에 대한 감각을 유지함으로써 병사들은 모든 물질 적 생존수단뿐만 아니라 가능한 모든 인간적 관계를 찾아 노력했다.

그렇지만 다른 차원에서 개개인은 최소한 기회가 있을 때마다 노동과 군 복무를 일치시키려는 욕망만이 아니라 그것을 엄격하게 구분하려는 욕망도 드러냈다. 육군 사병으로 복무했던 하인리히 뵐(Heinrich Böll)은 전선에서 보낸 편지에서 자기 스스로 고안해낸 '분리'를 설명했다. 그는 한편으로 마지못해 복종하는 병사로 행세하는 자신을 발견했지만, 다른 한편 또 다른 자아인 '광 적인 개인주의자'가 존재한다는 것을 알았다.[37] 병사로서 뵐은 적과 상급자(그 리고 이 경우에는 동료)보다 오래 살아남기 위해 군사적 노력을 최소한으로만 기 울였다. 이에 반해 아마 이 작가의 꿈속에, 그리고 환상 속에 더 자주 등장했 을 '또 다른 뵐'은 상급자를 포함한 위계질서와 명령에 전혀 개의치 않는 독 립적인 정신이었다. 그렇지만 '또 다른 뵐'은 '광적인 개인주의자'라는 틀에 갇혀 있는 데 만족하지 않았을 것이다. 그는 냉정함과 몰입, 테러와 열광을 동

---

36 Werner Blumenberg, *Das Leben geht weiter. Das letzte Film des Dritten Reiches*, Berlin, 1993.

37 Heinrich Böll, *Briefe aus dem Krieg*, Jochen Schubert, ed., vols. 1-2, Cologne, 2001, p. 343. 1940년 여름의 언급은 그가 이후 전선에서 쓴 것과 직접적으로 연관되지는 않는다. 예컨대 1943년 11월에 쓴 몇몇 기록에서 그는, '동 부' 전선의 테러에서 구체적으로 실감했던 공포와 나중에 전투가 끝난 뒤 살아남은 것을 터무니없는 행운 으로 느끼거나 약간 안도하며 느꼈던 기쁨을 엄격하게 구분했다. pp. 948~961.

시에 (재)생산하는 기회를 잡으려는 유혹에 빠지지 않았을까? 병사들의 군사작전에는 잔인함을 허용하는 정도가 아니라 오히려 자극하는 이러한 유혹에 빠질 기회가 너무나 많았다.[38]

그래서 이러한 '제2의 인격체'는 병사업무의 독특한 측면—노동하는 것 (산업현장이든, 농업현장이든, 혹은 가내현장이든)과는 명백하게 대조되는 것—에 초점을 맞춘다. 적극적으로 **참여하고 있음**(being involved)이라는 압도적이면서 즉흥적인 즐거움 말이다. 이러한 즐거움은 심지어 복종의 영역에까지 스며들었을 것이다. 훌륭한 대의를 위해 주어진 청사진에 따라 헌신함으로써 스스로 위대한 기분에 도취되는 것이다.[39] 규율과 자기 활동의 이러한 상호 관련성에 대해서는, 에른스트 윙어가 1932년 노동자이면서 병사였던 사람에 대해 쓴 글 『노동자(Der Arbeiter)』를 읽어보아야 할 것이다.

11.

에른스트 윙어는 노동자에게서 새로운 시대를 대표하는 '게슈탈트(Gestalt)'를[40] 보았다. 이렇게 이상화된(=스테레오 타입의) 산업노동자의 모습은 원칙적

---

38 Benjamin Ziemann, "Die Eskalation des Tötens in zwei Weltkriegen", in Richard van Dülmen ed., *Erfindung des Menschen: Schöpfungsräume und Körperbilder 1500~2000*, exhibition catalogue, Vienna, 1998, pp. 411~429, 424~428; Hamburger Institut für Sozialforschung ed., *Verbrechen der Wehrmacht: Dimensionen des Vernichtungskrieges 1941~1944*, Hamburg, 2001. 특히 잔인함은 주로 후방 예비대대에서 나타났으며 전방 부대에서는 덜했다는 지적에 대해서는 다음을 보라. Christoph Rass, *'Menschenmaterial': Deutsche Soldaten an der Ostfront. Innenansichten einer Infanteriedivision, 1939~1945*, Paderborn, 2003.

39 18세기 개인화 이론에서 로봇을 찬양한 것에 대해서는 다음을 보라. Barbara Stollberg-Rilinger, *Der Staat als Maschine: Zur politischen Metaphorik des absoluten Fürstenstaats*, Berlin, 1986.

40 [역자주] 한 존재를 여러 구조의 결합으로 보기보다는 하나의 전체로 이해하는 것을 말한다.

으로 소외된 '기계부속물'이라는 이미지와는 달랐다. 후자는 보통 마르크스 주의자들 사이에서 상식이었으며 지식인에게는 더 일반적인 것이었다. 이와 대조적으로 윙어가 묘사한 노동자는 '권력의지에 충동질 당한' 사람이었다. 구체적으로 이들 노동자의 모습에는 일하는 것과 전투하는 것이 섞여 있었다. 그러므로 윙어는 제1차 세계대전을 '거대한 노동과정'으로, 군사작전을 '전투 노동'으로 보았고, 그 결과 '잃어버린 진지의 노동'이나 '공격 노동'이라는 말도 생겨났다.[41]

그렇지만 윙어가 옹호했던 '영웅적 리얼리즘'은 1930년 말과 1940년대 전쟁에서 직면하게 되는 진정한 '강철 폭풍'을 견디지 못했다. 위에서 인용했던 발터 얀카의 비관적인 설명이 그것을 보여준다. 적군 수십 명을 효율적으로 살해하는 전투를 과연 누가 노동으로 간주할 수 있을까? 그럼에도 제2차 세계대전 당시 독일군 병사 대부분은, 징집병이든 자원병이든 모두 이러한 '노동'에서 제각기 맡은 임무를 능숙하게 수행하고 효과적으로 처리했다. 많은 사람들은 사병에게 각자 알아서 협력하고 대처할 재량권을 부여한 군복무의 관행에서 '독일품질노동'을 떠올렸다.

최근 벤 세퍼드(Ben Shepherd)는 동부전선의 어느 부대를 연구하면서 독일군(과 그들의 현지 협력자)이 저지른 만행의 다양성과 강도를 추적했다. 여기서 그는 독일 점령군의 작전이 갈팡질팡하는 경우를 발견했는데, 그들은 비전투원(그리고 '게릴라')을 가혹하게 대했다가도 갑자기 태도를 바꾸기도 했다.[42] 이

---

41 Ernst Jünger, *Die Arbeiter: Herrschaft und Gestalt*, Stuttgart, 1982(first published 1932), p. 66. 위의 세 인용구는 순서대로 각각 153쪽, 82쪽, 113쪽이다.

42 Ben Shepherd, "The Continuum of Brutality: Wehrmacht Security Divisions in Central Russia, 1942", in *German History* 21, 2003, pp. 49~81; 다음도 비슷한 주장을 하고 있다. Theo Shulte, *The German Army and Nazi Policies in Occupied Russia*, Oxford, 1989.

경우는—하인리히 뵐이 주장했던[43]—'분열된 인격'을 보여주는 완벽한 사례로 간주될 수 있다. 그렇지만 '분열된 인격'의 이미지로 인해, 적대적인 양 극단의 자아 사이에 존재하는 지속적인 상호관계나 영구적 조화가 잘 드러나지 않을 수도 있다. 그러므로 광적인 개인주의자 뵐과 협조적인 병사 뵐, 이 두 자아가 잠재적으로 동시에 존재하기 때문에, 전투를 전후로는 무엇인가 정서적 흥분에 이끌려 '광적인 개인주의자'의 모습이 변하여 (집단적인?) 군사 작전에 참여했을지도 모른다.

그런 측면에서 '분열' 사이의 경계, 말하자면 전쟁을 주저하거나 반대하는 '광적인 개인주의자' 뵐과 그에 협력하고 '자기 일을 수행하는' 또 다른 뵐 사이의 경계는 종종 모호했다. 그렇지만 그 저변에는 노동자의 기쁨과는 다른 어떤 흐름이 있었다. 뭔가 '상황의 질서'를 재생산하려는 흐름 말이다. 그것은 바로 성취감에 대한 갈망이었다. 그 갈망은 한편으로 바로 그 불확실성과 파열에 대한 공포로부터, 다른 한편으로 대량학살 현장에 참여하는—또한 끝맺는—즐거움으로부터 생겨났다.

결론적으로 병사는 자신의 전투와 행동을 '노동'에 빗대어 정상적인 것처럼 여길 수 있었다. 그렇지만 동시에 이들은 대량학살 현장의 강렬한 테러와 열광에 도취되어, 열망하면서 동시에 경멸했던 바로 그 정상상태를 뛰어넘었다. 이 테러와 열광에 이끌렸기 때문에, 자신의 전투가 '노동일 뿐'이었다는 이들 병사(그리고 조력자)의 주장은 의심스럽다.

---

43 뵐이 쓴 편지 중에는 어떤 아름다운 장면에 감탄하여 묘사한 내용이 들어 있다. 그것은 상관인 중위가 멀리서부터 말을 타고 부대로 다가오는 모습이었다. 사병인 뵐이 이 광경에서 받은 인상은 '또 다른' 뵐, 곧 '개인주의자' 뵐에게도 영향을 주었다. Böll, *Briefe aus dem Krieg*, vol., pp. 343~344, letter of May 22, 1942("From the West").

20세기 폭력과 일상*

서론: 세 가지 방향

① 폭력은 육체에 가해지고 육체로 경험된다. 폭력을 당하는 사람은 고통을 받으며, 그것을 넘어 두려움까지 갖게 된다. 폭력이 야기한 죽음이 마지막으로 남기는 결과는 고통이 지속되거나 다시 나타날 것에 대한 두려움이다. 폭력을 사용하는 사람은—최소한 그런 행위를 하고 있는 동안에는—힘의 우위를 느끼고, 많은 경우 그에 열광하기도 한다. 폭력을 '가하는' 이들은—자기가 '희생양으로 삼은'—타인의 고통과 두려움을 좋아한다. 이들 가해자는 희생자의 육체와 생명을 좌우할 수 있다는 것을 즐긴다.[01]

---

* [역자주] 이 글은 2002년 겨울학기에 에르푸르트대학의 연속강좌 〈폭력과 테러〉 가운데 하나로 발표되었다.

01 이 문장은 다음에서 인용했다. Thomas Lindenberger & Alf Lüdtke, "Einleitung: Physische Gewalt—eine Konituität der Moderne", in *Physische Gewalt, Studien zur Geschichte der Neuzeit*, ed., Thomas Lindenberger & Alf Lüdtke, Frankfurt am Main, 1995, pp. 7~38. 특히 p. 7, pp. 22~27 참조(한국어판, 토마스 린덴베르거·알프 뤼트케, 「육체적 폭력, 근대의 한 지속성」, 『트랜스토리아』 제4호, 2004, 111~132쪽). 이 관점을 특히 다음과 비교해보라. Wolfgang Sofsky, *Traktat über die Gewalt*, Frankfurt am Main, 1996, pp. 52~62; Trutz von Trotha, "Zur Soziologie der Gewalt", in *Soziologie der Gewalt*, ed., Trutz von Trotha, Opladen/Wiesbadnen, 1997(Sonderheft 37 der Kölner Zeitschrft für Soziologie und Sozialpsychologie), pp. 9~56, pp. 20~32. 다음 글도 참조하라. Peter Imbusch, "Gewalt-Stochern in

② 일요일에도 나름의 일상이 있다. 달리 말하면, 일상은 부분으로 쪼개지지 않는다. 일상사는 하나의 부분에 대해 질문을 제기하지 않는다. 오히려 일상사에서 중요한 것은 인간의 일상적인 행동 전체, 곧 그것의 온갖 다양성과 모순성이다. 인간이 어떻게 자신의 주변 환경을—자기의 세상을—전유하는가? 인간은 또한—설사 함께하더라도—얼마나 독립적인가, 또 얼마나 자기만의 옹고집(eigen-verbohrt)을 갖고 있는가? 이 질문은 '저명한' 사람에게—1985년에 나온 에른스트 엥겔베르크(Ernst Engelberg)의 비스마르크 전기를 보라—도 그렇지만 무엇보다도 소위 이름 없는 '다수'에게도—역사학에서 오랫동안 간과되어온 '많은 사람', 예를 들어 바트 프랑켄하우젠(Bad Frankenhausen)의 단추 만드는 노동자, 베를린의 여점원, 혹은 에르푸르트(Erfurt)의 사환에게도—해당된다. 그들의 노동과 비(非)노동, 거주와 무숙(無宿), 의상과 육체성에 대해 묻고자 한다. 음식과 굶주림, 남녀의 사랑과 증오, 그리고 젊음과 늙어감도 관심의 대상이다. 물론 폭력을 행사하고 당하는 것에 대해서는 지금까지 거의 묻지 않았다.[02]

③ 빈의 유대인 가문 출신인 영국 역사가 에릭 홉스봄(Eric Hobsbawm)은 20세기를 '극단의 시대'로 규정했다.[03]

극단의 한쪽은 양차 세계대전과 특히 홀로코스트의 문명파괴가—이는 독일이 기획하고 독일인이 (비록 전쟁 기간 중에 점령지에서 여러 협력자와 공범이 있었

---

unübersichtlichem Gelände", in *Mittelweg* 36/9, 2000, pp. 24~40.

02 이에 대해서는 Alf Lüdtke, "Was ist und wer treibt Alltagsgeschichte?", in *Alltagsgeschichte zur Rekonstruktion historischer Erfahrungen und Lebensweisen*, ed., Alf Lüdtke, Frankfurt am Main, 1989, pp. 9~14를 보라(한국어판, 「일상사란 무엇이며, 누가 이끌어 가는가?」, 『일상사란 무엇인가』, 청년사, 2002, 15~65쪽). 또한 경계짓기의 어려움과 문제점에 대해서는 엘리아스(Nobert Elias)의 글을 참조하라. Norbert Elias, "Zur Begriff des Alltags", in *Materialien zur Soziologie des Alltags*, ed., Kurt Hammerich & Michael Klein, Kölner Zeitschrift für Soziologie und Sozialpsychologie, Sonderheft 20(Opladen, 1978), pp. 22~29.

03 Eric Hobsbawm, *Das Zeitalter der Extreme*, Frankfurt am Main, 1997(London, 1995).

지만) 저지른 것이다―핵심을 차지한다. 극단의 다른 쪽은, 홉스봄이 독특하게 도 정확히 연대를 밝혔던, 1947년부터 1973년(제1차 오일쇼크)까지의 '황금시대' 이다. 경제 기적과 베이비 붐으로 대표되는 이 시대는 예상치 않게 "모두에 게 복지"를 안겨주었다. 물론 그것도 정도의 차이가 있었고, 무엇보다도 유럽 '서부'와 북아메리카 대다수 지역, 그리고 일본에만 국한되었지만 말이다.

아래의 내용은 이 두 극단 가운데 한쪽에 대한 것이다. 어떻게 폭력이 일 상화되었는가? 우리 선조들이 그랬던 것처럼 우리도 '문명화된' 정상상태란 근대의 일상에서 폭력이 사라지는 것이라고 선언했지만, 정상상태에서 오히 려 폭력 행위, 특히 극단적 살인이라는 폭력과 대량학살로 가는 길을 열어주 었다. 무엇이 그렇게 만들었을까? 더 구체적으로 말하자면, '평범한' 사람들이 어떻게 어쩌다 한번이 아니라 재차 폭력의 가해자가 되었을까?

1. 장면: 일상의 폭력

빅토르 클렘페러는 인문학자로서 전공은 로만어문학이었다. 1919년부터 그는 드레스덴 공과대학에서 교수 자리를 얻어 생계를 꾸렸다. 유대인 성직 자 가문 출신인 그는 젊은 시절 개신교로 개종했는데, 1914년 시간강사로 있 던 때 제1차 세계대전이 발발하자 자원입대하여 전선에서 싸웠다. 1933년 4 월 7일 나치는 앞으로 정치적 반대자뿐만 아니라 자기들 기준으로 '유대인' 인 사람을 공직에서 추방시키고자 '직업공무원의 재건'을 위한 제국법을 제 정했다. 나치의 기준에 따르면 클렘페러는 유대인으로―그 스스로는 "독일 계 유대인으로 단 한 번도 생각해본 적이 없었고 오로지 독일인으로만 여겼 다"―구분되었다. 다만 제1차 세계대전에 참전했던 경력 때문에 그는 당장 해

직당하지 않았고 2년의 유예 기간을 얻었다.[04]

클렘페러는 일기 쓰기에 광적으로 매달렸다. 1914년 이전부터 일기를 쓰기 시작했던 그는 1933년 이후에도, 그 때문에 목숨이 위험해졌을 때조차 끈질기게 그 일을 계속했다. 결국 1933~1945년 사이의 일기가 1995년에 출간되었는데,[05] 1942년 5월 23일에 쓴 글에는 이런 구절이 있었다. "토요일 오후인 어제 오전에 에른스트 크라이들스(Ernst Kreidls, 그의 지인이었다)의 사망 소식. 오후에는 오래 기다려온 가택수색." 당시 클렘페러는 마침 집에 없었다. 그의 일기에 따르면, 그날 오후 5시부터 7시 반까지 그는 다른 지인을 방문하여 "일상적인 대화"를 나눴다—이 대목에서는 대화 내용과 함께 다음과 같은 언급이 들어 있었다. "토르가우(Torgau)에서는 반란을 일으켜 체포된 사병과 장교가 날마다 즉결재판으로 총살당하고 있다고 한다."

클렘페러 가족은 드레스덴에 있던 '유대인 집(Judenhaus)'을[06] 배정받아 살고 있었는데, 1942년 5월 22일 오후에 가택수색을 당했다. 당시에 대한 일기를 보자. "돌격대는 5시에 나타났고 내가 귀가하기 직전에 돌아갔다. 나는 먼저 열려진 현관문을 통해 1층에서 벌어진 난장판을 발견했다. 프리트하임(Friedheim)은[07] 구타를 당해 피가 흐르는 목과 턱 주변을 보여주었고, 경찰의 발길에 짓밟힌 몸과 찢긴 상처에 울분을 토했다." 더 읽어보자. "우리 중에는 에바(Eva, 클렘페러 부인으로 나치 기준에 따르면 아리안인이었다)만 무사했다. 모든 것이 계획적으로 저지른 일이었다. '당신은 아리아인인가? 당신은 유대인 창녀야. 왜 유대

---

04 이에 대해서는 다음을 참조하라. Hannes Heer ed., *Im Herzen der Finsternis, Victor Klemperer als Chronist der NS-Zeit*, Berlin, 1997. 특히 von Heide Gerstenberger(p. 10ff), Michael Wildt(p. 49ff), Susanne zur Nieden(p.110ff)를 보라.

05 [역자주] Victor Klemperer, *Ich will Zeugnis ablegen bis zum Letzten. Tagebücher 1933~1945*, vols. 1, 2, Berlin, 1995. 본문의 인용구는 이 책에 실려 있다.

06 [역자주] 이 책 2장의 주14번 참고.

07 [역자주] 클렘페러가 드레스덴에서 한 집에 같이 살았던 유대인 가족.

인하고 결혼했어?' 탈무드에도 '유대인 출신이 아닌 여자는 유대인에게 창녀다'라고 적혀 있잖아. (…) 그녀는 아래층으로 끌려 내려와 몇 차례 따귀를 맞았다. 그녀는 '진짜로 때렸다기보다는 일종의 경고였다'라고 말했고, 반면 이다 크라이델(Ida Kreidl)은 귀가 윙윙 울릴 정도였다고 호소했다. 그리고 그들은 에바의 얼굴과 머리에 몇 차례나 침을 뱉었다."(pp. 92ff)

클렘페러는 계속해서 부서진 성탄절 장식과 여기저기 흩어진 못 등 "돼지우리처럼 난장판"이 된 장면을 자세히 객관적으로—그래서 그만큼 고통스럽게—묘사했다. 그렇지만 그의 원고만은 전혀 파손당하지 않았고, 무엇보다도 당시 그 집에 있었던 일기장 원고는 한 편도 발각되지 않았다.

그로부터 사흘 뒤 클렘페러는 스타이니츠(Steinitz)라는 사람의 방문에 대해 썼다. 토요일에 스타이니츠와 그 부인은 예기치 않게 아는 사람의 가택수색 현장에 있었고, 그 바람에 주먹으로 뒤통수를 맞았다(p. 98). 그리고 다시 사흘 뒤인 5월 29일 오후에도 같은 일이 반복되었다. 클렘페러는 "집 앞에 아주 크고 세련된 차가 보였다. (…) 나는 곧장 두려움에 휩싸였다. 한 시간 정도 지난 뒤 우리 집 초인종이 울렸다. 내가 문을 열자마자 찰싹하고 따귀가 날아들었다. 문을 늦게 열었다는 것이었다. 젊은 사람 둘이 문 앞에 서 있었다. 전에 에바가 말했던 것과 똑같이 일종의 경고성 따귀였다. 나중에 계단에서 엉덩이를 발로 채인 것도 마찬가지였다. 그렇지만 마음이 찢어지고 숨쉬기가 어렵고 아팠다. 다시 죽음이 다가온 듯한 느낌을 받았다. 그들은 어느 가방에 대해 묻더니 더 이상 아무 짓도 하지 않은 채 몇 번 왔다 갔다 하다가 마침내 조그마한 바구니 가방을 집어들고는 '짐승들이야'라고 내뱉고 사라졌다." 클렘페러는 분노에 못 이겨 간략하게 이렇게 적었다. "그들은 우리를 그저 건드려볼 심산이었다." 바구니 가방 외에 "그들은 이번엔 그저 (…) 쟁반 위의 포장이 뜯긴 버터만 훔쳐갔다(pp. 102ff).

6월 2일에 그는 다음과 같은 짤막한 메모를 남겼다. "최근에 당한 구타 때문에 에바의 팔에 커다란 멍이 들었다. '그녀가 정말 경고성 따귀만 맞았을까?' 나만 해도 누가 꽉 붙잡아 옆으로 밀치지 않았던가!"(p. 106). 그는 이보다 사흘 전에는 "우리의 존재가 믿기지 않을 만큼 소름 끼친다"고 적었다. "초인종, 구타, 수치에 대한 걱정이 떠나지 않으면서도 (…) 독서나 연구를 할 때는 안락감을 느낀다니…"(p. 104).

'일상적인 폭력'이란 이런 것인가? 한쪽에서는 아마도 고통을 가하는 것이 습관화되고, 다른 쪽에는 (현장 바로 여기에서!) 고통을 예상하는, 아니 더 정확하게 말하자면, 고통을 두려워하는 것 말이다. 고통을 가하는 것과 당하는 것, 이 둘의 차이가 그렇게 기본적이었다면(그리고 지금도 그렇다면), 그 따귀와 구타는 일종의 문화적 현상으로 파악될 수 있다. 그것들은 가해자와 '방관자',—라울 힐버그(Raul Hilberg)의 표현이다[08]—그리고 피해자도 평생 일상에서 몸소 경험하거나 다른 이로부터 들었던 것이었다.

물론 구타를 함으로써 신체에 상처를 입히거나 그렇게 하려는 위협은 점점 더 많아졌다. '제3제국'에서는 이것이 상황에 따라 점차 목숨까지도 위협했다. 그리고 이 위협은 점점 더 현실화되었다. 1942년 6월 2일에 클렘페러는 과거에 산책했던 경험을 다시 상기했다. "당시 우리는 배불리 먹고, 아직 게슈타포로부터 얻어맞거나 침 세례를 받지 않았다"(p. 106). 그가 기억해낸 산책은 3개월 전의 일이었다. 그때도 그들의 상황은 '아주 나빴다'—언제라도 죽음이 닥칠 수 있었고, 그것을 감수해야 했다. 이런 상황은 그에게 최소한 1938

---

08 Raul Hilberg, *Perpetrators, Victims, Bystanders: The Distruction of the Jews, 1933~1945*, New York, 1991(독일어판 *Täter, Opfer, Zuschauer: Die Vernichtung der Juden 1933~1945*, Frankfurt am Main, 1992). '방관자(Bystander)'라는 영어식 표현은 정확히 말해 의도한 자(das Gemeinte)라는 뜻이다. 이는 상황에 따라 멀찍이 떨어져 '바라본다(Zuschauen)'는 뜻만이 아니라, 바라보는 동시에 외면하기 위해 의도적으로 '같이 있다(Dabeisein)'는 뜻이다.

년 가을 이후 더 이상 새롭지 않았다.

후반부로 가면 독자는 이제 무슨 일이 일어났는지 안다. 곧 클렘페러가 어떤 식으로 대량학살을—병든 부인과 힘들고 긴장되고 또한 고통스러운 관계 속에서—겪고 살아남았는지를 말이다. 유럽 유대인과 다른 종족('진티와 로마') 및 집단(동성애자)에 대한 그 대량학살은 '극단의 짧은 세기'(홉스봄)에 대한 역사 연구에서 비일상적인 폭력의 기준으로 통용된다.[09]

가해자에도 그렇지만 목격자와 '방관자'에게도 구타는 일상적인 격리 과정의 일부이다. 국가기구의 종사자, 특히 경찰에게는 이러한 폭력이 육체적인 격리와 다음에 올 학살의 사전 단계가 아니라, 이미 처음부터 계산된 부분이었다—방관자도 이를 알아차렸기에 그것을 감수했을 것이다. 그에 반해 맞는 사람에게는 일상적이든 그렇지 않든 따귀와 구타 역시 고문이었다. 그것은 항시적이고 고통에 찬 죽음의 위협을 의미했다.

2. 주변 환경: 경찰

클렘페러에 따르면 '일상적인' 폭력을 가하는 사람은 경찰이었다. 알려진 대로 게슈타포 경찰 대부분은 바이마르공화국의 형사 출신이었다.[10] 이들

---

09 Eric Hobsbawm, *Das Zeitalter der Extreme*, Frankfurt am Main, 1997(London, 1995). 이미 서두에서 이 점이 강조되었다. 또한 널리 받아들여지는 개념인 '문명단절'의 전환기에 대한 논쟁은 디너(Diner)가 한나 아렌트(Hannah Arendt)의 논지를 이어받아 재점화했다. 이에 대해서는 다음을 참조하라. Dan Diner, *Zivilisationsbruch: Denken nach Auschwitz*, Frankfurt am Main, 1988.

10 이에 대해서는 특히 Gerhard Paul & Klaus-Michael Malimann eds., *Die Gestapo: Mythos und Realität*, Darmstadt, 1995; Gerhard Paul & Klaus-Michael Mallmann eds., *Die Gestapo im Zweiten Weltkrieg: 'Heimatfront' und besetztes Europa*, Darmstadt, 2000; Patrick Wagner, *Hitlers Kriminalisten: die deutsche Kriminalpolizei und der Nationalsozialismus zwischen 1920 und 1960*, München, 2002를 참조하라. 드레스덴 게슈타포 경찰관들에 대해서는 다음의 전기적 재구성

은 '범죄자'를 밝히고 색출하는 데 식견이 뛰어난 전문가였다. 파트릭 바그너 (Patrick Wagner)는 '상습범(Berufsverbrecher)'이라는 특수한 개념이 당시 경찰의 일상 활동에 얼마나 영향을 주었는지 보여주었다. 그에 따르면, 현장 근무 경험이 있었던 범죄학자 로베르트 하인들(Robert Heindl)은 자신의 논문에서, 그리고 마침내 1926년에 출간되어 단기간에 형사경찰의 교본이 되었던(3년 만에 7쇄를 기록) 저서에서, 상습범의 프로필을 새로 바꾸지는 않았지만 생물학적 내용으로 강화시키고 극단화시켰다.[11]

그런데 결정적인 사항은 사건의 현실과 진실을 파헤칠 증거가 '객관적으로' 제시되어야 한다는 점이었다. 그렇다면 바그너가 카를로 진즈부르그 (Carlo Ginzburg)의 '실마리'라는[12] 용어에 의존했던 방식은 어떨까? '실마리 찾기 (Indizienparadigma)'라고[13] 불리는 이 방식은 일상의 현실에서 풍부한 개연성과 매력을 발산한다. 이에 따르면, 징후가 인과관계의 사슬에 명확한 단서를 제공하고, 그럼으로써 연관관계가 설명된다.

바그너는 또한 측정 가능한 재범의 증거에 집중했기 때문에 재범 가능성이라는 테제가 성립했다는 점을 지적한다. 곧 증거의 특성상, 무엇보다도 증거가 다시 등장하면 항상 동일한 범인이 일을 저지른 것으로 보고자 했다는 것이다. 그렇지만 그 결과 서류에서 범죄행위가 확인된 아주 제한된 사례들 (1925년 즈음에는 신고된 범죄의 약 25%)이 과다하게 해석되어 모든 범죄행위의 주

을 참조하라. Wolfgang Kraushaar, "Karrieren eines Boxers, Johannes Clemens: Vom Dresdner Gestapo-Schläger zum Doppelagenten des KGB im BND", in *Im Herzen der Finsternis, Victor Klemperer als Chronist der NS-Zeit*, ed., Hannes Heer, Berlin, 1997, pp. 152~169.

11 Patrick Wagner, *Volksgemeinschaft ohne Verbrecher: Konzeptionen und Praxis der Kriminalpolizei in der Zeit der Weimarer Republik und des Nationalsozialismus*, Hamburg, 1996.

12 [역자주] 원문에는 증거확보(Spurensicherung)로 되어 있는데, 원래 진즈부르그의 이탈리아어 원본에 '실마리(spia)'라고 되어 있던 단어를 독일어로 그렇게 번역했기 때문이다.

13 [역자주] 조그마한 단서를 가지고 사건 전체의 구조와 연관성을 추론해가는 방식을 말한다.

된 유형으로 분류되고 말았다. 그에 따라 재범(再犯)이—그리고 그와 함께 '상습범'이—가장 위험한 대상자가 되었다. 이런 식의 정형화는 다른 분야에도 어렵지 않게 적용될 수 있었다. 당시에는 세상과 역사에 대한 인종주의적이고 우생학적인 해석이 각광을 받았다. 그러한 배경에서 애매하면서 광범위한 이 설명 모형이 적용되어, 유전자에 바탕을 둔 행동은 불가피하다는 논리가 온갖 설득력을 갖게 되었다. 더 오래된 정형화에도 거리낌 없이 적용될 수 있었는데, '집시'의 정형화는 그 가운데 하나에 불과했다.

하인들의 연구 기조에 따르면, '교화가 불가능한' 불순분자나 범죄자는 처음부터 아예 구분하여 격리해야 할 대상이었다. 그럼에도 하인들은 따귀나 주먹질을 경찰의 행동지침으로 권하지 않았다.

1939년 9월에 독일제국의 지도부가 획책한 전쟁이 일어나면서, 게슈타포와 형사경찰이 '동부전선'에 배치되거나 나치국방군과 특히 비밀경찰부대로 징집되었고 '제국 본토'에 남은 수는 크게 줄었다. 당시 독일 본토에는 공무원들이 절반도 채 남지 않았다. 은퇴자를 동원하고 거의 훈련되지 않은 보조경찰까지 채용했지만, 형사경찰은—당시 관여했던 사람의 기억에 따르면—'사지가 절단된' 것이나 다름없었다. 게슈타포의 경우에는 그 지경까지 몰리지 않은 것 같다(최소한 뒤셀도르프에 있던 게슈타포 본부는 그 지경에 이르지 않았다).[14] 클렘페러는 가해자 몇몇을 '젊은이'라고 묘사했지만, 1942년 초와 여름에 드레스덴에서 주먹질을 가한 사람은 바로 이들 보조경찰이었을 것이다.

---

14 Patrick Wagner, *Volksgemeinschaft ohne Verbrecher: Konzeptionen und Praxis der Kriminalpolizei in der Zeit der Weimarer Republik und des Nationalsozialismus*, Hamburg, 1996, p. 309; 게슈타포에 대해서는 Holger Berschel, "Polizeiroutiniers und Judenverfolgung, Die Bearbeitung von 'Judenangelegenheiten' bei der Gestapo-Leitstelle Düsseldorf", in *Die Gestapo im Zweiten Weltkrieg*, ed., G. Paul/K.-M. Mallmann, Darmstadt, 2000, pp. 155~178, pp. 161~164; Michael Stolle, *Die Geheime Staatspolizei in Baden, Personal, Organisation, Wirkung und Nachwirken einer regionalen Verfolgungsbehörde im Dritten Reich*, Konstanz, 2001, pp. 151ff, pp. 177f.

기동경찰대대 101 소속원 2명이 로즈(Lodz) 게토를 순찰하는 도중 무릎 꿇고 있는 유대인 경비원 3명을 쳐다보고 있다. 미국 홀로코스트 기념관(United States Holocaust Memorial Museum) 소장.

3. 설명 모형: 따귀라는 '사소한 폭력'

이 연구 외에 가해자의 경력을 추적할 만한 단서는 더 이상 없다. 예외라면, '아주 평범한 사람들'인 함부르크 101 기동경찰대대가 1942/3년의 유대인 학살에 참여한 것을 다룬 크리스토퍼 브라우닝(Christopher Browning)의 생애사 분석이[15] 지금까지 유일하다. 그렇지만 '가벼운 폭력'에 대한 인식이 다른 시기, 곧 1920년대와 1930년대의 생활세계와 활동 공간에서 어떠했는지, 또 언제 어떻게 누구의 따귀를 갈기고 주먹으로 때렸는지가 궁금하다.

---

15 Christopher Browning, *Ganz normale Männer*, Reinbeck b., Hamburg, 1999.

우리는 우선 다음 사항을 인정해야 한다. 대부분 고통과 흔적을 남기고 종종 가장 눈에 띄는 결과를 낳기도 하는 손찌검과 주먹질은 최소한 몇 세대 이전에 등장하여 '위아래' 상하관계에서 자행되었다. 물론 이것은 어린이와 젊은 청소년 사이에도 존재했고, 여자애들은 '머리채를 잡아당겼다.' 친권자이거나 그에 준하는 사람은 '어른이라면서' 구타를 가했다. 즉 부모, 선생, 혹은 장인(匠人)은 자신의 '피보호자'인 자식, 학생, 도제, (대다수 젊은) 하인을 그렇게 '훈육'시키고자 했다.

구타를 '사소한 폭력'으로 여겼던 것은 1920년대와 1930년대뿐만이 아니었다. 흔히 당사자 외에는 구타가 있었다는 것도 몰랐지만, 그래도 구타는 어느 정도 형식을 갖추어 '이루어졌다.' 여기에는 '잼싸게 머리를 쥐어박는 것'도 포함되었다.[16] 이렇게 '따귀'는 소위 '거의 무의식적인 반응'이었다. 간단하게 손목을 이용해 바로 때릴 수도 있었지만, 팔을 크게 돌려서 칠 수도 있었다. 맞는 사람에게는 이것이 '어안이 벙벙하고 고통스러웠거나' 혹은 '가볍기도' 했다. 따귀는 일련의 정치체제나 경제 성장의 변동과 위기와 관련이 있는 것이 아니라, '장기지속'에 속하는 일이다. 근대 초 중부유럽에서 '가까운 사이'의 사회적 관계를 유지하거나 멀리하는 방식은 아주 다양해서, 말을 아예 하지 않는 경우까지 포함하여 언어가 한 가지 방법이었고, 부분적으로 고통스럽고 폭력적인 행위와 태도도 그런 방식의 하나였다.

그렇지만 따귀의 의식(儀式)은 일상적인 '사소한 폭력'을 보존시켜 결국 지배체제를 폭력으로 유지하는 형태로, 심지어 근대의 '문명단절'이라고[17] 일컬을 만한 '무절제의' 폭력으로 확대될 수 있었다. 홀로코스트 생존자들이

---

16 Walter Hävernick, *Schläge als Strafe. Ein Bestandteil der heutigen Familiensitte in volkskundlicher Sicht*, Hamburg, 1964.

17 Dan Diner, *Zivilisationsbruch: Denken nach Auschwitz*, Frankfurt am Main, 1988.

1945/46년과 1947년에 강제수용소에서 살아남은 것에 대해 회상하거나 구술한 수많은 기록을 보면, 이들이 힘들어했던 것은 구타만이 아니었다. 따귀도 마찬가지였다. 친위대의 소속원만이 아니라 경찰, 행정관리, 역무원도 따귀를 때렸다. 때린 이들은 '선량한 독일인'으로 보일 수도 있는, 예전에 이웃이었을 수도 있는 그런 사람이었다.

당사자 또는 목격자의 증언에 따르면, 따귀를 때리는 이는 대부분 남성이었다. 더 정확하게 말해서, 가해자가 여성인 경우는 거의 없다. 버릇없는 아이들, 대체로 모든 미성년자는 프롤레타리아트 가장(家長)의 폭력에 노출되어 있었는데, 이들에게 가하는 따귀는 아버지가 남자로서 하는 습관적 행동의 일부였다. 여성도 이를 따라하는 경우가 심심치 않게 있었다. 폭력적인 행동은 '가혹하지만 좋은 의도가 담긴 손'이라는 이미지에 부합했다. 따라서 이것은 남성이건 여성이건 미성숙한 아이를 다룰 때 사용하던 부르주아식 교육원칙이었을 뿐만 아니라, '바로잡기' 위해서라면 거의 모든 것이─설사 그것이 '공공선'에 유용하지 않아도 개개인에 필요하다면─허용되었다.

가해자가 일정한 규칙을 지키고 나이와 성별, '신분'의 차이를 존중하는 한, '사소한 폭력'은 정당한 것으로 간주되었다. 이것이 통용되면서 지배력을 행사하는 가해자의 권리가 힘을 얻었다. 요컨대 이중적인 관점에서 '사소한 구타'는 '사소한'이라는 형용사에 담긴 의미의 수준을 넘어섰다. 먼저 이것은 사소한 것만을 의미하지 않았다. 여기에서 한편으로 중요한 것은 아마도 '위대한 전체,' 곧 지배체제의 유지였을 것이다. 그렇지만 다른 한편으로 모든 따귀는 구체적으로 항상 더 강력해질, 다시 말해 '사소한' 폭력이 더 큰 폭력으로 넘어갈 가능성을 포함하고 있었다. 따귀는 결코 종착점이 아니었다. 더 이상의 것이 결코 없을 수 없었다.

따귀는 '사소한 구타'에 속했다. 그렇지만 당하는 사람에게─이들 희생자의 보고서는 분명히 보여준다—이러한 구타는 결코 사소하지 않았다. 이들은 '사소한' 폭력이 아니라 중대한 폭력을 경험했다. 순간적인 충격이 나중까지 남았다. 이 충격이 19세기와 20세기에 더욱 강해졌는지, 곧 희생자가 부끄러움을, 그리고 아마 분노도 더욱 크게 느꼈는지에 대해서는 분명하게 답변하기 어렵다. 독일(서독)은 1960년대 후반에 이르러서야 비로소 이 '사소한 폭력'을 사실상 문명화하는 과정을 밟기 시작했다. 그렇지만 비록 '훈육'의 일환으로 익숙해졌기 때문에 아마 희생자조차도 정당하다고 간주했던 폭력이라 할지라도, 이러한 구타가 고통스럽다는 점은 마찬가지였으며 무엇보다도 기억 속에서 더욱 그러했다.

이렇게 구타가 문화적으로 용인되다 보니 가해자는 그것을 분명 '거의 무의식적으로' 행했고 거의 언급할 가치조차 없었다. 하지만 1942년 '유대인 집'을 계속 '수색했던' 사람은 그런 경우에 해당되지 않았다. 곧 여기에서는 어른이, 다시 말해 나이든 사람이 자주 구타를 당했으며, 그들은 때로 (예전의) '상류층' 출신이었다. 이들이 당한 굴욕감과 배제는 다름 아닌 금기파괴의 성격도 있었다. 내 생각에는 바로 이 금기파괴 때문에 이들 '군주적 인간 (Herrenmensch)'[18]의 구타가 1945년 이후 재판 과정에서 주목받지 못했던 것 같다.

4. 1930년대 반유대주의적 폭력

미하엘 빌트(Michael Wildt)는 최근 니더프랑켄 지역의 트로이흐틀링겐

---

18 [역자주] 니체는 '군주적 인간'과 '어리석은 군중(Herdenmensch)'이라는 용어를 사용하여 지배자와 피지배자의 관계를 설명했다.

(Treuchtlingen)의 사례와 다른 도시들(예컨대 킬Kiel, 니더슐레지엔 지역의 히르쉬베르크 Hirschberg)에서 나온 자료를 분석해서, 잘 알려지고 떠들썩한 사건(가령 1933년 4월 1일의 '유대인' 상점 보이콧이나 1938년 11월 9일과 10일의 포그롬의 밤)에서만 폭력이 있었던 것은 아님을 밝혀주었다. 트로이흐틀링겐에 보관된 당대인의 기록과 자기증언(이 증인은 망명했다가 1945년 이후 배상금 청구권자가 되었다)을 통해, 또한 억압과 격리를 실제로 시행했거나 시행하도록 했던 국가나 나치당 기관의 문서를 통해, 그는 '사소한' 폭력이 광범위하게 퍼져 있었음을 재구성해냈다.[19]

장례식에서 비방하는 노래를 부르거나 큰 소리로 욕설을 내뱉는 등 온갖 비행을 계속 서슴지 않았던 이들은 특히 젊은이였다. 손찌검이나 주먹질, 돌팔매질도 거의 빠지지 않았다. 사람을 살해하고 린치를 가하기도 했다. 구체적으로 보자면, 1934년 초에는 (트로이흐틀링겐에서) 창문틀을 깨뜨렸고, 거리에서 특히 나이 든 사람에게 야유를 퍼부었다. 1933년 4월 1일의 키일(Kiel)에서처럼 특별한 날에만 린치를 가했던 것도 아니었다. 1934년 부활절 직전의 일요일이었던 3월 26일에 니더바이에른 지역의 군첸하우젠(Gunzenhausen)에서도 린치가 발생했다. 여기에서도 그 외 다른 질문, 곧 당시의 보고가 우연한 것인지, 다른 경우는 확인되거나 인지되지 않았는지, 혹은 인지될 수 없었던 것인지에 대한 질문에는 전혀 답할 수 없다.

5. '사소한 폭력'의 형태: 문화적으로 용인된다?

구타, 매질, 그리고 돌팔매질의 대상은 대부분 지역유지들이었다. 그렇다

---

19   Michael Wildt, "Gewalt gegen Juden in Deutschland 1933 bis 1939", in *Werkstatt Geschichte* 6, 1997, No. 18.

면 이들이 곧바로 특히 국가기관에 의해 강력하고 잔혹한 방식으로 '소수자'의 일원으로 낙인찍히고 폭력의 대상이 되었던가? 그리고 또한 이런 폭력이 문화적 정상상태로 여겨져서 수용되었던가? 여기서 핵심적인 질문은 공식적인 이념 노선이 아니라, 일상적으로 실행되던 것의 방향성을 묻는 일이다.

저항에 대한 역사 연구나 민중문화 연구가 보여주는 바는, 거칠고 대개는 육체적으로 폭력적인 수많은 처벌방식이 수세기를 거쳐 20세기까지 아주 오래 남아 있다는 사실이다. 이들 연구의 '주제'는 특정한 위계질서가 관철되는 방식이었다(현재도 그러하다). 곧 부유한 사람과 가난한 사람, 남자와 여자, 결혼한 사람과 그렇지 않은 사람, 젊은이와 노인 사이의 차이가, 그리고 '외부인'(특히 난폭하고 버릇없고 그래서 위험한 사람으로 간주된 사람)에 대한 차이가 주목받았다.

이렇게 보면, 다른 곳에서 설득력을 지녔던 전거조차 여기에서는 의미를 잃는다. 곧 그들이 가톨릭교도인지 개신교도인지 하는 종교적 특성은, 서출(庶出)인가 아닌가와 달리, 여기에서는 아무런 영향을 주지 못했다. 더 설득력이 있는 테제는 이러한 폭력 행위를 일종의 세대갈등과 남녀갈등의 통과의례(rites de passage)로,[20] 곧 주로 경계 경험과 경계 넘기로[21] 보는 것이다.

통과의례는 희생자와 가해자 사이의 관계(顚覆)를 전복시킬 수 있다. 비록 짧은 시간일지라도 희생자가 가해자가 되는 것이다. 이때 폭력은 아주 특이한 강렬함(주어진 장애물과 경계를 뛰어넘거나 극복할 수 있을 만큼의 강력함)이 내포된 행위로 작용한다. 청소년이 남성과 여성이 '되는' 통과의례는 아마도 모두에게 잘 알려진 사례일 것이다. 일상적인 폭력 경험, 예를 들어 식민지배를 통한

---

20 Arnold van Gennep, *Übergangsriten*, Franfkurt am Main, 1986(Paris, 1909).

21 Victor Turner, *Blazing the Trail: Waymarks in the Exploration of Symbols*, ed., Edith Turner, Tuscon, 1992.

폭력 경험은 바로 그러한 경계 경험을 가능하게 해줄 수 있었다. 반식민주의 운동도 '주인'과 '하인' 사이의 전복을 보여준다!

물론 이 주장도 거대한 일반화의 결과이기 때문에, 정교하고 치밀한 관찰로 드러날 수 있는 미세한 차이점을 놓친다. 나치의 폭력 행사도 마찬가지다. '유대인'으로 낙인찍힌 사람에 대한 폭력적인 공격은 일정하게 똑같은 수준을 유지했던 것이 아니라 1933년부터 급격하게 증가 추세를 보였다. 비록 이것이 1933년 1월 30일에 처음 시작된 것은 아니었지만 말이다.

6. 숨겨진 영역: 일상의 성적 폭력

지금까지 구타는 주로 남성들 사이에서 이루어졌고 그 대상도 남성이었다. 하지만 널리 퍼져 있되 숨겨진 영역도 존재한다. 여성에 대한 성적 폭력이 그러한데, 이것을 철저한 침묵으로 막고 그저 간간이만 드러나게 했던 인식의 (문화적) 방어막은 무엇일까?

남성이 여성을 대상으로 행사하는 모든 형태의 폭력이 은폐되었다. 곧 따귀와 구타, 무엇보다 성폭행이 그러했다. 이 밖에 특히 엘리아스가 발전시켰던 '문명화 과정'의 거대한 담론에서도 완전히 빠져 있는 주제도 있다. 그나마 (베를린) 샤를로텐부르크(Charlottenburg)의 외곽에 대한 에바 브뤼커(Eva Brücker)의 사례 연구가[22] 있다. 그녀는 1920년대 후반에 어린 시절을 보낸 여성을 대상으로 생애사 인터뷰를 실시했다. 이 '대표적인' 프롤레타리아 지역의 환경

---

22 Eva Brücker, "Und ich bin heil da 'rausgekommen, Gewalt und Sexualität in einer Berliner Arbeiternachbarschaft zwischen 1916/17 und 1958", in *Physische Gewalt, Studien zur Geschichte der Neuzeit*, ed., Thomas Lindenberger & Alf Lüdtke, Frankfurt am Main, 1995, pp. 337~365.

에서 성인 여성에게 가해진 것은 따귀만이 아니었다는 점을 그녀들은 앞 다투어 이야기했다. 매주 드물지 않게 발생했던 성폭행도 이들의 이야기에서 빠지지 않았다.

이 인터뷰는 정치사회적으로 아주 대조적인 환경의 여성을 대상으로 삼았는데, 하층민 일상에서 남성 폭력이 만연했다는 공공연하고 자명한 사실을 입증해주었다. 두 가지 측면이 분명하게 드러났다.

첫째, 여성과 소녀에게 가해지는 폭력 행위를 구조적으로 살펴볼 수 있는 단서는 대도시의 싼 임대아파트에 거주하던 노동자 가족의 생활조건에 있었다. 예컨대 임금 봉투의 사용을 둘러싸고 매주 싸움이 있었으며, 현관과 다락방이 반쯤 노출되어 있고 화장실이 외부에 있어서 이웃이 위해를 가할 수 있었다. 둘째, 당사자들의 반응이 없었다. 말하자면 피해자 스스로, 혹은 옆집 사람을 통해서라도 고발하지 않으면, 다들 그냥 어깨만 으쓱하고 마는 무관심이 팽배했다.

7. 육체적 폭력의 일상화

상해를 입히고 죽음으로 몰고 가는 폭력이 공공연하게 '일상화'되는 과정은 이미 1920년대에 목격할 수 있었다. 1914년부터 1918년까지 진행된 제1차 세계대전에서 육체를 산산조각 낸 폭력의 일상성을 실제로 경험함으로써—혹은 이야기를 듣거나, 전쟁에 관한 사진을 보거나, 예술적인 변형을 통해 확인했다—많은 사람들에게 이 충격이 '정상적인' 것이 되었는데, 그들의 대응 과정은 최소한 세 가지 형태로 나타났다.

그 충격에 대한 반향, 대응, 수용의 첫 번째 형태는, 특히 에른스트 윙어가 강력히 제시했던 것처럼, 냉정하게 참고 극복하는 것을 영웅시하는 것이다. 그는 1932년 폭력에 참여하고 그것을 견디는 것을 일상적 삶과 생존의 특징으로—윙어가 '일상적 자유'라고 명명한 것의 전제 조건으로서—묘사했고, 그러한 인물형을 바로 '노동자'의 '게슈탈트'에서 찾았다.[23] 그에게는 이제 아주 강력하고 파멸적인 폭력이 일상을 벗어난 것이 아니라 오히려 일상의 특징으로 간주되었다.

그렇지만 전후에 만연한 육체의 파괴와 손상, 불구와 절단은 분명 정반대의 반응—이것이 두 번째 형태이다—도 야기했다. 곧 치유된 육체와 아름다운 형상은, 그것이 남자이든 여자이든, 1918/19년 이후에 벌어진 수많은 사회적·문화적·정치적 운동에서 상징세계를 지배했다. 반더포겔(Wandervogel)이나[24] 나체주의 문화(Freikörperkultur)는 1914년 이전에는 그저 조그마한 소집단에 불과했지만, 1920년대에는 대중운동으로 발전했다. 그리고 (정치적인) 좌파에서든 우파에서든, 프롤레타리아 이상형은 아마도 균형이 잡힌, 반쯤 혹은 전부 옷을 벗어던진 근육질의 젊은 육체였다. 남자든 여자든 상관 없었다. 그들의 매끈한 피부와 조화로운 얼굴은 더 나은 미래를 보여주었고, 일그러진 두개골과 절단된 몸통에 반대되는 모습이었다. 물론 '상이용사'는 1920년대에 거리에서 마주치는 일상이었다.

마지막으로 세 번째는 정당의 산하 단체에서 행사되는 폭력이었다. 이것이 전쟁의 경험이나 담론과 분리되는 것은 아니지만, 또한—1917년 러시아와 1918년 독일의 변혁으로 인해 촉발된—혁명에 대한 두려움과 아마도 강화된 '남성에 대한 환상'과도 무관하지 않았다.[25] 어쨌든 각 정당 소속의 산하단체,

---

23 Ernst Jünger, *Der Arbeiter, Herrschaft und Gestalt*, Stuttgart, 1982(1st ed. 1932).

24 [역자주] '철새'라는 뜻으로 자연과 조국에 대한 애정을 호소한 독일청년운동이다.

25 Klaus Theweleit, *Männerphantasien 1+2*, Reinbek, 1980.

곧 독일공산당의 붉은 전우단(Roter Frontkämpferbund), 나치당의 돌격대, 독일사회
민주당의 제국기치(Reichsbanner)—이 조직은 바이마르공화국을 반대한 게 아니
라 찬성했지만—등에서는 전쟁과 내란으로부터 시작된 야만화로 인해 육체
미를 강조하는 전투 단체가 힘을 얻었다.

8. 폭력 행위가 '훌륭한 노동'?

폭력의 정상화—그리고 '일상화'—에는 또 다른 영역이 존재했다. 제2차
세계대전 당시 군사우편에는(최소한 내가 관찰한 노동자 출신 군인이 보낸 편지에는)
그것이 항상 존재했다. 곧 군인과 노동자의 생활은 서로 비슷했으며, 결정적
인 부분조차 서로 바꾸어놓아도 무방할 정도였다. 필수적인 규율을 익히고,
오랫동안 단조로운 행위를 해야 했으며, 군사 행위, 다시 말해 적대자를 물리
치고 전멸시키는 것—말하자면 살인과 자원의 파괴—을 '훌륭한 노동'으로
평가했다.

민간인 시절에 라이프치히의 어느 공작기계업체에서 일했던 한 하사관
은 1943년 6월 16일에 동료에게 이렇게 말했다. 비행기로 바르샤바로 날아가
동료들이 수행했던 '완벽한 노동'—물론 여기서 의미하는 것은 유대인 게토
의 전멸이다—을 보았다고 말이다. 최소한 이렇게 보자면 '전쟁 노동'도 노동
에 포함되었다. 달리 말하자면, 폭력 동원, 폭력적 위협, 살해 혹은 고통을 가
하는 것이 노동으로 규정될 수 있었고, 그래서 의미가 있는 것으로, 최소한 필
요한 것이자 불가피한 것으로 경험될 수 있었다.

그렇지만 이것은 또한 게슈타포 남성 요원의 행동에서도 볼 수 있었다.
보조요원이나 새로운 (젊은) 사람이 게슈타포에 들어오면, 이들은 따귀와 구

타를 자기가 맡은 '노동'을 '아주 열심히 한' 증거로 여기지 않았던가? '완벽한 노동' 혹은 '독일품질노동'이라는 개념을 연상시킴으로써 폭력에 대한 동기를 이끌어내거나 그것을 정당화시키는 방편이 되었을 것이다. 그때 박수를 치거나 주먹을 쥐는 것은 그에 동의하고 스스로 용기를 내는 데 도움이 되었다. 그 소리가 크면 클수록, '장한 일'에 대한 효과도 그만큼 더 컸다!

9. 변화의 기회?

1990년대 중반에 독일 청소년을 대상으로 한 통계조사가 있었는데, 그때 설문지의 내용은 이들이 부모님에게서 가장 자주 받았던 두 가지 처벌이 무엇인가였다. 결과를 보면, 따귀가 텔레비전 시청불가보다 훨씬 더 자주 나타났다. 응답자의 80%가 최소한 가끔씩 따귀를 맞았다고 답했고, 60%는 텔레비전 시청불가라는 처벌을 받았다. 40%는 여전히 가끔 '호된 따귀'를 맞았다. 물론 허리띠나 매로 맞은 사람은 8%뿐이었다—그럼에도 30%는 '심한 매질'이라고 언급했다.[26]

할레(Halle)대학의 범죄학자인 부스만(Kai-D. Bussmann)은 새로 출판한 연구서에서 성인의 답변도 이와 비슷했다고 밝혔다. 자식을 키울 때 종종 따귀를 때렸다는 성인의 비율은 1960년대에서 2001년 사이에 70%에서 약 60%로 줄어들었다. 그렇지만 60%도 절반을 훌쩍 넘는 수치다. 이들은 따귀가 유용하며,

---

26 Kai-D. Bussmann, "Das Recht auf gewaltfreie Erziehung aus juristischer und empirischer Sicht", in Familie, Partnerschaft, Recht, 7/2002, pp. 289ff, 2002; Kai-D. Bussmann, Ergebnisse der Experten- und Elternstudie, Ms, Univeristät Halle-Wittenberg, September 2002; Die Woche und FORSA, Meinungen zur Kindererziehung, Umfrage 23. und 24. 07. 2001, Forsa Berlin.

어쨌거나 피해가 없고 무엇보다도 정당하다고 여기고 있었다.

끝으로, 폭력이 얼마나 쉽게 다른 폭력으로 전환되는지—혹은 그렇지 않은지—에 대해서는 답할 수 없다. 확실한 것은 수많은 상해와 살인의 행위는 결코 '조립된' 자동제어장치, 즉 하나의 폭력형태가 곧바로 다음의 폭력형태를 낳는 장치에서 나오는 직접적인 산물이 아니라는 것이다. 오히려 이것은 복잡한 상호작용을 거치기 때문에 개별적으로 구체적인 조사를 통해서만 알 수 있다. 1920년대와 1930년대에는 적과 아군의 구분법, 특히 '객관성'이라는 미명을 달고 나오는(가령 생물학을 동원했던 나치의 인종주의와 같은 것) 이러한 구분법이 기본적인 정당화를 제공했다. 반면, 일상적인 사고방식은 마찬가지로 중요하지만 자주 평가절하당했다. 그 가운데 하나가 '일을 잘하는 것'인데, 이는 맡은 바 업무를 솔선수범하여 면밀하게 처리하는 것을 뜻했다. 그렇게 솔선수범해야 한다고 강조하면서—따귀를 때리는 것처럼—욕설이나 벌을 주는 것도 주저하지 않도록 만들었다.

요점은 아마도 일상생활에서 하나의 폭력과 다른 폭력 사이에는 직접적인 연관성도 비연관성도 모두 명확하게 드러나지 않는다는 사실일 것이다. (따귀와 같은) 조롱하거나 상해를 입히는 폭력이 살인적인 폭력과 어떻게 관련되어 있는지—혹은 그렇지 않은지—에 대해서는 답하기 어렵다. 그렇지만 첫째, 면밀하게 관찰하면 '사소한 폭력'은 결코 작지 않으며, 당하는 사람에게 그것은 항상 폭력일 따름이다. 그리고 둘째, 예컨대 한스 요아스(Hans Joas)가 11월 12일 강연에서 강조했듯이,[27] (전쟁이나 노예제의) 수많은 폭력을 접하다 보면 커다란 충격이 무뎌지기도 하지만, 조용한 일상에서는 그 효과가 발휘될 수

---

27 [역자주] 뤼트케는 2002년 12월 3일에 이 강연을 했고, 그에 앞서 11월 12일에 한스 요아스가 〈폭력, 인간의 품위, 그리고 이해〉라는 강연을 했다.

없었다. 왜냐하면 전쟁의 가해자가 '당연한 듯이' 실행한 '사소한 폭력'이 분명 사라지지 않았기 때문이다—곧 이것은 문화적으로 널리 용인되었고, 지금도 그런 것처럼 보인다.

'사소한 폭력'에 대한 이러한 시각이 또한 보여주는 바는 모든 폭력에는 가해자가 혼자이든 여럿이든 있기 마련이라는 사실이다. 그것을 '행하는' 누군가가, 한 사람이든 여러 사람이든, 남자든 여자든 항상 존재한다. 때문에 폭력이 자동으로 일어난다는 주장은 어불성설이고, 소위 틀에 박힌 듯이 일어나지도 않는다. 모든 움직임은 누군가에 의해 실행되는 것이다. 손과 발이 '저절로' 때리는 법은 결코 없다!

국가에 대한 사랑, 권위에 대한 애착
—20세기 유럽적 맥락에서 본 대중참여정치

사람이 지배나 지배자를 갈망하거나 최소한 이들을 반기는 느낌이란 무엇일까?[01] 다수의 정치적 관행이 표현하는 바를 지배자들이 더 민감하게 받아들이도록 하려면, 대중정치의 개념을 어떻게 다시 설정해야 할까? 다른 말로 하자면, 나치즘과 제2차 세계대전처럼 거대한 현상에서 정치적 주체인 대중 집단을 단순히 법적으로 따르게 하는 것이 아니라 정치적으로 함께 지배하고자 한다면, 이들 대중에 대한 정치적 견해는 어떤 것이어야 할까?

1. 정치적 지배: 감정이 배제된 행위?

근대성을 분석할 때, 사물과 사람을 모두 '하나로 묶어서 정리하는' 방식

---

01 나는 '느낌(feeling)'이라는 용어가 감각적인 차원을 강조하는 반면 '감정(emotion)'은 느낌을 의미로 전화시키는 문화적 코드를 강조하는 것으로 보기 때문에 전자를 선호한다. 여하튼 나는 이 두 용어가 서로 배타적이지는 않지만, 동일한 문제나 '일', 실천의 서로 다른 측면을 드러내는 것으로 여긴다. 하지만 감정이라는 용어는 구체적으로 감지하는 틀보다는 특히 이론화의 틀에 집중한 것으로 보인다. 그러므로 감정은 느낌을 이론적으로 굴절시킨 셈이다.

과 노력에 관심이 크게 집중된다. 그 누구보다 마르크스(Karl Marx)와 베버(Max Weber)가 서로의 근본적 차이에도 불구하고 공통적으로 그것을 추구했고, 그렇게 정리하는 과정의 폭발적인 역동성을 강조했다. 두 사람이 보기에, 그 과정을 추동하거나 최소한 정당화시키는 것은 '합리화'에 대한 요구였고, 그 필연적인 결과는 다름 아닌 자기 이익을 '냉정하게' 추구해야 한다는 자각이었다.[02]

이들의 견해에 따르면, '다수'는 순응하는 것 외에 별다른 도리가 없다.[03] 따라서 국가의 제도화는 권력을 행사하고 징벌업무를 관장하는 것이다. 그렇다면 권력을 행사하는 주체는 과연 누구인가? 지배계급일까, 아니면 겉으로 드러나지 않은 익명의 합리화나 '시장(市場)'의 필요성일까? 어떤 경우든 모두 위반자에게 강력한 위협을 가하거나 잔인하게 무력을 적용했다. 그러므로 강력한 제재를 받았던 경험(그리고 그렇게 될 것이라는 예상)으로 인해 '지배받는 사람'은 자신의 운명을 받아들였다.

그렇지만 막스 베버는 지배당하는 사람을 완전히 수동적인 존재로 보지는 않았다. 비록 그가 강조하지는 않았지만, '지배당하는 사람' 스스로 행하는 능동적인 기여가 중요하다는 점을 암시했다. 그들의 '순응(Fügsamkeit)'을 통해

---

02 마르크스는 일의 수행을 다른 방식으로 언급했다. 여기에는 '산 노동(living labour)'과 그에 따른 '노동의 불(fire of labour)'을 가리키는 용어도 포함된다. Karl Marx, *Das Kapital*, vol. 1, (1867/1890), Berlin: Dietz, 1965, p. 198, p. 445. 막스 베버의 경우, 사람을 노동하도록 이끌거나 그것을 방해하는 것은 특수한 종교적 동기와 '윤리'였다. 그렇지만 그에 따르면, '윤리'는 계산하는 감각을 낳기 때문에 감성의 차원보다는 인식의 차원에서 작동한다. Max Weber, *The Protestant Ethic and the Spirit of Capitalism*, (1904/1905), London: Routledge, 1992, pp. 13~38, 102~125.

03 '다수'는 '명령할 높은' 위치에 있는 사람이 아니라 그보다 아래, 혹은 그 너머나 그 바깥에 존재하며 활동하거나 인지하는 사람을 지칭한다. 나는 사회적 위치나 기능의 분류에 따른 '대중'이나 '일반' 사람이라는 용어가 종종 의미를 잘못 전달하기 때문에 이 용어를 사용하고자 한다. 게다가 '다수'라는 단어는 또한 강력한 응집력이 있는 집단조차도 개인으로 이루어졌다는 점, 곧 개인이 함께하고, 움직이며, 함께 '버틴다'는 사실을 환기시킨다.

서만 지배가 가능하고, 지배를 보장해주기 때문에 그들의 능동적 기여가 중요하다는 것이었다. 순응이라는 말은 곧 다른 방식의 가능성이 있다는 것, 사람은 지배자의 요구에 고개를 숙이고 거기에 '스스로를 맞추려고' 하지 않을 것이라는 의미이다. 여하튼 원래 무엇인가 다른 것을 지향했기 때문에, '순응적'이라든지 혹은 '맞추려고'라는 말을 사용한다. 곧 '다수'는 지배자의 요구에 고개를 숙이지 않으며 그에게 '맞추려고' 하지 않는다. 베버의 요점은 무엇보다도 사람은 순응하고 싶지 않은 이성과 느낌을 따르는 경향을 갖고 있다는 점이다.

일반적으로 정치에서 그리고 특히 근대국가의 등장에서, 인간의 느낌이 근본적이라는 에른스트 카씨러(Ernst Cassirer)의 주장은 1930년대의 맥락에서 확연히 유일하게 돋보인다.[04] 그에 따르면, 근대국가를 '만든' 것은 바로 다수의 긍정적인 느낌이었다. 무엇보다도 그들이 국가에 대해 긍정적인 느낌을 갖고 있었기에, 국가 혹은 국가의 대리자는 우선 국민에게 물질적 혹은 도덕적 이바지를 요구했다. 또한 이러한 다수의 느낌이 국가에게는 아주 절실하게 필요했기 때문에, 국가는 제례를 통해 그 느낌을 자극하거나 보존했다. 다만 우리가 고려해야 하는 사실은, 카씨러가 이런 견해를 제시했을 때 그는 이미 나치 독일을 피해 미국으로 이주했었다는 점이다. 그래서 그는 당연히 파시즘과 스탈린주의 못지않게 뉴딜 민주주의의 분위기와 그 자장(磁場) 속에서 움직였다. 물론 그의 분석은 이들 여러 체제 가운데 어느 하나에 집중하지 않았다. 오히려 반대로 그는 더 근본적인 질문, 곧 대중이 근대국가에 보내는 지지의 역동성에 관심을 갖고 있었다. 그에 따르면, 이 역동성은 근대국가가 공

---

04 Ernst Cassirer, *Der Mythos des Staates. Philosophische Grundlagen politischen Verhaltens*[1949], Frankfurt am Main: Fischer, 1985, pp. 234ff, 346ff, 360ff. 특히 p. 377, "현재 거대한 대중을 움직이는 (…) 상상력의 힘"에 대한 것을 보라.

공복지를 위한 재원을 개개인에게 분배해주기 때문에 생겼다. 이런 분석을 통해 그는 민주정과 독재 사이의 차이를 극복했다. 이 두 정치체제는 모두 굳건한 토대를 갖추고 있었지만 도덕적으로 논란이 많았다. 바로 여기에서 카씨러는 '신화'에 관심을 돌렸고, 거기에서 합리성과 감성의 이분법을 약화시키는 논리를 찾아냈다.

이와 비슷한 시기에 나치즘을 벗어난 다른 망명객이 감정의 영역에 관심을 쏟고 감정이 당시 그 정치적 파국에서 행한 역할에 주목했다. 발터 벤야민(Walter Benjamin)은 중세의 예술작품에 대한 한 에세이의 말미에서 독일 파시즘의 주요 특징을 거론했다. 비록 파시스트는 "사람들의 권리를 빼앗았지만", 그럼에도 불구하고 "사람들이 표현하는 것"은 용인했다는 것이다.[05] 물론 벤야민은 느낌을 '표현'할 수 있다고 해서 권리나 이해관계가 보장된 것은 아니라고 생각했다. 독일 파시즘은 표현을 통해 국가에 대한 참여가 허용되었다고 주장했지만, 그것이야말로 그러한 주장에 본질이 빠져 있다는 명백한 증거라고 벤야민은 보았다.

그러나 이를 달리 볼 수는 없을까? 벤야민과 동시대인인 카씨러는 정치참여라는 개념 대신 다른 대안이 가능하다는 점을 시사했다. 그는 근대성이라는 널리 퍼진 개념에 따르면 참여는 각성과 합리화에 따라 움직이는 것이라 '감정적인 것'이 배제됨으로써, 정치참여라는 개념이 갖는 의미도 이미 근본적으로 축소되었을 것이라고 주장했다.

벤야민이 제시한 설명과는 반대로, 당시 '다수'는 자신이 살고 있던 특정한 맥락에 필요한 전망을 나치즘에서 발견했을지도 모른다. 자신과 다른 사

---

05 Walter Benjamin, *Das Kunstwerk im Zeitalter seiner technischen Reproduzierbarkeit*, (1935), in *Gesammelte Schriften*, vols. 1/2, Frankfurt am Main: Suhrkampf, 1974, pp. 431~469. 인용구는 p. 467.

7장 국가에 대한 사랑, 권위에 대한 애착 203

람이 품고 있던 감정을 아주 크게 표현하거나 표출했다는 점에서 말이다. 내가 보기에, 이러한 느낌 가운데 국가와 권위에 대한 사랑이 두드러진다. 당시에는 혁명적이면서도 동시에 해방감을 경험할 수 있는 특정한 맥락과 더욱 보편적인 상황이 존재했고, 이로 인해 국가에 대한 사랑이 공식적이지는 않았지만 공공연하게 표출되었다. 다음에서 나는 그것을 보여주는 상징적 형태의 장기지속(longue durée)을 추적하여 단기간의 상황적 관행과 연결시키고자 한다. 실제의 느낌과 그것이 '충전되는' 차원이 어떻게 생성되는지를 가능한 한 정밀하게 추적하는 것이 이 글의 목적이다.

2. '사랑'이라는 문화적 코드

'사랑'은 구체적인 역사적 배경과 시간대 속에서 생산되고 재생산되는 문화적 코드이다. 20세기 전반기에 사랑의 코드는 위험이나 손실의 가능성을 무릅쓰고 다른 사람에 대한 강렬한 개인적 집착과 그(혹은 그녀)의 안녕을 염려하는 느낌을 말했다. 이러한 '사랑'의 개념, 그리고 그에 대한 영상이나 이미지가 여러 세대에 걸쳐 작동되었기 때문에, 사랑에 대한 장기적·단기적인 여러 규정이 서로 접촉하게 되었다. 사랑의 세 가지 개념은 각자 독자적으로 등장하여 20세기의 맥락에서 서로 강화시켜준 것처럼 보이는데, 이를 고찰해보자.

첫째, 18세기 프랑스 귀족 가문에서 생겨나 부르주아 집안에까지 퍼진 배우자 사이의 감상적인 사랑(sentimental love)이다. '감상적인 사랑'이란 동등한 사람들 사이의 관계를 말하는 것으로 양자 사이에 느낌이 오가야 한다. 동등자의 관계라는 점에서 이것은 특이하게도 18세기 말과 19세기 초에 정치적 견해와 활동을 촉진시킨 측면이 있다.[06] 느낌과 감정의 매력과 역동성을 논할 때는 그 사회적·정치적 측면도 염두에 두어야 한다. 그러나 나는 이 글의 맥락상 동등하지 않은—혹은 동등하지 않은 것으로 간주되는—사람들 사이에 존재하는 느낌과 관계에 집중할 생각이다. 둘째, 폭력적인 간섭과 교육적인 규제라는 이중적인 형태를 띠게 되는 '아버지 국가(Father State)'라는 형태의 사랑이다. 이것은 18세기에 '경찰'이라는 이름 아래서, 비록 한결같지는 않았지만 추동력을 받았다. 프랑스에서 경찰이 강력한 형태를 갖추자, 다른 유럽 국가와 공국도 이를 뒤따랐다.[07] 셋째는 일에 대한 집착인데, 이러한 형태의 사랑은 노동을 통해 추구된다.

1) '아버지 국가'

독일 지역에서 국가의 개념과 관습은 18세기를 배경으로 발전했는데, 그 발전 경로는 두 방향이었고 내적으로 서로 연관되어 있었다.

그중 한 가지는 국민의 '안전' 시설을 강조했던 반면, 다른 하나는 국민의 생활 개선과 복지에 초점을 맞추었다. 이것을 시행하는 그림 안내서나 지침서에서, 군주(君主)란 형이상학적으로 '아버지'로 묘사되었다. 그것은 생존은 물론이고, 더 나아가 '좋은 삶'이 무엇인지 깨우쳐주고 보장해주는 사람이라는 의미였다. 따라서 이러한 일반적인 요구와 목적에 따라 국민을 경찰(警察)

---

06 William M. Reddy, "Sentimentalism and its Erasure. The Role of Emotions in the Era of the French Revolution", *Journal of Modern History* 72, 2000, pp. 109~152.

07 Achim Landwehr, *Policey im Alltag. Die Implementation frühneuzeitlicher Policeyordnung in Leonberg*, Frankfurt am Main: Klostermann, 2000; Georg Schälter, *Polizei und soziale Ordnung in Paris. Zur Entstehung und Durchsetzung von Normen im städtischen Alltag des Ancien Régime (1697~1715)*, Frankfurt am Main: Klostermann, 2004; Alf Lüdtke, *Police and State in Prussia*, Cambridge University Press, 1989.

하는 것이 국가와 국정 담당자의 주된 업무로 정당화되었다.[08] 게다가 대다수 백성이 감정상 요구하고 염원하는 것도 이러한 두 가지 방향성에서 정해졌다. 물론 이러한 요구나 희구의 강도는 시대, 사회 집단, 무엇보다도 인생 주기, 나이(혹은 세대)와 성별에 따라 크게 달랐다.

투사된 것이건 은유된 것이건, '아버지'라는 이미지는 몇몇 영역에서 반향을 불러일으켰다. 종교 영역에서는 아버지의 이미지가 잘 활용되었다. 16세기와 17세기에 종교전쟁과 종파갈등이라는 맥락 속에서, 사람들은 계속해서 '아버지'로서 신을 찾았다. '하느님'은 은총을 내려주고, 사랑과 권능이라는 '하느님의 일체성'을 훼손하는 부도덕한 행동과 세속적인 죄에 대해서는 벌을 내리고 회개를 요구하는 존재였다.

따라서 군주의 권위도 이러한 신의 권리에 참여할 수 있었다. 그 결과 구현된 것이 중세 말과 근대 초에 널리 받아들여진 '왕의 두 신체(the King's two bodies)'라는 개념이다.[09] 그에 따르면, 왕은 두 가지 신체로 동시에 존재하는데, 하나는 신의 은총을 재현하는 것이고 다른 하나는 세속적인 권능을 구체화한 것이다. 이 양자는 나라의 주인인 왕의 육신에서 그 육신에 의해 통합된다. 그러므로 세속적인 신체는 사라지지만, 신성을 표시하는 신체는 그대로 불가침으로 남는다. 이렇게 생각하는 방식은 종교개혁으로도 멈추지 않았다. 최소한 중부 유럽에서는 교회(이제는 개신교)의 주인이 해야 할 직무가 군주(백작, 공작, 혹은 왕으로서)의 신체를 통해 왕국 주인의 직무와 통합되었다. 그 대가로 국민이 요구한 것은 전쟁이나 전염병 시기에 자신의 안녕 혹은 최소한 생

---

08 Herfried Münkler, *Im Namen des Staates. Die Begründung der Staatsraison in der frühen Neuzeit*, Frankfurt am Main: Fischer, 1987.

09 Ernst H. Kantorowicz, *The King's Two Bodies. A Study in Medieval Political Theology*, Princeton, NJ: Princeton University Press, 1957; Louis Marin, *Le Portrait du roi*, Paris: Les Éditions de Minuit, 1981. 16세기와 17세기에 대해서는 다음 책을 보라. Peter Burke, *The Fabrication of Louis XIV*, New Haven: Yale University Press, 1992.

존을 위한 장치였다. 특히 '30년전쟁'으로 가중되었던 심각한 혼란을 겪자, 사람들은 분명 규범에서 벗어난 비정상적인 사람을 제재하는 조치를 더 잘 받아들일 자세를 갖추게 되었다. 여기에는 사형으로 그들의 세속적 존재에 종지부를 찍으려는 위협도 포함되었다.[10] 당시에는 주로 체형이었지만 사형도 실제 행해지고 있었기 때문에 이러한 위협이 효과적이었다.[11]

군주와 그의 대리자(경찰이나 교사, 혹은 유럽대륙의 여러 국가들에서 목사)는 그때까지와 달리 훨씬 더 일상적인 방식으로 '부성(父性)'을 표현했다. **가장**(Hausvater)이란 그의 가계(家計), 곧 **총체적 가정**(ganzes Haus)의[12] 책임자였으며, 따라서 자신이 양육하고 생계를 책임진 이들을 '교화(敎化)'하는 데 열심이었다. 교화란 강제를 통한 개선을 의미했고, 그 실행은 사람들의 일상생활에 영향을 미쳤을 뿐만 아니라 그것과 복잡하게 얽히게 되었다. 이는 폭력을 통해 그리고 광범위한 상징적이고 물질적인 제제나 보상을 통해 구현되었다. 이는 곧 채찍과 당근의 체제였다.[13]

물론 '자식'은 '아버지 국가'에 형이상학적으로뿐만 아니라 실제 일상에서도 순종했지만, 그래도 일종의 완고함이나 자기의지(혹은 **아집**Eigensinn)가 아

---

10 Pieter Spierenburg ed., *The Emergence of Carceral Institutions. Prisons, Galleys and Lunatic Asylums 1550~1900*, Rotterdam: Erasmus Universiteit, 1984. 이 책의 관점은 미셸 푸코(Michel Foucault)가 강조한 공권력의 전환, 곧 직접적인 육체적 강제로부터 순응을 '만들어내는' 수단으로 전환한다는 것과 일치하면서도 또한 다르다. 그 결과 '일련의 신체, 외관, 눈빛, 그리고 시선'이 합쳐지고(독일어판 Foucault ed., *Überwachen und Strafen*, Frankfurt, 1977, p. 259) 모든 이의 신체를 세심한 (자기)규율로 다스리게 되면서, 하나의 규율방식, 더 일반적으로는 '폭력의 미시물리학'이 형성된다. Foucault, 독일어판, p. 207, 주6번도 참조하라.

11 Richard Evans, *Rituals of Retribution. Capital Punishment in Germany, 1600~1987*, Oxford: Oxford University Press, 1996.

12 [역자주] 오토 브루너(Otto Brunner)는 17~18세기 가정학에 대한 문헌을 바탕으로 집안의 생계를 중시하면서 시장과 관계가 먼 가계(家計)의 기능을 확인하여 '집안에서 벌어지는 모든 대소사'를 '총체적 가정(ganzes Haus)'이라고 지칭했다. 이는 하인을 포함한 핵가족으로 구성되고 경제적 생산, 소비, 자식 양육, 노인과 병자의 봉양, 세속과 종교의 규범을 전달하는 기능을 수행했다.

13 Alf Lüdtke, "'Sicherheit' und 'Wohlfahrt'", *'Sicherheit' und 'Wohlfahrt', Polizei, Gesellschaft und Herrschaft im 19. und 20. Jahrhundert*, Frankfurt am Main: Suhrkampf, 1992, pp. 7~33, 특히 pp. 12~22를 보라.

에 없지는 않았다. 이와 관련해 이들이 국가에 헌신한 것은 아니더라도 다양한 형태로 국가를 수용했음이 여러 사례에서 발견된다. 그렇지만 이러한 수용과 헌신도 전쟁 시기에는 다시 검증을 받아야 했다. 그러므로 중요한 것은 청춘 남녀가 전쟁의 수행에 참여하여 목숨까지 걸고 싸우고자 했던 그 감성이 무엇이었는지를 추적하는 일이다.

1960년대와 1970년대의 얄팍한 근대화 이론을 제공한 국가 형성이라는 단선적 개념으로 되돌아가지 않기 위해서는, 국가라는 존재의 이러한 특별한 모습이 어떻게 출현했는지를 아주 면밀하게 검토하는 것이 중요하다.[14] 이를 위해 나는 여기에서 20세기에만 초점을 맞추어, 비상국가 체제가 국민과 (자기)동원의 형태에 끼친 영향을 살필 것이다. 그러므로 양차 세계대전이 우리 논의의 핵심이다. 그러나 볼셰비즘과 같은 독재체제나 이탈리아나 독일의 서로 다른 파시즘 치하에서는 국민이 자신의 의무를 단순히 수용하거나 충실히 수행하는 데 그치지 않고 그 이상을 했던 경우도 있다. 그러한 국가의 국민 대다수는 계급, 젠더, 연령을 막론하고 자신의 의무를 '회피하지' 않았고, 오히려 헌신적으로 열성을 다해 '수행'했다.[15] 여기서 주목할 것은 **그들 행위의 강도**(强度)이다. 시민단체나 국가와 자치단체기관—물론 이들 기관의 산하 구성원을 포함하여—은 말할 것도 없고, 개인까지도 '선한 대의(大義)'에 해로운 것으로 의심되거나 실제 그렇다면 이를 신고함으로써, 관헌 당국에 지지와 호감을 보여주었다. 다른 말로 하자면 이들은 이웃이나 동료, 친구에 대

---

14 Charles Tilly ed., *The Formation of National States in Western Europe*, Princeton, NJ: Princeton University Press, 1975; Peter B. Evans, *Bringing the State Back In*, Cambridge: Cambridge University Press, 1985. 이와 대조적으로 패리 앤더슨 (Perry Anderson)의 『절대주의 국가의 계보(Lineages of the Absolutist State)』(London: New Left Books, 1974)는 유럽대륙에 역사적으로 남아 있는 두 가지 다른 궤적을 추적함으로써 국가의 원형이 어떻게 변형되는지를 보여주었다.

15 이것들을 예컨대 미국의 뉴딜(New Deal)과 같은 다른 배경과 비교한 것에 대해서는 다음을 보라. Wolfgang Schivelbusch, *Entfernte Verwandtschaft. Faschismus, Nationalsozialismus, New Deal, 1933~1945*, Munich: Hanser, 2005.

한 정보를 알아내서 그 '정보'를 직장 상사나 정보기관 요원에게 보냈다.[16]

1930년대에 특히 게슈타포에서는 투서나 '밀고'가 성행했다. 지부 사무장은 자신이 받은 투서가 너무 많고 너무 사소하다고 줄곧 불평했다. 그 결과, 그들은 심지어 공공대중에게 그런 투서를 제출할 때 신중하거나 자제하라고 알리는 등 이들의 행위를 말리기까지 했다. 경찰 요원은 '정치적' 문제나 혹은 있을지도 모르는 위험성을 경고하기 위해 탐문했지만, 투서가 순전히 '사적인' 동기에서 비롯되어 사건이 변질된 경우도 비일비재했다. 이들이 접수한 투서 가운데 상당량(그 비율은 30~60% 사이를 오갔다)에서 이웃끼리 혹은 한집 안 내에서 일어난 갈등이 주된 이유였다.[17]

그럼에도 불구하고 투서를 작성하고 제출하는 관행이 보여주는 사실은 그 일을 한 사람들이 국가에 대한 느낌이나 열망을 갖고 있다는 점이다. 이들의 열망 가운데 하나는 '질서'의 유지와 복원에 대한 것이었다. 사람들은 전쟁의 부담을 더 공평하게 나눌 것도 요구했다. 예컨대 '전선에서' 군복무를 회피한 것으로 보이는 경우(우리는 그 사례를 제1차 세계대전 중에 오스트리아 빈에서 주로 징집된 병사의 부인이나 혹은 이웃 여성이 작성하여 경찰에 제출한 편지에서 발견할 수 있다)와 제2차 세계대전 때 일어났던 비슷한 경우가 그러했다. 이들의 요구는 이웃과 다른 사람이 '몸담고' 있던 활동에서 물건을 빼돌리거나 사기를 치는 사람은 벌을 받아야 한다는 것이었다. 우리가 여기서 볼 수 있는 것은 독특한 '대중의 도덕경제'가 갖고 있는 한 단면이다.

---

16 Robert Gellately, *The Gestapo and German Society. Enforcing Racial Policy 1933~1945*, Oxford: Clarendon, 1992. 또한 더 회의적인 입장의 다음 책을 참조하라. Eric A. Johnson, *Nazi Terror, The Gestapo, Jews and Ordinary Germans*, New York, NY: Basic Books, 2000.

17 Bernward Dörner, "Alltagsterror und Denunziation", in *Alltagskultur, Subjektivität und Geschichte, Zur Theorie und Praxis von Alltagsgeschichte*, ed., by Berliner Geschichtswerkstatt, Münster: Westfälisches Dampfboot, 1994, pp. 254~271, 특히 p. 253을 참조하라.

공통된 대의에 참여하려는 열망 때문만이 아니라, **황제나**—여러 점에서 황제와 다르지만— 미천한 출신으로 영도자의 지위까지 오른 **총통**에 대한 애정을 보여주려는 의도 또한 이런 행위를 부추겼지만, 어느 정도로 그랬는지를 파악하기란 더욱 어렵다.

물론 다른 관행을 고려하는 것도 필요하다. 밀고란 당국과 그 종사자에 대한 믿음이나 지지를 보여주는 주요한 활동 분야였다. 나치 체제의 경우, 이렇게 일선 현장에 참여한 사례를 당지구책임자(Blockwart)[18] 수십만 명의 활동에서 찾을 수 있다. 이들은 감시의 눈을 게을리하지 않았고, 때로는 이웃 주민의 사생활을 '염탐'하거나 침해하면서 관찰한 것들, 중요하다고 생각한 것들을 '고위층'에 보고했다.[19]

덧붙여, 학자들이 지금까지보다 더 진지하게 주목할 만한 것은 민족공동체(Volksgemeinschaft) 행사이다. 이것은 주기적으로 떠들썩하게 치러졌는데, 그 범위와 인기가 어느 정도였는지가 우리의 관심사다. 예컨대 흥미로운 것은 구술사에서 '일요일 일품요리(Eintopfsonntag)'를[20] 회상할 때는 당혹감을 표시하면

---

18 [역자주] 나치당의 지역 책임자로 상근은 아니었지만 대략 40가구에서 60가구를 담당하고 있었다. 아리안족 출신임을 입증해야 했고 히틀러에게 충성을 맹세했다. 대략 20만 명으로 추산되고 이들을 돕는 보조원까지 합치면 약 50만 명에 육박했다.

19 Hans Mommsen and Dieter Obst, "Die Reaktion der deutschen Bevölkerung auf die Verfolgung der Juden 1933~1943", in *Herrschaftsalltag im Dritten Reich, Studien und Texte*, ed., Hans Mommsen, Düsseldorf: Schwann, 1988, pp. 374~426; Detlef Schmiechen-Ackermann, "Der 'Blockwart'. Die unteren Parteifunktionäre im nationalsozialistischen Terror- und Überwachungsapparat", *Vierteljahrshefte für Zeitgeschichte* 48, 2000, pp. 575~602.

20 이 용어(문자 그대로 해석하면 찌개처럼 한 그릇에 담아낸 음식을 일요일에 내놓는다는 뜻이다—역자)는 주중이 아닌 주말에 간소한 음식을 전국적으로 먹었던 것을 지칭한다. 이 전시행정(행정이라기보다는 캠페인이었지만)은 1930년대에 나치 독일의 언론에 널리 선전되었고, 1985년 여름 카셀(Kassel)에서 내가 헨셸(Henschel)기업의 은퇴한 공작기계 노동자와 했던 구술 인터뷰에서도—비록 그들이 꺼리긴 했지만—언급되었다. 이들은 1938년 즈음에 십대였거나 이십대 초반이었다. 대다수는 빙그레 웃으면서, 그렇지만 상세하게 각각의 찌개에 대해—혹은 그것을 피하려고 했던 노력에 대해—느꼈던 분노, 그리고 적지 않은 기쁨과 안도감이 뒤섞인 감정에 대해 골똘히 생각했다. 이들 인터뷰 내용을 담은 테이프는 괴팅겐 막스 플랑크 역사연구소(Max-Planck-Institute for History)에 있는 나의 연구 기록물에 보관되어 있다.

서도 즐거워했다는 점이다. 이에 대한 나의 독해(讀解)는 이렇다. 이들 기억에 당혹감과 불신감이 뒤섞여 있다는 것은 이 의례적인 행사를 강요당했거나 내키지 않는데도 수용할 수밖에 없었던 것 이상의 강렬한 뭔가가 작용했다는 사실을 말해준다. 이와 비슷한 현상은 1935/36년 파시즘 치하의 이탈리아에서 결혼반지를 국가에 기부했던 대대적인 행사에서도 찾아볼 수 있다.[21]

2) 노동과 감정에 나타난 독일인의 자부심

또 다른 차원에서 권위에 대한 애착심을 부추긴 것은 독일인의 노동이 타의 추종을 불허할 정도로 우수하다는 이미지였다. 이 이미지는 1914년 이전에 형성되었는데, 독일이 건조한 대서양 횡단 증기선이 **푸른 리본**을[22] 획득한 데서 잘 드러났다. 이렇게 뛰어난 '독일인의 장인정신'은 전함을 건조하는 데도 유감없이 발휘되어, 당시 대양을 주름잡고 있던 영국 함선의 우수성에 도전장을 내밀 정도였다. 마찬가지로 독일 도시를 밝힌 전등과 체펠린(Zeppelin) 비행선 열풍도 이들의 자부심을 자극했다. 이들의 자부심을 극도로 끌어올린 것은 제1차 세계대전 중의 군사기술이었다. 전함이건 상선이건 가릴 것 없이 어뢰로 격침시키는 잠수함, 엄청나게 먼 곳에서 파리에 포격을 가하는 대포, 어떤 장갑판이라도 뚫을 수 있었던 엄청난 직경의 곡사포 '베르타 거포(巨砲)'(Dicke Bertha, 이 명칭은 세계적으로 유명한 독일의 군수기업을 소유했던 크룹Krupp 가문의 상속녀 이름에서 따왔다)가 바로 그것이었다. 이 대포와 선박은 우방 및 적대 국가에게 '독일품질노동'이 평화 시에는 유용한 도구를 생산하고 전쟁 시기에는

---

21 Petra Terhoeven, *Liebespfand fürs Vaterland. Krieg, Geschlecht und faschistische Nation in der italienische Gold- und Ehringsammlung 1935~36*, Tübingen: Max Niemeyer, 2003.

22 [역자주] 우수한 품질을 상징하는 말로서, 원래 대서양을 가장 빨리 횡단하는 선박에게 수여하는 상에서 나왔다.

가장 파괴적인 무기를 만드는 데 완전히 적합하다는 점을 입증했다.

이러한 성취를 칭찬하는 사진과 이야기가 신문과 잡지를 가득 채웠고, 마찬가지로 자부심을 북돋는 영화도 독일 전역에서 상영되었다. 그렇다고 해서 그러한 자부심을 키운 자양분이 도시민(과 여성)을 실제로 먹여 살린 건 아니었다. 당시 도시민은 돼지를 대규모로 도살해야 했던[23] 1915년 초부터 기본 식량의 부족으로 굶주림에 시달려온 상태였고, 1916/17년에 닥친 소위 '양배추 겨울(cabbage winter)'에는[24] 상황이 더욱 악화되었다. 후방에서 온 편지에는 궁핍을 겪는 '다수'의 고통, 때로는 분노가 담겨 있었다.[25]

그렇다고 당시 사람들이 고통이나 분노만 느꼈던 것은 아니었다. 병사들은 아내, 부모, 혹은 약혼녀와 주고받은 편지에서 여전히 자기 땅을 결연하게 지키겠다는 느낌은 물론이고 심지어 자부심까지 드러냈다. 사람들은 황제나 '측근 고위층'에 대해 투덜대거나 저주를 퍼붓기도 했지만, 동시에 역경의 시기를 나름대로 극복할 수 있다는 믿음을 공유했다. 물론 이런 느낌들은 모두 자제되어 표현되었다. 공식적인 자리에서 그것은 억눌린 채 있었고, 복도에서 나누는 환담과 같은 반(半)공식적인 자리나 친척 혹은 사랑하는 사람들과 나누는 대화에서나 명확히 표출되었다. 그러니 이들의 감정이 잘 표현된 곳은 떠들썩한 행사가 아니라 개인적인 태도와 상징적 표현, 행동이었다. 다른 말로 하자면, 편지를 보내면서 상대방의 추억의 입맛, 느낌, 냄새를 되살리기 위해 집에서 만든 쿠키나 수제 스타킹, 케이크가 담긴 보따리를 동봉했다

---

23 [역자주] 1915년 봄 독일 정부는 식량으로 사용하기 위해 돼지 도살을 명령했다.

24 [역자주] 양배추 국으로 배를 채울 수밖에 없었다는 의미로 이 용어를 사용했지만, 원래는 요리할 때 감자가 부족해서 대신 순무를 사용했다고 해서 '순무겨울(turnip winter)'로도 알려져 있다.

25 Belinda Davis, *Home Fires Burning. Food, Politics and Everyday Life in World War I in Berlin*, Chapel Hill, NC: University of North Carolina Press, 2000; *"Zieh' Dich warm an!" Soldatenpost und Heimatbriefe aus zwei Weltkriegen, Chronik einer Familie*, ed., Frank Schumann, Berlin: Verlag Neues Leben, 1989.

는 점이 중요했다. 이렇게 감정을 표시하는 방식은 다른 일상생활 영역에서도 마찬가지였다. 어느 곳에서나 하는 일이 비슷하면 업무—이 경우는 사람의 관계를 다루는 일이었다—를 처리하는 방식에서 숙련도가 감정을 좌우하는 원천이었다. 공장에서 도구(기계)를 조작하거나 감자를 수확하는 데 필요한 관심과 노력도 마찬가지다. 이러한 행위는 또한 참호에서 기관총을 쏘거나 특수부대 작전에 참여하는 것과도 얼마간 유사성이 있었다. 결국 자신이 일하는 환경과 상관없이, 중요한 것은 자기 업무에 대한 몰두와 헌신이었고, 이것이야말로 일이 돌아가게 하는 자극제였다.[26]

배경, 계급, 심지어 세대가 달라도 19세기 말부터 사람들은 점차 '독일품질노동'을 언급하기 시작했다.[27] 이들 품질노동의 옹호자는 독일 생산품의 우수한 경쟁력을 널리 전파하려는 속셈이었지만, 믿을 만한 대다수 전문가의 판단에 따르면 당시로서는 그렇게 우수한 것도 아니었다고 한다. 그럼에도 노동자들은 기꺼이 그런 주장을 수용하고자 했다. 자신이 날마다 작업장에서 쏟아내는 노동, 땀, 노력을 인정해주는 홍보효과를 의식했기 때문이다. 그러니 더 폭넓은 공공여론이 결국 이들의 기술과 직업에 대한 헌신과 '명예'를

---

26 1918년 봄 독일군이 와해되기 시작한 때를 틈타 마침내 탈영을 감행했던 도미니크 리헤르트(Dominik Richert) 같은 사람조차, 군대 생활과 전쟁 수행 모두에 대해 비록 즐거움까지는 아니더라도 만족감(탈영하기 전에 경험했던 느낌이지만)을 느꼈다고 언급했다. Dominik Richert, *Beste Gelegenheit zum Sterben. Meine Erlebnisse im Kriege 1914~1918*, Munich: Knesebeck & Schuler, 1989; 1918년 봄 이후 독일군이 와해되는 과정에 대해서는 다음을 보라. Wilhelm Deist, "Verdeckter Militärstreik im Kriegsjahr 1918", in *Der Krieg des kleinen Mannes. Eine Militärgeschichte von unten*, ed., Wolfram Wette, Munich: Piper, 1992, pp. 146~167; 전쟁과 산업노동의 연관성에 대해서는 다음을 참조하라. Alf Lüdtke, "War as Work", in *No Man's Land of Violence. Extreme Wars in the 20th Century*, eds., Alf Lüdtke and Bernd Weisbrod, Göttingen: Wallstein, 2006, pp. 127~151(이 책 5장이다—역자).

27 여기서는 제품과 생산공정 양쪽 모두를 강조했다. 독일 기업의 경쟁자였던 영국 기업가는 품질이 뒤떨어지는 독일 제품에 문제가 많다는 점을—이들은 그렇게 생각했다—알리기 위해 '독일제(Made in Germany)'라는 트레이드마크를 강요했지만, 독일 측은 '독일품질노동'을 강조함으로써 그러한 트레이드마크를 전유하여 우수성을 간직한 자부심의 상징으로 바꾸어놓으려는 의도였다. 이에 대해서는 Sydney Pollard, "Made in Germany, Die Angst vor der deutschen Konkurrez im spätviktorianischen England", *Technikgeschichte* 53, 1987, pp. 183~195.

새롭게 인정하기 시작했을 때, 이들이 왜 그에 반대했겠는가? 그리고 이들이 그러한 생각과 그에 연결된 기본적인 이미지를 작업과 노동경험의 모든 영역에까지 왜 확장하지 않았겠는가? 다시 말해, 공장현장이나 탄광에서 벗어나 환자를 돌보거나 옷감을 세탁하고 수선하는 것과 같은 '여성적' 작업에 대해서까지 왜 확장하지 않았겠는가?

3) '독일품질노동': 업무의 수행

제1차 세계대전의 종전 후 개개인과 독일 민족의 미래에 대한 불확실한 느낌이 팽배했는데, 이를 억눌러준 주요 분야가 군대와 군수산업이었다. 그러나 1919년에 이미 언론은 다른 대안의 가능성을 제시했다. 이제 적과 투쟁하여 개인과 민족의 '명예'를 되찾을 수 있는 유일한 분야는 노동이었다. 노동을 강조하는 것은 계급과 정치노선을 막론하고 많은 독일인에게 호소력을 지녔다. 전쟁 후에는 마치 아무것도 남아 있지 않은 것처럼 보였기 때문에, 유일하게 남은 선택은 최선을 다해 '일을 잘하는 것'에 집중해서 경쟁 국가의 제품, 특히 '적국' 제품을 능가하는 상품을 만들어내는 것처럼 보였다. 독일이 비록 전쟁에서는 패했지만, 이제 새로운 전쟁터인 노동의 영역에 노력을 기울임으로써 독일 민족은 또 다른 기회를 잡을 수 있다는 것이었다.[28] 이 주장이 한층 설득력을 갖게 된 것은 국가적 대의가 소속 정당이나 정파보다 우선시되었기 때문이었다. 예컨대 1923년 프랑스가 루르 지방을 점령했을 때, 잃어버린 영토—실제로나 비유로나—를 되찾으려는 열망이 분출되었다. 바로 그때 독일 노동자 다수—1918년의 사회주의 및 공산주의 혁명가를 포함하여

---

28   Hermann Pankow, *Vom Felde der Arbeit. Eine Auswahl von Erzählungen, Schilderungen, Gedichten und Urteilen aus Heimat und Fremde*, Leipzig: Dürr, 1920.

—와 그 가족은 프랑스인을 침략자이자 야만인인 '오랑캐(Welsche, 프랑스인)'나 '개구리 먹는 놈들'로 표현했고, 그들과 특히 그들이 데려온 아프리카인의 군대로부터 '조국'을 방어하기 위해 들고 일어났다.[29]

그 후 몇 년이 지나자, 경영진이 채택한 노동 정책에서 광범위한 변화가 일어나 일부 노동자층에 직접적인 영향을 미쳤다. 가령 전자산업은 대량생산 체제를 갖추면서 숙련노동과 숙련노동자에 대한 수요가 줄어들었다. 그러자 노동조합 관리자와 전문가는 물론이고 그 직접적인 당사자도 숙련도의 하락에 반대했다. 그렇지만 반(半)숙련직종은 점차 늘어났으며, 그 결과 비숙련노동자가 새로운 기회를 얻었다.[30] 최소한 몇몇 산업 부문에서는—농업에서는 덜했으며, 각 산업 부문마다 추세는 달랐지만—이러한 변화로 인해 새로운 노동 개념이 형성되었다. 여기서는 노동자의 '영예'뿐만 아니라 그들이 생산한 제품과 생산공정의 품질도 고려되었다. 생산자가 자기 생산품과 노동에 대해 '노동의 영예'와 특정한 수준의 '품질'을 내세울 때는 여러 감정이 작용했다. 따라서 생산과정에서 근육질 남성이 육체적 강건함과 정교한 결단력을 보여주는 강한 이미지가 그에 관련된 글뿐만 아니라 특히 사진에서 등장했다.[31]

---

29 반(反)볼셰비키적인 자유의용단(Freikorps)과 1919/20년 '루르 붉은군대'의 전투적인 행동파들이 표출한 감정상의 분노에 대해서 다음을 보라. Klaus Theweleit, *Männerphantasien*, 2 vols., Reinbek bei Hamburg: Rowolt, 1980(영어 번역본 제목은 *Male Phantasies*이다). 연합군이 루르 지역을 점령했을 때 표출되던 그 감정이 지속되었던 것, 더 정확하게 말하자면 다시 활성화되었던 것, 그리고 1923년 내내 있었던 독일인의 저항에 대해서는 다음을 보라. Michael Ruck, *Die Freien Gewerkschaften im Ruhrkampf 1923*, Cologne: Bund, Verlag, 1986. 그리고 Gerd Krüger, "Straffreie Selbstjustiz. Öffentliche Denunzierung im Ruhrgebiet, 1923~1926", *Sozialwissenschaftliche Informationen SOWI*, 1998, pp. 119~125.

30 다음을 보라. Alf Lüdtke, "'Deutsche Qualitätsarbeit', 'Spielereien' am Arbeitsplatz und 'fliehen' aus der Fabrik. Industrielle Arbeitsprozesse und Arbeiterverhalten in den 1920er Jahren. Aspekte eines offenen Forschungsfeldes", in *Arbeiterkulturen zwischen Alltag und Politik. Beiträge zum europäischen Vergleich in der Zwischenkriegszeit*, ed., Friedhelm Boll, Vienna: Europa Verlag, 1986, pp. 155~199, 본문과 관련해서 특별히 참조할 곳은 pp. 159~167.

31 사진에 대해 말하자면, 근대성의 아이콘으로 부각한 이 영상 미디어를 출판인과 언론인뿐만 아니라 작가

그렇지만 1920년대에 정치가들은 노선을 불문하고 감정이 단순히 일탈적일 뿐만 아니라 치명적이라고 생각했다. 정치적 행위는 '합리적'이어야만 하고, 느낌이 포함된 혼란한 비합리성으로부터 벗어날 필요가 있다고 보았다. 특히 정치적 좌파의 대표자는 자신들이 추구하는 정치가 오로지 인민의 '이익'과 행동에 관한 합리적인 계산에 의거해 이루어진다고 생각했다. 이 견해에 따르면, 노동자 조직—사회주의 조직이건 기독교 조직이건—의 구성원 사이에서 정치적 내용을 결정할 때 핵심은 현금의 경제학이었다. 말하자면 개인의 이익은 물론이고 집단의 이익을 정확하게 파악하는 기준은 임금이나 수입이었다. 그러나 이렇게 합리적 인간을 가정한 추론이 망각한 사실은 '독일품질노동'이라는 상징의 주된 동력은 문화적 관심과 감정적 결속력이었다는 점이다.

이 상징적인 개념으로 현장에서 일하는 행위와 '독일인'으로서 느끼는 자부심 사이에 직접적인 관련성이 훨씬 더 강력하게 부각되었다. 비록 문헌기록에는 '품질노동자'가 익숙해졌을 느낌인 '존경심'을 가리키는 단어가 등장하지 않지만 말이다. 텍스트의 맥락으로만 볼 때, '독일품질노동자'라고 느끼는 자기규정성은 공산주의 지지자로서 느끼는 소속감보다 더 우위에 있었다. 이는 1920년대 말부터 1930년대 초에 독일에서 소련으로 이주했던 숙련노동자 수천 명의 경우 특히 더욱 그러했다. 이들 대부분은 국내 경제가 침체되자 외국인 소련에서 일자리를 찾았다. 그렇지만 이들 가운데 상당수는 무엇보다도 사회주의와 공산주의에 대한 헌신 때문에 그런 결정을 내렸다. 그럼에도 모스크바에서 간행된 독일어 신문인 『도이체 첸트럴 차이퉁(Deutsche

---

들도 점차 사용했다. 당시 미국, 프랑스, 그리고 경우에 따라서는 소련에서 나온 책들도 산업 이미지에 잘 어울리는 연기 자욱한 생산현장과 빛나는 기계, 혹은 번쩍거리는 제품을 사진과 함께 묘사했다.

Zentral-Zeitung)』에 보내진 수많은 투고를 보면, 이들은 초청자에게 거부당한 느낌을 갖고 있었으며 자신과 같은 이주민에 대한 소련인의 경멸을 감지했다.[32] 기록에 따르면, 이들은 새로운 환경을 개인적으로 싫어했을 뿐만 아니라, 특히 러시아인 동료나 상사가 자기가 수행하는 업무방식을 존중해준다는 느낌을 전혀 받을 수 없었기 때문에 더욱 비참하게 느꼈다.

소련으로 이주했던 독일 노동자 가운데 한 사람이었던 프리츠 뢰브(Fritz Loew)는 1933년 3월 30일 이 신문 편집자에게 편지를 보내, 직장 상사와 동료의 지속적인 괴롭힘은 물론이고 부적절한 대우를 받는다며 비참한 이야기를 털어놓았다. 그런 중에도 그는 배고픔의 고통 속에서도 개선책을 제안하기도 했다. 예컨대, 당시 기관차를 제작하는 공장에서 무거운 짐을 나를 때 사용되던 운송용 수레는 사람의 팔로 온 중량을 지탱했는데, 그는 짐의 무게를 수레의 축과 바퀴가 받는 구조로 바꾸자고 제안했다. 하지만 그 제안은 책임자로부터 거절당했다.

뢰브가 쓴 대로, 러시아 동료, 특히 스스로 기술자나 엔지니어라고 부르는 사람들은 그의 제안을 무시하거나 사실상 하찮게 여겼다. '일개 노동자' 따위가 어떻게 자신보다 더 나은 아이디어를 내놓을 수 있단 말인가? 뢰브는 이렇게 덧붙였다.

우리의 제안은 현실과 유리된 공상적인 혁신이 아니었다. 오히려 반대로 독일에서 쌓은 실제적인 경험에 확실한 근거를 두고 있었다. 다른 사람(러시아인—인용자)은 우리에게 설명이나 조언을 구하지 않았다. 그들은 그것을 수치스럽다고

---

32 GARF, Moscow, Fonds 5451, Holdings of Trade Union, Inventory 39, file 100, Deutsche Arbeiter-Zeitung, Moscow, 42~42a. 이 자료의 존재를 알려준 빅토리야 챠셸니코바(Viktorija Tjashelnikova) 박사와 세르게이 주라블레프(Sergey Zhuravlev) 박사(모두 모스크바에 거주한다)에게 특히 감사드린다.

생각하는 듯하다.

분노가 뒤섞인 참담한 기분이 이 독일인들 사이에 퍼졌다. 결국 그들 중 상당수가 독일로 귀환했는데, 그들 대다수는 나치가 정권을 잡은 후에 귀환을 결행했다.

3. 파시즘: '대중은 스스로를 표현할 줄 안다'

티모시 메이슨(Timothy Mason)은 1930년대 말 군비증강의 시기에 노동자가 어떻게 높은 임금을 유지하고자 노력했는지를 보여주었다.[33] 그에 따르면, 노동자들은 공장 태업과 같은 전술을 사용하여 성과급 반대 투쟁을 벌였는데, 이들은 이런 전술을 몇십 년 동안 발전시켜왔다. 그런데 당시 나치에 의해 불법화되었던 사회민주당 출신의 어느 분석가는 노동자가 공장 외부에서 보여주었던 행위에 대해 다른 설명을 제시한다. 곧 프롤레타리아트 "대중은 조용히 모든 것을 받아들인다"는[34] 것이었다.

그렇지만 공장에서 구호를 외치며 저항하던 이들 프롤레타리아트를 조용하게 만들었던 것은 새로운 권력이 주는 매력만이 아니었다. 나치 당국이 제시한 여러 상징적이고 물질적인 만족감으로 인해 독일의 '평범한 사람'들도 비록 행복감까지는 아닐지라도 만족감을 남몰래 혹은 심지어 공공연히

---

33 Timothy W. Mason, *Nazism, Fascism and the Working Class*, ed., Jane Caplan, Cambridge: Cambridge University Press, 1995. 나치 시기 노동계급의 억압에 대해서는 pp. 231~273을 보라. 또한 다음도 참조하라. Timothy W. Mason, *Sozialpolitik im Dritten Reich. Arbeiterklasse und Volksgemeinschaft*, Opladen: Westdeutscher Verlag, 1977.

34 *Deutschland-Berichte der Sozialdemokratischen Partei Deutschlands, Sopade, 1934~1940*, vol. 4, 1937, Frankfurt am Main: Zweitausendeins, 1980, p. 1239.

표현할 수 있었다.[35] 이제 최소한 "노동하는 사람으로서, 한 인간으로서 존경받고자" 했던 염원이 간간이 채워질 수 있었기 때문이다.

1935/36년에 한 프랑스 지식인이 자신의 일기에 기록한 것처럼, 이런 관행들은 다른 측면과도 일맥상통한다. 어학 교사로서 생계를 유지하던 30세의 드니 드 루즈몽(Denis de Rougemont)은 1936년 3월 11일 지역회관에서 열린 나치 집회에 참석했다.

> 갈색 옷을 걸치고 [집회장] 입구에서 무아지경으로 웃음을 머금고 있는 조그마한 사람을 조명등이 집중적으로 비추었다. 4만 명이 모두 한 팔을 일제히 올렸다. 천둥소리 같은 환호성이 울리는 동안, 그 사람은 주교처럼 서서히 움직이면서 대중에게 인사를 건네며 앞으로 나아갔다.[36]

루즈몽은 그를 둘러싼 사람들을 관찰했다. "그들은 부동자세를 취하고 합창단처럼 장단에 맞추어 환호성을 질렀으며, 조명이 집중된 곳에 시선을 고정한 채 그를 바라보는 눈에는 눈물이 고였지만 얼굴은 미소를 띠고 있었다." 자신의 감정을 되돌아보면서 드 루즈몽은 자신의 '경외감'을 강조한다. 그는 '압도당해' '맥을 못 추는' 상태에 여전히 빠져 있는 듯이 보인다. 그는 자신이 목도하고 있는 이 사건을 '신성한 의식'처럼 여기고, 그것이 풍기는 힘을 자신을 둘러싼 꼿꼿한 자세의 군중보다 더 강하게 느낄 정도였다(고 그가 기록했

---

35 산업노동자들을 겨냥한 나치 당국의 일련의 노력에 대해서는 다음을 보라. Alf Lüdtke, "What remained from the 'Fiery Red Glow'", in *The History of Everyday Life. Reconstructing Historical Experience and Ways of Life*, Princeton NJ: Princeton University Press, 1995, pp. 198~251(한국어판, 알프 뤼트케, 「'붉은 열정'이 어디 있었던가?」, 『일상사란 무엇인가』, 청년사, 2002). 시골 마을의 환경에 대해서는 다음을 보라. Werner Freitag, *Spenge 1900-1950. Lebenswelten in einer ländlich-industriellen Dorfgesellschaft*, Bielefeld: Verlag für Regionalgeschichte, 1988.

36 Denis de Rougemont, *Journal aus Deutschland 1935~1936*, Vienna: Zsolnay, 1998, pp. 62~66.

다). 주변 사람들은 그와 마찬가지로 평범한 사람, 곧 "노동계급의 출신인 노동자, 노동봉사단, 젊은 소녀, 여성"이었다.

1930년대 다른 회고록과 보고서도 비슷한 감정을 최소한 간접적으로나마 언급하고 있다. 그 행사 이후에 나온 설명에서는 그런 감정과 표현이 침묵당하거나 아니면 그렇게 표현하는 사람을 정치적으로 골치 아픈 존재로, 도덕적으로 수치스러운 존재로 취급되는 경향이 있었다. 마르가레테 되르(Margarete Doerr)가 인터뷰한 여성은 과거의 상황을 회고하면서, '그때'의 행동에 대한 '수치'의 감정을 여전히 언급한다.[37] 물론 그 가운데 몇몇은 당시에 수치가 아니라 분노를 느꼈다고 말하지만 말이다. 그렇지만 1930년대에는 그들의 반응이 이와 달랐으며, 이들은 계속해서 권력을 쥐고 있던 사람과 협력하거나 그들을 지지했다. 이들이 과거를 회상할 때 느낀 것은, 당시에는 '전체적인 흐름'으로 여겨지는 것에서 단절되는 불안감을 억누를 수 없었다는 점이다.

4. 파괴작업에의 참여: 만족과 기쁨?

멜리타 마쉬만(Melita Maschmann)은 1918년에 태어나 중산층 가정에서 성장했고 1938년에 '독일소녀단(BDM)'(젊은 여성들이 의무적으로 가입해야 했던 조직)에서 일했다. 1950년대 후반 그녀는 자신이 어떻게 나치즘에 열정적으로 빠졌었는지를 회상했다. 그녀는 '독일인'이 군사적 투쟁의 와중에 있다고 생각했고, 자신도 자기희생과 자기방종이 혼합된 감정에서 거기에 적극적으로 참여했다

---

37 Margarete Doerr, *"Wer die Zeit nicht miterlebt hat..." Frauenerfahrungen im Zweiten Weltkrieg und den Jahren danach, vol. 3, Das Verhältnis zum Nationalsozialismus und zum Krieg*, Frankfurt am Main: Campus, 1998, pp. 193~381.

고 밝혔다. 그녀는 '헌신(Hingabe)'이야말로 나치 지배가 끝나는 바로 그 순간까지 자신을 적극적으로 나치를 위해 충심으로 일하도록 이끈 충만하고 '달콤한 감정'이었다고 진단했다. 1938년 11월 10일 베를린 거리에서 유대인에게 가해지던 잔혹한 행위를 목격했지만, 바로 이 감정 때문에 그 기억을 곧바로 지울 수 있었다.[38] 그녀는 1942년과 1943년에 폴란드 점령 지역에서 노동봉사단 단장으로 활동할 때도 비슷한 감정을 갖고 있었다고 회상했다. 그녀는 폴란드 점령지 주민들을 직접 대면해야 했을 때, 예컨대 그들이 노동봉사단과 점령 당국의 규정을 어겨 처벌해야 할 때, 뚜렷한 경멸과 '냉정한 무시'가 섞인 감정을 명백하게 드러냈다.

어떻게 대다수 독일인이 나치즘을, 그리고 나치즘이 감행한 전쟁을 받아들였는지 설명해주는 중요한 자료는 군인이 보낸 편지이다. 특히 흥미로운 것은, 입대하기 전에 제조업공장에서 일했던 징집병이나 자원병들이 쓴 편지이다. 예전에 노동자였던 이들 가운데 많은 사람들이 특히 성탄절 같은 휴일이면 옛 공장 동료들에게 위문품에 대한 감사의 답장을 보냈다. 그들 중에는 정기적으로 옛 직장 동료나 직장에 편지를 보내는 사람도 더러 있었는데, 이들은 분명 회사 사람들을 부모나 가까운 친척처럼 여겼음이 틀림없다.[39]

내가 분석하고 인용한 편지는 라이프치히와 켐니츠(Chemitz) 출신 노동자와 병사가 보낸 것이었다. 이들 병사는 군사업무나 활동이 산업노동자의 그것과 확연한 유사점이 있다고 분명하게 밝혔다. 달리 말하자면, 이들은 독특하게도 다른 직업을 가졌던 여러 동료 병사에 비해 군대에서 더 '편안한' 느낌을 받았다. 1943년 6월 한 하사관은 며칠 전 바르샤바 상공에 출격했던 비

---

38   Melita Maschmann, *Account Rendered. A Dossier on My Former Self*, New York: Abelard-Schuman, 1965, p. 56.

39   다음 필자의 글을 참조하라. *Eigen-Sinn. Fabrikalltag, Arbeitererfahrungen und Politik vom Kaiserreich bis in den Faschismus*, Hamburg: Ergebnisse Verlag, 1993, pp. 406~410.

행에 대해 이야기하면서 이렇게 적었다. "우리는 바르샤바를 몇 번 공격했고 유대인 구역이 완전히 파괴되었다는 것을 알고 엄청난 만족감을 느꼈다. 우리 군대는 이 작업을 훌륭하게 해냈다."[40]

필시 군대의 역할이란 죽이는 것을 준비하는 것일 터이고, 전쟁터에 나가면 죽음을 당할 위험성은 상존한다. 마찬가지로 누구나 다른 사람을 죽이거나 부상을 입힐 수도 있다. 이러한 상황과 연관된 감정은 병사가 집에 보낸 편지에서 좀처럼 직접적으로 드러나지 않는다.[41] 실제로 이들 가운데 몇몇은 군복무에 항상 존재하는 위험성을 언급할 때는 독특한 형태의 유머를 사용했다. 예컨대, 자기 고향인 켐니츠에서 그리 멀지 않은 후방에 주둔하고 있었던 한 병사는 1944년 9월 연합군 비행기로부터 총격을 받았다. 총알은 간신히 그를 몇 미터 빗나갔다. 며칠 후 쓴 편지에서 그는 '전쟁터에서 죽기 위해 고향에서 그리 멀리 떨어질 필요는 없다'고 담담하게 이야기했다(러시아나 이탈리아처럼 아주 먼 곳에서 복무 중인 전우들에 비해 자신은 고향에서 그리 멀리 떨어지지 않았다고 여겼다). 그는 또 바로 그 편지에서 탈출한 동유럽 노동자(Ostarbeiter)였던[42] '러시아인'을 색출하는 일을 상세하게 묘사하고는, 이들 도망자가 어떻게 잡히는지 보면서 느꼈던 즐거움도 털어놓았다.[43]

같은 회사의 다른 옛 노동자가 쓴 편지도 있다. 그녀는 국가에 봉사하는 의무 때문에 1943년 봄부터 폴란드 일부를 관할했던 총독부(Generalgouvernement) 소속 경비대 장교의 비서로 일했다. 그 관할지는 독일제국으로 편입되지 않

---

40 Herbert H., 16 June 1943, Sächsisches Staatsarchiv Leipzig, Sack, No. 353, p. 46.

41 이것은 다음에 논의되어 있다. Klaus Latzel, *Deutsche Soldaten–nationalsozialistischer Krieg? Kriegserlebnis–Kriegserfahrung 1939~1945*, Paderborn: Schöningh, 1998; Martin Humburg, *Das Gesicht des Krieges. Feldpostbriefe von Wehrmachtssoldaten aus der Sowjetunion 1941~1944*, Opladen: Westdeutscher Verlag, 1998.

42 [역자주] 전쟁 중에 동유럽에서 독일로 끌려온 강제노동자를 말한다.

43 SaechsStA Chemnitz, Guenter und Haussner, 260/261, 27 September 1944.

은 식민지로 지정된 곳으로 사실상 홀로코스트의 현장이었다. 그녀의 상관은 그녀가 민간인 신분이었을 때 켐니츠에서 같이 일했던 회사 동료였는데, 그는 1944년 2월 폭도 혹은 게릴라에 의해 살해당했다. 그녀는 공포와 슬픔이 담긴 글을 보내며 마지막에 이렇게 썼다. "그의 죽음으로 우리의 일이 많이 늘었다. 비록 그의 일을 넘겨받을 새 사람이 왔고, 그도 곧 일에 익숙해지겠지만 말이다. (…) 그럼에도 나는 내 일을 아주 즐기고 있고, 지금은 거의 집에 돌아가고 싶지 않다고 말할 정도이다. 진짜 만사형통이다."[44]

5. 맺음말

근대성의 등장으로 감정의 성격이 변했을 뿐 사라진 것은 아니었다. 그러므로 반드시 탐구해야 할 것은 느낌을 경험하고 상징화하는 특정한 방식과 그것을 침묵시키거나 억누르는 방식이다.

스턴스(Stearns) 부부가 만든 용어인 '감정학(emotionology)'은 역사에서 감정과 느낌에 다가가는 방법을 선구적으로 보여준다.[45] 과거에 살았고 행동했던 사람에 대한 정보를 우리에게 알려주는 텍스트와 기타 사료에 느낌이 어떻게 표현되었는지를 이해해야만, 우리는 이들 인물과 그들의 특정한 환경에 일차적인 접근을 할 수 있으며, 그래야만 우리는 역사적 재구성에 가장 잘 참여할 수 있다. 지금은 느낌이 어떻게 표현되고 있는지를, 또 그 형태는 무엇인지

---

44 SaechsStA Chemnitz, Guenter und Haussner, 260/261, 12 February 1944.

45 Carol Z. Stearns and Peter N. Stearns, "Emotionology. Clarifying the History of Emotions and Emotional Standards", *American Historical Review* 90, no. 4, 1985, pp. 813~836; Peter N. Stearns, *Jealousy. The Evolution of an Emotion in American History*, New York: NewYork University Press, 1989.

를 추적하여 그것을 인식하는 형식과 분류하는 방법의 토대를 쌓아가고 있지만, 이러한 특정한 표현법을 추동하고 전달하는 역동성이 무엇인지에 대한 답은 아직 찾지 못하고 있다.

감정 표현은 윌리엄 레디(William Reddy)가 지적한 대로, 행동을 글로 지시하거나 사실을 말로 인식하는 여러 장르와 다를 것이다. 그가 '이모티브(emotive)'를 강조한 것은, 어떤 느낌을 전달할 때 사용하는 바로 그 단어가 내용을 기록할 뿐만 아니라 그 느낌을 적극적으로 이끌어낸다고 믿기 때문이다.[46] 따라서 느낌의 표현과 그 기록은 항상 그것을 언급하려는 바로 그 상황에 즉각적인 영향을 끼쳤다. 이로부터 분명해지듯이, 어떤 특정한 느낌을 구분해내는 것은—피터 스턴즈가 구분해낸 '시기심'처럼—그 작동의 특이성을 잃어버리고 느낌의 의미조차 상실하고 만다. 느낌은 결코 고립된 채 등장하지 않는다. 그래서 맥락화가 필요하다. 행동 분석에 초점을 맞추든, 개인 행동에 관심을 기울이든 그렇지 않든, 개인 행위자에게는 다양한 느낌이 있을 것이라는 사실을 도외시해서는 안 된다.

요컨대 단순히 느낌의 존재와 그 영향만 생각할 것이 아니라, 가끔은 그것을 상실하는 경우에 대해서도 궁리해봐야 한다는 것이고, 그렇게 하면 연구자에게 익숙한 용어조차 다른 의미로 다가온다. 몇몇 용어는 그것이 전달하는 감정의 내용에서 급격한 변화를 겪었다. 독일어로 '여성(Weib)'이라는 단어가 그 사례에 해당한다. 16세기부터 19세기 초까지 이 용어는 아주 긍정적인 내용을 담고 있었는데 이제 그것은 거의 사라졌고, 현재 이 단어는 폄하의 의미를 담고 있을 뿐만 아니라,—이것이 더 중요한데—강렬한 감정적 측면을

---

46 William M. Reddy, *The Navigation of Feeling. A Framework for the History of Emotions*, Cambridge: Cambridge University Press, 2001. 이 장(章)의 주6도 참고.

크게 상실했다.

이와 비슷하게, 친구 사이나 적대자에 대해서나 친(親)나치주의적 성향을 드러내는 단어로 통했던 '**한따까리**(Abreibung)'와 '**폭탄 던지기**(Bombenstimmung)' 같은 용어는 어떠한 감정과 느낌을 전달하고 촉발하는가 하는 질문을 던져볼 수도 있다.[47] 이런 경우 그 단어는 그 일을 수행하면서 사용된 감정의 일부일 것이다. 그렇다면 일을 수행하지 않으면서 사용하는 단어란 무슨 의미일까? 예컨대, 동부전선의 독일 병사들은 집에 보낸 편지에서 러시아인을 지칭하는 '로스께'라는 말을 수없이 사용했다. 그 단어를 사용할 때 문맥상 연결된 느낌은 무엇이었을까? 전황에 따라, 말하자면 그 편지를 쓰거나 읽을 때 당사자가 처한 특정한 상황에 따라, 이 단어가 전달하는 감정의 내용도 변하는 것일까? 이에 대해 독특하지만 서로 연관된 두 가지 형태의 반응을 추적하는 것이 가능할까? 곧 어떤 사람은 적에 대한 경멸에서 공포에 이르는—심지어 존경과 찬탄을 포함하기도 한다—감정의 궤적을 따라갈지 모르고, 다른 사람은 느낌의 강도가 세졌다가 약해지고 다시 더욱 세지면서 그 단어가 품은 감정의 정점과 바닥을 보여줄 것이다.

느낌의 현존과 부재, 그리고 감정적 내용이 갖는 강도의 변화는 우리가 여기에서 느낌의 다양한 변형을 표현하고자 시도하는 방식이지만, 실제로 그 느낌을 경험한 사람과 연계시키는 데는 실패하고 있는 것처럼 보인다. 이러한 방식으로 느낌을 재구성하려는 노력이 만약 실패한다면, 우리는 과거 사람이 감정을 품지도 경험하지도 않았다고 결론 내려야만 하는가? 아니면 과거에 있었던 감정의 특정한 형태를 추적하고 탐구하는 데 필요한 감각적

---

47 눈과 귀를 통한 증언자이기도 한 언어학자 빅토르 클렘페러(Victor Klemperer)는 1935년 나치에 의해 대학에서 추방되어 박해를 받았지만 간신히 살아남을 수 있었다. 그가 단어의 뉘앙스를 신중하게 살려 독해하여 편집한 것을 참조하라. *Lingua Tertii Imperii. Notizbuch eines Philologen*, 19th edn., Leipzig: Reclam, 2001(1946).

도구가 결여된 우리가, 말하자면 감정상 '시각장애인' 혹은 '청각장애인'인 우리가 문제일까?

3부

일상과 노동사

08

임금, 휴식, 장난*
─1900년경 독일 공장노동자의 '아집'과 정치

일상생활을 연구하는 것은 사회적 관계를 재구성한다(그것의 생산, 재생산, 그리고 변형)는 의미이다. 이 논문에서 핵심은 생활양식에 대한 연구, 곧 생산양식을 통해 일상의 현실이 되어가는 바로 그 사회적 실천에 대한 연구이다. 이에 대한 시도는 톰슨(E. P. Thompson)의 저서인 『영국 노동계급의 형성(The Making of the English Working Class)』에 힘입은 바 크다.[01] 이 책의 출발점은 "계급이란 관계이지 구체적이고 현실적인 것이 아니다"이다. 물론 이 책도 그렇고, 이런 관점에 바탕을 둔 연구도 그렇고, 여전히 중요한 물음에 제대로 답하지 못하고 있다. 예컨대, 그렇게 역사를 서술하는 방식은 단순히 역사주의의 부흥을─이제는 경험의 재구성이라는 이름으로─대변하는 데 지나지 않는가? 관헌 당국의 요구에 저항하는 분노를 일깨우고 기존의 계급 및 권력관계에 대항하

---

* 이 글은 1982년 4월 2일 프린스턴대학 데이비스센터(Davis Center)의 세미나에서 발표한 것을 다듬은 것이다. 학술논문이 그렇듯 이 논문에도 다른 이들과의 토론이 크게 도움이 되었다. 이 자리를 빌려 데이비스센터의 동료 학자, 특히 이삭(Rhys Isaac)에게 감사하고 싶다. 물론 오류와 축약에 대한 모든 책임은 나에게 있다. 또한 앤아버(Ann Arbor)에 있는 미시간대학교 역사학부, 볼티모어의 존 홉킨스대학, 버팔로의 SUNY, 랠라이의 노스캐롤라이나 주립대학, 스탠퍼드대학, 유진(Eugene)의 오레곤(Oregon)대학, 뉴욕대학 등 대학원 및 교수 세미나에 참석한 이들의 비판적이고 유용한 지적에 대해서도 고맙다는 인사를 전하고자 한다.
01 [역주] 한국어판, 나종일 옮김, 『영국노동계급의 형성』 상·하, 창작과비평사, 2000.

는 투쟁심을 선동하는 계기가 있는데, 그렇다면 그것을 경험한 순간을 도대체 어떻게 설명해야 하는가?[02] 또한 일상에 대한 연구는 반드시 정치를 배제해야 한다는 의미인가 하는 질문도 제기된다. 혹은 달리 말하자면, 일상적인 실천의 맥락에서 정치적인 것이란 도대체 무엇일까?[03]

　　민중운동과 그것의 사회문화적 실천에 대한 관심이 점차 새로 고조되면서, 확실히 전통적인 한계를 넘어섰다. 기존에 독특하거나 소외된 곳으로 간주되었던 분야에서도 연구가 시도되고 있다. 이들 연구에서 핵심은 말없이 행동했던 사람을 연구 대상으로 삼아 그들의 목소리를 들려준다는 점이다. 그런데 톰슨의 경우처럼 결국 역사적 상황과 행동의 정치적 중요성을 따져 물을 때 그것을 여전히 '결과에 따라' 평가한다는 것은 아이러니이다.[04] 말하자면 기본적으로 권력 **아니면** 권력이 없음, 곧 지배 **아니면** 피지배라는 전통적인 양분법의 정치 모델이 남아 있다. 비록 경험과 '사회적 영향권'(톰슨)이라는 새로운 분석틀을 제시했다고 해도, 예전의 관점은 역사가에 의해 극복되지 못했으며, 그것은 여전히 승자의 시각이다.

---

02 이 질문은 다음 논문의 핵심 논지이다. 이 논문의 저자는 사회인류학적 논거에 대해 비판적이다. Genovese/ E. Fox-Genovese, "The Political Crisis of Social History: a Marxian Perspective", *Journal of Social History* 10, 1976/77, pp. 205~220. 비슷한 방법으로 존슨(R. Johnson)도 톰슨의 논지를—적절치 않지만—순수한 '문화주의'로 규정하면서 비판했다. R. Johnson, "Edward Thompson, Eugene Genovese, and Socialist-Humanist History", *History Workshop Journal* 6, 1978, pp. 79~100. 잡지 『역사공방(History Workshop)』 1979년 11월호의 논쟁에 대해서는 다음을 보라. R. Samuel ed., *People's History and Socialist Theory*, London, 1981, pp. 386~400.

03 독일의 일상사 서술에 대한 논쟁은 다음을 참조하라. J. Kocka, *Sozialgeschichte*, 2nd edition, Göttingen, 1986, pp. 132ff, 특히 pp. 162ff. 다음 논문도 보라. G. Eley, "Geschichte der Arbeiterbewegung—Sozialgeschichte—Alltagsgeschichte: Erfahrung, Kultur und Politik des Alltags", in G. Eley ed., *Wilhelminismus, Nationalismus, Faschismus, Zur Historischer Kontinuität in Deutschland*, Münster, 1991, pp. 251~296. 이 논문은 먼저 잡지 *The Journal of Modern History* 1989년 6월호에 게재되었다.

04 영국이 아닌 독일의 사례를 하나 든다면 이렇다. 만약 1918년부터 1920년 사이에 일어난 혁명적인 운동에 '실패'라는 평가를 내리면, 루카스(Lucas)와 같이 '아래로부터의 역사'를 지향하는 섬세한 역사가조차 '양자택일'의 선택에 빠지고 만다. E. Lucas, *Zwei Formen von Radikalismus in der deutschen Arbeiterbewegung*, Frankfurt am Main, 1976.

문제는 맥락을 서술한다거나, 혹은 이미 존재하고 또한 새로 생성되는 여러 사회적 실천의 관계와 복합적인 의미를 찾아내는 데 있지 않다. 오히려 이런 연구가 잘못되는 것은 암묵적인 가정, 곧 연구자와 연구 대상이 동일한 개념하에서 만난다는 가정에 빠지기 때문이다. 말하자면 연구 주제에 접근하는 논리가 마치 보편적이고 초역사적인 합리성을 지닌 것처럼 여긴다. 그 결과 거기에서는 연구자의 이해관계, 감각적 인식 방식, 해석 범위 등을 등한시하게 된다. 무엇보다도 소홀해지는 것은 이 시나리오 속에 지나치게 구조화된 설정이다. 이를 테면, 연구자는 능동적이고 이들의 질문을 받는 대상은 수동적이라든지, 후대가 중요시하는 결과를 선택하게 된다거나, 어느 역사적 상황에서 등장할 수 있는 여러 가능성을 찾기보다는 단지 적응이나 저항 가운데 하나를 선택하고 만다는 점이다.

그러므로 내가 옹호하려는 방식은 우리가 갖고 있는 제한된 사료에 대해 참여관찰법(teilnehmende Beobachtung)[05]을 더 심도 있게 행하는 것이다. 그러한 '두꺼운(dicht)' 연구방식이[06] 가능한 곳이라 해도, 확실한 해결책이 아님은 분명하다. 그 연구방법을 사용해도 이 글의 연구 대상인 19세기 말 공장노동자에게 결코 더 가까워질 수 없다.[07] 그렇지만 나는 이 논문에서 노동과정과 임금형태, 합법적 혹은 비합법적 파업, 욕구의 표현—무엇보다도 노동 현장에서 벌어진 신체 폭력의 장난 행위—을 재구성함으로써 노동자의 삶과 노동자 정책에 대한 독특한 이해가 가능하다는 점을 보여주고자 한다. 그 구체적인 맥

---

05 [역자주] 인류학 등에서 행동의 동기와 의미를 더 잘 파악하기 위해 어느 지역이나 집단을 연구할 때 그 구성원이 되어 직접 활동하면서 자료를 수집하여 분석하는 방법이다.

06 [역자주] 문화인류학자 기어츠(Geertz)가 말한 중층서술(thick description)을 말한다.

07 이 문제는 다음 논문에 정리되어 있다. K. Dwyer, "On the Dialogic of Field Work", *Dialectical Anthropology* 2, 1977, pp. 143~151. 이 논문의 소재에 대한 정보를 알려준 데이비드 센터의 동료 엘리자베드 트라우베(Elizabeth Traube)에게 감사한다.

락은 당시 외부인이 묘사한 것이 밝혀줄 수도 있고, 현장에서 일했던 당사자가 남긴 기록이 드러내줄 수도 있다. 현장 당사자의 회상 외에 필수적인 것은 좋은 (혹은 나쁜) 추억을 남기려는 특정한 의도가 없는 자료이다. 이에 속하는 것으로는 임금표나 공장규율이 있다. 이들 문서에서는 단순한 경제적인 통찰보다 분명 더 많은 것을 얻을 수 있다. 왜냐하면 예컨대 임금표나 재해사고 보고서에서 명확하게 드러나기 마련인 노동과정의 불규칙성은 특정한 전유방식, 특히 현장에서 행동하는 사람의 **아집**을 더욱 잘 보여주기 때문이다.

이러한 구체적인 관점에서는 추상적인 설명에도 의문을 품게 된다. 그래서 예컨대 산업노동을 "자본에 대한 노동의 실질적 종속(reale Subsumption von Arbeit unter das Kapital)"이라고 정의하고 나면 뭔가 크게 부족한 느낌이다. 이러한 설명에는 기계 운용과 시간규율이 빠져 있다.

필요한 것은 두 가지 모두, 곧 분석적이면서도 해석적인 이해이다. 그렇지만 현혹되지 말아야 할 것이 있다. 관련 당사자의 원인과 동기를 밝히려는 모든 노력은 **대상**에 질문을 던지는 것을 넘어서지 못한다는 것이다. 면밀하게 조사하려는 연구조차도 연구자와 대상물 사이의 간극은 좁힐 수 없을지 모른다. 그럼에도 우리가 용기를 낼 수 있는 것은 아마도 —항상 제한적이지만 —역사가가 사료(史料)를 다루는 참여관찰법의 독특성을 인정하기 때문이다. 곧 우리가 타자를 이해하고자 노력하면 할수록, 그만큼 이들은 우리에게 더 낯설게 보인다.

1. 1900년경 기계공장

장소는 켐니츠의 한 기계공장으로 시기는 1900년이었다. 이 공장은 한편에서 공작기계를, 다른 한편에서 편물기계를 생산했다. 이 기업은 1886년에서 1887년까지 불황을 겪고 다시 회복기에 접어들었고, 양 부서는 주문량을 맞추느라 여념이 없었다.

젊은 개신교 목사인 파울 괴레(Paul Göhre)는 6주 동안 공작기계 생산부의 노동자와 함께 살며 일했다. 기회가 있을 때마다 그는 자기 신분을 공개적으로 밝혔고, 최소한 의도를 숨기지 않았다. 그는 '참여관찰자'로서 공장에서 단조공(鍛造工), 천공공(穿孔工), 마감공(磨勘工), 특히 선반공(旋盤工) 등 약 120명이 하는 작업을 같이 했다. 이들의 일과는 아침 6시에 시작되어 12시간 동안 진행되었는데, 그중 노동시간이 거의 11시간이었다.[08] 12시간 가운데 단 한 차례 휴식 20분과 점심식사 한 시간이 허용되었다.

1년 후 괴레는 자신의 관찰과 인상을 곁들인 책을 출간했는데, 여기에는 하루의 일과를 아주 세밀하게 묘사한 부분이 들어 있다.

> 기름기가 뒤섞인 연기가 자욱하고 석탄가루와 철가루가 날리는 뜨거운 공간에서 120명이 하루 11시간을 견디는 건 결코 쉬운 일이 아니다. 우리 공장노동자가 녹초가 되는 것은 사실 어려운 손동작이나 노동 강도 때문이 아니다. 오히려 그 많은 사람이 함께 생활하고 호흡하며 땀 흘리기에 공기 순환이 원활하지 않고, 둔탁하고 위협적인 소음이 끊임없이 신경을 자극하고, 11시간 동안 내내 똑같은 자세로, 게다가 종종 똑같은 곳에서, 서서 일하기 때문에 그렇다.[09]

이 묘사는 당시 공장을 찍은 여느 사진 속 광경과 전혀 일치하지 않는다.

---

08 P. Göhre, *Drei Monate Fabrikarbeiter und Handwerksbursche: Eine praktische Studie*, Leipzig, 1891, p. 29.

09 Ibid., p. 74.

이들 사진에는 괴레가 묘사한 일상 경험이 거의 등장하지 않는다. 이때의 공장 사진에서는 사진가가 갖고 있던 상상력, 곧 공장이라면 응당 지녀야 하는 이상적인 모습이 연출된다. 주의 깊고 집중력을 보이는 깨끗한 노동자와 잘 정돈된 공장 실내가 나오고, 파업이나 사보타주, 피곤함은 거의 찾아볼 수 없다. 그렇지만 괴레의 묘사를 신뢰한다 하더라도, 이 젊은 신학자가 갖고 있었을 수도 있는 냉정함이나 복합적인 감정도 고려해야 한다. 괴레는 공장이 처음이었을 뿐만 아니라 학문 세계에서 뛰어들었던 사람이었고, 더군다나 그는 교회 출신이었다! 이에 못지않게 중요한 사실은, 괴레는 자유의지로 노동자의 고난과 어려움을 선택하여 경험하고자 했지만, 그의 대다수 동료인 노동자는 그럴 선택권이 없었다는 사실이다. 이들에게 공장에서 하는 임노동이란 자신과 가족을 먹여 살리기 위한 일상적인 필수 사항이었다. 분명 이렇게 차이가 나는 계급적 위치와 경험은 공장에 익숙하거나 혹은 낯설게 느끼는 감각적 인식도 달리 구조화시켰다. 무한반복되는 노동과정의 일부를 괴레는 아주 답답하거나 조야한 노동으로 보았을지 모르지만, 노동자는 불평하지 않거나 전혀 언급하지 않거나 '눈에 띄는' 일이 아닐 수도 있었다.

그렇지만 괴레의 회상은 아주 좋은 실마리를 제공해주는데, 왜냐하면 그는 뜨내기 '방문자'가 아니라 공장이라는 미지의 세계로 민속지적 연구 여행을 떠났기 때문이었다. 임금과 부양방법, 노동현장의 행동과 휴식, 특히 노동과정 자체에 대한 치밀한 묘사는 이에 대한 확실한 증언이다.

괴레는 천공공과 선반공의 보조원으로 채용되었다. 선반공이 다루는 기계인 선반은 증기기관에서 연동장치벨트와 기어를 거쳐 나오는 동력으로 움직였다. 노동이 동력에 의해 통제받는다는 점에서 이들은 공장 내 다른 노동자와 구별되었다.[10] 그에 반해 주조공, 선물공, 편자공은 기본 부품과 공구, 완제품을 거의 전적으로 자기 손으로 만들었다. 이들은 재료와 노동과정에 대한 지식을 바탕으로 보조원에게 지시를 내렸다. 이들은 무엇보다도 공작기계를 다룰 때 경험에서 축적된 지식을 활용했다. 생산부품을 조립하고 제작하여 완성품을 만드는 철물공과 시설공의 경우도 마찬가지였다. 이렇게 큰 재량권을 갖지 못한 경우가 바로 천공공이었다. 이들은 대체로 공구를 스스로 바꾼다거나 혹은 제품을 끝까지 가공하는 법이 없었고, 그저 비슷하고 단조롭게 일했다.

선반공은 양자의 '중간' 정도 위치였다. 말하자면 이들도 일종의 반(半)수작업을 수행했다. 이들의 임무는 회전하는 둥근 물체에 정확한 형태를 새기는 것이었다. 다시 말해 이들은 표면을 절단하거나 나사용 홈을 파야 했다. 비록 이들이 공구를 손으로 직접 다루는 것은 아니었지만, 주물 제작자나 철물공이 하는 수작업과 거의 비슷하게 기계를 준비하거나 조절했다. 제품을 가공하는 순간에는 이들도 역시 손을 사용하여 제작 중인 물건에 마지막 손질을 가했다. 선반의 준비작업도 상대적으로 시간이 많이 들었다. 그러므로 선반이 가동할 만한 적당한 속도에 도달하기 위해서는 변속기를 매번 새롭게 위치시키고—분수 계산을 이용하여—시간을 산정하여 종합적으로 조정해야

---

10 노동과정에 대해서는 다음을 보라. D. Lande, "Arbeits- und Lohnverhältnisse in der Berliner Maschinenindustrie zu Beginn des 20. Jahrhunderts", *Auslese und Anpassung der Arbeiterschaft in der Elektroindustrie, Buchdruckerei, Feinmechanik und Maschinenindustrie, Schriften des Vereins für Socialpolitik* 134/2, Leipzig, 1910, pp. 306~498, 특히 p. 354 이하; E. Barth, *Entwicklungslinien der deutschen Maschinenbauindustrie von 1870 bis 1914*, Berlin/DDR, 1973, pp. 51ff, 83ff, 113ff. 또한 Göhre, *Drei Monate Fabrikarbeiter*, pp. 45ff, 특히 p. 50 이하 참조. 선반노동 전반에 대해서는 H. Popitz et al., *Technik und Industriearbeit*, Tübingen, 1957, pp. 130ff. 19세기 중반 기계공장 설비를 서술한 책으로는 A. Schröter/W. Becker, *Die deutsche Maschinenbauindustrie in der Industriellen Revolution*, Berlin/DDR, 1962, pp. 85ff. 1870 년대에 대해서는 W. Renzsch, *Handwerker und Lohnarbeiter in der frühen Arbeiterbewegung*, Göttingen, 1980, pp. 147ff. Barth, *Entwicklungslinien*, pp. 83ff, 91ff. 이들 노동과정에 대한 '통제'를 어떻게 평가할 것인가에 대해서는 D. Montgomery, "Worker's Control of Machine Production in the 19th Century", *Worker's Control in America*, ed., Montgomery, London, 1979, pp. 9~31.

했다. 그런 다음 제작할 물체를 고정하고 중앙에 위치시켰다. 때로는 가공할 조각을 먼저 손으로 다듬기도 했다. 선반공은 선반을 가동시키고—혹은 더 정확하게 말하면 선반을 작업장 연동장치의 회전축과 연결시키고—난 뒤에는 전체 작업 과정을 더욱 주시해야 했다. 그는 연동장치벨트와 선반 속도, 또한 생산 중인 물체를 회전시켜주는 끌과 공구 쇠에서 눈을 떼서는 안 되었다.

선반공은 특수한 능력, 곧 **손재주**를 습득했다. 가공되는 금속의 특성에 대한 지식, 연동장치벨트의 속도와 기어에 대한 경험, '그가 담당한' 작업장에 있는 선반, 더 나아가 그가 다루어야 할 선반 두세 개에 대한 경험도 거기 포함되었다. 대체로 선반공은 조립 설계도를 읽을 줄 알고 그것의 수치와 표시물을 선반의 기계장치에 옮겨놓을 줄도 알아야 했다.

이렇듯 선반공이 다루는 작업은 다양해서, 경험뿐만 아니라 각각의 공정을 계속 처리할 수 있는 능력을 갖추어야 했다. 물론 이런 기술과 자격은 우선 노동 그 자체를 통해 계발된다. 그래서 이들은 공장에서 일하는 대다수 다른 집단과 달랐는데, 특히 대부분 3년간 도제 기간을 거치고 입사한 단조공과 달랐다. 선반공은 이에 비해 흔히 목재 선반공 유경험자에서 채용되었다. 그러한 사례가 모리츠 테오도르 빌헬름 브롬메(Moritz Theodor Wilhelm Bromme)였다. 그도 참여자의 관점에서 선반공 작업을 묘사한 자서전을 펴냈는데, 그것은 작업장에 관한 괴레의 보고서와 유사했다.[11] 브롬메는 1898년 이후 수 년 동안 켐니츠에서 약 100km 떨어진 게라(Gera)에 있는 한 기계공업 업체에서 일했다.

선반공은 스스로를 노동자층의 핵심 집단이라 여겼다. 자신들이야말로 '생산적이기를' 바라는 공장 관리자의 독촉에 부응할 수 있다는 것이었다.[12]

---

11 M. T. W. Bromme, *Lebensgeschichte eines modernen Fabrikarbeiters*, Frankfurt am Main 1971(1905년 초판의 재간행), p. 243.

12 Ibid., p. 243; R. Müller, *Vom Kaiserreich zur Republik*, Berlin 1974(1924년 초판의 재간행), pp. 13ff.

이처럼 공장에서 이익을 추구하는 사람들과 공장 시스템이 요구하는 생산성 목표를 전폭적으로 수용하는 일은 단순히 물리적인 강제나 조작으로 이루어지지 않았다. 여기서는 두 가지 요소를 추가적으로 고려해야 한다. 첫째, 노동과정에 대한 통제가 어느 정도 이루어졌는지, 그리고 이와 관련하여 노동자가 스스로의 노동을 어떻게 평가하고 있었는지 하는 것이다. 둘째, 이러한 자기인식을 드러내주는 물질적 대응이나 표현이 있었는지를 조사하는 것이다.

1830년대에 시작된[13] 독일의 기계공업에서 적어도 1910~1914년까지는 선반공이 이 분야 노동자 가운데 가장 보수가 높은 직종에 속했다.[14] 1870년대 후반에 이들은 광산노동자와 함께 임금노동자 가운데 수위를 차지했고, 1908년 이후에는 철강노동자와 동일한 임금수준을 유지했다. 1890년 괴레가 서술한 주간 임금에 따르면, 대부분 혹은 전부를 성과급제로 받을 경우 이들은 주당 20~30라이히스마르크(Reichsmark)를[15] 받았다(예전에 우리는 성과급제가 산업화가 고도로 진행되고 있던 1860~1870년대부터 보편적인 임금체계가 되었을 것으로 추측했지만, 이는 오류였다. 그것은 전혀 보편적이지 않았다). 이렇게 특별한 임금체계에서는 수공업 숙련노동자가 비숙련노동자에 비해 전반적으로 우대받았던 것이 아니라는 점을 미리 지적해두고자 한다. 괴레가 묘사한 대로, 대다수가 숙련노동자에 속하는 단조공이나 조립공은 주당 15~20마르크를 받았고, 비슷한 직업교육을 받은 금속공도 주당 22~28마르크를 벌었다. 양쪽 다 성과급제가 아닌 시간제 임금이었다. 같은 시기에 천공공, 평삭공, 혹은 선반공과 같은 반(半)숙련노동자는 상당히 높은 임금(천공공은 30마르크, 평삭공이나 선반공은 20~30마르크)을 받았다. 이들은 모두 성과급제였다. 괴레와 같은 비숙련노동자나 일일노동자

---

13 Schröter/Becker, *Maschinenbauindustrie*, pp. 76ff, pp. 236ff.

14 A. V. Desai, *Real Wages in Germany 1891~1913*, Oxford, 1968, pp. 108~110.

15 Göhre, *Drei Monate Fabrikarbeiter*, pp. 13ff.

1900년경 독일의 대표적인 철강기업인 크룹(Krupp)사의 기계제작공장에서 일하는 선
반공의 모습으로, 벨트로 동력을 전달받아 기계를 움직였다.

는 임금등급표의 맨 아래에 있는 사람이었다. 그렇지만 이들도 15마르크 정
도를 받을 수 있어서, 단조공이나 조립공의 수준에 육박했다.

　　노동과정에 대한 통제의 정도나 자기평가, 직장 동료가 보는 사회적 지위
로 볼 때, 또한 이에 덧붙여 임금수준까지 보더라도, 선반공은 기계공업에서
우수한 평가를 받는 노동자였다. 이들은 기계공업 분야의 노동자 가운데 물
질적으로나 상징적으로나 몇 안되는 비교적 '좋은 직종'에 속했다. 에릭 홉스
봄(Eric Hobsbawm)이 말한 '노동귀족'이었다.[16]

16　E. J. Hobsbawm, "The Labour Aristocracy in Nineteenth Century Britain", P. N. Stearns/D. J. Walkowitz eds., *Workers in the Industrial Revolution*, New Brunswick/USA, 1974, p. 139. (영국) 노동귀족에 대한 논쟁은 그람시에 기댄 '헤게모니'의 문제와 결부되어 새롭게 제기되면서 풍부해졌고 아마도 널리 확산되었다. 이에 대해서는 H.

이러한 선반공의 지위는 이들의 노동과정이 독특하기 때문에 생겨났다. 이 분야의 산업에서 이들만이 유일하게 기계를 다루었는데, **그럼에도 불구하고** 비교적 개별적인—혹은 최소한 자신이 스스로 통제하는—노동을 수행했다. 동시에 이들의 노동은 조직화되어 있어서 옆 선반에서 일하는 동료와 경쟁을 강요당했고, 그래서 이들의 계산 능력과 손재주는 누구나 알아주었다. 단조공이나 주물노동자와 같은 '전통적인' 수공업 노동자와 달리, 선반공은 '근대적인' 기계를 다루는 지식과 경험을 자기 스스로와 다른 사람에게 입증할 수 있었다.

지금까지 나는 19세기 후반 선반공의 노동, 더 일반적으로는 기계공업 노동자의 노동에 대해 비교적 정태적인 개관을 했지만, 이제부터 시각을 확대하여 하루 일과의 몇몇 측면을 보충하고자 한다. 그렇지만 노동과 비(非)노동 사이, 또한 생산과 재생산 영역 사이의 복잡한 연관성은 여기서 다루지 않을 것이다. 달리 말하자면 남성과 여성의 생애라든지, 가계, 가족구조, 친척의 문제는 여기서 잠시 언급만 될 뿐 상세하게 서술되지 않는다.

1855년 이후에 태어났던 이들 기계공업 노동자는 산업의 '주도적인 분야'에 있는 자기 직종이 비교적 안전하다는 것을 체험한 세대였다. 당시로서는 아무도 기대할 수 없었던 실질임금의 상승을 이들은 몸소 경험했다. 곧 1872년에서 1874년 사이에 이들의 임금은 25%나 급상승했고, 이러한 임금상승 추세는 1880년대 중반까지 이어졌으며 그 이후에도 임금이 조금씩 올랐다—이는 독일제국 시대의 일반적인 추세와 일치한다.[17] 임금이 이렇게 상승했던 데 비해 생활비는 적어도 1900년까지는 비교적 약간 오른 데 그쳤다. 전반적으

F. Moorhouse, "History, Sociology and the Quiescence of the British Working Class: A Reply to Reid", *Social History* 4, 1979, pp. 481~490. 그리고 이에 대한 반론도 참조하라. pp. 491~493.

17 Desai, *Real Wages*을 참조하라.

로 이런 경향이 이들의 상당히 높은 이직률을 직접 야기한 것은 아니라 하더라도, 분명 영향을 주었다.

선반공은 아니었고 부퍼탈(Wuppertal)의 가내금속공장에서 도제교육을 마친 철물공 편력직인이었던 헤르만 엔터스(Hermann Enters)는 회고록에서 경제가 붐을 이루던 1870년대 전반기에 20살 젊은 총각이었던 자기도 자주 직장을 바꾸었음을 밝혔다.[18] 그는 무엇보다도 높은 임금 때문에 바르멘(Barmen) 지역의 중소 공장에서, 그리고 더 좋게 평가되던 크룹공장(Krupp-Werken)에서 일했음에도 불구하고, 계속해서 임금이 높으면서 만족할 만한 일자리를 찾았다. 크룹공장에서 포관을 생산할 때 그는 성과급제로 임금을 받았지만 매우 제한된 양의 업무를 처리했고 심한 감시에 시달렸다. 그에 반해 바르멘 지역에서는 비록 낮은 시간제 임금을 받았지만 수리하는 기술자로서 완전히 독립적으로 일할 수 있었다. 그는 높은 임금과 독자적인 업무수행을 결합시키지 못하는 진퇴양난에 빠져 두 번이나 이리저리 옮겨 다녔다.

확실히 기계공업의 어떤 분야에서는 노동자가 각각의 노동과정에서 더 엄격한 통제를 받았지만, 그들의 숙련도는 점점 중요하지 않게 되었다. 예를 들어 자전거와 재봉틀을 생산하는 비교적 표준화된 생산과정에서는 노동과정의 단계가 줄어들었고 더 이상 숙련도도 필요 없어졌다. 이것이 이들 부문에서 이직률이 상대적으로 높게 나타나는 원인이 되었을 것이다.[19] 빌레펠트에 있던 토마스 칼소우(Thomas Calsow)라는 재봉틀공장에 소속된 노동자는 1880년대 중반부터 70% 이상이, 1890년대부터는 심지어 86.3%가 입사한 지 일 년

---

18 H. Enters, *Die kleine mühselige Welt des jungen Hermann Enters, Erinnerungen eines Amerika-Auswanderers an das frühindustrielle Wuppertal*, 3rd edition, Wuppertal, 1979, pp. 69ff.

19 K. Ditt, "Technologischer Wandel und Strukturveränderung der Fabrikarbeiterschaft in Bielefeld 1860~1914", W. Konze/U. Engelhardt eds., *Arbeiter im Industrialisierungsprozeß*, Stuttgart, 1979, pp. 237~261.

1902년 구테호프능스휘테(GHH)의 모습. 출처: Historisches Archiv MAN Augsburg.

도 채 안되어 이직했고, 25세 이하 노동자는 거의 모두 회사를 떠났다.

　그렇지만 이렇게 다른 곳으로 동일한 노동을 찾아 떠났던 노동자의 이직률보다 더 중요한 사실이 있다. 곧 모든 기계공업 노동자나 선반공이 오래 있을 직장을 찾아 곧바로 그만두었던 것은 결코 아니었다. 이 점에서 볼 때, 전문적인 직업교육을 받기 전에 목재선반공으로 대여섯 곳을 전전했던 브롬메는 아마도 전형적이지 않았다. 그렇지만 그의 사례는 최소한 다른 유형, 곧 상대적인 장기근속이 그 분야의 모든 노동자에게 적용되는 것은 아니었음을 보여준다. 물론 예컨대 오버하우젠(Oberhausen)에 소재한 철강기업 구테호프능스휘테(Gutehoffnungshütte, GHH)의 기계공장에 관련된 문서를 종합해보면, 1870년대 초에 이곳 종업원 가운데 30% 이상이 아들이나 삼촌 혹은 조카와 함께 근무했다.[20] 그렇다고 하더라도 기계공업 부문의 숙련노동자에게 전형적인 인생 행로가 있었고 그러한 경로를 따라 평생직장으로 심지어 '대를 이어' 종사했다는 주장은 그 근거가 확실치 않다.

2. 동질성의 한계: 임금 변화와 예측불허

기계공업 노동자, 특히 선반공에 대한 시기별 통계와 정성적(定性的)인 묘사가 강조하는 바는 이들의 집단 경험과 일상적 실천이 상대적으로 **동질성**을 보여준다는 점이다. 이는 이들의 생활수준이 기본적으로 더 나아진다는 것, 일반적으로 말하자면 일상의 재생산이 **지속적으로 발전**하여 사회경제적 개선에 도달한다는 뜻이다. 이를 분석적으로만 적용하자면, 이미 언급한 '노동귀족'이라는 개념을 연상시킨다.

그리고 바로 이 점 때문에 기계공업 노동자에게는 '보수적 개혁주의자'라는 딱지가 붙었다. 확실히 그들은 거대한 파업을 일으킨 적도 없었고, 제1차 세계대전 이전에 사회민주당의 대중파업 논쟁에도 적극적으로 가담하지 않았다. 그렇지만 다른 한편 이들은 1914년 이전에 있었던 노동쟁의나 1917년과 그 후 2년 동안 벌어진 대대적인 파업의 물결 속에서도 단 한 번도 '배신자' 소리를 듣지 않았다. 오히려 선반공은 적어도 베를린에서는 제1차 세계대전이 시작된 첫날부터 더 높은 임금과 더 나은 노동환경에 대한 자신들의 이해관계를, 또한 전쟁 정책에 대한 거부감을 공장 밖으로 분명하고도 적극적으

---

20 Hanniel-Archiv GHH 2121/3, 2121/5, 2121/7.

로 표출했다.[21] 노조 지도자에 대해서뿐만 아니라 국가에 대해서도 거부감을 드러낸 이들의 보고서는 한결같이 자신들을 동일 집단처럼, 말하자면 마치 확실하고 정해진 규칙과 선호에 따라 인식하고 행동하는 집단처럼 그렸다. 이들 중 가장 열성적인 동료 가운데 한 명이었던 리하르트 뮐러(Richard Müller) 의 말에 따르면, 이들 남성의 특징은 "성공과 실패의 가능성을 냉정하고도 합리적으로 따지는 것"이었고, 이러한 특성 때문에 그들은 "거대하고 광범위하며 체계적으로 조직된 운동에" 적합했다.[22]

　기계공업 노동자, 특히 선반공의 정치적 태도와 행동에 대한 평가는 이처럼 아주 다르고 때로는 모순적이다. 그럼에도 불구하고 이러한 평가는 이 집단의 일관성과 동질성을 전제한다. 따라서 직업구조와 직업교육 정도나 이직률의 추세와 같은 형식적 기준이 강조되는데, 그런 차원에서는 서로 다른 집단조차 하나의 동일체로 다루어진다. 분명 우리는 여러 의미가 담긴, 심지어 서로 모순되는 경험과 실천을 결코 온전히 다 드러낼 수 없다. 그럼에도 불구하고 우리는 두 번째 관찰을 확인해봐야 한다.

　계속해서 선반공의 상황을 알아보자. 괴레가 작성한 시대적 관찰도 그렇지만, 좀 더 나중에 나온 보고서에 따르면, 1870년대 초부터 공장노동과 임금체계는 성과급제를 기반으로 하고 있었다. 그렇지만 브롬메의 회상을 비롯하여 그것을 의심해볼 만한 몇몇 단서가 있다. 그는 시간제와 성과급제를 여러 번 번갈아 택했다고 말했다.[23] 브롬메 자신은 성과급제를 선호했고 작업반장에게 성과급제로 일하게 해달라고 부탁했다. 토요일에 퇴근할 때 13~15마르크가 아니라 20마르크 이상을 받아 갈 것으로 기대할 수 있었기 때문이었

21　Müller, *Vom Kaiserreich zur Republik*, p. 131.

22　Ibid., p. 131.

23　Bromme, *Lebensgeschichte*, pp. 251ff.

다. 분명 브롬메는 일상의 어려움, 곧 자기 생존과 가족 부양이라는 '현금관계'에 얽매어 있었다. 그가 선반을 '돌리면' 그는 자본가의 이해관계에—이들의 중간 매개자처럼—봉사한다. 그렇지만 더 중요한 것은 두 임금체계의 **동시성**이다. 만약 브롬메의 보고서를 따른다면, 생산물에서 노동이 차지하는 몫은 임금 제도에 따라, 곧 기업가와 작업반장의 계산법에 따라 크게 달라질 수 있었다.

그들의 계산법에는 최소한 부분적으로 노동자를 통제하려는 의도가 있었다. 노동자 개개인을 처벌하거나, 혹은 브롬메의 사례처럼 노동자 개개인을 회유하면서 동시에 전체를 분열시키려는 책략이었다. 하지만 결국 이 계산법에서도 결정적인 것은 비용이었다. 가공 생산할 제품은 제각각이었고 제품 수도 달랐다. 볼트, 나사, 손잡이, 도관, 크랭크 회전대, 회전축이 생산되는 노동과정의 흐름과 순서는 부품의 방식, 크기, 수량에 따라 바뀌었다. 이윤 극대화를 위해서는 노동에 대한 대가인 임금을 시간제로 지불하는 것이, 특히 제품을 복잡한 생산방식으로 소량만 만들 때라면 훨씬 합리적이었다.[24]

이에 관한 완벽한 사료가 거의 없기 때문에, 자세하게 알려진 단편적인 사례를 찾아볼 수밖에 없다. 그중 하나가 바로 위에서 언급한 오버하우젠에 있던 구테호프눙스휘테라는 공장의 임금표이다.[25] 비록 이 표가 우리가 다루는 시간대보다 30년이나 앞선 것이긴 하지만, 최소한 공작기계와 구동기를 생산하는 기계공업에서 노동 조직의 구조와 노동과정은 약 1910/14년까지 기본적으로 변화하지 않았기 때문에 이것을 1890~1900년 사이에도 적용할 수 있다. 이 임금표는 1869년 2월에 시작해서 1872년 1월에 끝나기 때문에,

---

24 GHH 회사의 1870년 임금 및 수주 장부를 비교하면 이런 추측에 힘이 실린다.

25 Hanniel-Archiv GHH 2121/3, 2121/5, 2121/7.

〈표 1〉 GHH 기계공업노동자의 개인별 임금(1869년 4월~1872년 2월)

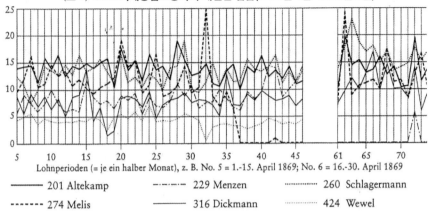

Lohnperioden (= je ein halber Monat), z. B. No. 5 = 1.-15. April 1869; No. 6 = 16.-30. April 1869

| ── 201 Altekamp | ─·─·─ 229 Menzen | ········ 260 Schlagermann |
| ------- 274 Melis | ──── 316 Dickmann | ············ 424 Wewel |

거의 3년이라는 기간에 걸쳐 노동자 약 200명의 임금상황을 상세하게 보여준다. 여기서 빠진 것은 벌금을 물어야 하거나 공장 내에서 강제로 의료보험에 가입하도록 하여 지출된 공제금액이다. 우선 눈에 띄는 것은 2주일마다 금요일에 노동자가 받았던 각자의 현금 액수이다. 〈표 1〉은 이 공장 노동자 6명의 상세한 임금 내력을 보여준다. 한 사람(알테캄프Altekampf)를 제외하면, 여섯 명의 노동자 모두가 12달 이내에 50% 이상의 임금 상승을 경험했으며, 한 사람(멘첸Menzen, 1869년 9월 1~15일)은 약 80%를, 다른 사람(디크만Dickmann, 마찬가지로 1869년 9월 1~15일)은 거의 70%의 임금 상승을 겪었다. 그렇지만 이들 모두는 또한 격심한 임금 감소도 견뎌야 했는데, 곧 예전에 받았던 것의 절반도 안되는 액수를, 심지어는 예전의 4분의 1에 불과한 금액을 받기도 했다(디크만이 극적인 임금 상승을 경험했던 시기 바로 다음인 9월 15~30일 사이에 그랬다).

〈표 1〉에 나타난 시기의 첫 임금 지급일에 노동자 세 명, 곧 선반공 알테캄프, 쉴라거만(Schlagermann), 멜리스(Melis)는 11~14탈러 정도를 벌어서 비교적 비슷했지만, 다른 두 명은 아주 적게 받고 있었다. 선반공인 디크만과 멘첸은

7~8탈러를 받는 데 그쳤던 것이다. 마지막으로 일용노동자인 베벨(Wewel)은 3탈러보다 약간 많이 받은 정도여서 선반공 임금보다 훨씬 적었다. 2주 뒤인 두 번째 지급일에 격차는 더 커졌고, 그 다음 지급일(9월 15일)에는 다시 추세가 역전되었다. 9월 중순에는 이들 사이의 임금격차가 훨씬 줄어들어 차이가 1탈러 남짓에 불과했다. 그렇지만 불과 2주일 후인 다음 지급일에는 오히려 상황이 다시 크게 바뀌어 격차가 벌어졌다. 선반공 가운데 한 명(디크만)의 임금은 2주 전의 4분의 1 이하로 떨어졌다. 그에 반해 알테캄프와 쉴라거만은 한 그룹처럼 비슷한 수준이었고, 멜리스와 멘첸도 다른 한 그룹처럼 서로 비슷한 수준을 유지했다. 그렇지만 전자와 후자 사이의 격차는 5탈러 이상이었다.

10월에 알테캄프와 쉴라거만의 임금은 비슷하게 비교적 높은 수준을 유지했다. 단지 쉴라거만의 임금이 약간 줄어들었다. 이에 반해 멘첸의 임금은 8월 초 수준으로 복귀했다. 노동자 각자의 임금 변동을 추적해보면, 디크만은 9월 말에서 10월 중순까지 임금이 두 배가 되었는데 10월 말에는 이전보다 훨씬 더 악화된 상황을 맞이했다. 당시 그는 아팠기 때문에 이틀분의 임금, 곧 1탈러 6은화그로셴만 받았다. 기업에 의무적으로 보험이 가입되어 있었지만, 이 보험은 발병 후 처음 7일간 아무것도 지불하지 않고, 그 이후에도 예전에 받았던 최고 임금의 4분의 1만 지불되기 때문에, 그와 그의 가족(그가 가족을 부양하고 있었다고 가정하면)은 10월 후반과 11월까지도 어려운 시기를 보내야 했을 것이다. 병이 났을 때 디크만이 현금으로 받은 임금은 일용노동자인 베벨의 절반 수준에도 못 미쳤다. 베벨은 평상시에도 2~4탈러 사이의 임금을 기대했겠지만, 디크만은 하루아침에 급격한 임금 하락에 직면했다. 이 사례는 노동자가 부상이나 병으로 인해 며칠씩 일없이 지내야 했던 시기를 살펴보는 것이 얼마나 중요한지 보여준다. 이러한 예기치 않은 작업중단 때문에 노동자가 일상적으로 경험하고 견뎌야 했던 불안감은 훨씬 컸을 것이다.

그렇지만 이 임금표에서 우리는 더 많은 것을 설명할 수 있다. 여기에는 노동자의 도급 숫자가 적혀 있는데, 이를 통해 우리는 누가 주문량을 얼마나 처리했는지를 확인할 수 있다. 또한 주문서까지 이 수치를 추적해보면, 제작 부품(볼트, 도관, 크랭크 회전축 등)의 구성도 확인할 수 있다. 그러면 이들이 일상적으로 하는 단위노동의 범위와 그들이 생산한 제품을 상세하게 재구성할 수 있는데, 여기에서 단위노동의 구조와 변화가 뚜렷이 드러난다. 주문에 따라 한 사람이 생산할 수도 있고, 세 사람, 아홉 사람, 심지어 열다섯 사람이 필요한 주문도 있었다. 예컨대 한 사람이 만드는 제품(이것은 시간제나 성과급제로 이루어져 있었다)은 복잡한 회전축을 만드는 선반작업이었다. 15인분의 노동을 필요로 한 주문(일반적으로 성과급제로 이루어졌다)은 기계부품이나 일련의 공작기계를 위한 동일한 크기나 원주의 나사골을 만드는 선반 작업이었다.

이 임금표를 분석해보면 일단 **변동성**을 확인할 수 있다. 개별 임금만이 아니라 직장 동료 간 협업의 정도와 형태도 마찬가지다. 제품과 단위노동 자체가 변화했을 뿐만 아니라,[26] 동시에 시간제와 성과급제, 두 가지 서로 다른 임금 형태가 함께 사용되었다. 무엇보다도 각자 임금의 차이가 극단적이고 변동의 폭이 아주 컸으며, 그 차이의 형태조차 전혀 동일하지 않았다.

이렇게 날마다, 최소한 일주일마다 변동하는 임금을 받으면서 이들은 여러 측면에서 특이한 경험을 형성했다. 이로 인해 이들은 기계적인 공장시간과 엄격한 노동규율의 요구를 줄이고자 했으며 심지어 그에 저항했다. 선반이나 천공기 옆에 나란히 앉아 있는 노동자들 사이에는 고립이라는 특수한

---

26 마리 베르나이스(Marie Bernays)는 생산에 관련된 자료를 갖고 있었기 때문에 20세기 초 몇몇 섬유공장의 노동생산성이 매일, 매주 달라졌다는 점을 확인했다. 그래서 그녀는 우선 테일러식 노동조직의 도움을 받아 생산과정을 어떻게 더 규칙적·안정적으로 만들 수 있을까에 관심을 보였다는 점은 언급해두어야 한다. M. Bernays, *Untersuchungen über die Schwankungen der Arbeitsintensität während der Arbeitswoche und während des Arbeitstages: Ein Beitrag zur Psychophysik der Textilarbeit*, Leipzig, 1911.

감정도 생겼다. 비록 월급날마다 노동자들이 한데 모여 임금을 받는다 하더라도, 임금은 밀봉된 봉투에 들어 있었기 때문에 개인 간의 임금 차이는 스스로 이야기하지 않으면 알 수 없었다. 그러니 서로의 임금을 안다는 것은 상대방에 대한 신뢰가 전제되었다. 그렇지만 이러한 신뢰가 깨질 수도 있었는데, 그것은 동료와 솔직하게 이야기하다 보면,—브롬메가 반복해서 이야기하는 것처럼—맨 처음 자신의 봉급을 밝혔던 사람보다 상대방이 더 많은 봉급을 받은 것처럼 이야기하는 법이기 때문이다. 결국 조심스럽게 동료와 거리를 두는 것이 차라리 편했다. 사람이 모두 똑같이 행동한다고 해도, 그들 사이에 지속적인 적대감이 생길 수도 있었다.

임금 변동이 심했기 때문에 빵, 맥주, 우유, 혹은 치즈조차 사기 어려웠다. 간단히 말해 비상금을 마련해두는 건 고사하고 일상의 살림살이조차 꾸리기 어려웠다는 것이다. 이들의 '현금관계'는 극히 무너지기 쉬웠다. 공교롭게도 그로 인해, 사회적 관계의 '자본화'가 널리 보편화되는 과정이, 말하자면 누구나 소비재시장에서 장기적으로 주체가 되는 과정이, 부분적으로 심각하게 위협받았다. 혹은 달리 표현하자면, 임금이 예상치 못하게 들쭉날쭉했기 때문에 사람들은 자신이 원하거나 급히 필요한 제품을 스스로 만들어내고자 했다. 어떻게 그들이 가용할 수 있는 금전만으로 (사회적) 소비주체로서의 지분을 확보할 수 있었겠는가?

이렇게 예측하기 어렵고 변동이 심하고 계산할 수 없는 상황을 경험함으로써 이들은 분명 가까운 미래를 위한 준비를 해둘 능력을 손상당했다. 이것이 이후의 인생항로에서 중요한 변수가 되었다. 약 45세가 넘으면 임금은 상대적으로나 절대적으로나 줄어들고 늙어서는 가난해질 것이라는 인식을 포함하여, 미래에 돈을 벌 수 있는 가능성에 대한 기대도 아마 현재 우리가 생각하는 것보다 훨씬 작지 않았을까? 만약 그렇다면, 1890년대와 1900년 이후

성인 노동자들은, 그들 아버지, 삼촌, 다른 '나이든 노동자'의 벌이를 대략 추정한 바를 근거로 자신이 기대한 것보다 비교적 더 높은 임금을 요구했을 것이다. 노동과 소비재시장에 대한 이러한 경험으로 노동자의 가계(家計)에 독특한 시대적 개념이 탄생할 수 있었다. 이 개념은 자기 고유의 삶과 다른 사람의 삶에 대한 관점을 아주 고유한 방식으로 '색칠했다.'

3. '아집'이라는 개념

임금, 필요한 노동, 노동과정에서 드러난 예측불허와 변동성을 겪으면서 노동자의 경험, 특히 기계공업 노동자와 선반공의 경험 전체가 형성되었다. 비록 노동자의 '단선적인' 경험과 행태에 대한 추정을 비판하기 위해서 이 점을 강조하는 것이 중요하긴 하지만, 이에 대한 그림도 완벽하지는 않다. 이미 언급한 것처럼 노동자들은 단지 그들의 기계나 공구를 다루는 것만이 아니라, 서로 다른 방식으로 협력하기도 하고 많은 시간을 같이 생활했다. 이들이 서로 마주치고 육체적으로 부딪치는 형태에서 그러한 예측불허에 대한 대응도 확인할 수 있다.

나는 '참여관찰자'인 괴레의 말로 시작하고자 한다. 노동과정에 함께 참여하기 때문에 "그들은 곧바로, 자주, 곁에 나란히 있게 되고, 서로 관계를 맺지 않을 수 없다. 이는 물론 같은 또래나 옆자리 동료, 혹은 팀, 부서, 작업반장이 동일한 사람들 사이에서 특히 활발했다. 길고 짧은 대화로 이어지는 모든 계기에 적극적으로 대응하다 보면, 자주 이러한 관계가 저절로 깊어졌다."[27]

---

27   Göhre, *Drei Monate Fabrikarbeiter*, p. 76.

괴레의 보고에 따르면, 대화의 주제는 자기 작업실, 다른 작업장, 공장 전체에서 일어난 일이나 동료에 대한 새로운 소식, 혹은 주말의 계획 같은 것이었다. 이들 사이에서 가장 중요한 화제는 늘 자식의 안부였다. 괴레가 서술했듯이, 때로는 "종교적인, 경제적인, 정치적인 것이나 교육 문제" 등의 '심각한 주제'에 대해 이야기를 나누기도 했다. 그렇지만 말로 하지 않은 육체적인 접촉이 특별한 의미를 갖고 있는 것처럼 보였다. 괴레는 이렇게 말했다.

그렇지만 무엇보다 기회가 생길 때마다 이들은 기꺼이 서로 장난치고, 놀리고, 다투었다. 그런 장난을 이해하는 친한 사람끼리는 어디서나 뭔가 장난을 치고 싶어 했다. 무심코 지나가는 사람에게 숨어서 '악'하고 소리치며 덮치거나, 동료의 앞치마 매듭을 몰래 풀어놓는다든지, 혹은 휴식시간에 좌석 밑판을 빼놓는다든지, 갑자기 가는 길을 가로막는다든지 하는 등으로 '친해서 하는 장난이었다.' 주말이면 나이든 사람도 이러한 친근한 장난에 기꺼이 참여했다. 오늘날에는 아주 널리 퍼진 관습이 아니지만, 당시 그들은 일주일에 한 번, 토요일 저녁이나 일요일 아침에만 면도를 했기 때문에 수염을 덥수룩하게 기르고 있었다. 상당히 긴 광대뼈를 가진 나이든 사람이 갑자기 턱, 뺨, 입술 주변이 아직 부드러운 젊은 친구에게 머리를 대고 수염이 난 자신의 볼을 여러 번 이리 저리 문지르는데, 그렇게 하면 즐거운 기분이 전혀 들지 않을 것이다. 수염 쓰다듬기를 당한 사람이 정신을 차릴 때면 이미 일은 벌어진 뒤였다. 더 불쾌한 장난도 있었는데, 나는 다행히도 이것을 한 번만 당했다. 그것은 소위 '수염 문지르기'였다. 어느 순진한 사람이 아마도 주의를 기울이지 않은 채 특별히 할 일이 없이 현관에 기대어 서 있는 것을 다른 두 사람이 우연히 보았다고 하자. 이 두 사람은 서로 합의하는 눈빛을 교환한 후에, 그중 한 사람이 서 있는 사람의 뒤로 다가가서 팔로 그를 움켜쥔다. 그러면 그는 꼼짝달싹 할 수가 없다. 그 사이에 다른 한 사람이 더

럽고 시커먼 두 손으로 공격당한 사람의 얼굴을 앞에서 잡고 가능한 한 침착하게 꽉 쥔 엄지손가락으로 꼼짝 못하는 그 사람의 수염을 좌우로 문지른다. 그렇게 되면 내가 장담하건대 얼굴이 아주 더럽혀진다. (…) 친한 사람들 사이에서는 이 장난을 당하지 않은 사람이 없었고 나이도 상관없었다.[28]

이런 묘사에서 받는 강렬한 인상은 같이 오랫동안 일하고 생활한 동료 사이에서 비언어적인 사회적 접촉이 강하게 장기간 지속되었다는 점이다.

이처럼 짧게 일어나는 장난 속에서 핵심은 육체적인 접촉이란 점이고, 물리적인 폭력도 여기에 속했다. 자기 육체의 통제권을 둘러싼 이러한 대립은 여러 층위에서 동시에 '벌어졌다.' 여기서 관건은 이러한 대립의 결과 사회적 관계가 발전하는지 정착하는지 혹은 단절되는지 하는 것이었다. 이들이 내세울 수 있었던 것은 손놀림과 민첩함이었다. 19세기 후반의 산업자본주의 국면에서 최소한 남성에게는 육체적인 강건함이 반드시 필요했다. 물론 이러한 상호관계에 참여한 당사자는 사회적 위계질서를 드러냈고 '전형적인' 남성적 행동도 보여주었다.[29] 그렇지만 기본적으로 이들 사이의 관계인 존중, 인정, 도움은 상호적이었다. 이번에는 희생자가 됐지만 다음에는 '장난치는 사람' 가운데 하나가 될 수 있었다. 공장 사람은 누구나 그러한 괴롭힘이 개인이 아닌 모두를 겨냥한다는 점을 알고 있었다. 동시에 이러한 '장난'은 모든 참여자가 서로 확인해야만 하는 경험으로 간주되기도 했다. 이렇게 묶거나 한 곳으로 몰아세우거나 딱지를 붙이거나 골려주는 것은, 다른 말로 하자면 강요된 것으로, 피해자가 장난을 시작한 사람을 어떻게 해볼 도리가 없던

---

28 Ibid., pp. 77ff.

29 이런 측면에 대한 일반적인 내용은 다음을 참조. P. Willis, *Learning to Labour: How Working Class Kids get Working Class Jobs*, 2nd Edition, New York, 1981, 특히 p. 43 이하.

경우도 최소한 가끔은 있었다. 그래서 몸싸움은 이런 맥락에서 '혼자 있고자 하는' 노력일 뿐만 아니라 '혼자이면서도 다른 사람과 같이하려는' 노력이 반영된 것일 수도 있었다. 이렇게 대하는 방식과 표현 형태는 '위로부터의' 기대에 반대하는 직접적인 저항을 뜻하지 않았다. 이것은 오히려 자기 영역에 대한 요구, 곧 아집(Eigensinn)을 표현했다.[30]

다른 이에게 장난을 치는 행동은 공식적인 휴식시간에 일어나지 않았다. 오히려 노동자는 공식적으로 규정된 노동시간의 일부를 이용해 장난을 쳤다. 그러면 노동자는 자신에게 부과된 시간질서를 회피하거나 깨뜨리는 것이기 때문에, 노동시간을 자기 방식대로 이용하는 셈이 되었다. 잡담과 '쓸데없는 짓', 빈둥거리기, 무엇보다도 '장난', 이 모두가 불법적 작업중단이었다.

그에 반해 합법적인 휴식시간은 육체적 회복에 집중적으로 사용되었다.[31] 괴레가 관찰한 바에 따르면, 아침식사와 점심식사 때 동료 집단은 대화를 별

---

30 이 개념은 민중철학자 크리스티안 가르베(Christian Garve)가 1790년대에 펴낸 '두꺼운 묘사'라고 칭할 만한 텍스트에서 유래했다. 슐레지엔 지방의 예속농민이 영주를 대하는 태도를 서술하면서 그는 다음과 같이 묘사했다. "농민의 음험함은 두 가지로 구분할 수 있는데, 하나는 이들의 본질이 음험하다는 것이고 다른 하나는 이들이 흥분하거나 일단 이익이 확실할 때는 남다른 아집(Eigensinn)을 드러낸다는 것이다. 후자의 경우 이들은 몸통과 사지를 뻣뻣하게 세울 뿐만 아니라 정신도 그렇게 차리게 된다. 그러면 그들은 상상하던 것과 전혀 딴판인 사람이 된다. (…) 이들 농민의 소송을 다루면서 법률가는 그들을 하나하나 잘 알게 되었지만 그럼에도 여전히 오리무중이다. 이들 농민이 그러한 불온한 마음을 품게 되는 이유가 사람이 맹목적이어서인지 아니면 원래 음험해서 그런지 말이다. (…) 농민이 가장 미워질 때가 그들에게서 바로 이러한 아집을 확인할 때다. 자기보다 비천한 사람이 말을 듣지 않을 때 어느 높은 양반이 과연 그것을 참아줄 수 있을까? 그리고 높은 양반이 농민이 의무를 다하도록 돕거나 휴식을 주고자 한다면, 제아무리 온갖 생각과 갖은 노력을 다한다 해도 역시 농민을 가장 잘 이해하고 배려하는 방법은 그들의 기분을 건드리지 않는 것이다." Christian Garve, *Popularphilosophische Schriften*, Bd. 2, facsimile print ed., Kurt Wölfel, Stuttgart, 1974, pp. 859~860. 주의할 사항은 이 개념이 흔히 유치한 행동을 서술하는 데, 그리고 비판하는 데 이용되었다는 점이다. '이성적인' 성인에게 아집이라고 말하면 '비이성적인' 것으로 폄하된다. 18세기 후반과 19세기에 이 개념의 사용에 대해서는 다음을 참조하라. Ad. Freiherr v. Knigge, *Über den Umgang mit Menschen*, 14th Edition, Hannover, 1865(first Edition 1788), pp. 86ff. 크니게는 이 개념을 오늘날 '뻗대다'로 통용되는 행위를 특정짓기 위해 사용했다(이러한 사항을 알려준 아른트 본Arnd Bohn에 감사한다). 나는 이 개념의 어원을 부정하지는 않지만 이를 다르게 사용한다.

31 A. Lüdtke, "Arbeitsbeginn, Arbeitspausen, Arbeitsende", in *Eigen-Sinn. Fabrikalltag, Arbeitererfahrungen und Politik vom Kaiserreich bis in den Faschismus*, Hamburg, 1993, pp. 85~119.

로 하지 않았다. 음식 먹는 소리 외에는 신문을 넘기는 바스락 소리와 신문 일부를 다른 사람에게 넘겨주는 소리뿐이었다. 괴레는 이렇게 전한다. 노동자는 "긴장을 푼 채 말없이 옆으로 나란히(!)" 앉아 있었다.[32] 휴식시간은 문자 그대로 재생산을 위한 활동으로서 노동자는 이 시간에 노동력을 재충전하여 이후 작업대, 천공기나 밀링머신, 선반에서 몇 시간 동안이나 일했다. 이론적으로 보자면 휴식시간은 재생산노동이었다. 이것은 공장 시스템의 요구에 부응한 것이었다. 아침과 점심의 식사시간은 육체적 회복을 위해 계획되었고 그렇게 사용되었다. 공식적인 휴식시간은 생존을 위해 직접적으로 필요했을 뿐만 아니라, 동시에 동료와 함께 지낼 수 있는 짧고 제한된 시간이었다.

불법적인 휴식은 이와 비교될 수 없었다. 노동자는 한편으로 공장 시스템의 요구와 강제 때문에 휴식을 취해야 했지만, 다른 한편 노동이 착취당해서, 그리고 재생산을 위해서도 휴식이 필요했다. 시간표와 질서규정을 어기는 것은 어떤 경우이건 공장의 노동과정에 피해를 입혔다. 그리고 여기에는 분명 저항심도 뭔가 역할을 했다. 가령, 노동자가 아침에 노동을 늦게 시작하든지, 기계는 이미 돌아가는데 일을 안 하고 그것을 청소하고 있다든지, 손발을 씻으러 나간다든지, 혹은 공장규칙이 허용하는 것보다 약간 먼저 퇴근한다든지 함으로써, 노동시간으로 계산된 몇 분을 다시 은밀하게 자기 방식으로 써버렸다. 그렇지만 이런 일보다 더 자주 나타났던 방식은 무엇보다도 개개인이 말없이 한눈을 파는 것과 문자 그대로 사라지는 것이었다. 이들은 새로운 업무를 맡거나 재료가 떨어지면 잠깐 눈을 붙였다. 더 자주 일어나는 사례는 한 사람 한 사람씩 서두르지 않고 화장실로 사라지는 것이었다. 이렇게 자주 시간을 흘려 보내거나 생산라인에서 사라지는 일은, 물론 제품생산에 가

---

32 Göhre, *Drei Monate Fabrikarbeiter*, p. 35.

능한 모든 시간을 쏟아 붓게 만들어 단 일 분도 낭비하지 않으려는 기업가와 상급자의 노력을 방해했다. 공장규칙이 점점 더 상세해진 것도 그처럼 말없는 노동자의 방해 행위가 점차 반항으로 인식되었기 때문이었다.

반면 '아집'은 좀 다르다. 그 표현방식은 여러 가지였다. 곧 어슬렁거리기, 말하기, 순간적인 공상, 그렇지만 무엇보다도 돌아가면서 하는 육체적인 접촉과 장난질이다. 간단히 말해 아집이란 '자기를 중심에 두면서도' '다른 사람과 함께하는 것'이었다. 이를 통해 노동자는 비록 직접 방해하려 하지는 않았지만, 기업 경영진이 고안하여 운영하던 노동과정과 공장규율을 무시했다.

불법적인 휴식은 다의적이면서 양가적(兩價的)인 상황이었다. 이를 통해 사람들은 저항심을 실천에 옮겼고 종종 일부러 보란 듯 저항심을 내비칠 수도 있었다. 그렇지만 이와 동시에, 비록 직접적인 것은 아니었지만, 그 순간만큼은 노동현장에서 자본의 지배에 거리를 둔다는 뜻이었을 뿐만 아니라, 자기 욕구와 이해관계를 자제하려는 **모든** 대결, **모든** 투쟁에서도 벗어난다는 의미였다. 그것들이 가져올 결과와 영향력을 계산하지 않는 그 순간의, 또한 그 순간을 위한 직접적이고 열의에 찬 '분출'이었다.[33] 그 순간에는 노동자가 자기 자신을 중심에 두었으며, 그 행동의 모든 결과도 몇 분 동안은, 아니 아마도 단지 몇 초 동안은, 다른 사람을 의식한 것이 아니었다.

비록 간간이 그럴 따름이었지만, 이들은 나름의 규칙에 따라 행동하기도 했다. **아집**을 드러내고 그것을 표현하는 데 유리한 언어는 분명 육체 접촉이었다. 그렇지만 또한 **아집**은 단어로도 표현되었고 어떤 때는 단어가 아주 눈에 띌 정도였다. 직장 동료는 각자 '자기를 중심에 두고자' 항상 노력했지만, 서로를 가족처럼 이름으로 부르고, 신뢰하는 말투로 이야기하고, 반말의 친

---

33 G. Bataille, "Der Begriff der Verausgabung", *Das theoretische Werk*, ed., G. Bataille, vol. 1, München, 1975, pp. 9~31.

근한 말투를 사용했다. 이들은 이렇게 상대방에 대한 존경, 더 나아가 형제애를 표시했다. 동시에 이를 통해 이들이 표현하고자 했던 것은 자기 집단만 특별하고, 그 외 다른 모든 사람은 타인이라는 점이었다. 이들 '타인'에게는 거리감이 느껴지는 공식적인 호칭인 존칭어로 응대했다.[34] 이들은 오랫동안 혹은 빈번하게 접촉하지 않은 다른 노동자를 대할 때는 공식적인 호칭을 사용했고, 상대방도 마찬가지였기 때문에 별다른 신경을 쓰지 않고 그에 익숙해졌다. 반면 공장장이나 상급자(그러나 작업반장에게는 그러지 않았다)를 대할 때는 그들이 공식적인 존칭어 사용을 요구했기 때문에 그렇게 했다. 상급자는 이를 통해 소위 적당한 복종과 거리두기를 확인하고자 했던 반면, 노동자는 이미 다른 낯익은 위계질서인 학교, 교회, 군대에서 경험했던 터라 익숙했다.[35]

그렇게 개별적이면서 동시에 항상 반복되는 전유의 순간에, 곧 노동자들이 각자 자기 욕구를 똑같이 창조하고, 이름 붙이고, 표현하고, 충족할 때 아집이 드러날 수 있다. 공장에서조차 그들의 욕구는 노동규율, 공장규율, 공장법령에 의해, 감시의 지속적인 위협에 의해,[36] 상급자, 공장장, 작업반장에 의해 저지당하고 억압당하고, 게다가 뛰어넘기 힘든 높은 공장 담벼락에 의해서도 갇혔다. 그래서 **아집**의 순간은 최소한 이중의 의미와 기능을 갖고 있다.

---

34 Göhre, *Drei Monate Fabrikarbeiter*, pp. 79~81. 보헤미안 출신으로 도장을 만드는 장인이었던 사람의 회고록도 보라. 이곳의 사회주의적 노동자 조직에서는 '존칭어'를 사용하면 벌금을 물었다. Wenzel Holek, *Lebensgang eines deutsch-tschechischen Handarbeiters*, Jena, 1909, p. 215.

35 마지막 사항에 대해서는 1880년대 군복무를 마친 어느 농업노동자의 기록을 보라. Franz Rehbein, *Das Leben eines Landarbeiters*, Jena, 1911, pp. 153~193.

36 이 점에 대해서는 A. Lüdtke, *Arbeitsbeginn*과 특히 M. Perrot, "The Three Ages of Industrial Discipline in 19th Century France", in *Consciousness and Class Experience in 19th Century Europe*, ed., J. M. Merriman, New York/London, 1979, pp. 149~168. 페롯은 '감시하고 처벌하기' 위한 '근대적인' 노력의 주된 메커니즘을 '규율'이라고 본 푸코의 테제를 '반복했다.' M. Foucault, *Überwachen und Strafen*, Frankfurt am Main, 1976(한국어판, 『감시와 처벌』). 노동과정에 대한 통제를 증가시키려는 경영진의 노력의 양상과 형태에 대해서는 다음을 보라. R. Edwards, *Contested Terrain: The Transformation of the Workplace in the 20th Century*, New York, 1979.

노동자가 자기에게 집중하면서도 또한 다른 사람과 함께할 수 있다는 점에서 이중적이다. 또한 이들은 자기 규칙에 따라 행동한다는 점에서, 첫째, 공장의 강요뿐만 아니라 일상에서 '겪는' 어려움에서도 거리를 둘 수 있었고, 둘째, 동시에 개인적인 혹은 집단적인 행위를 펼칠 능력을 발전시킬 수 있었다. 가령 공장장이나 상급자가 반말을 사용해 부자관계 같은 것을 은연중에 암시함으로써 노동자를 모욕하는 경우도 있었다.[37] 노동자는 그들이 기대하던 '당신'이라는 호칭 대신에 '너'라고 답하거나 큰소리를 치거나 때로는 그냥 못들은 척했다. 이와 달리, 브롬메의 공장에서 노동자들은 관리자로부터 근무시간에 선반기계를 청소해도 좋다는 허락을 얻어내기도 했는데,[38] 이처럼 원래 서로 독자적으로 행동하고 개별적으로 투쟁하던 노동자들이 갑자기 공동의 토대를 발견한 경우도 있다.

아집과 계산된 저항 사이의 경계는 불명확하고 유동적이었다. 아집은 자기 이익을 쫓는 것과 달랐다. 후자는 전략적으로 적절한 선택을 통해 자기 행동을 효과적으로 만드는 것이다. 예컨대 작업현장에서 겉으로는 복종하는 척하고 은밀히 태업하거나 아예 파업하는 것처럼, 임금을 유지하고 심지어 그것을 올리기 위해 함께 행동하는 것이 현명한 일이었을 것이다. 이에 반해 아집을 실천하는 것은 그 어떤 위험성도 염두에 두지 않거나 아예 그것을 무시했다. 아집은 그러한 집단적인 노력의 일부일 수 있었다. 동시에 또한 아집은 무엇보다도 욕구를 표출했다. 그것은 개인과 집단의 욕망, 그들의 불안감까지 표현했다. 그래서 이것은 자율성과 집단성, 아마 심지어 동질성까지 포함된 특정한 경험이었다. '자기를 중심에 두면서'도 '다른 사람과 함께한다'

---

37 1860년대 이후의 증거는 다음에 제시되어 있다. U. Engelhardt, *Nur vereinigt sind wir stark*, vol. 1, Stuttgart, 1977, pp. 93ff.

38 Bromme, *Lebensgeschichte*, pp. 290ff.

는 이중적 의미에서 보자면, 아집은 노동자 정책의 특이성을 드러내주었다.

여기에 첨가되어야 할 또 다른 장면이 있다. 이것은 괴레가 묘사한 기본적으로 조화롭고 화기애애한 모습과는 그다지 잘 맞지 않는다. 구테호프눙스휘테 공장에서 은퇴한 노동자가 자필로 쓴 보고서(이것은 회사 측의 권유로 1939년에 작성되었다)에는, 장난에 대한 여러 가지 일화뿐만 아니라 누군가 공장에 있던 공구를 자주 훔쳐갔다는 이야기도 나온다.[39] 1880년대 중반 시기에 공장에 있던 공구는 노동자의 것이었다.

장난치고 반말을 사용함으로써 권력, 곧 사회적 차이를 폭로하는 것은 욕구의 표현임과 동시에, 비록 순간적이긴 하지만, 시간과 장소를 전유한 행위였다. 이러한 관행에는 서로 다른 동기와 목표가 숨어 있었다. 말하자면 이것은 상급자의 지시에 맞서서 관습적인 권리에 호소하는 것이기도 하고, 개개인이나 동료의 인간성을 위한 투쟁이기도 하지만, 더 중요한 것은 결코 동료에게 심각한 해를 끼치지 않았다는 점이다. 동료의 공구를 훔치는 것은 이와 정반대의 행위였다. 공구가 노동자의 것이라는 뜻은 부르주아적 소유권의 의미가 아니었다. 그보다 그 의미는 생존을 위한 일상적인 투쟁에 반드시 필요한 수단이라는 것이었다. 당시에 이것은 개개인의 손재주와 민첩함을 상징했다. 공구는 소유자인 노동자의 생산품 일부가 되었으며, 그의 노동생산성과 제품을 대변했다. 공구를 사용함으로써 노동자는 공장주나 익명의 소비자에게 이미 전유된 생산품을 기억에 떠올렸다. 절도를 당한 사람은 공구가 없으면 '속수무책이었다.'

구테호프눙스휘테의 작업장이 켐니츠와 게라 공장과 달랐던 이유는 지역적으로 차이를 보인 노동자의 생활양식이나 노동과정이 서로 달랐기 때문

---

39 Haniel-Archiv(GHH) 40016/19(특히 Fischedick).

일 수도 있었지만, 그러한 가능성을 배제한다면 그 절도 행각을 통해 우리가 추측할 수 있는 사실은, 일상적인 실천도 많이 다르고 심지어 서로 모순적인 측면까지 포함한다는 점이다. **아집**은 다의적이었고 계속 그러했다. 상사의 의도와 노동과정의 강요에 맞서 직접 투쟁하지 않고 그로부터 거리를 두려는 태도에는 개인주의적인 행동뿐만 아니라 직장 동료를 적대시하고 무시하려는 점도 들어 있었을 수 있다.

4. 아집과 사적(私的) 정치

앞에서 연구한 노동과정, 임금 지불 시스템, 변화무쌍한 선반공 임금의 상세한 내용, 특히 그들의 장난과 아집은 생산양식이 당사자에게 실제로 어떻게 다가오는지를 보여준다. 그도 그럴 것이 경제변동 주기와 공장규범은 지금까지 오로지 학자와 경영진의 문서에서만, 말하자면 노동자와 상관없이 존재했다. 그 어떤 사회적 과정도 일상적인 의미에서—가령 임금 상승의 계기로서—경험되지 못하면, 일상적인 상호작용과 (재)생산의 일부가 되지 않는다. 이론적으로 보자면, 생산방식은 지배방식과 마찬가지로 당사자의 감각적 인식과 해석을 통해, 곧 이들의 행동과 표현형태를 통해, 여기의 경우 기계공업 남성 노동자의 실천을 통해 구체화된다.[40] 혹은 이러한 이론적 고민을 더 파고들자면, 사회적 재생산과 전환은 객관적 계기와 주관적 계기가 교차함으로써 비로소 가능하다.

---

40 다음과 비교하라. I. Hack et al., "Klassenlage und Interessenorientierung", *Zeitschrift für Soziologie* 1, 1972, pp. 15~30. 특히 pp. 24ff.

요컨대 필요한 것은 사회경제적 위치 및 기능과 서로 조응하지 않은 의미를 보려는 관점이다. 오로지 그러한 시각에서만 사회의 모순을 발견할 수 있고, 또한 그것을 통해 현실성 있는 대안의 가능성을 확인해볼 수 있다. 지배형태와 행동양식의 다의성을 살펴보기 위해서는 사회적 모순을 외관상 가장 단순한 수준으로 환원시켜서는 안 된다. 이러한 모순인 계기의 복잡성과 착종상태를 조사할 때만 일상적 실천의 의미와 기능을 파헤칠 수 있다. 역사적이고 사회적인 과정을 여러 차원으로 구분해내려는 시도를 한다고 해서 구체적인 상황의 연계성과 상호관계가 밝혀지는 것은 아니다. 일상적인 실천의 특징이 그렇듯이 여기에는 예측하지 못하는 동시성이 숨겨져 있는데,[41] 말하자면 노동자가 강요받는 것을 감내하거나 거부하면서도 동시에 아주 거리를 두었거나 두고 있던 **아집**도 함께 드러낸다.

이렇게 짧게 논의한 몇 가지 의문사항은 대개 '문화주의'라는 포괄적인 명칭하에서 다루어지는 것들이다. 그런데 이와 관련된 두 번째 사항이자 중요한 질문이 하나 있다. 곧 일상생활을 연구하는 데서 정치적인 것이 무엇인가 하는 물음이다. 아집을 추구하는 것은 괴로운 정치적 문제에서 도망치려는 시도, 말하자면 어디서나 뚜렷이 존재하는 지배와 저항 사이의 관계에서 벗어나려는 시도의 또 다른 사례는 아닐까? 아집에 대한 이런 질문은 낭만화를 대변하는 것일까?

전통적으로 '정치'란 집단적인 이해관계의 표현, 관철, 지속적인 조직화를 말한다. 특히 정치적으로 간주된 것은 국가 지배체제의 지배규범, 사회적 분

41　여기서 말하는 '동시성'은 에른스트 블로흐(Ernst Bloch)가 사용한 개념인 '비동시성의 동시성'에서 따온 것이다. 독일에서는 1920년대와 1930년대에 '다수'의 (정치적) 성향에 영향을 주었던 신구(新舊) 상징과 의미가 서로 다르면서도 동시에 나란히 사용되었다. 블로흐에 따르면, 마르크스주의 비판가나 독일사회민주당과 독일공산당의 '좌파' 정치 지도자는 이러한 동시성의 중요성을 단 한 번도 제대로 인식하지 못했던 반면, 나치 이념이나 운동은 마음껏 이용했다. E. Bloch, *Erbschaft dieser Zeit*, Frankfurt, 1962(first edition 1932/36).

배의 모형이나 형태에서 이익을 얻어내는 일이다. 이러한 모형과 실천을 확인하거나 거부하는 것은 '정치적' 행위이다. 이러한 기준에 부합하지 않은 다른 표현방식은 모두 사적인 것으로 규정된다. 이와 달리 내가 수용하려는 관점에서는, 정치적 태도란 개인적 욕구를 무엇보다도 직접적인 당사자를 위해서 표출하고 관철시키는 것으로 이해된다.

요컨대 핵심은 정치적인 것에 대한 시각의 확대다. 정치를 전략적 계산이라는 관점에서 보면, 감정적 표현형태와 상징적 의미가 조화로운 전체를 이루지 못한 채 서로 어긋나 있다. 바로 이러한 감정과 상징을 표현할 때 사람은 이상형에서 빠져나와 '현실적인' 개인과 집단이 된다. 그리하여 이들은 반응할 뿐만 아니라 적극적으로 행동하기도 하고, 때로는 단호하고 일관되게, 때로는 모순되게, 또 어떤 때에는 마지못해 그렇게 한다.

구체적으로 보자면, 선반공과 다른 기계공업 노동자는 마지못해 '자유노조'인 사회민주적인 독일금속노조(DMV)에 가입되어 있었는데, 이는 드문 일이 아니었다. 1878년 제정된 사회주의자탄압법(Sozialistengesetz)의 시효가 만료되었던 1891년에 이 노동조합이 결성되었다. 이렇게 사회경제적 이해관계에 따라 조직을 구성하는 시도는, 베를린과 같은 대도시 노동자를 제외하면 평균적으로 노동자의 4분 3에게 호소력이 없었다. 심지어 독일사회민주당원의 비율조차 눈에 띌 정도로 낮았다.[42] 더 정확하게 말하자면, 1890년대 후반부터 대다수 기계공업 노동자는 대거 독일금속노조에 가입했다. 그렇지만 중요한 사항은 이들 가운데 다수가 일 년이나 이 년 뒤 다시 이 조직을 떠났다는 사

---

[42] 이 수치는 다음에 의한 것이다. D. Fricke, *Die deutsche Arbeiterbewegung 1869~1914*, Berlin/DDR 1976, pp. 718ff, 731. 여기에는 '어용인' 기독교 노동조합에 대한 참여가 합산되지 않았을 수도 있다. 이에 대해 상세한 것은 다음을 보라. Alf Lüdtke, "Die Ordnung der Organisation", in *Eigen-Sinn. Fabrikalltag, Arbeitererfahrungen und Politik vom Kaiserreich bis in den Faschismus*, pp. 161~193.

실이다(그들은 더 이상 노동조합 모임에 참석하지도 않았고, 처음 몇 달 뒤부터 조합비도 내지 않았으며, 노동조합원 명부에서 자신의 이름이 삭제되는 것도 수용했다).[43]

다른 말로 하자면, 노동조합은 노동자의 경제적·정치적 이해관계를 대변하는 유일한 수단임을 자임했지만, 노동자가 여기에 적극적·지속적으로 참여하는 일은 매우 드물었다—그렇지만 다른 노동조합과 비교하면, 1900년 이후 이 산업 부문의 조합원 수는 모든 노동조합 가운데 최고 수준에 도달할 정도로 증가했다. 부두노조, 건설노조, 수공업 노동자노조, 그리고 장갑제조공노조가 비슷한 수준이었다. 한편 떠들썩한 집단행동도 마찬가지로 이들 기계공업 노동자의 몫이 아니었다. 인쇄공과 양조노동자는 말할 것도 없고, 광산노동자, 건설노동자, 심지어 훨씬 덜 조직화된 섬유산업노동자(여성 노동자임에도!)에 비해 기계공업 노동자는 거의 파업을 일으키지 않았다. 그렇다고 그들이 활발하지 않았거나 냉담했다는 뜻은 결코 아니다.[44] 그들은 단위 작업장내에서 자신의 이해관계를 때로는 정말이지 전투적으로 대변했다. 이들은 '쓰레기'부터 공구에 이르기까지 모든 물질자원과 시간을 다시 전유했고, 자신의 희망과 기원, 불안과 초초함을 분명하게 표현했다. 즉 이들은 아집을 실천에 옮겼다. 이들은 **자신의** 방식으로 자원과 '생활기회(Lebenschancen)'의[45] 분배와 재분배에 적극적으로 참여했다. 이들은 정치적으로 움직이고 대처했다.

여기서 '직접생산자'(칼 마르크스)의 일상적인 삶으로부터 정치적인 것에

---

43 K. Schönhoven, *Expansion und Konzentration: Studien zur Entwicklung der Freien Gewerkschaften im Wilhelminischen Deutschland 1890~1914*, Stuttgart, 1980, pp. 143ff, 190ff.

44 D. Geary, "Identifying Militarism: the Assessment of Working-class Attitude toward State and Society", in R. J. Evans ed., *The German Working Class 1888~1933*, London/Totowa, 1982, pp. 220~246, 특히 233ff; E. Lucas, *Zwei Formen von Radikalismus*, p. 147.

45 [역자주] 막스 베버가 1920년대에 도입한 개념으로, 한 개인이 삶의 질을 개선할 수 있는 기회에 대한 이론이다.

관한 두 가지 테제가 도출된다.

첫째, 노동자는 그저 도구적인 의미에서만 자기 임금에, 곧 자신의 일상적 생존에 관심을 쏟는 것이 아니고, 그렇다고 생산양식 전반을 변화시키기 위해 정치적인 행동을 하는 것도 아니다.[46] 임금투쟁과 정치투쟁을 둘로 나누어 판단하는 것은 부적절하고 일차원적인 정치 모델에 따른 것이다. 이를 통해서는 이해관계와 아집의 다의성, 유착관계와 모순을 파악하거나 이 모든 것의 동시성을 이해하기 어렵다. 여기서(그리고 어디에서나) 간과되고 있는 것은 당사자의 생활양식이다.

둘째, 최소한 자본주의가 발전된 산업사회에서는 서로 다르며 아마도 분리되고 심지어 모순적인 정치영역이나 정치적인 것이 감지될 수 있다. 여기에서 사적인 것의 정치화, 다시 말해 이해관계와 욕구, **아집**이 직접적인 관계 속에 착종된 것이 '정치의 사사화(私事化)'(Privatisierung der Politik)로 잘못 이해되곤 한다. 그렇지만 예컨대 독일제국 시기에 일상적인 정치는 결코 비정치화의 경향을 드러내지 않았다. 도리어 당시의 정치는 물질적이고 감정적인 자원뿐만 아니라 생애와 생활기회를 새롭게 분배할 다양한 형식이 있음을 명확히 제시해주었다. 이렇게 자원을 재분배하는 여러 형식이 등장하자, 특히 나라의 중앙에서 규제하고 분배하던 형식적인 정치무대가 암묵적으로 상대화되었다. 다른 말로 하자면, 국가에 집중되었던 정치가 소위 피지배자가 스스로 결정하는 정치와 대면했다.

일상적인 정치의 맥락에서는 물질적인 이해관계와 개별적인 욕구, 사회적 의무, 아집이 결코 서로 분리되거나 나누어질 수 없다. 즉 이것은 학자가

---

46 독일제국의 '반(半)절대주의적 유사입헌주의' 아래서 벌어진 정치적 대결에 대해서는 H. U. Wehler, *Das deutsche Kaiserreich 1871~1918*, Göttingen, 1975, p. 63.

아무렇게나 준비해둔 공식에 딱 들어맞게 작용하지 않는다. '물질자본'과 '상징자본'(피에르 부르디외)은[47] 서로 직접 교환될 수 없다. 다시 말해, 돌아가신 아버지의 은시계는 전당포에서 돈으로 결코 바꾸지 않았다는 것이다.[48] 임금이 상승할 때면 노동자들은 모욕적인 상사의 '반말'을 마지못해 참아냈다(최소한 1870~1890년대 사이에 전체적인 경향이 그랬는데, 아마도 1900년 후 처음 몇 년 동안에도 부분적으로 그랬다).

따라서 노동자의 '명예', '존경심'의 전형이 무엇인지는 새로 연구되어야 한다. 남성과 여성에 따라서도 다른 이 개념은 소시민의 꿈과 전원생활이 반영된 흐릿한 거울도 아니고, 계급의식의 왜곡된 형태도 아니었다. 오히려 '명예'는 나름의 의미와 경험을 쌓는 기준이었다. 이것을 기준 삼아 노동자는 생활비를 벌기 위해 더욱 노력했다.[49] 왜냐하면 '명예'는 일상적인 예측불허와 불안정, 더 나은 미래에 대한 걱정, 희망, 꿈과 가장 밀접하게 연결되었기 때

---

47 P. Bourdieu, *Entwurf einer Theorie der Praxis (auf der ethnologischen Grundlage der kabylischen Gesellschaft)*, Frankfurt am Main, 1976(프랑스어본 1972), pp. 335ff.

48 물론 이 점은 더 다듬고 관련 증거도 보강할 필요가 있다. H. Schomerus, *Die Arbeiter der Maschinenfabrik Esslingen*, Stuttgart, 1977, p. 244.

49 심지어 '노동귀족'조차 가족부양을 위해 추가 벌이가 필요했다. 켐니츠(Chemnitz)에서 나온 한 통계는 1900년에 '숙련된 금속노동자' 가운데 58% 내지 8%가 성인 2명과 어린이 3명으로 구성된 가계를 유지할 수 없다는 점(기계공업 노동자와 섬유노동자는 그 수치가 각각 81%와 6%였다)을 보여주었다. 지불되지 않은 가사노동뿐만 아니라, 여성의 임노동과 아동노동이 없었다면 가족의 생계는 유지될 수 없다. H. Rosenbaum, *Formen der Familie*, Frankfurt am Main, 1982, p. 399(여기에는 더 많은 증거가 담겨 있다). 마찬가지로 다음을 보라. K. Tenfelde, "Arbeiterhaushalt und Arbeiterbewegung 1850~1914", in *Sozialwissenschaftliche Informationen für Unterricht und Studium (SOWI)* 6, 1977, pp. 106ff. 남성조차도 여러 방법을 통해 추가 벌이에 나섰다. 최소한 괴레가 묘사한 바에 따르면, 그의 동료들은 일요일 아침 장작을 패고 자식들이 그것을 지역 대목장에 나가 팔아 음악 경연장에서 여러 바이올린이 울리도록 했다. 예전 직업이 재단사였던 어느 동료는 밤늦게까지 재단사 일을 했고, 선반공은 일요일 점심 때 마부로 일했으며, 또 어떤 단조공은 거의 밤마다 노동자 식당의 종업원으로 일했다. 모두가 초과근무를 자청했지만 소수만 기회를 누렸고 작업반장의 동의와 특별한 관심을 받아야 가능했다. Göhre, *Drei Monate Fabrikarbeiter*, p. 15. 더 일반적인 연구로는 라이프(H. Reif)의 논문을 보라. 그는 자료가 풍부한 루르 지방을 대상으로 복잡한 문제인 가계수입과 특히 노령빈곤을 분석했다. H. Rief, "Soziale Lage und Erfahrungen des alternden Fabrikarbeiter in der Schwerindustrie des westlichen Ruhrgebiets während der Hochindustrialisierung", *Archiv für Sozialgeschichte* 23, 1982, pp. 1~94.

문이다. 그래서 생활필수품, 석탄, 혹은 땔감을 훔치는 것과 같은 불법적인 수단을 통해 살아남고자 애쓰는 것도 결코 창피하거나 불명예스러운 일로 여겨지지 않았다. 함부르크 항구에 대한 미하엘 그뤼트너(Michael Grüttner)의 연구처럼, 통상적으로 행해진 '갖고 튀는 것'이 이를 분명히 보여준다.[50] 이들은 든든한 생존방법을 찾거나 사회적 성공을 거두거나 물질적 개선을 이루면, 이웃과 동료 앞에서도 국가와 '자본의 장교와 하사관'(칼 마르크스) 앞에서도 우쭐한 자부심을 뽐내곤 했다.

이러한 일상정치가 반항으로만 귀결되는 것은 결코 아니었다. '위로부터 오는' 요구와 강요 혹은 공공연한 억압에 무조건 반대만 하지 않았다. 대신에 이들은 무엇보다 동료, 친구, 친척과 더불어 살아가면서, 예컨대 (남성의 경우) 운동 집단이나 술집 모임에서, 또한 여성은 커피 마시는 한담(閑談)에서, 슬며시 아집 부리기를 그치지 않았다. 직접적인 저항에서나 아집에서나 중요한 사항은 '자기 일이고' '자신을 위하는' 일인가 하는 점이었다. 지배자나 그들의 대리자인 경찰, 공장장, 혹은 작업반장의 간섭이나 위협은 문자 그대로 멀리 떨어진 일이고, 최소한 순간적으로는 잊을 수 있었다.

이렇게 육체적 생존을 확보하고 동시에 자기 인격과 가치를 돌보고자 노력했지만, 일터에서나 가정 안팎에서 성공과 패배는 나란히 따라다녔다. 물론 임금삭감, '명예'의 손상, 신체부상, 그리고 관청의 개입까지 상존하는 여러 위험성 때문에 **회의적인 조심성**(skeptische Vorsicht)도 나타났다.

'사적인 것의 정치화'에서 고려해야 하는 것은 '위로부터의' 간섭이 해체되지 않고 노동자와 그 가족의 생활양식으로 남았다는 점이다. 공장, 길거리,

---

50 M. Grüttner, "Unterklassenkriminalität in Hamburg, Güterberaubung im Hamburger Hafen 1888~1923", H. Rief ed., *Räuber, Volk und Obrigkeit, Studien zur Geschichte der Kriminalität in Deutschland seit dem 18. Jahrhundert*, Frankfurt, 1984, pp. 153~184.

학교, 관공서 등에서 질서를 크게 강요받는 것은 어린이와 청소년, 어른이 일상적으로 겪는 경험의 일부였다.[51] 국가나 사적인 지배자에게 당하는 이런 물리적 폭력에 대한 경험은, '위로부터의' 폭력이 드러나지 않게 작동하는 '부드러운 폭력(violence douce)'이라는[52] 형태와 결합했다.[53] 교육과 육체적 정신적 청결을 진작시키려는 국가 정책은 경찰을 직접 동원하거나 경찰이 개입한다는 위협을 통해 이루어졌다. 국가 반역자는 추적당하고 체포되어 보호시설에 '미친 사람'으로 감금되었고,[54] 최소한 대도시에서는 경찰을 통한 강제교육이 관철되었다. 결정적으로 중요한 것은 이러한 청결과 교육의 규범이 당사자 스스로의 이해관계 및 욕구와 일치했다는 점이다. 청결과 교육의 대상이 됨으로써 실제로 더 나은 삶에 대한 전망이 열렸기 때문이다. 만약 그렇다면, 특수한—아마도 '부르주아적인'—형태의 청결과 교육이 지배적이었는지에 대한 질문은 따로 필요하지 않을 수 있다. 어쨌든 그 영향으로 사적인 것의 정치화는 진척될 것이었다. 비록 겉으로 강조되지는 않았을지라도, '관리 대상자', 피교육자, 위생 캠페인 대상자는 부지불식간에 분명히 이해관계를 공식화하고 조직하는 영역에 몸을 담갔다. 이렇게 이루어진 사적인 것의 정치화는 '위로부터의' 정치화라는 기능을 수행했다. 당사자가 스스로 결정하여 정치화하는 것과는 반대로, 여기에서는 충족되지 않은 욕구와 적대적인 이해관계를 수용하지 않고 참거나 억눌렀다. 당사자는 이를 거부하든 스스로 결

---

51 공공의 실제, 특히 '사회주의자 추적'에 대해서는 다음을 참조하라. K. Saul, *Staat, Industrie, Arbeiterbewegung im Kaiserreich*, Düsseldorf, 1974.

52 [역자주] 피에르 부르디외는 '상징적 폭력'을 설명하면서 지배자가 피지배자의 무지와 오해를 이용하여 그들을 자발적으로 복종하게 할 때 그것이 '부드러운 폭력'이라고 말했다.

53 Bourdieu, *Theorie der Praxis*, pp. 364ff.

54 D. Blasius, "Bürgerliche Gesellschaft und bürgerliche Ängste: Die Iren in der Geschichte des 19. Jahrhunderts", in *Sowi* 8, 1979, pp. 88~94.

정한 아집에 따라 행동하든, 사적인 것과 정치적인 것의 분열을 극복했다.

그렇지만 일상의 정치가 중요하다고 해서 미해결된 문제를 간과해서는 안 된다. 사적인 것의 정치화와 나란히, 폭넓은 대중이 중앙화된 지배계급의 정치와 '공식적인(offiziell)'[55] 야당인 사회민주당의 정치로부터 멀어지는 현상이 나타났던 것이다. 그러한 이탈의 조짐은 늦어도 1906년부터 전국적으로 확대된 사회주의 조직의 가입자 수가 예전보다 더 적고 더 느리게 증가했다는 점에서 드러났다.[56] 더 중요한 점은 비조직화된 운동이 전례를 찾아볼 수 없을 정도로 확대되었다는 사실인데, 예컨대 1906년 1월 함부르크에서 사회민주당의 선거권 시위를 계기로 시위와 '소요'가 번졌고,[57] 1910년 9월에 베를린 모아비트(Berlin-Moabit)에서도 그러한 움직임이 있었다(모아비트 투쟁은 임금파업으로 인해 발생했다).[58] 두 사례에서 주로 소위 '난동자'인 임시노동자와 실업자가 데모를 약탈과 강도질로 변질시켰다. '혁명적 규율'은 여기에서 결코 작동하지 않았다. 독일사회민주당과 노동조합 관료는, 비록 관헌 당국에 동의하지는 않았지만, 이구동성으로 '민중의 난동'을 강력하게 비난했다.

1890년 이후 등장한 대중의 자체 조직을 약간만 살펴봐도, 이들이 정치무대에서 점점 더 크게 이탈했다는 인상을 강하게 받는다. 새로운 식민 정책이나 건함 정책을 요구하거나 지지하는 일을 도맡은 것은 (소)시민의 여론과 조

---

55 [역자주] 당시 사회민주당은 제국의회에서 많은 의석수를 확보함으로써 정치적으로 야당의 지위에 올랐지만, 제국의회 자체가 실질적인 권력이 없었다.

56 이에 대해서는 프리케(D. Fricke)와 숀호벤(K. Schönhoven)의 연구에 있는 독일제국 전체에 대한 자료뿐만 아니라 다음과 같은 사례 연구도 참조하라. M. Nolan, *Social Democracy and Society, Working-class Radicalism in Düsseldorf 1890~1920*, Cambridge, 1981, pp. 182ff, 232ff(1907년 이후 시기에 관한 것이다).

57 R. J. Evans, "'Red Wednesday' in Hamburg: Social Democrats, Police and Lumpenproletariat in the Suffrage Disburbance of 17. January 1906", *Social History* 4, 1979, pp. 1~31.

58 H. Bleiber, "Die Moabiter Unruhen 1910", *Zeitschrift für Geschichtswissenschaft* 3, 1955, pp. 173~211. 이에 대해서는 다음도 참조하라. Th. Lindenberger, Straßenpolitik, Zur Sozialgeschichte der öffentlichen Ordnung, Diss. phil. TU Berlin, 제2장.

직이었다. 산업노동자나 프롤레타리아트 대중이 그러한 노력에 참여했는지는 의문이거나 최소한 불확실하다.

이러한 정치무대의 분열은 두 가지 거대한 사건에서 뚜렷이 나타난다. 처음 사건은 1914년 8월 노동자 대중이[59] 저항하지 않은 채 순전히 자발적으로 전쟁에 뛰어들었던 것이다. 비록 그들은 최후의 순간까지 파업에 참여하고 있었거나 최소한 어떠한 형태로든 정부 정책에 반대하는 태도를 취하고자 했던 것처럼 보였지만 말이다. 두 번째 사건은 1933년 이후 프롤레타리아트 대중 대다수가 파시즘을 용인한 것이다.[60]

노동자가 보기에, 이러한 정치무대의 분열이 무엇보다도 실천에 반영되었고 당 지도부는 스테레오 타입의 기대감만 키웠다. 당내 활동의 위계질서와 공식행사의 형식에서 이것이 더욱 두드러졌다. 사회민주당이 당원을 동원하여 벌이는 시위는 보통 군사행진으로 이루어졌다.[61] 비유하자면 줄을 서서 앞 사람과 거리를 유지하며 행진하는 것이 사용가치라면, 이에 덧붙여질 잉여가치는 군사적인 방식으로 거대한 대중을 구조화하고 조직하는 것이었다. 이러한 군사적 습관에서 특히 당료(黨僚)는 사회적 관계를 대신할 조직을 구상했다. 그렇지만 더 중요한 것은 이것이 일반 당원의 일상도 규정했다는

---

59 이에 대한 연구는 지금도 계속되고 있는데, 그 현황은 다음을 참조하라. F. Boll, *Frieden ohne Revolution? Friedensstrategien der deutschen Sozialdemokratie vom Erfurter Programm 1891 bis zur Revolution 1918*, Bonn, 1980, pp. 110ff.

60 이 문제의 다층성은 말할 나위가 없다. 그럼에도 불구하고 다음 연구를 건너뛸 수는 없다. E. Fromm, *Arbeiter und Angestellte am Vorabend des Dritten Reiche*, ed., W. Bonß, Stuttgart, 1980; *Deutschland-Berichte der Sozialdemokratischen Partei Deutschlands (Sopade), 1934~1940*, Frankfurt am Main, 1979.

61 뒤셀도르프의 사회민주당 기관지 『폴크스차이퉁(Volkszeitung)』은 1903년 노동절 행진을 이렇게 자랑스럽게 보도했다. "의기양양한 붉은 동지들이 마치 군인처럼 행진하는 것을 보고서 많은 시민이 놀라운 표정을 지었다."(Nolan, *Social Democracy*, p. 138에서 재인용). 1903년 졸링엔(Solingen)의 노동절 행진에 대한 보도에 따르면, 이 행진에서 프롤레타리아트 운동이 '하나의 거대한 프롤레타리아 군대'로 발전하고 있음이 뚜렷해졌다. P. Friedemann, "Feste und Feiern im rheinisch-westfälischen Industriegebiet 1890~1914", G. Huck ed., *Sozialgeschichte der Freizeit*, pp. 161~185, 여기서는 p. 167.

점이다. 당에서 쓰는 용어도 그러한 경험에서 나왔다. 당 지도부가 쓰거나 말하는 언어에 '혁명군대'나 '혁명대대'가 '진군했다'라는 단어도 등장했다.[62] 이밖에도 공적인 연설은 혼자 떠드는 것으로 여겨졌고 그렇게 통했다. 연설자는 '다수'라는 단어를 입에 올렸지만, 그들의 역할은 듣는 것이었지 같이 연설하는 것이 아니었다.

이런 관점에서 '지그재그 충성심(Zick-Zack-Loyalität)'이란[63] 개념은 의문스럽다.[64] 이 개념은 프롤레타리아트 정당에 대해서**뿐만 아니라** 국민국가인 독일제국에 대해서도 **동시에** 충성심을 바쳤다는 것이다. 사실 이 개념은 '응접실'에서 베벨(August Bebel)과 라쌀(Ferdinand Lassalle)의 초상화를 '선왕 빌헬름 1세' 황제나 몰트케(Helmuth von Moltke) 원수, 혹은 비스마르크(Otto von Bismarck) 수상의 초상화와 비슷한 위치에 놓고자 했던 브롬메의 부모를 이해하기 위해 나왔다.[65] 충성심이 있었다면, 아마도 그것은 어떤 형태의 공식적이며 국가중심주의적인 정책에도 순전히 무관심으로 대응했던 아주 제한된 것 아니었을까?

---

62 예컨대 다음의 논문을 참조하라. J. Dietzgen, "Dass der Sozialist kein Monarchist sein kann", in *Der Volksstaat*, 1873. 8. 13. 다음 글에서 인용함, C. Stephan, *"Genossen, wir dürfen uns nicht von der Geduld hinreißen lassen!"*, Frankfurt, 1977, pp. 282~293. 립크네히트(W. Liebknecht)와 베벨(A. Bebel), 기타 지도자와 대변자의 연설에 대한 체계적인 분석은 아직 없다.

63 [역자주] 이 개념은 원래 미국 사회학자인 윌리암즈(Robin Murphy Williams)가 1952년에 저술한 『미국 사회 —사회학적 해석(American society: a sociological interpretation)』에서 나왔다.

64 H. Bausinger, "Verbürgerlichung—Folgen eines Interpretaments", in G. Wiegelmann ed., *Kultureller Wandel im 19. Jahrhundert*, Göttingen, 1973, pp. 24~49. 이 '충성심' 개념을 나는 회의적으로 보는데, 그렇다고 로트(G. Roth)와 그로(D. Groh)가 '부정적 통합'이라는 설명 모델에서 폭넓게 논의했던 것과 똑같지는 않다. 하지만 아주 좋은 비교가 될 것이다. 다만 나는 부정적 통합이라는 개념보다 적극적인 비(非)통합이라는 개념을 제안하고 싶다. 아니 아집이 차라리 더 좋겠다. 다음을 보라. D. Groh, *Negative Integration und revolutionärer Attentismus*, Frankfurt am Main, 1973.

65 Bromme, *Lebengeschichte*, pp. 71f.

5. 요약

만약 오로지 도덕적 잣대만을 들이대고 싶지 않다면, 분석을 위해서 이러한 정치무대의 구별은 피할 수 없다. 이를 연구하기 위해 한쪽은 사적인 것과 **아집**, 다른 쪽은 공식적인 국가중심주의 정치로 구분하는 것은 여전히 유효하다. 그렇지만 분석가라면 놓쳐서는 안 될 사항은, 초점을 당사자 관점보다는 이로 인해 예상되는 기능에 두어야 한다는 점이다. 이렇게 정치무대가 분리되면 분명 지배적인 지위와 구조를 옹호하고 보호하는 기능이 생기기 마련이기 때문이다. 지배자뿐만 아니라 이들의 배후 동맹자도,[66] 그리고 1914년 이전의 독일사회민주당과 야당 지도자도 마찬가지로 그 기능을 담당했다.

이러한 정치무대의 분리에서 지배 집단이 얻는 이점을 이해하기 위해서는 노동 지도자를 고립시키는 그들의 전략을 고찰해야 한다. 무엇보다도 이들의 전략과 밀접한 관련이 있었던 것이 당시 사회적 헤게모니의 형태였다. 헤게모니란 문화적 이데올로기의 전범(典範)이 슬며시 사회 전체에 스며드는 것이다. 그에 따라 필수적이면서 거역할 수 없는 종속성이 생겨난다. 노동자 운동은 교육에 힘을 쏟았지만, 부르주아 교육의 전범에 의거했기 때문에 지배문화에 적응하려는 다양한 경향이 나타났다.[67] 이는 더 나은 가사경제를 위한 조언과 충고, 특히 생필품의 보관, 청결하고 훈육된 어린이와 주부의 안락

---

66 이에 대해서는 D. Abraham, "Corporatist Compromise and the Re-Emergence of the Labor/Capital-Conflict in Weimar Germany", *Political Power and Social Theory* 2, 1981, pp. 55~109. 여기에는 독일제국의 모형에 대한 분석도 포함되어 있다.

67 오스트리아 노동자에 대한 자료는 랑에비셰가 확장시킨 것을 보라. D. Langewiesche, *Zur Freizeit des Arbeiters*, Stuttgart 1979. 독일 노동자에 대해서는 다음을 참조하라. Nolan, *Social Democracy*, pp. 126~145; D. Langewische & K. Schönhoven, "Arbeiterbibliotheken und Arbeiterlektüre im Wilhelminischen Deutschland", *Archiv für Sozialgeschichte* 16, 1976, pp. 135~204; H. Lüdtke, "Von der 'literarischen Suppenküche' zur Bildungsanstalt der Nation", *Buch und Bibliothek* 31, 1979, pp. 409~426.

을 위한 조언과 충고에서 폭넓게 드러났다. 그렇지만 국가의 법적 통제를 통해 젊은 남녀 노동자의 노동시간을 감축하려는 노력 또한 이에 속했다. 이처럼 다양한 규제와 유인책은 그저 단순히 부르주아 구조뿐만 아니라 가부장적인 구조까지도 동시에 강화시켰다. 다시 말해 인간적인 동기가 실천으로 구현된 것은 단지 아주 제한된 범위 내에서였다. 교육자의 태도는 난폭했고, 비록 그들이 처음부터 그런 측면에 눈을 감고 있었던 것은 아니었지만, 학생에 대해 권위적이었다. 이와 동시에 임노동자가 일상적인 (재)생산과정에서 주된 관심을 쏟았던 공정한 임금에 대한 요구는 아주 영향력이 컸다. 그래서 임노동의 구조 자체는 더 이상 거의 논쟁거리가 되지 않았다!

그렇지만 이조차 동전의 한 면에만 해당되는 이야기이다. 국가나 노동조합의 정책에는 프롤레타리아트 대중의 목소리가 전혀 반영되지 않았지만, 대신 공장, 사무실, 임대가옥, 거리에서는 그들의 적극적인 자기의지인 정치적 민감성과 투쟁성이 드러났다. 이보다 더 중요한 사항은 이들 종속되고 지배당하는 사람이 표현하고 강조하는 방식에서 정치적인 것과 사적인 것, 그리고 **아집**이 서로 결합된 하나의 형태가 확고하게 형성되었다는 점이었다. 자세히 살펴보면, 일상의 현실에서는 소소한 개인적인 기쁨이 자신의 인생뿐만 아니라 인류 전체에게도 의미가 있을 수 있는 대안적인 상상과 분리되어 나타나는 것이 아니라 동시에 촘촘하게 결합되어 나타난다. 왜냐하면 종속되고 지배당하는 사람이 국가와 정당의 정치무대를 무시한다고 해서 사회의 대안적 질서에 대해 아무런 생각도 갖고 있지 않다는 뜻은 아니기 때문이다. 다시 말해 당연하게도 그러한 생각은 사적이고 아집적인 정책에 가깝게 존재했다. 1910년 사회개혁운동에 참여했던 신학자 아돌프 레펜슈타인(Adolf Levenstein)이 보낸 설문지에 광산, 섬유, 금속 노동자가 했던 답변은 분명한 통찰을 제시한다. 그 설문지에 답한 5,040명 노동자 가운데 많은 사람이 원했던 것은, 배부를 정도로 먹어보는 것이나 현미경을 갖는 것도 있었지만, 마찬가지로 '신의 섬광'을 보는 것, 전 세계에서 '전쟁을 막는 것'도 있었다.[68]

당시의 사회주의적 정치조직은 이러한 문제를 깨닫지 못했다. 그들에게는 기껏해야 다음과 같은 기술적이거나 전술적인 문제가 중요했다. "내가 누군가를 당이나 노동조합에 끌어들이고자 한다면 그들에게 어떻게 다가갈 수 있을까?" 노동조합의 안내책자는 노동조합에 가입할지도 모르는 사람이 조합을 방문할 경우, 그들에게 '반말' 조로 친근하게 다가가라고 권유하는 것이 고작이었다.[69] 마치 이 단어가 사람들이 찾고자 하는 경험과 의미의 풍부함을 자동적으로 불러일으키기라도 하듯이, 그리고 이처럼 의미가 풍부한 상징을 사용하기만 해도 아집의 정치와 노조 관료의 정치 사이의 격차가 해소되기라도 하듯이 말이다. 노동자 조직은 어떤 욕구를 특별하고 변형된 것으로 판명할 때, 그 기준을 오로지 그것이 계급의식에 대한 자신들의 생각과 일치하는지, 그리고 조직의 힘을 강화시킬 수 있는지에 두었다. 이들은 단 한 번도 노동자 정책의 특성으로서 **아집**과 노동자 이해관계가 동일하다는 사실을 진지하게 고민해본 적이 없었다.

68　A. Levenstein, *Die Arbeiterfrage*, München, 1912, p. 227. 이 책 다음 페이지도 참조하라.

69　Schönhoven, *Expansion*, pp. 212ff. 이 안내서는 1908년 간행되었다.

일하는 사람들*
—일상의 삶과 독일 파시즘

서론 대신 방주(傍註)

일반적으로 독일 파시즘을 연구하는 역사가는 사회 전체나 개개인의 '기본적인' 동인(動因)을 면밀하게 검토하는 데 관심을 둔다. 그러나 이처럼 '기저에 있는' 구조와 힘에 초점을 맞추다 보면 표면에 있는 것은 무시하고 심지어 파괴하기 마련이다. 따라서 구조를 강조하면 역사적 행위자의 행동과 경험의 양면성을 간과한다. 이런 연구방식은 역사과정의 실제적이고 감정적인 두 차원 모두를 놓치게 된다. 올바른 관점에서 연구하려면 역사적이고 구체적인 것으로 눈을 돌려야 한다. 내 생각으로는, 이러한 '표면'의 소재는 마르셀 모스(Marcel Mauss)가 '총체적인 사회적 사실(fait social total)'이라고[01] 명명한 것과

---

* 1997년 6월 6~7일간 UCLA대학에서 열린 거시미시사 학술회의와 동년 12월 3일 앤아버(Ann Arbor) 미시간대학에서 열린 CSST세미나에 참석하여 이 글에 비판과 격려의 말씀을 해주신 여러분께 감사드린다.

01 [역자주] 이 개념은 사회 전체, 곧 경제적·법적·정치적·종교적인 영역에 영향을 주는 행위를 뜻한다. 모스의 저작인 『증여론』(한길사, 2011)에 따르면, 정치적 권력은 증여할 능력이 있는 잠재적 지도자를 통해 보장되는데, 따라서 이러한 증여를 받은 수혜자는 그에게 묶이게 된다. 왜냐하면 이들은 정치적 충성으로 지도자에게 증여에 대한 보상을 하고자 하기 때문이다.

일치한다—비록 그가 '세계'의, 혹은 경우에 따라서는 '과거'의 아주 상세한 내용을 모두 포괄하는 것에 찬성하진 않았지만 말이다! 사람이 실제로 행하고 서로 작용하면서 마주치는 것이야말로 역사적이면서도 '구체적인 것'을 생산하고 재생산하며 변형하는 것이다.

내가 '구체적인 것'이라 이름붙인 대상을 탐구하는 방식에는 최소한 두 가지가 있다. 첫 번째는 언어가 제공하는(또는 요구하는) **연속적인** 순서를 검토하는 것이다. 여기서는 텍스트가 '대화체'이든, '문서로 된 것'이든, 혹은 그 외 달리 분류된 것이든 문제가 되지 않는다. 두 번째 방식은 이미지로 재현하는 것의 **동시성**을 분석하는 것이다. 역사가는 이 두 가지(언어와 이미지)가 서로 결합되어 있는지, 혹은 최소한 병렬되어 있는지 확인하거나 그것이 어떻게 되었는지 좀처럼 고민하지 않는다. 그렇지만 콜라주 기법은 상호연관의 문제에 대해 아주 알맞은 맛보기를 제공한다. 이 기법이야말로 역사적 주체가 제각기 일상을 영위하면서 생산하고 부딪히는 비(非)직선성을 예술적인 형태로 예시해주기 때문이다. 이상하게 들릴지도 모르지만, 그 방식을 진지하게 고민해볼 만한 가치가 있다. 그렇게 되면 역사가 **다다**(dada)처럼 흘러갈지도 모르겠다. 적어도 이를 시험해보는 동안만이라도 말이다. 그렇지 않다면 역사를 브리콜라주(bricolage)처럼[02] 아무거나 가져다 서술하면 안 되는 것일까?

마주침과 목소리 1

베를린 남동부 지역에 있었던 한 세탁공장을 배경으로 독일 파시즘의 정

---

02 [역자주] 여러 도구를 닥치는 대로 사용하여 만드는 예술 기법을 말한다.

치적 지배와 일상을 탐구하면서 이야기를 시작해보자. 때는 무더웠던 1941년 5월이었다. 남녀 수백 명이 열심히 일하고 있었다. 두 여성이 세탁된 옷을 거대한 마분지 상자에 넣어 정리하느라 바빴다. 아주 무거웠던 이 상자를 그들은 서로 도와가면서 날랐다. 몇 달 후에 이 두 사람 가운데 한 명이 동구의 게토와 학살수용소로 가는 이송 행렬에서 간신히 도망쳤고, 나중에 자신의 회상록을 글로 정리하기로 결심했다.[03] 그녀는 딸들이 부추겨 회상록을 작성했는데, 딸들 역시 1937년 독일을 등질 수밖에 없었다. 엘리자베트 프로인트 (Elisabeth Freund)는 1941년 4월부터 10월까지 6개월 동안 수행한 '근로의무'에 대해 서술하고, 그 글의 제목을 '강제노동'이라고 붙였다. 세탁공장에서 일하는 장면의 묘사 가운데 하나를 보자.

어느 순간 감독관이 바로 우리 옆에 와 있었다. 그의 신발 밑창은 고무로 되어 있어서, 그가 다가오는 소리를 듣지 못했다. 당연히 우리는 소스라치게 놀랐다. 그가 물었다. "너희들은 어떤 일을 하느냐?" 우리가 답했다. "저희는 상자를 채우고 있습니다. 하나씩요" 감독관은 우리가 서로 어떤 도움을 주고받고 있는지 궁금해 했다. 그래서 우리는 "상자가 특히 무거울 때 서로 돕고 있습니다"라고 답했다. 그는 잠시 '흐흠'하고 헛기침을 하더니 나가버렸다. 휴식시간이 되자 감독관이 다시 왔는데, 이번에는 부서장을 대동했다. 그는 소리치기 시작했다. "보시오 내가 금방 확인했소 당신은 이들이 서로 돕는 것을 금지시켰다고 했잖소 다시는 이런 일이 일어나지 않도록 주의하시오! 여기 이 유대인 교대조는 얼마나 뻔뻔하오 만약 아리안족 여성이 혼자 상자를 나를 수 있다면, 유대인도 특

---

03 Carola Sachse ed., *Als Zwangsarbeiterin in Berlin. Die Aufzeichnungen der Volkswirtin Elisabeth Freund*, Berlin, 1996. '유대인' 으로 표시된 사람들에 대한 나치 행정관청과 경찰의 조치에 대해서는 작세(Sachse)의 서문을 참조하라. pp. 10~12. 그리고 강제노동에 대해서는 pp. 31~35를 참조하라.

별한 예외를 두어서는 안 되오. 아시겠소? 알아들었소?"[04]

이 두 여성은 나치의 인종기준으로는 유대인으로 분류되지만, 유대인의 신앙이나 문화적 정체성과는 거리가 멀었다. 그렇지만 이 여성들은 아주 분명하게 '유대인'이라는 표현으로 불렸다. 그 규정은 분명 이들 스스로 만들어낸 것이 아니었다. 나치의 지배가 시작되자마자, 나치는 이러한 배제와 어법상의 전략을 점점 더 진지하게 고민했다. 나치당 소속의 행동가뿐만 아니라 수많은 정부 공무원 및 지방 관리까지, 그리고 언론인과 심지어 이웃사람조차도 나치가 만든 어법을 따랐다. 이들은 그것을 확고하게 마음에 새기기 시작했고 다른 사람에게도 그렇게 하도록 했다. 공적 및 사적 영역 모두에서 '유대인'이라는 구분은 개별적인 여러 법령과 기타 법규에 의해 일종의 코르셋처럼 꽉 조인 행정적 장치가 되었는데, 그러한 법령 가운데 하나가 1935년 9월 '아리안' 시민을 규정하고 아리안이 아닌 사람과는 결혼을 금지하는 소위 '뉘른베르크 인종법'이었다.[05] 나치 정권은 아주 노련하게 이러한 법적 장치가 합법성을 지닌 양 가장했다. 그러므로 박해를 받은 많은 사람들(위에서 언급한 세탁공장의 두 노동자만이 아니다)조차 스스로 가해자의 담론을 그대로 받아들였다. 이들의 단어는 몇 년 동안 상점 쇼윈도, 광고판, 공원 표지판, 공원 벤치의 문양 등 어디에서나 찾아볼 수 있었다.

1939년에 시작된 '근로의무' 프로그램은 유대인으로 분류된 모든 사람에게 몇 단계로 나뉘어 실시되었다. 그해 4월에 이 세탁공장 이야기의 저자가 '징집되어,' 곧 '근무를 개시했다.' 엘리자베트 프로인트는 당시 43세로서 1898

---

04 Sachse ed., *Als Zwangsarbeiterin in Berlin*, pp. 89~90.

05 이들 문제와 직접적으로 관련된 수천 가지 법령과 지시사항에 대해서는 다음을 참조하라. Joseph Walk ed., *Das Sonderrecht für die Juden im NS-Staat*, Heidelberg, 1981.

년 브레슬라우에서 신경과 의사의 딸로 태어났고 경제학을 전공했다. 그녀
는 가정주부에게 실용적인 조언을 주는 책 몇 권을 저술했으며, 중산층 상위
에 속하는 가정의 주부이자 어머니로 베를린에서 살았다. 그녀보다 나이가
훨씬 많았던 남편이 나치의 강압으로 어쩔 수 없이 변호사직을 그만두자, 그
녀가 생활전선에 뛰어 들었다. 처음에 그녀는 사진사 일을 배웠으나, 1941년 4
월 '근무를 위해 징집되었다.'[06]

그해 5월 세탁공장으로 되돌아가보자. 그녀는 이렇게 회상했다.

> 이곳에서 일하던 아리안 여성들도 상자를 운반할 때 항상 서로 돕곤 한다는
> 것을 우리도 알고 있다. 감독관이 우리에게 할당한 이 상자의 무게는 38파운드
> 이다. (…) 물론 우리는 이제 각자 혼자서 일을 한다. 겁이 아주 많은 일제(Ilse)는 너
> 무 놀라서 이제 미는 손수레조차 이용하고 싶지 않아 한다. (…) 그 무거운 상자는
> 내용물로 꽉 차 있어서, 노끈으로 묶지 않으면 전시(戰時)용으로 만든 종이상자
> 가 쉽게 부서진다. 그러면 혼자서는 옮길 수가 없다. 일제가 균형을 잃으면 상자
> 는 책상 뒤로 떨어져서 터지고, 세탁공장은 아수라장이 된다. (…) 이건 아니다. 정
> 말이지, 우리는 더 이상 이런 식으로 일할 수 없다.[07]

그러나 그들이 서로 돕는다면 공장 감독관은 태업의 혐의를 씌워서 강제
수용소로 보낼 수 있었다. 이때 실질적인 책임자였던 부서장―물론 '아리안
족'이다―이 일종의 '숨은 성자(聖者)'였다. 여하튼 그는 엘리자베트 프로인트
에게 약간의 충고를 해주었다. 눈에 띄거나 너무 관심을 끌지 않도록 조심해

---

06   Sachse ed., *Zwangsarbeiterin in Berlin*, pp. 13~20.

07   Ibid., p. 90.

야 한다는 것이었다.

"당신을 좋지 않게 이야기하는 사람들이 있어요. 당신이 오래 앉아 쉰다는
것이죠. 물론 이게 진짜 이유는 아니죠. 당신은 그저 사람의 관심을 끌었던 것뿐
이에요. 눈에 띄었던 것이죠. 당신이 일하는 모습을 보면, 당신이 그 일을 쉽게
여기는 것처럼 보입니다. (…) 보세요, 당신은 몸을 구부리고 움츠러들지 않잖아
요. 그게 여기 있는 몇몇 사람을 화나게 하는 거예요!" 그는 이어서 "당신은 걸을
때도 몸을 곧추세워서 걷잖아요. 당신은 무슨 일에도 개의치 않아요"라고 말했
다.[08]

그녀는 이렇게 대답했다.

"나는 항상 그렇게 몸을 곧추세워 걸었어요. 내가 어떻게 그것을 바꿀 수 있
다는 거죠? 내 큰 키 자체가 도발적으로 보일지도 모르죠. 맞아요. 그래서 사람들
은, 당신도, 등을 곧추세운 채 걸어가는 것을 원하지 않아요. 그들은 내가 노예가
되기를, 보잘 것 없고 비위나 맞추는 노예가 되기를 원하죠! 맙소사, 나는 그럴
수 없어요. 그리고 나는 그딴 것을 전혀 알고 싶지도 않다고요!"

이 세탁공장에 고용된 사람 가운데 독일**제국인**(혹은 소위 '아리안인')으로는
여성 노동자들과 극소수의 현장주임이 있었고, '외국인' 혹은 '동유럽' 노동
자(이런 호칭은 열혈 나치들만 사용한 게 아니었다)라고 불리는 여성 노동자도 상당히
많았다. 이처럼 그곳에는 여러 부류와 등급의 사람들이 존재했다.

---

08   Ibid., p. 91, 또한 그 이하도 참조하라.

엘리자베트 프로인트는 이렇게 세세한 모든 일에까지 존재했던 노동자 사이의 차별을 경험했다. 얼마 안되는 임금—미숙련 초임자가 받는 정도였다—은 언제라도 나치가 지급정지할 수 있는 계좌로 송금되었고, 그녀는 다른 기업에 취직할 기회도 없었다. 자유로운 이직의 '특권'은 오로지 '아리안인'에게만 허용되었다. 그녀는 또한 본인의 가사를 돌보기 위해 4주에 하루 쉬는 것(Hausarbeitstag)조차 허락되지 않았다. 배제와 차별이 곳곳에서 행해져, '아리안족을 위한 화장실'의 사용도 내내 금지되었다. 그녀는 노동자로서 일상적으로 겪어야 했던 '온갖 작은 횡포'를 씁쓸하게 기록했다. 그러나 동시에 그녀는 자기 영혼이 끝내 굴복당하지 않았다는 자부심도 함께 내비치고 있다.

그렇게 야단을 맞고 며칠 후 그녀는 다른 곳으로 전출되어 처벌의 의미로 증기압력기를 다루게 되었다. 새 동료가 그녀에게 알려준 첫 번째 사항은 그 업무를 수행하려면 육체적으로 강건해야 한다는 것이었다. 그러나 프로인트는 심장에 문제가 있었다. 새로운 작업반장은 이제 '그녀가 일하기를 원하는지 아닌지'를 보여줄 때라고 말했다. 그녀는 이렇게 회상했다. "이 사람을 포함하여 그곳에 있던 다른 작업반장은 유대인에게 말할 때 똑바로 바라보는 법이 없었다. 마치 그들은 허공에 대고 지시사항을 전달하는 것처럼 보였다."[09]

사나흘이 지나지 않아서 그녀는 쓰러졌다. 간신히 유대인 지역의 의사—유대인 여의사였는데 그녀는 자신이 발급한 증명서는 이제 소용이 없을 것이라고 말하기도 했다—에게 진찰을 받을 수 있었다. 결국 공장 담당의사가 그녀에게 몇 주간 휴식과 요양을 허락하는 병가(病暇)를 내주었다.

---

09 Ibid., p. 98.

9장 일하는 사람들—일상의 삶과 독일 파시즘 277

마주침과 목소리 2

빅토르 클렘페러는 그의 일기 『나는 마지막까지 증언할 것이다(Ich will Zeugnis ablegen bis zum Letzten)』에서 '뉘른베르크 인종법'에 따라 '제국의 독일인'과 '아리아인'—**이들은 종종 스스로를 자랑스럽게 이렇게 불렀다**—으로 구분된 사람들을 조심스럽게 관찰했다.[10] 제1차 세계대전에 자발적으로 참전했던 그는 대학교수가 되어 드레스덴 공과대학에서 로만어문학을 가르쳤다. 일상의 경험을 날마다 세밀하게 기록한 그 책에 담긴 것은 '독일인으로서의 부끄러움', 자기의 비참한 상황, 그리고 생존을 위협하는 공포를 마주하는 방식이었다.

클렘페러는 그가 '소신파'라고 명명한 사람을 주목했다. 이들은 수적으로는 적었지만, 새로운 나치 관료—장화만 바꾸어 신었을 뿐 옛날부터 관료였던 사람이었다—의 다양한 기대, 요구, 유혹에 직면해서도 '꼿꼿함'을 유지했다. '꼿꼿한' 사람 한 명을 만나는 것은 흔치 않은 즐거움이었다. 클렘페러와 '유대인', 그리고 '진티와 로마'라 불리는 집시, 간단히 말해 '적' 혹은 '민족 공동체를 위협하는 외부인'이라는 이유로 격리되고 박해받았던 이들이 주로 접촉한 사람은 이와 다른 부류의 사람들이었다. 클렘페러는 그들에게 '처세파'라는 딱지를 붙였다. 그는 그들의 '미온적인 행동'을 미묘한 사항까지 자세히 기록했다. 그들은 히틀러에게 거는 큰 기대감 때문에, 나치의 속임수나 범법 행위, 그들의 난폭함과 잔인함에 대해서조차 이러쿵저러쿵 하기를 거부했다. 또 '억제할 수 없는 기회주의자'도 있었는데, 그들은 '뭔가 끼어들 상황이 생기면' 어김없이 끼어들었다. 아마도 괴팅겐의 카이저 빌헬름 연구소

---

10 Victor Klemperer, *Ich will Zeugnis ablegen bis zum Letzten. Tagebücher 1933~1945*, vols. 1, 2, Berlin, 1995. Howard Caygill 가 쓴 영어 번역판에 대한 서평은 *History Workshop Journal*, vol. 50, 2000, pp. 299~304를 참조하라.

(Kaiser-Wilhelm-Research-Institute) 출신의 한 물리학자도 그런 사람이었을 것이다. 클렘페러는 1941년 5월 15일자 일기에 이렇게 적었다.

그의 양모(養母)가 아리안인이 아니라서 그의 아리안인 증명서도 의심스럽다. 그의 부인은 동(東)프리슬란트 출신이기 때문에 그녀는 문제될 것이 없었다. 결혼은 기독교식이었지만, 그는 반(反)교권주의적인 볼셰비키 이념을 갖고 있었다! 그렇지만 우리를 방문하러 온 것은 그로서도 용기 있는 일이었고 감동적이었다.[11]

물론 가해자도 있었다. 나치에 헌신하고 경도된 충직한 자들이었다. 이들 '열성당원'이 활동하던 무대 가운데 하나가 드레스덴 공과대학의 안내소였다. "만약 당신이 나치 경례를 하지 않는다면" 우리는 "당신의 팔을 강제로 들어올릴" 수 있다는 말을 들었다고, '소신파' 인물인 메이(Mey) 양의 이야기가 1935년 10월에 기록되었다.

클렘페러는 악랄한 슬로건을 만들기 시작한 건 이웃 주민이 아니라 항상 선동가들이었으며, 따라서 그것은 외부나 '위로부터' 나온 것이라고 거듭 주장한다. 그러나 이 주장도, 엘리자베트 프로인트의 관찰에 비추어보면 의심스럽다. 다른 회고록들도 그 의심을 강화시킨다. 많은 경우에 '유대인'을 다른 사람과 구분하고, 바로 옆집에 '비(非)아리안'이 살고 있다는 사실을 애써 알리고 열정적으로 찾아낸 것은 다름 아닌 이웃들이었다. 그리고 그런 행동의 동기도 반드시 물질적인 것만은 아니었다. 그들은 유대인의 재산을 빼앗거나 사업상의 경쟁자를 제거하기 위해 그렇게 행동한 게 아니었다. 그들은

---

11 Klemperer, *Zeugnis ablegen*, p. 593, 또한 p. 221도 참조하라.

그저 차별을 표현하고자 했고, 그것은 결코 어려운 일이 아니었다. 예전에 알고 지내던 사람에게 인사를 하지 않는 것만으로도 충분했다. 물론 '아리안화'라 불리는 정책에도 수많은 형태가 존재했다.[12] 길을 바꾸어 가야 하거나 건물 내 계단이나 강당에서 사람을 피해야 했던 것도 차별이었다. 침묵의 몸짓이 무엇을 의미하는지 분명했고, 그 자체로 충분히 굴욕적이었다!

사실 클렘페러는 제2차 세계대전 동안 강제노동을 수행하면서 그들 부부가 일상에서 당한 테러를 자세하게 설명했는데, 동시대 독일인을 바라보는 그의 방식에는 예전과 차이가 있었다. 특히 이 점이 선명하게 드러난 것은 그가 '근로의무자'로 징집되어 종이가방을 제작하는 작은 공장에 배치되었던 1943~1944년 사이의 글이다.[13] 클렘페러의 말에 따르면, 그 공장은 '특별히 나치에' 경도된 곳이 아니었다. 책임자가 SS 소속이긴 했지만, "그는 공장에서 유대인을 가능한 한 도왔고, 정중하게 대했으며, 식당에서 먹을 것을 가져다주기도 했다." 이는 당시 법에 저촉되는 행위였다. 이곳 노동자들도 최소한 스탈린그라드전투가[14] 있고 난 1년 후에는 더 이상 결코 '나치'가 아니었다. 클렘페러는 또한 본토 출신의 독일인 노동자 개개인에 대해서도 묘사했다. 그들 가운데 프리다(Frieda)라는 여성은 종종 그의 아내에 대해 물었고, 금지규정에도 불구하고 가끔 그에게 사과를 주었다. 또 어떤 때는 '유대인'에게 말을 걸지 못하도록 하는 엄격한 규정도 무시했다. 한번은 그녀가 다가오더니, 혼잣말처럼 그에게 이렇게 말했다. "알베르트가 그러는데 당신 아내가 독

12 Avraham Barkai, *Vom Boykott zur 'Entjudung': Der wirtschaftliche Existenzkampf der deutschen Juden im Dritten Reich 1933~1945*, Frankfurt am Main, 1988; Alex Bruns-Wüstefeld, *Lohnende Geschäfte: Die 'Entjudung' der Wirtschaft am Beispiel Göttingens*, Hannover, 1997.

13 Victor Klemperer, *LTI. Notizbuch eines Philologen*, 3rd edn, Halle, 1957, pp. 10lf.

14 [역자주] 1942년 겨울에 일어난 전투로 제2차 세계대전의 분수령이 되었다.

일인이라던데요 정말이에요?" 클렘페러는 이렇게 적었다.

> 곧바로 나는 사과를 받았을 때 느꼈던 기쁨을 잃었다. 전혀 나치가 아니며 인간적인 감정을 품고 있는 친절한 사람에게조차 나치의 독성이 점차 퍼지고 있었다. 그녀는 아리안의 신비적 개념으로 독일인의 특성을 이해한 나머지, 내 아내가 독일인일 수도 있다는 점을 받아들이지 못했다.

이 이야기는 사람을 분류하려는 클렘페러 본인의 온갖 노력이 얼마나 불충분했는지를 통렬하게 보여준다. 달리 말하면 다음과 같은 물음이 제기된다. 사람들은 신념이나 확신에 따라 행동하는가? 아니면 이들은 어떻게, 그리고 왜, 혹은 언제 겉으로 보기에 모순적인 입장을 취하는 것처럼 일관성이 없는 것일까? 각 개인이 서로 대립하는 것처럼 보이는 요구를 흔히 조율하는—혹은 거부하는—방식도 이랬다저랬다 하는 것일까? 프리다는 '멋진 사람이었다.' 그녀는 좋은 동료였을 뿐만 아니라 도움을 필요로 하는 사람을 도와주기 위해 상당한 위험도 감수하는 사람이었다. 그와 동시에 그녀는 '유대인'과 다른 사람 사이에 기본적인 차이가 있다는 사실을 철석같이 믿고 서슴없이 말했다. 게다가 그녀는 유대인이 '좋지 않은 사람'이거나 어쨌든 '다른 사람', 곧 '아리안인'이나 '독일인'에 비해 열등한 사람이라고 생각했다.

사후(事後) 설명

그렇게 많은 사람이 '시대에 순응해 살았다'고 가정한다면, 독일사회 내부에서 왜 사회적 문화적 불평등이 확고하게 자리 잡았고, 갈등이 장기간에

걸쳐 있었으며 분위기, 진영, 계급 사이의 간극이 불거졌던 것일까? 말하자면
나치 선전자들이 만들고자 했던—그리고 그처럼 많은 비(非)나치당원조차 지
지하고 도움을 아끼지 않았던—자랑스러운 '민족공동체' 내부에, 그 밑바탕
에 존재했던 복잡한 사회적 긴장은 무엇이란 말인가?

멜리타 마쉬만(Melita Maschmann)은 1916년에 중산층 가정에서 태어나 베를
린의 인문계 고등학교(김나지움)를 다녔고, '독일소녀단'에서 1년간 의무복무
를 마친 후 바로 그 조직에서 정규직 일자리를 얻었다. 1938년부터 그녀는 체
제의 일원이 되어 1941년에는 폴란드 점령 지역인 바르테가우(Warthegau)에 소
재한 근로봉사대 소장으로 임명되었다. 전쟁이 끝나고 얼마간 시간이 흐른
1950년대 후반에 마쉬만은 회고록을 출간하기로 결심했다. 그녀의 책인『결
론(Taking Stock)』은 대체로 좋은 반응을 얻었고, 정말 고통스러운 질문을 처음으
로 제기한 시도라는 평을 받았다. 스스로를 독일제국의 이상주의자로 여겼
던 그녀가 어떻게 충성스럽고 열렬한 나치 정권의 앞잡이(실제로 나치 지도자 가
운데 한 명)가 되었던가?[15] '헌신(Hingabe)'이라는 단어는 마쉬만이 계속 사용했던
용어인데, 물론 그녀는 이 단어를 혼동해서 썼고 그 진정한 의미를 설명하지
못했다. 그녀의 회상에서 가장 중요한 요소는 그녀가 일할 때 전심전력을 기
울였다는 것이다. 마쉬만은 1937년 가을 포메른에서 일을 시작했는데, 현장
에서 쓰러질 정도로 전력을 다했다. 바로 그런 즐거움 속에서 그녀는 부단히
자기 휘하의 사람을 조직하고 지휘하며 그들에게 영향을 주었던 것이다.

멜리타 마쉬만은 또한 1938년 11월 10일 소위 '제국 수정의 밤'[16] 사건 때
유대인 거주지로 그 대참사의 중심지였던 베를린 소이넨피어텔(Scheunenviertel)

---

15 Melita Maschmann, *Fazit. Kein Rechtfertigungsversuch*, Stuttgart, 1963.

16 [역자주] 나치가 유대교 회당과 가게를 방화하고 유대인을 학살하거나 체포한 사건으로, 이제는 포그롬이
라 부른다.

에서 일어난 사태에 생각한 바를 회상했다. 순간적으로 그녀는 무엇인가 무섭고 놀라울 정도로 끔찍한 일이 벌어졌다고 느꼈다. 그러나 이내 원래의 사고방식으로 되돌아가 마음을 바꾸어 먹었다. 말하자면 일어난 일을 기정사실로 받아들이기로 한 것이다. 무엇보다도 유대인이 "새로운 독일의 적"이라는 사실을 말이다. 운명적인 그날 밤, 그녀는 유대인이 "적이라는 존재가 (…) 되었음을 느꼈다."[17]

그러나 이러한 자기심문, 곧 '결론'이라는 책의 제목은 무엇을 의미하는가? 그 원래 의도는 개인의 증언이었다.[18] 낡고 편협한 선입견, 즉 히틀러가 갑자기 나타나 권력을 장악하고 유지하는 데 도움을 준 것이 '여성,' 혹은 '나치 여성(die Nazissen)'일 것이라는 선입견을 강화시키려는 것이 결코 아니었다.

마쉬만보다 아홉 살 많은 남성인 하랄트 멘첼(Harald Menzel)도 그녀와 마찬가지로 대학을 졸업하지 않았는데, 그 역시 자신의 회고록에서 비슷한 상황을 전했다.[19] 멘첼은 다양한 직업을 전전하다가 1930년대에 교회에 고용되어 요양원에서 일했다. 1940년 이후 '동부'에 있는 독일 민간기구에서 사람을 구한다는 소식을 들었다. 1942년 동부의 노동충원계획을 담당하는 부서의 일원

---

17 Maschmann, *Fazit*, p. 61.

18 1930년대 '젊은' 사람들, 다시 말해 청소년들에 대해서는 다음의 몇몇 회상록을 참조하라. Alfons Heck, *A Child of Hitler: Germany in the Days When God Wore a Swastika*, Frederick/CO, USA 1985; Günter de Bruyn, *Zwischenbilanz. Eine Jugend in Berlin*, Frankfurt a. M. 1992. 국가의 통제를 받은 히틀러 유겐트(Hitler-Jugend)에 대해서는 다음의 책을 참조하라. Gabriele Rosenthal ed., *Die Hitlerjugend-Generation. Biographische Thematisierung als Vergangenheitsbewältigung*, Essen, 1986. 병사들에 대해서는 다음 구술사를 참조하라. Hans Joachim Schröder, *Die gestohlenen Jahre. Der Zweite Weltkrieg aus der Sicht ehemaliger Mannschaftssoldaten*, Tübingen, 1992. 어른들에 대해서는 다음의 심층 인터뷰를 참조하라. Gabriele Rosenthal, '*Als der Krieg kam, hatte ich mit Hitler nichts mehr zu tun*'. *Zur Gegenwärtigkeit des 'Dritten Reiches' in Biographien*, Opladen, 1990. '제국 내 독일인'이라는 정체성을 통해 편지와 일기를 아주 섬세하게 분석한 연구로는 다음을 참조하라. Susanne zur Nieden, *Alltag im Ausnahmezustand. Frauentagebücher im zerstörten Deutschland 1943 bis 1945*, Berlin, 1993. 당대의 문헌을 묶어놓은 것으로는 다음과 같은 것도 있다. Ingrid Hammer and Susanne zur Nieden eds., *Sehr selten habe ich geweint. Briefe und Tagebücher aus dem Zweiten Weltkrieg von Menschen aus Berlin*, Zürich, 1992.

19 Harald Menzel, *Zerrissene Heimkehr. Eine Autobiografie*, ed., Götz Altmann, Leipzig, 1991.

으로 독일이 점령한 우크라이나에 파견되었다. 그곳에서 그가 맡은 일은 소위 '위대한 대의(大義)'인 볼셰비키 저지 투쟁에 참여할 '동부의 노동자', 곧 독일 군수산업에서 일할 젊은 남녀를 충원하는—혹은 그가 말한 대로 '설득하는'—것이었다. 그리고 그는 이 직업을 무척 매력적인 일로 기억했다.

그는 상당히 신중을 기해 결정했고, 폭넓은 재량권을 갖고 있었으며, '직업의식과 유능함'을 보여줌으로써 자신에게 주어진 기회를 놓치지 않으려 했다. 그렇지만 바로 그 지점에서 갈등이 불거졌다. 나치에는 여러 권력기관이 혼재했기 때문에, 면밀한 계산을 바탕으로 예측된 방식에 따라 노동력을 사용하려는 측과 그것을 남김없이 끝까지 소진시키려는 쪽이 정면으로 충돌했다. 동부에서 누구보다 후자의 방식을 대변했던 사람은 동프로이센 관구장이었던 에리히 코흐(Erich Koch)였다. 멘첼은 그러한 무자비한 전략을 비판했는데, 이에 대한 메모가 발각되어 해고당했다—물론 그 이상의 처벌은 없었다. 이것은 물론 체제에 저항한 사건은 아니었다. 실제로 이는 독일인이 체제 내에 편입되어 살아갈 때뿐만 아니라, 출세를 위해 체제에 적극적으로 협력하면서 진취적으로 노력을 기울일 때도 부딪힐 수밖에 없는 수많은 사건들 중 하나였다.

이런 배경에서 교사와 판사, 행정가와 의사, 건축가와 엔지니어, 사실상 '기능적 엘리트'의 일부였던 이들 모두가 기계인형처럼 그저 지시사항만 따랐던 것은 아니었다는 점을 기억해둘 만하다.[20] 그들이 보여준 효율성은 그

---

20 좀 더 일반적인 것으로는 다음을 참조하라. Alf Lüdtke, "Funktionseliten: Täter, Mit-Täter, Opfer? Zu den Bedingungen des deutschen Faschismus", in *Herrschaft als soziale Praxis. Historische und sozial-anthropologische Studien*, Lüdtke ed., Göttingen, 1991, pp. 559~590. 이 주제에 대해서는 다음의 것도 보라. Ulrich Herbert, *Best: biographische Studien über Radikalismus, Weltanschauung und Vernunft, 1903-1989*, Bonn, 1996. 그렇지만 자신의 주장과는 달리 헤르베르트(Herbert)는 이데올로기를 오로지 위로부터 설계된 것으로, 따라서 주어진 것으로 제시했다. 또한 그는 그러한 '이데올로기'가 일상의 맥락에서 또한 일상으로부터 어떻게 구성되는 것인지 보여주지 않았다.

들이 자기 방식대로, 상황에 맞는 방식으로 자신의 전문기술을 적용하여 정력적 적극적으로 업무수행에 임할 때만 보장되었다. 비행기공장을 계획하는 거대한 업무뿐만 아니라, 노동청에 강제노동자를 '할당'하는 것—아니면 학살수용소에 보내는 운송작업이나, 마침내 공장의 산업공정을 점차 닮아가는 대량학살을 수행하는 것—같이 좀 더 작은 규모의 업무에서도 마찬가지였다.

어느 경우에나 부서장, 행정가, 심지어 성직자까지도 '자기 기관'이나 '자기 기업'의 업무에 충실했다는 것은 단순한 수동적 복종 그 이상이었다. 적극적인 참여와 관여는 또한 조직적 관행과 관료적 형태가 유사 명령과 규범을 만들거나 강화시키는 과정의 일부였다.

참여자와 먼 관찰자

게슈타포뿐만 아니라 좌파 활동가, 특히 독일사회민주당과 독일공산당원들조차 모두 나치 정권의 가장 커다란 위협은 산업프롤레타리아트라고 믿었다. 예컨대, 클렘페러가 조심스럽게 수집한 증거들을 보면, 노동자들 사이에서 긴장감이 고조되고 있다는 소문과 정황이 있었으며, 대규모로 빈곤의 수렁에 빠진 이들이 아마도 나중에는 거대한 저항을 일으킬지 모른다는 보고서도 있었다.

그러나 이들 좌파조직조차 포착하지 못한 상황은 무엇이었을까? '대중'이 일터에서, 노동계급의 가족으로서, 또는 노동계급의 이웃으로서 보여준 경향과 행동은 어떠했던가?[21] 독일의 서부, 남서부, 중부의 산업 지역 간에 차이가

---

21 산업노동자에 대해서는 Alf Lüdtke, "What Happened to the 'Fiery Red Glow'?", in Alf Lüdtke ed., *The History*

있었던가? 베를린이나 함부르크 같은 거대 도시에서, 뉘른베르크나 켐니츠 같은 대도시에서 상황은 어떠했던가? 특히 중소기업과 지방 상점의 분위기는 어떠했던가? 무엇보다도 농촌 출신 노동자가 산업노동력의 많은 부분을 차지하거나 심지어 지배적이었던 뷔르템베르크 북부, 라우지츠(Lausitz), 니더작센 남부, 심지어 루르 대부분 지역에서 이들의 중요성은 무엇이었을까?

망명한 독일사회민주당 비밀정보원들이 수집한 '독일사민당 독일통신(SOPADE- Deutschlandberichte)'에는 "노동자들 사이에 불만이 널리 퍼져 있다"는 언급이 자주 등장한다. 그렇지만 그런 구절 다음에는 항상 그에 반대되는 논평이 뒤따랐다. "모든 보고를 종합할 때, 노동자는 수동적인 상태에 머물러 있다." 예를 들어 1936년에, 또한 1938년에도 라인란트에서 들어온 보고는 이렇게 강조했다.

수많은 [노동자] 대중은 수동적이다. 이들은 모든 일을 고분고분 받아들이고 개인적인 문제에만 관심을 쏟는다. 가끔 호기심에서 공장 집회에 나가보고 또 돈을 걷으면 낸다.[22]

of Everyday Life, Princeton, 1995, pp. 198~252(한국어판, 알프 뤼트케, 「'붉은 열정'이 어디 있었는가?」, 『일상사란 무엇인가』, 청년사, 2002). 또한 Alf Lüdtke, "'Ehre der Arbeit': Industriearbeiter und Macht der Symbole. Zur Reichweite symbolischer Orientierungen im Nationalsozialismus", in Alf Lüdtke, *Eigen-Sinn und Fabrikalltag. Arbeitererfahrungen und Politik vom Kaiserreich bis in den Faschismus*, Hamburg, 1993, pp. 283~350도 참조하라. 더 구조주의적인 설명은 다음을 보라. Ulrich Herbert, "Arbeiterschaft im 'Dritten Reich'", in *Geschichte und Gesellschaft* 15, 1989, pp. 320~61. Herbert, '*Fremdarbeiter'. Politik und Praxis des 'Ausländereinsatzes' in der Kriegswirtschaft des Dritten Reiches*, Berlin/Bonn, 1985.

22 *Deutschlandberichte der Sozialdemokratischen Partei Deutschlands (Sopade) 1934~1940*, ed., K. Behnken, vol. 4, 1937, p. 1,238.

'품질노동'과 그것의 배제 이미지

시간을 뒤로 돌려보자. 제정기 후반부터 독일 노동계와 산업계는 줄곧 '독일품질노동(deutsche Qualitätsarbeit)'이라는 단어가 의미하는 바를 점점 더 크게 의식하고 있었다. 독일 노동의 역할을 여기서 찾았던 게 단지 관료나 언론인만은 아니었다. 여성이건 남성이건 많은 노동자들이 '품질노동'이라는 단어에서 일상적인 행위와 수작업, 기계생산의 노고를 찾았다. 1930년경, 일상에 대한 이러한 왜곡된 신화(롤랑 바르트Roland Barthes)는 단순히 손재주에만 해당되는 것이 아니라 기술적으로 정밀한 기계작업까지 포함했다. 그렇지만 더 중요한 것은 이 단어가 독일인의 특성과 품질노동의 이미지를 서로 융합시켰다는 점이다. 이것은 계급과 젠더, 세대의 구분을 뛰어넘어 자신과 타인에 대한 독특하고 감정이 가미된 시각이었다. 그 상징성은 아주 광범위했다.

솜씨가 좋은 사람이라면, 특히 노동생산성이 평균을 상회한다면, 여러 방식으로 보수를 더 많이 받을 수 있었다. 그래서 한편으로 이들은 임금격차를 더 넓혀준 임금제 덕분에 더 풍족해질 수 있는 큰 기회를 얻었다. 동시에 다른 한편으로 지속적인 감사나 잔소리에서도 벗어날 수 있었다. 만약 생산품을 만족스럽게 만들 수 있다면, 노동자도 특정한 반복작업의 틀에서 벗어날 여유가 생겼다. 따라서 노동자 스스로가 자기 작업에 관심과 정력을 계속해서 쏟았다. 이들은 고단함을 견뎌내고, 설비 중단이나 잘못된 노동 조직 방식마저 이겨내고 목표를 달성하는 데 자부심을 느꼈다. 또한 이들은 자신의 경험을 십분 활용함으로써 스스로가 결코 바보가 아님을 입증했다. 그에 반해, 미국의 한 노동조합 관리가 1928년 독일 동료에게 자랑스럽게 말한 것처럼, 미국 노동자에게는 '바보라도 일할 수 있는 도구'가 갖춰져 있었다!

노동은 단순한 목적을 위한 수단 그 이상이다. 마르크스가 이야기한 것처럼, 도구의 측면에는 노동의 의미, 곧 그 자체로 소모적이지만 매혹적인 '자연과의 신진대사'라는[23] 의미가 연관되어 있다. 일상의 고단함을 견디고 현장에서 일어날 수많은 사고의 위험성을 극복하는 것을 노동자는 스스로의 느낌으로 체득했다. 바로 이러한 경험으로 인해 사람은 공간, 시간, 자원의 차원에서 빈틈을 이용해 자기 이득을 취하려는 노력인 자신의 **아집**을 만들어간다. **아집**을 드러내는 방식은 '상급자'에 저항하는 것보다는 동료를 포함한 모든 사람과 거리를 두는 것이었다.

사람은 다름 아닌 일상을 토대로 하여 자기 삶과 생존의 조건을 전유하고 그 조건을 자신의 것으로 만든다. 그렇지만 이것은 마르크스가 『브뤼메르 18일』에 썼듯이, 자신의 의지대로 생겨나지 않는다.[24] 전유란 상징을 통해 이루어지지만 반대로 이러한 상징을 형성하는 데 전유가 영향력을 행사하기 때문이다. 더 구체적으로 말하자면, 1900년경 독일사회민주당의 의원은 혁명적인 정치적 유토피아를 제시했는데, 이때 사용된 이미지에는 경찰과 군사 정권의 상징이 넘쳐났다. 그러한 상징을 남발하면서도 이들은 국가와 국가의 기호적 표현에는 강력한 공격을 퍼부었다. 표현하고자 하는 것만 보면, 사회민주당 시위대가 보이는 '대중의 발걸음'과 군대의 '진군하는 발걸음'은 정반대였다.[25] 하지만 실제 모습에서는 극렬한 시위자의 대열이 종종 완전한 사열식을 하는 군대와 아주 흡사했다.

이와 동시에 조직화된 노동은 민족성을 점차 더 과감하게 드러냈다. 사

---

23 [역자주] 마르크스에 따르면, 노동은 인간과 자연 사이의 과정이다. 인간은 노동을 통해 자연과 인간 사이의 신진대사를 중재하고 조정하고 통제한다.

24 Karl Marx, "Der 18. Brumaire des Louis Napoleon" (1851), in *Marx-Engels Works* 8, pp. 111~207, 특히 p. 115.

25 Bernd Jürgen Warneken "'Die friedliche Gewalt des Volkswillens'. Muster und Deutungsmuster von Demonstrationen im Deutschen Kaiserreich", in Warneken ed., *Massenmedium Straße. Zur Kulturgeschichte der Demonstrationen*, Frankfurt/New York/Paris, 1991, pp. 97~119.

람들은 농촌이나 공장의 임노동에 내재된 애국적 혹은 민족적 목적을 찬양했고, 산업이나 농업을 '수행'해야 한다는 의무감을 받아들였다. 이런 생각은 1914년 전쟁 준비를 위한 총동원령을 경험하면서 강하게 촉발되었다. 그리고 1918년 군사적 패배 이후, 계급, 젠더, 세대의 차이를 막론하고 대다수 사람들은 '베르사유조약에 복수'하기 위해 더 많은 '독일인의 품질노동'이 필요하다는 데 동의했다. 노동자 조직은 한결같이 '독일인의 품질노동'을 증진시키자는 구호에 참여했다. 사회주의운동의 대변자, 심지어 공산주의자까지도 자기 조직원뿐만 아니라 모든 남녀 노동자의 생활조건을 향상시키기 위한 유일한 수단을 생산성 향상에서 찾았다. 더 의미심장한 사실은, 혁명과 반혁명으로 점철된 1918년부터 1923년에 이르는 혼돈의 기간에 생산성에 반대하는 시각과 상징성을 부각시키려 했던 바이마르공화국 정부의 노력조차 수포로 돌아갔다는 점이다. 오히려 노동조합원들은 '독일품질노동'을 분업과 일관공정에 반대하는 투쟁에서 최초의 방어선, 곧 최소한의 '살아 있는 노동'을 확보하는 수단으로 삼았다.

'독일품질노동'을 대변하는 두 아이콘이 있었다. 1900년 즈음에는 자신감에 넘쳐 힘껏 망치를 휘두르는 근육질 대장장이의 모습이 가장 큰 위세를 떨쳤다. 그렇지만 1920년대에는 선반이나 다른 정교한 기계장치를 다루는 노련하고 '냉정한' 공장노동자의 이미지가 수공업적인 손재주로 대변되던 이미지를 밀어냈다. 그러므로 아주 정교하고 경험이 풍부한 손과 마음이 우락부락한 팔과 주먹을 대신했다. 공산주의에 경도되었지만 상업적으로도 성공한 잡지였던 『노동자 화보 신문(Arbeiter-Illustrierte Zeitung)』의 표지를 장식했던 한 선반공의 사진을 예로 들어보자.[26] 남성미 넘치는 이 노동자는 절제된 평정심을

---

26 *Arbeiter-Illustrierte Zeitung* 7, 31 January 1928.

Titelbild der AIZ, 31. Januar 1928
(Stiftung Archiv der Massenorganisationen und Parteien
der DDR im Bundesarchiv/Bibliothek, Berlin)

『노동자 화보 신문』 1928년 1월 31일자 표지

풍기고, 사진의 각도와 배열은 도구와 재료, 업무에 열중한 모습을 강조한다. 곧 질서정연함과 능수능란함을 드러낸 것이다. 자신감에 차서 노련하게 기계를 다루는 모습은 이상적인 숙련노동자를 형상화했으며, 그 바탕에서 직장 동료는 '동료'가 될 수 있었다. 그렇지만 1900년과 1920년대 두 사진 모두에서 남성이 프롤레타리아트의 모습과 노동 행위를 대변했다. 그러므로 여기에 수용된 이미지는 여성의 종속성을 전제했고, 심지어 그것을 요구했다.

'독일품질노동'이라는 개념과 상징은 '독일인이 아닌 사람' 모두를 완전하고 철저하게 배제했다. 1930년경 독일인 수천 명이 어떻게든 일자리를 찾고자, 혹은 더 나아가 새로운 사회 건설이라는 이념을 추구하고자 소련으로 이주했다. 몇 달, 혹은 몇 년이 지난 후까지도 이들 중 몇몇은 소련의 노동조합에 상세한 보고서를 보내 소비에트 동지가—사실은 전통적인 러시아였지만—보여준 미흡한 노동윤리를 한탄했다. 그래서 과격한 공산주의자조차 '독일품질노동'의 이미지를 적절한 노동기준으로 삼았다.[27]

여기서 명심할 사항은 시각적 재현과 우리 '머릿속 이미지'가 모두 그저 '위에서' 강요한 세뇌나 조작의 산물은 아니라는 점이다. 이들 이미지는 오히려 일상 속에서 만들어지고 그로부터 구현된 실제 행위와 경험에서 비롯된다. 게다가 이러한 시각적 표현은 그 모호성으로 인해 폭넓게 변형되고, 따라서 일종의 가벼운 행동처럼 보이는 아집을 용인하고 고양시킨다. 바로 이처럼 가벼운 행동과 사람의 이해관계—양자의 상호긴장과 보완성—가 동시에 상호작용함으로써, 개개인이 일제히 편안함을 느낄 수 있는 활동영역이 창출되었다.

---

27 1931년부터 1933년까지 노동조합에 보낸 편지와 모스크바 일간지 *Deutsche Zentral-Zeitung*에 실린 노동자의 불만에 관한 기사는 다음을 보라. State Archives of the Russian Federation (GARF), Fonds 5451, list 29, No.100ff.

1933년 나치 정권이 들어선 이후, '독일품질노동'의 이미지는 노동절과 같은 공공행사에 이용됨으로써 널리 퍼졌다. 나치가 권력을 장악한 이후 노동절만이 국경일이 되었다는 점을 기억해두어야 한다! 발터 벤야민에 따르면, 이러한 형태의 '정치의 심미화'로 인해 정치에 참여한 사람은 '자신을 표현하게' 되었지만, '자신의 권리를 행사할' 기회는 갖지 못했다.[28] 그러나 행군, 집회, 캠프가 매력을 끌었던 이유가 바로 거기에 있었다. 이런 행사는 지금까지 '많은 이에게' 알려지지 않았던 자기 표현의 기회였다! 그런 상징성 영역에 내재된 정치적 역동성을 벤야민이 읽어내지 못한 것은, 아마도 그가 망명객으로 고립되었기 때문일 것이다. 이와 동시에 그는 평온한 일상과 떠들썩한 사건이 서로 촘촘하게 얽혀 있다는 점도 과소평가했다. 사람들은 그중 하나를 택하거나 모두를 이용해 자기 방식대로 '전통'과 '새것'을 하나로 합쳤다.

나치즘은 독일인의 물질적 안락을 도모했듯이 상징의 영역에도 관심을 쏟고 그것을 이용했다. 점차 고용의 기회가 개선되었고 1935년 이후 군수산업 붐을 타고 사람들이 체감할 정도로 경기가 회복되었다. 예컨대 자알란트 출신으로 일자리를 잃었던 어느 목수는 흔쾌히 카셀(Kassel)로 이주하기로 결정했다. 그곳의 헨셸(Henschel) 기업은 군수산업 분야인 트럭, 탱크, 대포를 만들어야 했고, 기관차 제작공정에 일손이 부족해 기술교육을 받을 새 종업원이 필요했다. 젊은 여성들은 산업현장에 일자리가 있음을 일찍 간파하여 가내서비스업을 포기하고 기회를 찾아 공장으로 떠났다. 그들의 임금수준은 여전히 1920년 말보다 낮았지만 그래도 약간 상승했다. 그러나 일자리를 다시 찾을 가능성과 돈을 벌 기회가 있다는 것만 해도 어디인가! 루르 지방의 젊은

---

28 Walter Benjamin, "Das Kunstwerk im Zeitalter seiner technischen Reproduzierbarkeit"(1935), in Walter Benjamin, *Gesammelte Schriften*, vol. I, part 2, Frankfurt am Main, 1974, pp. 431~69, p. 467.

광부뿐만 아니라 많은 지역과 직종의 남녀 노동자들이 이제 드디어 결혼하고 정착하여 가정을 꾸릴 기회를 갖게 되었다.[29]

'독일품질노동', 생산과 파괴를 결합하는 방식

'아리안인' 독일 노동자는 남녀를 불문하고 군수산업에 참여함으로써 나치의 파시즘 통치를 상징하는 인종학살에 직접 가담했다. 1935년부터 공장을 떠나 군복무를 해야 했던 대다수 남성도 그 전까지는 노동자였다. 전쟁이 일어나기 전, 그리고 1939년 9월 전쟁이 발발한 이후에도 지배적인 분위기는 군복무를 수동적으로 받아들이고 준비하는 정도였다. 그래서 나치에 대한 충성도와 상관없이 징집된 병사의 마음은 계속 후방으로 달려가고 있었다. 고향의 일터였던 옛 공장에서는 무슨 일이 벌어지고 있을까?[30] 예컨대 칼 슈라이버(Karl Schreiber) 병사는 전쟁이 일어나기 전에 라이프치히의 농업기계공장에서 생산직 노동자로 일했는데, 1942년 7월에 다음과 같이 적었다.

여러분이 지금 매우 열심히 일한다는 소식을 한 동료를 통해 들었습니다. 그리고 이것은 중요한 일이지요. 그렇지만 공장에 독일인 노동자가 겨우 몇 명에 불과하다니, 부끄러운 일입니다. 러시아인은 도통 일을 잘하려고 하지 않아요. 여러분도 여기에 와보면 러시아 놈들이 어떤 작자들인지 알 수 있을 거예요. 가

---

29 생애사에 대한 선구적인 연구는 다음을 참조하라. Lutz Niethammer ed., *Die Jahre weiß man nicht, wo man die heute hinsetzen soll*, Berlin/Bonn, 1983; Niethammer ed., *Hinterher merkt man, daß es richtig war, daß es schiefgegangen ist*, Berlin/Bonn, 1983; Niethammer and Alexander von Plato eds., *Wir kriegen jetzt andere Zeiten*, Berlin/Bonn, 1985.

30 이것과 다음 인용구는 다음을 보라. Alf Lüdtke, "Arbeit, Arbeitserfahrungen und Arbeiterpolitik. Zum Perspektivenwandel in der historischen Forschung", in Lüdtke, *Eigen-Sinn*, pp. 351~440, pp. 406ff.

장 좋은 방법은 그들 앞에 기관총을 세워놓고 감시하는 것입니다. 우리 독일인
은 그런 사람들에게 동정심이 너무 많아요. 정작 그들은 우리를 그렇게 대하고
싶지 않을 터이고, 또 실제 그러지 않아요. 여러분들도 공장에 그 사람들을(강제
노동자와 전쟁포로—인용자) 많이 데리고 있기 때문에, 그들이 어떤 작자인지는 잘 알
겠지요. 기본적으로 러시아인들은 거짓말쟁이이고, 우리는 그걸 충분히 자주 봤
어요.

노동자 출신의 다른 병사는 1941년 12월에 보낸 편지에서 자기 생각을 명
확하게 밝혔다.

전쟁 때문에 비록 가장 숙련된 노동자들이 주위에 없다곤 하지만, 임시로 고
용된 외국인 노동자가 기계의 질을 저하시키고 있다고는 생각하지 않습니다. 물
론 현재 공장에서 독일어를 자주 듣기 힘들 거라는 점은 잘 상상할 수 있지만 말
입니다.

바로 그 12월에, 라이프치히의 농업기계공장에서 예전에 일했던 다른 사
람은 "독일 노동자는 세계의 그 어느 나라 노동자와도 간단히 비교될 수 없
다"고 말했다.

이러한 발언들만 보면 그들은 다른 사람을 살해하는 전쟁도 당연하게 받
아들일 것처럼 보이지만, 어느 누구도 그렇게 꼭 집어 이야기하지는 않았다.
이 주제에 대해 말할 기회가 생기면 다들 에둘러 다른 어휘를 사용했다. 그렇
게 표현해야 '타인'의 범죄를 지적할 수 있었고, 아마도 자신의 불안감을 털
어내거나 억누를 수 있었을 것이다. 그러므로 나치군 하사관이었던 헤르베
르트 하버말츠(Herbert Habermalz)는 1943년 8월에 빈니챠(Winnitsa) 근처에서 아군

이 집단학살당한 무덤을 발견하고 그중 몇 개를 발굴했다면서 이렇게 적었다. 그 무덤은 한 공원에 있었다.

거기서 10미터 떨어진 곳에 커다란 그네가 있었다. 물론 나는 그 무덤을 보고도 모른 척할 수는 없었다. 우리가 쉽게 알아차리지 못할 정도로 소련비밀경찰(GPU)이 아주 철저하게 일했다는 것은 분명했다. (…) 남자 시체만이 아니라 여자 시체도 볼 수 있었는데, 아주 잘 보존되어 있었고 이들은 모두 손이 뒤로 묶여 있었다. (…) 물론 그 광경과 악취는 정말이지 끔찍했다. 그 후 이들 시체와 남은 옷가지를 확인하여 친척을 찾아내고서 울부짖는 사람도 많았다.

나흘 전에 그는 자기 군대의 비행장에서 '경치가 아주 좋다'고 썼다. 그러나 "불행하게도 소련군 포성이 이 평화와 정적을 너무나 자주 끊어놓는다. 그렇지만 않으면 우리는 무슨 온천 같은 곳에 와 있는 것으로 착각할 수도 있을 텐데."

똑같은 사람이 이보다 8주 전 북쪽 바르샤바 지역에 비행기를 타고 갔을 때는, 비행기가 바르샤바 상공을 지나가는 것을 보고 옛 회사에 이렇게 편지를 썼다.

이 도시 상공을 몇 번이나 선회하면서 우리 군대는 그 거대한 유대인 구역이 완전히 파괴된 것을 보고 아주 기뻤다. 그들은 이 작업을 정말이지 훌륭하게 해냈다. 가옥이 단 한 채도 남지 않았고, 모든 건물이 벽 아래까지 완전히 파괴되었다.

이틀 후 아침 이들은 오데사를 향해 출발했다. 비행기가 이륙하기 전에 각자 특별 배급품을 받았다. "비스킷 50조각, 우유 반 리터, 과일 2조각, 달콤한 블랙초콜릿 약간."

　이들 중 많은 사람에게 병사의 일상은 아주 새로운 경험이었지만 항상 새로웠던 것만은 아니었다. 공장의 일상, 특히 육체적으로 힘든 일과 여러 모로 비슷한 점이 많았다. 그리고 복종도 낯익은 특징이었다. 비록 '민간에서 받아들일 수 있는' 것보다 더 명령에 '따라야 하긴' 했지만 말이다. 영국을 겨냥한 독일의 공중전 전략을 연합국이 미리 파악하고 독일의 산업지대와 인근 거주지를 집중공격하자, 최소한 1941년부터 후방의 생산노동자도 신체와 생명에 대한 위험성이 커졌다. 그럼에도 불구하고 최소한 이론적으로는, 노동자와 달리 군인은 죽기도 하지만 또한 총으로 반격을 가하고 죽이기도 한다는 차이점이 남아 있었다. 그래도 군사작전에서 살해 행위는 점점 '독일품질노동'의 독특한 특징을 드러냈다. 징집된 한 병사가 고향 라이프치히의 공장 동료에 보낸 편지에서, 동부전선에서 진격할 때 자신은 병사 같지 않고 '노동자' 같다고 했던 것은 놀랄 일이 아니다. 군대에서 필수적인 것들, 즉 정확도, '성실성', 전투명령에 대한 집중력도 병사가 민간인이었을 때 일터에서 이미 성취했거나 성취하고자 애쓴 것이었다. 그리고 업무수행의 '노련함'도 그 일부였다. '일을 잘했다'고 한마디만 하면 용기를 얻고 스스로를 정당화하는 데 충분하지 않았을까? 적에 대한 '용맹무쌍한' 공격과 적의 공격을 막는 '성공적인 방어'에서 발휘된 '독일품질노동'의 우수성이 모든 전선에서 광범위하게 입증되지 않았던가? 게다가 '능숙한 일처리'를 완벽하게 해내는 사람이라면 이후의 '마무리도 말끔하게' 했다. 이 '말끔하게 마무리된 작전'이 시행된 이후에도 쓸모없는 쓰레기가 남아 있을 수 있었겠는가?

분석 수준

내 논거로 잠시 되돌아가보자. 나는 원래의 내 테제를 예시로 입증하고자 했지만, 그것을 분명하게 표현하지는 않았다. 내가 하고 싶은 말은, 독일 파시즘 사회와 통치에 대한 다양한 분석이 비록 강조점과 가정은 달라도 거의 예외 없이 가해자와 피해자라는 지배적인 모형으로 구조화되어 있다는 점이다.[31]

1945년 이후 몇십 년 동안 독일 파시즘(혹은 나치즘)을 둘러싸고 두 가지 관점이 경쟁했다. 양자는 서로의 차이에도 불구하고, 모두 '파국'—이 말은 바이마르시대부터 '합리적인 공화주의자'였던 역사가 프리드리히 마이네케(Friedrich Meinecke)가 1946년에 처음 출간했던 명저 『독일의 파국—고찰과 회상(Die deutsche Katastrophe: Betrachtungen und Erinnerungen)』에서 나왔다—이라는 이미지의 변형이었다. 어떤 분석가에게는 이 '파국'을 부른 것은 절대권력자의 근대적 변종, 곧 마이크와 거대한 책상 뒤에 숨은 천하의 악당인 히틀러, 힘러, 괴링, 그리고 괴벨스였다. 그에 반해 마르크스주의 혹은 '비판이론'의 관점에서 바라본 분석은 독일 파시즘이 자본축적의 특정한 전략에 따른 피할 수 없는 결과였다는 점을 강조했다. 그런데 분명한 한 가지 사항에 대해서는 두 관점이 모두 암묵적으로 동의했다. 그것은 피해자가 '대중'이라는 점이다. 여기서 이들 '다수'는 테러를 당하거나 유혹을 당했을 따름이었다. 이들은 분명 스스로 행동의 주체가 아니었다. 이들은 수동적으로 운명을 받아들였다.

1960년대 후반부터 이런 관점은 점차 심각한 비판에 직면했다. 권력의 요

---

31 이에 대한 더 광범위한 논의는 다음을 보라. Lüdtke, "Die Praxis von Herrschaft: Zur Analyse von Hinnehmen und Mitmachen im deutschen Faschismus", in Brigitte Berlekamp and Werner Röhr eds., *Terror, Herrschaft und Alltag im Nationalsozialismus. Probleme einer Sozialgeschichte des deutschen Faschismus*, Münster, 1995, pp. 226~45.

9장 일하는 사람들—일상의 삶과 독일 파시즘 297

직과 핵심부에 있던 행위자에게 집중되었던 연구가 더욱 다양한 그림을 보여주기 시작했다. 위에서 명령을 내리고 아래서 그것을 따른다는 단순한 독재체제의 이미지를 대신하여 '제도적 다극지배체제'라는[32] 이미지가 등장했다.[33] 물론 군수산업에 의존했거나 그것을 이용했던 일부 기업가와 군부가 재군비와 약탈전쟁, 정복을 지지했다는 데는 이론의 여지가 있을 수 없다. 이들은 또한 부분적으로 전쟁을 적극 추진했다. 물론 '독일 민족성'을 위한 인종'청소'와 대량학살 정책이 어느 정도까지 이들 대다수 권력 엘리트의 이해관계와 일치했는가는 의문이지만 말이다. 그렇지만 국가기관과 경제의 '명령권자'가 어떤 조치를 취했던, 여기서도 '평범한 독일인 대중'은 또다시 그저 수동적 객체로 여겨졌다.

라울 힐버그(Raul Hilberg)는 이러한 관점에서 벗어나 1960년대 초부터 줄곧 '유럽 유대인 파괴'를 지지하고 방관했던 사람들의 중요성을 지적했다.[34] 그의 견해에 따르면, 이들 방관자는 독일 국적의 사람이 '유대인'으로 구분되어 학대당할 때 침묵으로 일관하거나 박수를 쳤던—혹은 다른 방식을 취했던—사람으로서, 사실상 그들 때문에 대중학살이 가능했다. 아예 직접 가담했던 사람도 수만 명에 달했다. 예컨대 이들은 강제이송의 기관차를 운전하거나 '인간이하'로 규정되어 죽을 운명에 처했던 사람들의 값비싼 소유물을 몰수하는 과정에서 필요했던 서류작업을 처리했다.

32　[역자주] 나치가 히틀러 혼자만의 독재체제가 아니라 여러 집단이 경쟁하는 지배체제였다는 주장이다. 이 책 3장 주22 참조.

33　Martin Broszat, *Der Staat Hitlers: Grundlegung und Entwicklung seiner inneren Verfassung*, Munich, 1969; Hans Mommsen, *Beamtentum im Dritten Reich*, Stuttgart, 1966; Hans Mommsen, *Der Nationalsozialismus und die deutsche Gesellschaft: Ausgewählte Aufsätze*, Reinbek, 1991.

34　Raul Hilberg, *The Destruction of the European Jews*, New York, 1961(2nd and revised edn 1975). 또한 그의 다음 글도 참조하라. "The Goldhagen Phenomenon", *Critical Enquiry* 23, 1997, pp. 721~728.

그와 거의 동일한 시기에 지배체제의 전략과 행위보다는 사회구조적 역동성에 초점을 맞추어 진행된 작업에서도 '대중'은 연구 대상이었다. 랄프 다렌도르프(Ralf Dahrendorf)와 데이비드 쉰봄(David Schoenbaum)은, 비록 원래 의도한 바는 아니었지만 많은 파시스트 정책이 궁극적으로 광범위한 사회적 '근대화'에 자극을 주었고 그것이 1945년 이후 다방면에서 실제로 구현되었다고 주장했다. 급속한 도시화와 산업화, 여성 노동력의 증가, 그리고 상업적 '대중문화'의 전파가 이러한 과정을 평가하는 데 사용된 기준이었다. 비록 그들의 연구 결과 가운데 어떤 것은 너무 성급한 결론이었지만, 그들이 지적한 바는 최소한 군수산업이 호황이고 전격전이 승리를 거두고 있던 당시 독일인 다수를 단지 희생자로만 바라볼 수는 없다는 점이었다.

그러나 독일인이 희생자라는 신화가 명백하게 사라지게 된 것은 시각이 더 근본적으로 바뀌었을 때, 곧 생애사 연구의 등장으로 비로소 가능했다. 비록 이 연구가 당시 새로운 것은 아니었지만 그때까지는 오랫동안 강력했던 회의주의에 밀려 제대로 인정받지 못했다. 니트함머(Niethammer)와 다른 학자의 연구는, 산업노동자가 들려준 회고를 포함하여 나치에 대한 긍정적인 기억—곧 1936년과 1937년 이후 경제적인 '상승'과 1939년까지의 '평화로운 시기,' 그리고 전쟁 초기 3년 동안에 대한 긍정적인 기억—이 어떻게 남게 되었는가를 명확하게 입증해주었다.[35]

두 번째로 게슈타포에 대한 세밀한 경험 연구는 독일인 개개인과 정권 담당자 사이의 일상적인 연결고리인 밀고(密告) 행위가 널리 퍼져 있었다는 점을 밝혀주었다. 이 연구는 대중이 지배의 구조(및 행위)에 동의하고 또 거기에

---

35 여기에는 다음의 책도 중요한 기여를 했다. Ian Kershaw, *The Hitler-Myth: Image and Reality in the Third Reich*, 2nd edn, Oxford, 1987.

참여하려는 만반의 준비와 열정을 지니고 있었다는 점을 드러내주었다.[36] 바로 대중의 이러한 적극적인 참여 덕분에 나치 정권은 정책을 수행할 수 있었고, 또 그렇게 함으로써 독일 파시즘이 (비교적) 안정될 수 있었다. 10여 년 전에 라인하르트 만(Reinhard Mann)은 뒤셀도르프에 있는 게슈타포 본부에 대한 선구적인 연구를 통해 게슈타포 활동 가운데 거의 55%가 그 기관 자체가 주도한 것도, 당과 국가가 의뢰해서 이루어진 것도 아니었다는 점을 밝혀냈다. 게슈타포가 조사하고 체포한 사건의 절반 이상은 주민의 직접 제보에 의해 진행되었다.

로버트 젤러틀리(Robert Gellately)는 최근 대중이 나치 정권의 목표에 만족했다는 점을 들어 이들이 기본적으로 정권에 동의했다고 강조했다. 특히 그는 확실한 증거로 대중의 반(反)유대주의를 제시했다. 클라우스 말만(Klaus Mallmann)과 게르하르트 파울(Gerhard Paul)은 '더 나은' 미래의 삶에 대한 희망에서 개인적 생존을 확보하고 출세하고자 하는 이해관계가 폭넓게 작용했음을 보여주었다. 나치 국가의 제도는 이러한 민중의 열망과 연결될 수 있었다.

다양한 행위

이데올로기가 부여하는 동기와 사회경제적 이해관계를 밝혀내는 일은 분명 중요하다. 그렇지만 내 생각에 그러한 접근방식은 정권을 받아들이고

---

36 Reinhard Mann, *Protest und Kontrolle im Deutschen Reich. Nationalsozialistische Herrschaft im Alltag einer rheinischen Großstadt*, Frankfurt a. M., 1987; Robert Gellately, *The Gestapo and German Society: Enforcing Racial Policy, 1933~1945*, Oxford, 1992; Gerhard Paul and Paul Mallmann, *Widerstand und Verweigerung im Saarland, 1935~1945*, vol. 2, Bonn, 1991; vol. 3, Bonn, 1995; Gerhard Paul and Paul Mallmann eds., *Die Gestapo. Mythos und Realität*, Darmstadt, 1995.

그것의 정책과 프로그램에 적극적으로 참여하려는 의지의 밑바탕에 있는 동기를 단지 부분적으로만 설명할 수 있다. 그러한 방식은 대중이 정권에 동의한다는 의식적인 부분을 너무 강조하는 경향이 있다. 많은 연구자는, 개인이건 집단이건, 주로 의도한 개별적 이해관계를 극대화하는 방향으로 행동한다고 전제한다. 그렇지만 이 관점은 경험이 복잡하고 다양하다는 점, 다시 말해 개인적 경험이 각양각색의 특성을 갖고 있다는 점을 무시하며, 또한 경험을 확인하고 부추기는 상징의 힘을 과소평가한다. 행위에 숨겨진 다양한 논리를 이해하는 것은 미리 의도했던 동기와 그것이 '경험된 것' 모두에 함께 주목할 때만 가능하다. 더 구체적으로 말하자면, 공장에 새로 설치된 샤워장 시설이나 '독일노동전선(Deutsche Arbeitsfront)'이 준 장려금을 대하는 노동자의 이해관계는, 이제 선전수단으로 강화된 '숙련노동자'라는 친숙하고 오래된 '이미지'를 통해 강한 반향을 얻었다. 그에 보답하는 차원에서 노동자는 점차 나치 거물과 나치군 장성의 '위대한 행위'에 동참하고자—혹은 최소한 호기심 어린 관망의 태도를 취하고자—했다. 그저 통치체제나 이데올로기, 혹은 계산된 이해관계를 강조하다 보면, 사람이 스스로 살아가고 행위하고 공동으로 만들어내는 다양한 행위와 방향성을 무시하게 되는 경향이 있다. 사람이란 고분고분 순응하기도 하고 적극적인 동조자처럼 행동하기도 하기 때문에, 독자적이고 자발적 행동도 의존적인 행동과 함께 동시에 역동적으로 발현한다.

일상의 행동을 재구성하면 이렇게 두서없는 패턴이 등장하는데, 이 패턴은 위에서 말한 동시성과 강력하게 조응하고 정보도 그것을 통해 얻게 된다. 사람은 지배관계에 참여하고 (가끔?) 체제 내에 편입하려는 욕망을 뒤쫓는다. 그러나 바로 이러한 참여조차도 때로는 침묵함으로써, 나름대로 체제와 거리를 둠으로써, 그리고 경우에 따라서는 심지어 저항의 형태를 드러냄으로써, 여러 차례 약화된다. 개개인의 반응에도 동의, 수동적 수용, 시류에 편승하고 거기에 가담하는 것—물론 '때를 기다리거나', 거리를 두거나, 혹은 간간이 저항하는 것도 있지만—을 포함해, 여러 가지가 뒤섞여 있다. 이러한 입장은 모순적이라기보다는 복합적이다. '내부에서' 보면 체제 내로 편입하는 외형적 모습은 다양하다.

물론 나치 체제가 가져올 결과와 희생이 가시화되면서 다양성은 줄어들었다. 체제의 동조자는 이제 주저하면서도 고분고분 수용하는 사람이나 '열광적으로' 동의하는 사람만 남게 된다. 그렇지만 독일 파시즘의 지배 및 착취 체제를 마지막 순간까지 떠받치고 있었던 것은 바로 이 두 가지의 결합이었다.

4부

동독사회의 일상

10

역사로서의 동독*

 1989년 10월 초에 동베를린의 한 대기업에서 일어났던 일이다. 노동조합의 대의원이 통과시킨 한 결의문이 공장에서 전폭적인 지지를 받았다. 그 핵심은 두 가지 요구사항으로 집약되었다. "우리는 드디어 제대로 일하길 원한다! 우리는 제대로 된 임금을 원한다"라는 것이었다.

 이 노동자들은 1989년에 거리로 뛰쳐나갔던 소수에 속했다. 대다수 동료 노동자와 마찬가지로, 그들도 그때까지 동독 체제를 참고 지냈던 것만은 아니었다. 대다수는 물론 동독 체제를 지지하고 옹호하기도 했다. 그러나 여기서 우리는 동독의 역사와 역사서술에 대한 핵심적이며 이중적인 질문에 직면한다. 첫째, 수십 년에 걸친 동독의 상대적인 안정성은 어떻게 설명될 수 있는가? 둘째, 그렇다면 이처럼 전혀 예상치 못한 내부의 폭발—'하부'에서 분

---

*   [역자주] 이 글은 2009년 11월 14일 서울대학교 규장각에서 열린 한국독일사학회 초청세미나 발표문을 약간 수정한 것이다. 당시 강연록은 이미 『독일연구』에 번역되어 수록되었다. 알프 뤼트케 지음, 송충기·이용일 옮김, 「역사로서 동독」, 『독일연구』 제18호, 2009, 243~262쪽. 여기서는 그 번역문을 다시 수정하고 필요한 각주를 달았다(번역문 사용에 동의해주신 이용일 선생님께 감사드린다). 이 강연에 앞서 1998년에 뤼트케는 동일한 제목의 글을 발표했다. "Die DDR als Geschichte. Zur Geschichtsschreibung über die DDR", *Aus Politik und Zeitgeschichte*, Vol. 36, 1998, pp. 3~16. 더 자세한 것은 다음 불어판도 참조하라. "La République Démocratique Allemande comme histoire. Réflexions historiographigues", in *Annales HSS* 53, 1998, pp. 3~39.

출된 혁명적 에너지와 '상부'인 지배층의 포기 상태가 동시에 나타난 것—은 또 어떻게 설명할 수 있는가?

물론 지금은 더 이상 1989년의 상황이 아니며 또한 1992년—비밀경찰 '슈타지(Stasi)'의 문서가 공개된—의 상황도 아니다. 며칠 전 우리는 베를린장벽 붕괴 20주년을 기념했다. 덧붙이자면, 베를린장벽은 '붕괴되었'던 것만이 아니다—아니 더 좋게 표현하자면, 장벽을 넘어서 오가게 되었던 것만이 아니다. 동독의 통치자들이 대중의 압력에 못 이겨 포기했던 것이기도 하다. 동독 방방곡곡에서 대중은 **"우리가** 인민이다"라고 외쳤다. 그렇다면 1989년까지 존속한 동독을 지난 20년 동안 바라보면서 얻은 새로운 통찰은 무엇이며, 기존의 관점 가운데 유지되거나 아예 새로 바뀐 것은 무엇일까?

1. 생애사의 차이와 연구할 자격?

동독 국가는 단 며칠 만에, 길게 잡아도 몇 달 안에 서독에 흡수되었다. 그러나 사회적 관계와 관습, 문화적 의미의 체계는 전혀 그렇지 않았다. 1990년 대에는 한 국가 내에 두 사회가 존재하고 있었다 해도 과언이 아니다. 실제로 그랬다. 여기저기서 이력서에 '40년'이라든지 '동독' 혹은 '서독'이라는 꼬리표가 붙었다. 그리고 그것은 통일 후 세대에게도 그대로 적용되었다. 그 세대는 독일의 두 분단국가가 나란히 혹은 적대적으로 존재했다는 사실이나 서로 만났던 사실에 대해 아무런 기억도 없었음에도 불구하고 말이다.

물론 1961년 베를린장벽이 세워질 때까지 약 3백만 명이 서독으로 왔다 (혹은 탈출했다). 그렇지만 반대 방향으로도 이주—물론 그 수는 훨씬 더 적지만 —가 있었다(추정컨대 30만 명 정도). 이러한 분단국 내의 이주에는 이미 한쪽에서 다른 쪽으로 이주했던 사람의 재이동도 포함되어 있다—말하자면 그들은 얼마 후 다시 되돌아가고자 했다. 동독으로 간 사람들은 그곳에서 '귀환자'가 되었지만, 서독으로 재차 귀환을 바라거나 추진할 수 있었다(1949년부터 동독에서 이것은 기본적으로 금지되었지만). 여기서 이미 드러나는 것처럼, 이들의 인생사는 동독 '혹은' 서독 가운데 '양자택일'이라는 간단한 꼬리표가 붙는 것으로 끝나지 않는다.

이 생애사의 차이는 1961년 베를린장벽이 세워진 이후 기본적으로 더 강해졌고 겉으로 보기에 영구적으로 고착된 것으로 보였는데, 이는 또 다른 결과를 낳았다. 그 가운데 하나가 바로 1989/90년 이후에 제기된 다음과 같은 문제였다. 곧 누가 동독의 역사를 연구하고 서술할 자격을 갖고 있는가, 다시 말해서 동독의 시민으로서 직접적인 경험을 한 사람만이 그러한 자격이 있을까, 아니면 어떠한 형태로든 그 체제와 거리를 두었거나 혹은 심지어 그것을 거부했던 사람에게만 그러한 자격이 있을까? 물론 후자의 경우 이상한 측정의 문제에 봉착하게 된다. 왜냐하면 진정한 거리두기 혹은 진정한 거부의 기준이 무엇인가의 물음이 제기되기 때문이다. 추방당한 사람이나 동독 당국이 외국으로 나가도록 허가한 사람만이 거기에 해당하는 것일까?

추방당한 이들이나 공산당과 비밀경찰'기관'(동독 정부와 동독 통합사회당의 핵심 대변자!)이 외국 여행을 종용한 이들 중에는 수많은 문필가와 작사가들이 있었다. 그렇지만 알려진 바로는 거기에 역사가들, 특히 최근의 현대사나 동독 역사를 다루는 역사가는 포함되어 있지 않다.

물론 1990년 이후에는 증언자나 현장과 자료를 법적으로 무제한 이용할 수 있었기 때문에, 실제로는 그런 문제가 직접적으로 제기되지는 않았다. 문서고에 가보면 다양한 지역과 계층에서 나온 흥미로운 자료가 많아서 다양하고 논쟁적인 해석을 가할 기회도 많다. 이는 특히 제도화된 역사 연구에 해당하는 이야기이다. 또한 대부분의 경우 동독과 서독 출신의 연구자가 서로 협력하고 있다. 물론 연구 책임자는 거의 대부분 구(舊)서독 출신자이다.[01]

2. 지배와 사회: 동독의 모습

동독과 그 역사를 분석하기 위한 제안이 연달아 봇물처럼 쏟아지고 있는데, 그 가운데는 오래된(1989년 이전에 알려진) 것도 있고 새로운 것도 있다. 그렇지만 감출 수 없는 사실은 1990년대 이후에도 과거의 극단적인 양극편향성이 강하게 남아 있다는 점이다. 단순화된 흑백논리의 모형 가운데 하나는, 동독 체제가 억압적인 독재체제였거나 혹은 (점차) 산업사회과 근대사회로 변화 중인—최소한 '절충적인'—'정상성'(메리 풀브룩Mary Fulbrook)을 지니고 있었거나, '둘 중 하나'라는 설명이다. 그에 따르면, 동독은 결국 소련의 총검으로만, 다시 말해 그들의 군사적인 무력위협으로만 안정과 질서를 유지하는 사회**였거나, 아니면** 늦어도 1961년 베를린장벽이 세워지고 난 이후부터 내부로부터 공감하고 수용하는 형태, 곧 명백한 지지가 나타났고 따라서 안정될 수 있었거나 안정될 조짐을 보였던 사회였다. 그렇지만 어떻게 다른 많은 것들도 그렇지만 두 가지가 **평행적으로 작용하고** 있었던 것일까? 말하자면 희망과 절망,

---

01 드레스덴에 있는 한나 아렌트 전체주의 연구소(Hannah Arendt Institut für Totalitarismusforschung: HAIT)와 베를린 리히터펠데(Berlin-Lichterfelde)에 있는 현대사 연구소 분관(Außenstelle für Zeitgeschichte), 그리고 포츠담에 있는 현대사 연구센터(Zentrum für Zeithistorische Forschung: ZZF)를 서로 비교해보라. 포츠담 현대사 연구센터에서는 동독과 서독 출신 역사가들이 가장 잘 섞여 있는 것처럼 보인다. 여기에서는 이제 숫자상으로 오씨(Ossis), 곧 동독 출신자들이 다수를 차지하게 되었다(그리고 폴란드와 체코 출신의 연구원들도 근무하고 있다). 동독 출신이 많은 것은 빈에 있는 유럽 역사와 공공성에 대한 루드비히 볼츠만 연구소(Ludwig Boltzmann-Institut für Europäische Geschichte und Öffentlichkeit)도 마찬가지인데, 이 연구소는 동독사에 관한 프로젝트도 진행하고 있다.

불안과 안심을 안겨줄 계기가 **평행하는 현실체**로 나란히 존재할 수 있었다는 말인가? 이러한 논쟁이 특히 격렬해진 것은 불과 몇 년 전에 빠듯한 자금의 분배가 문제되었을 때였다. 2006년 2월 역사가와 시대 증언자로 구성된—연방정부가 위촉한—한 위원회가 평가보고서를 제출했을 때도 이 논의는 결말을 내지 못했다. 물론 그 위원회의 다수는 '억압'과 '제도'에만 집중하는 것을 경고했다. 다양한 면모를 갖고 있는 '일상'도 간과할 수 없는 연구 주제임을 환기시켰던 것이다.

1950년대와 1960년대의 양극편향—이미 이것이 때로는 나치에 대한 연구를 마비시키곤 했다—으로 되돌아가는 그 이면에는 한 가지 오해가 있는데, 그것은 지배체제의 분석이 정치사만으로 충분하다는 것이다. 이런 양극편향의 관점에서는 시스템과 사회의 기능을 규명할 때 기구(혹은 '제도'), 권력 엘리트, '이데올로기'만 분석하려고 한다. 그에 반해 사람의 일상에 대해 질문을 제기하는 방식은 바로 '정치가 사라진!' 역사이다.

일상과 생활양식의 탐구에 회의적인 사람은 자꾸 무엇인가 사회과학의 맹점에 기대고 있다. 그리고 그 맹점이 계속될 뿐이다. 내가 지적하려는 것은 구조주의적인 관점이다. 이것은 특히 1960년대와 1970년대에 사회학자에게 인기가 있었다. 실제로 그 때문에 동독의, 그리고 전반적으로는 '현실사회주의'의 다음 두 가지 사항이 간과되었다. **그 첫째는** (비밀)경찰, 법조, 군대에서 드러난 억압의 기제가 계속 유지되었다는 점이고, **둘째는** 스탈린주의 이후에도 산업과 농업의 경제에서 분명 폭넓게 시행된 '소모 우선 정책(Fahren auf Verschleiß)', 다시 말해 경제적 자기파괴가 존재했다는 것이다.

첫 번째에서는 소위 동서독의 체제를 아우르는 근대화를 찾는 데 너무 몰두한 나머지 동독의 사회, 일상, 지배에서 나타나는 특정한 한계를 무시했다. 동독의 (정당) 지도부와 '국가권력'이 '슈타지'와 국경수비대 같은 강제적인 물리력을 국경선에서뿐만 아니라 내정에도 끈질기게 동원했다는 점은 1970년 대와 1980년대 대다수 관측통이 간과했던 맹점이었다. 그러한 이면의 흐름은 스포츠와 같은 '체제경쟁'이라는 간접적인 표현 속으로 모습을 감추었다. **두 번째** 맹점은 동독을 경제적으로나 사회적으로 '새로운 독일'로 만들었어야 했을 사회경제적 동력에 대한 것이다. 계획경제의 문제점에 대해 착각하거 나 타인과 스스로를 기만하는 행위가 동독 체제의 각 부문에 널리 퍼져 있었 다. 그렇지만 정작 중요했던 것은 '전체'가 그랬다는 것이 아니라 '여전히 계 속' 그랬다는 점이었을까? 그리고 예컨대 '슈타지'와 같은 기관에서, 비판적 인 보고서가 그 기관의 최상층부에 전혀 전달되지 않은 적도 부지기수였다.

동독을 역사적으로 다시 재구성하는 데서 더 긴급한 사항은 '지배', '일상', 그리고 '사회'를 서로 대립물로 보아서는 안 되며, 그렇다고 그것을 위계상으 로 차등을 두려고 해서도 안 된다는 점이다. 오히려 중요한 것은 '기관'의 종 사자뿐만 아니라 그들의 명령을 받지 않았던 '다수'가 자기 현실을 받아들이 고 각자 그것을 전유했던 형태와 실제 행위이다. 어떠한 권력관계 속에서 누 구에 의해—혹은 어떻게—타인에 의한 통제나 자기통제, 혹은 전폭적인 지지 나 거리두기가 이루어졌고, 요구되었으며, 실패했고, 또한 실현되었는가? 여 기에서는 또한 희망과 공포, 방관적 자세와 속수무책, 증오와 사랑 등과 같은 행위와 감정이 동시에 존재했다.

3. 정립된 관점들

1) 연장된 점령 정권으로서의 동독

이 관점의 직접적인 출발은 우선 독일공산당(KPD)과 독일통합사회당(SED)

이 소련 정권의 방침에 순응하지 않았던 모든 요소를 통제했다는 사실이었다. 여기서 강조되는 것은 1945년 직후에 소련이 약탈(과 파괴)에 대한 배상으로 독일의 경제시설을 떼어내 소련으로 이관하는 과정에서 자의적인 탄압이 더욱 배가되었다는 점이다.

이 관점에서 보면 동독 '정보기관'의 탄압은 1945년 4~5월에 점령군이 자행한 폭력과 연속성을 지녔다. 당시 붉은군대의 병사에게 강간을 당했던 것으로 보이는 수많은 여성의 경험에서 이것이 특히 잘 드러난다—해방군 또는 '동맹국'이 저지른 강간에 대해 언급하는 것은 1945년 여름 이후 소련 점령군 시대와 동독 시절에 금기시되었다. 이 관점에 따르면, 이 통제되지 않은 (강간)폭력뿐만 아니라 소련과 동독이 모두 1945년과 1946년에 추진했던 산업가와 지주 혹은 '부농'의 소유권 박탈도 거기에 속한다. 그러한 소유권 박탈로 '전범'이 제거되었으며, 서독 지역에서는 그에 비견되는 일이 없었다고 보는 것이다.

점령한 정권이 중단되지 않고 계속되었다는 이 주장에 잘 부합하는 또 다른 사항은, 나치 관련자를 처벌하는 '현장에서' 독일 관리와 소련 관리가 보여준 긴밀한 협조체제이다. 이 협조체제는 나치 핵심 인사뿐만 아니라 수많은 다른 '혐의자들'까지, 최소 15~17만 명을 1950년까지 수용소에 감금하고 주로 자의적으로 처벌했다. 이 때문에 만여 명이 사형을 당했다.

그렇지만 1950년대 후반까지—아니 1961년 베를린장벽이 세워질 때까지도 물론 그 이후에는 그렇지 않았다. 이에 대해서는 헤르만 베버(Hermann Weber)의 지적을 보라—일상적으로 등장했던 이 경험과 공포심은 동독의 공공 여론에서 금기시되었다. 아니 반(⸱)공공인 장소와 사적인 구역에서조차 종종 그랬다. 그렇다고 해도 그 침묵이 아마 강요된 것만은 아니었을 것이다. 많은 독일인들은 '러시아'에 패배했다는 수치를 스스로 떠벌리고 싶지 않았을 터이다. 특히 미군 점령 지역에는 담배와 초콜릿으로 일상에서 잠시 탈출할 수 있던 '좋은 삶'이 존재했지만, 소련 점령 지역에는 그런 것조차 없어서 패전의 수치감이 억제되지 않았다. 게다가 '동독 지역'에서 명령권자는 러시아인이었는데, 이들은 '대독일인'이 나치가 등장하기 이전부터 '하급인종'으로 멸시했던 바로 그들이었다.

2) '독일의 두 번째 독재'로서 동독

동독의 여당인 독일통합사회당의 논조에 따르면, 1949년 창건된 동독은 '인민민주주의'였다—물론 공산당 단독의 지배하에서 말이다. '민주집중제'로서 누구나 '(당)노선'을 따르고 유지해야 했다. 따라서 의회민주주의는 독일 땅에 등장한 '최초의 사회주의 국가'에 의해 분명하게 거부되었다. 그와 동시에 통합사회당과 모든 당 및 국가'기관'의 국정지표는 반파시즘이었다. 그에 따르면 동독만이 파시즘, 나치 정권, 그리고 독재의 대항자였다—서독은 그렇지 않았다.

동독을 '독일의 두 번째 독재'로 규정하는 견해는 1990년대에 급속하게 전파되었다. 여기에서 중요한 것은 필수적인 비교, 곧 차이점과 유사점을 찾는—혹은 찾아야 하는—비교가 아니었다. 그보다 여기서 주안점은 동독이 나치의 지배를 계속 이어받았다는 점이었다. 이것은 1950년대 냉전의 전체주의의 이론적 틀 속에서는 의미가 있었다. 물론 여기에서는 공격적이고 논쟁적인 시각이 항상 드러났지만 말이다. '위로부터' 나오는 유인책, 억압적 통제, 그리고 테러가 독특한 결정요소였다.

물론 나치와 동독의 독재체제 각각의 **지배목표와 지배행위**를 살펴보면 다음과 같은 차이를 보인다. 곧 나치는 체계적인 유대인 학살과 대량학살을 저질렀는데, 이와 비슷한 것을 동독에서는 찾기 어렵다. 독일 파시즘이 저지른 약탈전쟁도 마찬가지다. 늦어도 1990년대 이후 동독에 관한 문서고가 개방되면서 동독의 통제력과 자의적 폭력의 강도를 제대로 인식하게 되었지만, 그렇다 하더라도 양자의 근본적인 차이가 엄연히 존재한다.

무엇보다 중요한 점은 '독일의 두 번째 독재'에서는 지배의 핵심적인 차원인 '대중'의 **참여**, 최소한 대중이 체제를 **용인하는 자세**를 찾아볼 수 없었다는 사실이다. 독일 제3제국의 '대중'은 늦어도 1935/6년부터 나치 정권을 더욱 무조건적으로 지지했으며, 방관적이고 미온적인 자세를 취한 이들은 소수에 불과했다—전체적으로 반발하는 사람은 거의 없었다. 동독에서는 달랐다. 물론 지금까지 이에 대해서는 몇몇 주제나 지역에 국한된 연구만 이루어졌을 뿐이다—예를 들어 대기업 생산노동자, 당과 국가 내외의 간부들, 대학교수나 작가, '동독의 어린이들', 곧 1949년에 태어난 이들에 대한 연구 등. 1953년 6월 17일, 곧 6월 16일부터 18/19일 사이에 터져 나왔던 시위와 저항과 1968년 여름에 있었던 학생, 견습생, 대학생의 행동은 도시에서나 농촌에서 동독 정권과 그 지지자들에 대한 공공연한 거부감과 적대감을 드러냈다. 다른 한편 1945년 이후 공산당이나 사민당에 속했던 사람과 '좌파'들은 여러 해 동안 단호한 '반파시즘'만을 환영했던 것은 아니었다. 이들은 자본주의적이지 않은 사회를 바탕으로 한 '새로운 독일'을 창출하는 기획도 지지했다.

지금까지는 용인하는 자세, 특히 적극적인 참여에 대한 본질적인 물음이 거의 제기되지 않았다. 이를테면 생애사적 특징에 대한 물음, 또한 나치즘에서 일어났거나 그것과 관련된 **경험의 전수**—부모와 자식 사이에서, 가족 전반에서, 그리고 직장 동료나 이웃 사이에서 일어나는—에 대한 물음은 제기되지 않고 있다. 물론 특정한 연령 집단이나 세대가 독재와 전쟁을 겪은 의미는 경험적으로 명백해 보인다. 그렇지만 동독을 분석하면서 이것이 무엇을 의미할 수 있는가에 대한 물음은 무시되고 있다. 중요한 사실은 나치 독재, 약탈

전쟁, 군사적 패배(어쨌거나 1943년부터)에서 경험한 것과 1945년 이후 점령 당국 및 독일 권력기관과 관련하여 겪은 경험을 서로 연결할 것인가 말 것인가, 그리고 한다면 어떻게 연결하는가이다. 이러한 경험의 교체가 1945년 이후 체제에 동조하는 것을 막았던 것일까? 아니면 반대로 (누구를 위해) '이제' 참여할 추동력으로서 작용했던 것일까?

1950년대까지는 억압에 대한 공포심이 '작용해서' 조용히 지냈고, 참여한다고 해도 오히려 주저하는 편이었다. 그러나 아마도 각자의 활동영역이나 '무대'(돈벌이와 이웃사촌 등)에 대한 질문은 서로 차별화하여 제기해야 한다. 이후 몇십 년 동안 관청이나 당의 기대감과 예상에 거리를 두면서, 각자 나름의 욕구와 관심을 충족시킬 기회를 찾는 행동양식이 전면에 등장했다. 여기서 중요했던 것이 '틈새'를 찾거나 만들려는 노력이었다. 1980년대 초 언론인인이자 한때 외교관이었던 귄터 가우스(Günter Gaus)가 최초로 동독을 '**틈새사회**(Nischengesellschaft)'라고 규정했다.[02]

그렇지만 독재체제가 요구하는 것도 한계가 있다는 점은 (소위) '피지배자'의 행동을 통해서만 드러나는 것은 아니다. 소련의 지배권력이 동독에 요구하고 간섭하면서—특히 1953년 6월 17일 저항에 직면해서 독일통합사회당의 통치권을 확보해주기 위해서도!—국제적인 종속성은 더욱 커졌다. 동독 지배층의 통치력에서 한계가 드러난 것은 1973년 제1차 오일쇼크 이후 세계시장과의 관련성이 더욱 커졌기 때문이었다. 또한 서방, 그리고 더 정확하게 말하면 서독도 엄연하게 존재했다. 독일의 다른 한쪽 국가였던 서독, 곧 '독일연방공화국'은 동독의 독일통합사회당과 정부 최고위층에게는 일종의 국제관계 문제였지만, 대다수 동독 시민에게는 결코 그렇지 않았다. '서방'의 라디오

---

02 Günter Gaus, *Wo Deutschland liegt. Eine Ortsbestimmung*, München, 1987.

(RIAS3[03]와 BBC방송)와 텔레비전 프로그램(1960년대 초에 동독의 텔레비전 보급률은 거의 서독 수준에 접근했다)을 통하거나 우편을 통한 접촉이 많아지고 1980년대에 친지 방문이 급격하게 늘어나면서 동서독 사이의 접촉이 증가했다. 연금생활자의 여행 외에도 중년의 주민들이 '가족의 긴급한 사건', 다시 말해 가까운 친척의 장례식이나 결혼식에 참석하기 위해 동서독을 넘나들었다. 이로 인해 독일연방공화국과 '서방'은 동독인의 눈앞에 어른거렸을 뿐만 아니라 점차 계속 현실로 인식되었다.

서방에 대한 이러한 호기심은 분명 '다수'에게, 그리고 당과 국가'기관'뿐만 아니라 지배 엘리트 전반에서도 체제에 대한 정신적인 거부감이 팽배했음을 의미한다. 그에 비해 폴란드, 러시아, 다른 '동구 민족'과는 철저한 거리감을 유지했다. 이러한 이미지의 근거는 오래 전부터 동독인에게 틀에 박힌 암묵적인 적대감이었다. 이는 공적인 영역에서도 전혀 문제가 되지 않았다. 동독의 통합사회당은 그러한 집단원형의 이미지를, 실제의 것이든 상상의 산물이든 상관없이 집요하게 강화시켰다—특히 1980년부터는 폴란드의 '솔리다르노시치'에[04] 대해서 그렇게 했다.

3) '완전히 지배된 사회' 또는 아집적 전유?

독재에 대한 개념은 이미 언급한 '참여'라는 측면에서 더 진척되었다. 그 결과 '복지독재'(콘라트 야라우쉬Konrad Jarausch)' 또는 '동의독재'(마틴 자브로Martin Sabrow)라는 개념까지 나왔다. 1990년대에 동독을 '완전히 지배된 사회'(뤼트케)

---

03 [역자주] 미국점령지방송국(Radio in the American Sector의 약자)은 미국이 1946년 서베를린에 세운 것으로 베를린 주변에 뉴스와 정치 시사 프로그램을 송출했다.

04 [역자주] 1980년 레흐 바웬사가 그단스크에서 창설한 폴란드의 독립자치노동조합이다. 비공산주의적인 노조로서 공산당에 저항했다.

로 특징지었던 것 역시 상당한 반향을 얻었다. 물론 이 개념에는 오해의 소지가 있다. 왜냐하면 그것이 마치 효모가 전체 빵 반죽에 퍼지듯이, 지배권력이 사회 전반에 침투해 들어간 것 같은 '성공'을 의미할 수 있기 때문이다. 그러나 이 개념은 다른 의미였다. 강조점은 관계에 있었다. 동독의 일상은 언론뿐 아니라 사법부와 입법부를 통해 '견제와 균형'이 관철되는 다른 사회들, 즉 서구의 산업화된 사회에서 인식되었던 일상보다 더 강하고 더 광범위하게 지배권력과 연관되어 있었던 것이다.

이러한 관계는 일상의 행동으로 표현된다. 우리는 누구나 홀로—또한 다른 사람과 함께—일상을 계속 만들어내는데, 거기서 크고 작은 몸짓과 행위로 이 관계가 드러난다. 우리가 직장에서, 거리에서, 가게에서, 버스에서, 전철에서, 그리고 '기관들'과의 접촉에서 보여주는 행동이 바로 그렇다. 그러한 실행과 접촉을 감각적으로 인지할 수 있는 것으로는 **이러저러한** 것들이 있었다. 다시 말해, 이쪽에는 목표 생산량의 달성이, 저쪽에는 '정원'이나 '주말별장'에서 만족스럽게 보낸 공휴일('노동절'이나 3월 8일 '국제 여성의 날' 같은)의 휴식이 있었다. 의식과 무의식 속에서 **작은 행복**을 경험하게 했던 주기적 반복성이 중요하다. 이런 생활리듬으로 인해 동독 국가든 일상이든, 필요하면 그에 동의할 수 있게 되었다. 마찬가지로 이로 인해 거리두기와 '아집'도 가능해졌다. 한편 당 간부와 생산규정에 대한 거리두기에는 아이러니한 이면도 존재한다. 거리두기가 강화될수록, 그 '새로운 방향설정'으로 인해 **다음에는** 협력과 참여가 더 용이해지거나 심지어 그것이 더 불가피해졌던 것이다.

'당과 국가'의 약속이나 요구, 기대는 언제나 일상적인 것과 충돌한다(지그리트 모이셸Sigrid Meuschel). 가령 반파시즘을 강조하는 일반적인 구호뿐만 아니라 노동시간 단축과 같은 구체적인 개선 약속도 '바로 이 순간'이라는 '현재' 때문에 마찰을 빚었다. '오만 가지 사소한 물건'도 부족하고 국가와 당의 산하 기관이 수없이 닦달했기 때문에 미래의 대한 약속은 더 믿을 수 없어졌다.[05] 그리하여 대중의 충성심, 말하자면 침묵유지를 강화하는 것이 더욱 중요해졌다. 그것을 위해 '경제 정책과 사회 정책의 통합'—그리고 '모성 정책 (Muttipolitik)'이 필수불가결한 것처럼 보였다. 늦어도 1971년 호네커 정권 출범과 함께 그것은 동독통합사회당의 정강이 되었다.

4. '하층민사회'?

전후 독일의 모든 군정 지역에서 제2차 세계대전의 마지막 주부터 엄청난 대격변이 시작된 것은 아니었다. 1942년 여름부터 폭격전쟁과 대피가 있었고, 그 후 1945년 1월부터는 드디어 독일 지역에도 전쟁폭력이 다시 찾아왔으며, 이후 몇 주간 대규모 난민과 '붕괴'가 있었고, 바로 그 다음에 이주와 추방이 시작되었다.

이 이주는 구 서독 지역에서 사회계층의 중요한 특징을 변모시켰다. 전체적으로 사회적 위계질서는 그대로 유지되었다. 그러나 종교적 구성은 전과 달라졌다. 난민으로 인해서 모든 군정 지역의 종교적 상황이 바뀌었다. 소련 군정 지역, 곧 1949년부터 동독이 되었던 지역에서는 그 변화가 더욱 컸다. 그래서 '사회구조의 질적 변화'를 누구나 곧바로 알아볼 수 있었다. 동독에서는 상업 부르주아뿐만 아니라 독립적인 자유직업인과 교양 부르주아도 사회적 지위의 변화를 겪었다. 그들은 이곳에서 괴롭힘을 당한다고 생각했고, 이주를 감행하거나 추방당했다. 이제 '부르주아 아래' 계층, 즉 "노동자, 소농민, 사

05　Uwe Tellkamp, *Der Turm*, Frankfurt am Main, 2008.

무직 근로자"만이 남았다(디트리히 뮐베르크Dietrich Mühlberg).

문화학자 뮐베르크는 소련 군정 지역의 권력자가 나치 부역자 수만 명을 격리수용했다는 사실에 주목했다. 그러나 더 많은 이들이 서방 진영으로 탈출했다. 출신을 막론하고 일 잘하는 사람들은 대부분 탈출 물결에 동참했다. 그에 반해 교육열이 높았던 이들은 새로 건국된 동독에서 드물지 않게 신분 상승을 이뤘다. 그 밖의 경우로는 '기타'로 분류되었던 여성들, 주로 미혼모들이 있었다. 그들은 어린이에 대한 일상의 책임과 가족에 통용되던 규범 때문에, 사회적 이동이나 지리적 이동이 여의치 않았다. 전후 몇 년간 소련 군정 지역에서 남녀 성비는 5대 8이었고, 성인 다섯 명 중 한 명이 미혼모였다—서독에서는 단지 10명 중 1명이 그러했다.

뮐베르크에 따르면, 이 사실로부터 사회적 행동양식과 문화적 자기해석의 **두 가지 중기적**(中期的) 경향을 도출할 수 있다. 그 **하나**는 그것들의 행동기준으로 보면 '**하층민사회**'라고 할 수 있다는 것인데, 그런 사회에서는 "거의 모든 것이 소시민의 기준과 욕구에 따라 움직인다."[06] 또한 여성들은 1960년대 후반부터 자립을 요구했고 **자명하게도** 그 요구를 점차 **실행에 옮겼다**—이것이 **두 번째** 경향이었다. 하지만 전자와 후자가 서로 모순되지 않는다. 그 명확한 사례가 바로 결혼을 통한 장기적인 파트너 관계를 포기했다는 점이다. 물론 이와 동시에 개인적 삶의 청사진을 위한 결혼의 중요성은 오히려 더욱 커졌다. 여기서는 결혼을 그저 파트너 관계의 표현으로 여기지 않았을 것이다. 결혼을 중요하게 평가했던 것은 오히려 문화적 존중과 물질적 이득을 함께 고려했기 때문이었다. 사실 낮은 결혼연령은 동독사회의 특징으로 남았다. 그와 함께 이혼을 용인하는 추세가 확대된 것도 그런 특징과 모순되지 않는다.

---

06 Dietrich Mühlberg, "Sexuelle Orientierungen und Verhaltensweisen in der DDR", in *SOWI* 24, 1995, p. 54.

이혼은 자주 재혼을 위해 결행되었고, 실제로 재혼이 이루어졌던 것으로 보이기 때문이다.

'소시민'으로 방향을 선회함으로써 사실성을 높였다는 주장은 고무적이지만, 이것도 설명에 한계가 있다. 그러므로 필요한 것은 세밀하게 보여주는 것이다. 여기서 조사해야 할 것이 소비하는 태도, 그리고 동료 및 이웃과 맺는 관계의 형태이다. 남녀관계 역시 포함되어야만 한다―특히 앞서 언급한 남녀 성비의 불균형을 감안하면 더욱 그렇다. 교육원칙들, 특히 규율과 '질서'에 대한 생각도 마찬가지로 조사해야 하는데, 무엇보다 준군사적인 조직체에서 그러하다. 그러한 조직체에서는 오래된 규범이 질긴 생명력을 자랑한다는 것이 내 생각이다. 속물근성, 이웃에 대한 호기심, 그리고 통제욕구 등이 뒤섞여 '위에서' 내려온 명령을 참아내는 태도와 결합되었다. 그것이 바로 대등한 것이나 연약한 것을 거부하는 **사회 전체의 비관용성**이었다. 그러한 비관용성으로 인해 '우리와 같이 영웅들'(토마스 브루시히Thomas Brussig)은 자신은 물론 다른 사람에게 모든 친밀감과 '아집'을 분출시키고자 노력했다.[07]

사회학자 볼프강 엥글러(Wolfgang Engler)는 "친숙한 관계를 만드는 일"을 동독의 사회적 일상현실의 특징으로 표현했다.[08] 그도 뮐베르크와 마찬가지로 동독의 일상 속에서 살았고 연구했기 때문에, 다음과 같은 상황이 놀랄 일이 전혀 아니었다. '하층' 남성은 친숙하고 쉽게 어울리는 모습으로, 맥주 때문에 뚱뚱해진 배를 내민 채 속옷만 걸치고 다녔다―거의 언제 어디서나!

07 Thomas Brussig, *Helden wie Wir*, Berlin, 1995.

08 Wolfgang Engler, *Die ungewollte Moderne. Ost-West-Passagen*, Frankfurt am Main, 1995, 제2장, 특히 p. 42, pp. 68~77.

5. '노동사회'로서의 동독

정치와 지배 또는 사회적 과정과 같은 거대한 범주에는 개인과 집단의 '내부 시각'과 사회적 실천이 빠지기 마련이다. '노동'의 사용과 의미에 대한 질문을 계속해보자. 이에 따르면 동독에서는 노동, 특히 근로노동이 단순히 생계를 잇거나 부를 얻기 위한 수단 이상을 의미했다. 그보다 노동은 '이해관계와 제도, 그리고 정체성의 핵심적 원천'으로[09] 이해되었다. 따라서 욕구와 감정도 역시 주로 노동에 의해 특징지어졌다.

1945년 이전에 이미 일을 배웠던 산업노동자가 '예전의 상황'을 떠올리며 당시와 비교해보는 일은 당연했다. 공식 캠페인들, 즉 통합사회당이 주도하고 관할하던 캠페인들은 1948년 여름/가을이 지나면서 다음 두 가지를 추구했다. 곧 생산력을 향상시키는 것과 작업장에서 경쟁을 극복하는 것. 다시 말해, '노련한 베테랑' 노동자는 서로 경쟁하는 대신에 자신의 경험을 젊은 동료에게 전수해주어야 한다는 것이었다. 물론 이 두 가지 목표에서 서로에 대한, 그리고 '상부'에 대한 불신이 아주 끈질기게 남아 있었다는 점도 드러난다. 무엇보다 이미 1945년 이전에 산업노동자로 살아본 이들에게서 지배적이었던 태도는 이런 것이었다. "의심스러울 때 우리는 우리만 믿을 수 있다."

이처럼 개인이 각자 노동업무, 노동시간, 노동공간을 통제하는 일을 고집할 수 있었던 것은 여러 세대를 넘어 언제나 새롭게 입증되는 경험지식이 뒷받침되었기 때문이다. 노동 소득이나 임금, 타인을 만족시키고 존경하는 것도 이러한 개인적인 (자기)통제와 뗄 수 없는 것처럼 보였다. 동료와 거리를 두

---

09 Martin Kohli, "Die DDR als Arbeitsgesellschaft? Arbeit, Lebenslauf und soziale Differnenzierung", in H. Kaelble/J. Kocka/H. Zwahr, *Sozialgeschichte der DDR*, Stuttgart, 1994, p. 38.

지 않고, 또한 '아집'을 고수하지 않고서는, 특히 산업생산에서 그 누구도 '훌륭한 노동'을 상상할 수 없었다.

물론 1930년 즈음과 그 이후에 출생했거나 1945/46년 이후나 1950년대에 일자리를 얻었던 후대의 젊은이들 중에서도 분명 적지 않은 수가 동독 정부의 새로운 경향을 열광적으로 받아들였다. '구세대'의 원칙, 곧 "여기서는 어깨너머로 눈치껏 배워야만 한다!"라는 원칙을 더 이상 따르지 않음으로써 자의식도 자라났다. 물론 이들은 생산목표의 달성이나 '훌륭한 노동'보다는 스스로 즐겁기 위해 행동했다. 집단의식을 요구하는 건 이들에게 선동적인 말장난에 지나지 않았다. 이러한 태도를 바라보는 전후 재건세대는 분노와 회의가 섞인 감정을 보였다.

6. "시간이 지나면 말해줄 것이다"[10]

베를린의 사회학자 볼프강 엥글러는 동독을 제대로 이해하기 위한 중심축으로 시간지평과 시간리듬을 제안했다. 이 관점이 생산적이려면 두 가지 사실을 염두에 두어야 한다. 첫째, 이것은 이 체제의 한계를 깊게 파고드는 문제를 제기한다. 따라서 한편으로 여기에서 중요한 것은 가속화(혹은 또한 멈춤)의 경험이다. 그러나 아마도 그런 경험은 정치체제와 사회 시스템 그 어느 것과도 무관하다—오히려 그 경험은 근대적인 것 전체에서 나온다. 둘째, 시간경험과 시간사용에 대한 일상적 형식과 리듬을 분석한다. 곧 이념형이 아니라 역사적 행위자의 실천을 주제로 삼는다.

10　Wolfgang Engler, *Die zivilisatorische Lücke*, Frankfurt am Main, 1992, p. 131.

소련 점령 지역과 이후 동독 지역에서 처음부터 나름대로 정통성을 주장할 수 있었던 토대는 자신들이 '새로운 시대'와 신속한 발전을 대변한다는 것이었다. 따라서 "통치자의 시간적 권력장치(Machtdispositiv)"는[11] 세 개의 '달력', 곧 '메타달력', '영웅달력', '감시달력'으로 규정되었다. '메타달력'(초월달력)은 '시대의 저편'에 존재한다―그것은 지금 시기를 '새로운 시대'로 규정하여 과거와 구분하는 것을 의미했다. '영웅달력'은 매일, 주간, 해마다 계획표를 세워줌으로써 이러한 역사적 목적론을 구체적인 실행으로 바꾸었다. 결과는 하나의 장거리경주와 같다는 것이다. 곧 경축일, 기념일, 정당대회, 그리고 그것과 연관된 '의무사항'이 줄줄이 이어진 경주였다. 그러나 이러한 요구는 더 계속되었다. 끝없이 시간을 관리하려는 시도로 말미암아, 시간계획은 년(年)뿐만 아니라 월(月), 십 년(十年), 일(日), 그리고 필요하다면 시간(時間)에 따라 쪼개졌다. 요약하자면 사회 전체와 마찬가지로 모든 개인도 지속적인 평가와 향후 계획에 대한 요구로 숨이 찼다. (작업반의) '작업일기'는 대량으로 작성되었지만―또한 여전히 보존되고 있기는 하지만―그 자체로는 크게 유용하지 않다. 그렇지만 그것은 평가와 향후 계획의 주기(週期)를 아주 잘 반영한다!

이 테제의 요점은―개개인이 발전시키거나 유지한―'자기'의 시간리듬이 위로부터 내려온 규정과 전혀 맞지 않았거나 혹은 부분적으로만 맞았다는 것이다. 엥글러에 따르면 '피지배자의 시간동맹'이 발전했는데, 가령 원래 노동 집단이었던 이것이 나중에는 근무시간에 암묵적으로 물품 구매를 용인하는 동맹체로 발전했다는 것이다. 그러나 역시 마찬가지로 중요한 것은 '자기에게 시간 쓰기'를 하는 많은 경험들이 직접적인 반항이나 저항을 의미하지

---

11 [역자주] 여기서 번역한 '장치(dispositiv)'는 푸코가 사용한 개념으로서 담론과 사회적 상호작용이 펼쳐지는 곳으로, 항상 방향도 정해지지 않고 여러 선과 층이 임의적으로 움직이는 계획성의 총체라고 할 수 있다. 일반적으로 영어로 '장치'라고 번역되지만, 역시 부정확하여 '디스포지티브'라고 그냥 쓰기도 한다.

는 않았다는 점이다. 오히려 그것은 특히 일상의 곤궁함을 반영했다. 경제적 생산에서 부품과 원자재의 공급이 예기치 않게 적체되면서, 가장 시급한 기본 필수품들이 품질을 따지기 전에 양적으로 부족했다. 가령 열대과일이나 유아복—매일, 그리고 장기적으로 필요한 소비재—을 신축적으로 공급하는 (공급하지 못한) 데서 문제가 발생했다.

7. 생애, 세대, "개입의 변화"

일상사는 행위자의 실제 행동에 집중한다. 사진이나 통계에서 이 행위자는 '얼어붙어 있는', 곧 정지된 것으로 나타난다. 그러나 역사적 과정에서 중요한 것은 '이전'과 '이후', 즉 잠재적인 것과 그 결과가 주는 변화이다. 때문에 삶의 진행에 대한 질문이 절실하면서도 지속적으로 이루어지고 있다.

프린스턴의 사회학자 앨버트 허쉬만(Albert O. Hirschman)의 책제목이자 테제인 "이탈과 항의(Exit and Voice)", 독일어 번역본 제목인 "이주와 항변(Abwanderung und Widerspruch)"이 동독 붕괴 직전에 이미 회자되었다.[12] 1992년 그는 스스로 이에 대해 입장표명을 했다. 1989년 여름과 가을에 '미온적이던' 시민이 '활동적인' 시민으로 크게 변모함으로써 "개입의 변화", 곧 "이주와 항의"의 강렬한 상호작용이 생겼다는 것이다. 처음에 개인적인 것으로, 곧 가능한 한 비밀스러운 것으로 생각되었던 대대적인 동독 탈주 물결 때문에, 동독에 남아 있던 사람들은 불쾌함과 반항심으로 대응했다. 곧 "우리는 여기에 남는다!" 그리고

---

12 Albert O. Hirschman, "Abwanderung, Widerspruch und das Schicksal der Deutschen Demokratischen Republik", in *Leviathan* 20, 1992, pp. 330~358.

바로 이어서 "우리가 주권을 가진 인민이다"라고.

허쉬만의 지적에 따르면, 여기서 중요했던 것은 45~55세까지의 장년층, 즉 동독이 그들의 삶을 좌우했고 그 자체였던 연령대이자 동일한 경험의 집단이었다. 허쉬만은 라이프치히 집회를 목격한 사람의 증언을 인용했다. 이들은 대대적인 탈동독 물결에 직면해서 자기 자식이 다음 날 프라하나 바르샤바에서 텔레비전 카메라에 손을 흔들며 인사할 수도 있다는 불안감에 휩싸였다. 이 경우 결정적이었던 것은 "(젊은이의) 이탈"과 "(장년층의) 항의"가 상호작용하여 서로의 상황을 심화시켰다는 점이라고 허쉬만은 말했다.

이 테제는 세 가지 점에서 흥미롭다. **첫째**, 동독의 역사와 역동성을 지배 및 일상과의 관련성 속에서 이해하고자 시도한다. **둘째**, 젊은 세대와 장년 세대를 구분한다. 그러므로 '세대'에 대한 질문은 문제제기이자 분석의 일부이다. 마지막으로 **셋째**, 이탈과 개입 사이에 단선적이지 않은 과정이 존재했고, 또는 구불구불했다는 것이 허쉬만의 주장이다. 그러므로 그것은 얼핏 서로 배타적일 수 있는 행동양식의 동시성에 관한 것이다.

8. 문화적 지향방식—제임스 스콧의 '대본'과 그 단층선[13]

일상 행위에서 만들어지고 동시에 강조된 문화적 지향양식 또는 '대본'

---

13 [역자주] 제임스 스콧(James W. Scott)은 1990년에 『지배, 그리고 저항의 예술—은닉 대본(Domination and the Arts of Resistance: Hidden Transcripts)』(전상인 옮김, 후마니타스, 2020)에서 지배자와 피지배자 사이의 상호작용을 공적·공개적으로 행해지는 '공개 대본(public transcript)'과 정치적 무대 밖에서 행해지는 문화적 힘겨루기인 '은닉 대본(hidden transcript)'으로 구분했다. 그에 따르면, 피지배자들은 공적인 지배를 수용하지만 항상 무대 밖에서는 그에 대해 의문을 품고 있어서, 지배 과정을 제대로 이해하려면 공적인 사본만이 아니라 그 이면에서 행해지는 것에 관심을 두어야 한다.

은 동독에서 결정적이었다. 그것은 몇몇 혹은 개별적인 집단(혹은 종교)에 국한된 것이 아니었고, 당연하게도 모든 계급적 경계, 더욱이 성별의 경계마저 넘어섰다. 그것은 당국 앞에서도 스스로를 숨기지 않았고, 오히려 당국의 인식과 태도를 특징지었다. 나는 이러한 양식의 하나가 바로 '독일품질노동'이라는 기준이었다고 생각한다. 서두에 언급했던 "우리는 드디어 제대로 일하길 원한다"라는 1989년의 삽화를 상기하자. 두 번째 양식은 '청결', 세 번째는 '질서와 규율'에 관한 것이었다. 공공영역에서, 그리고 여러 '틈새'에서도 이러한 기준이 행해지거나 요구되었다.

특히 구술인터뷰와 지역 상황 연구를 통해 보면 이 테제는 **세 가지 단층선**을 보여준다. 처음 두 가지는 불분명하고, 세 번째의 것은 오히려 극적이다. 이를 드러내준 것은 대부분 서독 사람이 수행한 두 가지 연구였는데, 그 하나는 이미 1986년부터, 또 다른 하나는 통독 전환기 이후에 이루어졌다.

이 단층선 가운데 **첫 번째** 것은 지금까지 정확하게 자리 잡지 못하고 있다. 그것은 한 가톨릭 신부와의 구술인터뷰 내용에서 확인해볼 수 있다. 정확히 말하자면, 그가 쓴 메모를 바탕으로 기술한 것이었다. 왜냐하면 이 신부는 인터뷰 진행자에게 대화기록을 지워줄 것을 부탁했기 때문이다. 신부는 소수자나 디아스포라의 상황을 여러번 몸소 경험했다. 그는 슐레지엔에서 태어나 남서독일에서 자라고, 무신론을 요구하거나 조장하는 어느 지방에서 가톨릭 사제로서 일하면서 다른 종파의 개신교 교회와 갈등 속에서 화해하는 방법을 찾았다.

그는 특히 동독인에게서 전반적으로 **창의력에 대한 의욕상실과 그 부재**가 확인된다는 생각 때문에 불안해했다. 그들은 회색 의복과 주택 속에 몸을 숨겼고, 자기 것에 대한 자부심을 일체 드러내지 않았으며, 주변 환경 조성에도 신경을 쓰지 않았다. 집 담벼락에 색깔을 칠하거나 창가에 화분을 두지 않앉으며 도처에 무색무취만 존재했다. 신부는 그것을 동독인들이 근원적으로 상처받았음을 보여주는 표식으로 여겼다. "여기서는 개성의 구조가 완전히 파괴되지는 않았지만, 아주 심각하게 공격받고 있다."[14]

루츠 니트함머(Lutz Niethammer)는 인터뷰 대상자에게서 거리를 두는 경험은 외부 관찰자가 거리를 두는 경험을 보여주는 것이라고 지적한다. 물론 그것이 더욱 정확한 시각인지 아니면 특별히 왜곡된 시각인지 질문을 제기할 수 있다. 어쨌든 정치적인 것이 각 기능 분석에서보다 이러한 일상미학에서 더 논쟁이 되고 있다. 사람들은 스스로를 어떻게 보고 있고, 그들 자신이 살고 있는 세계를 어떻게 보고 있는지, 그리고 '어떤 강도로' 그렇게 하는지 말이다.

두 번째 단층선은 단지 간접적으로만 해명될 수 있다. 그것은 바로 **점증하는 지역주의**다. 이 지역주의는 같은 고향이라는 지역적 지평을 포함하고 있었다. 여기서 브란덴부르크(도시) 출신의 구술자가 재차 강조했던 견고한 지역주의는 라이프치히 플락비츠(Leipzig-Plagwitz)의 금속공이나 역시 라이프치히 남부 에스펜하인(Espenhain) 갈탄 탄광노동자의 그것과 비교된다—브란덴부르크의 예는 다른 맥락, 특히 대기업의 맥락에서도 무엇이 중요한지를 아주 분명하게 보여준다. 즉 공장에서 나타난 '작업장 자부심'은 제2차 세계대전 이전까지 거슬러 올라가는데, 이는 특히 1950년대와 1960년대의 경제 재건에 대한 정부의 지원(특히 높은 임금, 보너스, 특별한 사회복지)과 결합하여 생산성과 생산 증대를 촉진시켰다. 그러나 동시에 이처럼 인기가 많은 공장의 종사자들과 다른 공장 종사자들 사이에는 "넘어설 수 없는 괴리감"이 생겨났다.

세 번째 단층선은 세대들 사이에서 나타났다. 1930년경 태어난 세대는 제

---

14 Lutz Niethammer/Alexander von Plato/Dorothee Wierling, *Die Volkseigene Erfahrung. Eine Archäologie des Lebens in der Industrieprovinz der DDR*, Berlin 1991, p. 603.

2차 세계대전을 도왔고 나중에 동독 재건의 주역이 되었는데, 이들에게는 자명한 것으로 보였던 재건사업에 이후 세대는 점차 동의하지 않았다. 1960년경과 그 이후 출생한 후속 세대는 자신들의 인생설계가 처음부터 막혀 있다고 생각했다(도로테 비얼링Dorothee Wierling). 때문에 모든 기준이 변화했다. 노동, 청결, 그리고 질서 역시 효력이 줄어들거나 완전히 사라졌다.

　1989년 여름과 가을에 다름 아닌 이 '젊은' 세대와 '장년' 세대의 차이에서 예기치 못한 공동작품이 나왔다. 많은 젊은이의 '아주 비밀스러운' 탈출이 장년층을 경각시켰고, 그래서 그들이 거리로 쏟아져 나온 것이다("우리가 인민이다"). 장년층들이 그렇게 한 것은 자신의 가치가 이제 동독과 함께 완전히 사라지고 있음을 목도했기 때문이었다. 이때 "우리는 하나의 민족이다"라는 구호가 새로운 시작을 위한 유일한 기회가 되었다. 그리고 이 새로운 시작은 "제대로 된 임금", 즉 "서독의 돈"과 연결되었다.

11

'노동영웅', 노동의 수고스러움
—동독 산업노동자의 마지못한 충성심

동독에서 오랫동안 유지되던 '당지배(Sigrid Meuschel의 용어)'가 1989년 가을 갑자기 붕괴된 것은 최소한 언뜻 보기에는 서로 대비되는 현상이다. 대다수 주민이 '현실사회주의'의 '틈새'에 장기간 대비하고 있었던 것일까?[01] '새로운 독일'에 대한 강력한 요구와 가능할 수 없는 '우리 앞에 놓인 수고스러움(Mühen in unserer Ebene)'[02] 사이의 모순은 분명 폭발하지 않거나 무력화될 수 있었다. 정치적 '노선 변화'와 사회적 복지의 다의성으로 그나마 주민이 '견뎌내고' '평안한 삶'에 더 관심을 집중할 수 있는 기회도 생겼다. 물론 신념 때문에 동독에 동의하는 것과 다른 이유에서 참고 지내는 것을 구별하기란 어렵다. 게다가 동독 국가의 목표를 분명하게 지지하는 것과 자기 이익을 위해 안락함을 추구하는 것은 함께 뒤섞여 있었다.[03] 그렇지만 충성이나 '질서에 대한

---

01 Günter Gaus, *Wo Deutschland liegt*, München, 1986.

02 Erich Loest, *Es geht seinen Gang oder Mühen in unserer Ebene*, Halle, 1976. 브레히트의 시에서 따왔다(브레히트가 1949년에 쓴 시 「인식(Wahrnehmung)」에 나오는 "산의 수고스러움은 우리가 벗어났지만 평지의 수고스러움은 우리 앞에 있다"라는 구절에서 따온 것으로, 히틀러의 패망으로 한숨 돌렸지만 난제들이 산적해 있다는 의미다—역자).

03 Sigrid Meuschel, *Legitimation und Parteiherrschaft in der DDR. Zum Paradox von Stabilität und Revolution in der DDR*,

순응'(막스 베버)조차 '오로지' 자기이익이 충족될 수 있을 때만 보장되었다.

이러한 관점에서 간과되는 사항은 가치체계의 신념뿐만 아니라 이해득실의 계산에도 다층적인 경험이 포함된다는 사실이다. 이러한 경험, 혹은 달리 말하자면 "특별히 주목을 끄는 체험"은[04] 아주 다양한 역사적 상황에 대응하면서 생겨난다. 경험은 폭넓은 범위에 걸쳐 있고 어떤 것은 '단단하고' 어떤 것은 '부드럽다.' 체험을 선택하거나 경험을 쌓는 것은 **문화적 실천**의 일부이다. 이러한 실천은 '주어진' 관계를 나름대로 전유하는 것, 다시 말해 그것을 견뎌낼 뿐만 아니라 변형하고 전환한다는 것을 의미한다.

동독과 같은 '완전히 지배된' 사회에서조차 체제를 견디거나 거기에 협력하거나 협력을 거부하거나 관망하는 것을 결정짓는 것은 당과 국가의 수뇌부나 '정치체제'와 관련된 사항만이 아니다. 게다가 동독 주민이 경험한 지평도 동독 시절에만 쌓여서 이루어진 것이 아니다. 1960년대까지 사회정치적 활동에서 세대경험, 곧 '세대연관(Generationenzusammenhänge)'(칼 만하임)이란 역시 1930년대와 1940년대였다. 말하자면 이들은 독일 파시즘 치하에서 이미 성장했거나 젊은 시절을 보냈다. 나치 지배체제를 거의 주도하다시피 했던 사람이 바로 이들이고 나치의 '좋은 혜택'도 심심치 않게 누렸다.[05] 그럼에도 동독 시기만으로 이들의 경험을 이해하려는 '편협한 시각'은, 말하자면 나름의 리

Frankfurt/M., 1992. pp. 22ff.

04　알프레트 슈츠는 경험을 "특별히 주목을 끄는 체험"이라고 규정할 것을 제안했다. Alfred Schütz/Thomas Luckmann, *Strukturen der Lebenswelt*, vol. 2, Frankfurt/M., 1984, p. 14. 경험이란 실제 행동한 것을 가리키지만, '순전히' 그것만이 아니라 그 행동의 배경에 관련된 형태로 표현되고 '이용된다.' 그런 의미에서 스콧(Joan W. Scott)은 사회사적 (그리고 일상사적) 미세 연구에서 경험을 사물화하여 일종의 허수아비처럼 취급하는 데 반대했다. Joan W. Scott, "The Evidence of Experience", *Critical Inquiry* 17, 1991, pp. 773~797.

05　이는 생애사적 경험에서도 확인할 수 있다. 니트함머, 플라토, 비얼링이 1987년에 행한 연구를 참조했다. Lutz Niethammer, *Alexander von Plato, Dorothee Wierling, Die Volkseigene Erfahrung. Eine Archäologie des Lebens in der Industrieprovinz der DDR*, Berlin, 1991.

들과 오랜 시간 속에서 '자라났던' '상징의 숲'을[06] 간과하게 한다.

이는 경제적 논리에 문화적 실천이 '깊게 스며들어' 색칠해버린 것으로 설명할 수 있다. 그래서 존경이나 '정의'의 관념을 지배하는 문화적 기준이 바로 이익을 충족하는 경제적 계산을 결정한다. 예컨대 노동자가 수공업과 기계노동을 장기간 경험하다 보면, 둘 중 어느 쪽을 선호하거나 거부하는 모습을 보인다. 이러한 문화적 기준에 비해, 임금형태의 변화나 심지어 정치체제의 교체와 같이 단기간에 이루어진 변화에서는 분명 그런 모습을 거의 찾아보기 힘들다. 1933년을 전후하여 사람들은 선반의 움직임에 맞춘 '능숙한' 손놀림을 보여줌으로써 자신의 솜씨와 남성성을 입증하고 싶어 했다—시간까지 절약하면 더 나은 보수를 받을 수 있으리라 기대했다. 남성이건 여성이건 최소한 가끔씩은 먹고 싶은 것이 있으면 '비상금을 털어'서라도 그렇게 했다. 루르 지방에서 감자전을 부치는 데 아주 비싼 기름을 사용했던 것도 그런 예이다.

그들은 동료, 이웃, 친척을 대할 때, 심지어 '위대한 전체'를 대할 때조차 모든 것에 거리를 두는 태도, 말하자면 '아집'으로 대하는 태도를 보여주었는데,[07] 이것이 1945년 파시즘 정권의 패배 이후에도 사라지지 않았다. 오히려 정반대였다. 특히 사회정치적으로 새로운 시작을 알리는 전후 처음 얼마 동안은 이것 덕분에 일상을 '견뎌낼 수 있었다.' 여기에 덧붙여, 지배정당이었던 통합사회당의 자화자찬에 의거한다면, '노동'의 가치평가에서 '생산'이, 무엇보다도 산업노동이 사회적 관계의 토대가 되었다. 물론 이는 사회민주당과 공산당을 추종하는 노동운동의 명확한 이념을 다시 받아들였기 때문만은 아

---

06 Victor Turner, *The Forest of Symbols*, Ithaca, 1957.

07 Alf Lüdtke, *Eigen-Sinn, Fabrikalltag, Arbeitserfahrungen und Politik vom Kaiserreich bis in den Faschismus*, Hamburg, 1993, 특히 p. 375 이하 참조.

니었고, 그보다는 소련 점령군의 산업화 방침이 (산업)노동 '가치'를 강조했기 때문에 나타난 현상이었다.

물론 19세기 중반 이래 프롤레타리아트 (자체)조직에서는 사회(와 역사)의 변화에 조응하여 산업노동 이전의 힘든 수작업과 기계노동도 높이 평가했지만, 그것만이 아니었다. 1890년대부터 '독일품질노동'이라는 상징과 개념이 계급을 초월한 호응을 이끌어냈고, 노동운동에서도 전국적인 반향을 일깨우고 강화시켰다. 제1차 세계대전 동안과 바이마르공화국 시기에도 좌파와 우파를 막론하고 각 정치집단은 '독일품질노동'을 국민통합의 매개체로 이용하고자 했다. 그렇다고 이러한 움직임을 선전에 찌든 조작이라거나 문화적 헤게모니라고만 설명하기에는 부족한데, 왜냐하면 그렇게만 보면 일상의 경험과 그와 연관된 노동의 의미가 오해될 수 있기 때문이다.[08]

남성 공장노동자의 자부심이 얼마나 대단했는지, 또한 이들이 다른 사람을 평가할 때 공구와 기계를 얼마나 노련하게 잘 다루는지를 보았다는 사실은 노동자 생애에 대한 회상을 통해 알 수 있다. 그러한 사료뿐만 아니라 1910년 독립연구자였던 아돌프 레펜슈타인(Adolf Levenstein)이 여러 지역에서 섬유, 광산, 공업기계 부문에 종사하는 노동자를 대상으로 했던 설문조사의 결과도 비슷했다. 수작업과 기계노동이 많은 이들에게 고단함과 노고를 안겨주긴 했지만, 그것은 동시에 만족감의 원천이기도 했다. 물론 항상 어디에서나 그랬던 것은 아니었고,[09] 직업과 분야마다 차이가 컸다.

노동을 중요한 생산과정으로 인식된 것은 남성 산업노동자가 공장에서

---

08 Ibid., p. 302 이하와 p. 399 이하를 보라.

09 Adolf Levenstein, *Die Arbeiterfrage-mit besonderer Berücksichtigung der sozialpsychologischen Seite des modernen Großbetriebes und der psychophysischen Einwirkungen auf die Arbeiter*, München, 1912. p. 47ff, pp. 53~75. 그리고 p. 123 이하, p. 187 이하, p. 199 이하도 참조하라.

쌓은 경험을 높이 평가했기 때문이었다. 고장난 기계를 고치거나 작업중단의 사고를 수습하고 나면 노동자는 두 가지를 기대할 수 있었다. 만족감과 물질적 이득, 말하자면 자부심이 느껴지는 생산품과 두툼해진 임금 봉투이다. 이렇게 노동을 포함한 공장의 일상을 확실히 장악한 경험을 통해 프롤레타리아트 생활세계도 비슷한 형태로 전유되었다. 이를 아주 전형적으로 드러낸 것이 바로 노동절 포스터였는데, 거기에 그려진 근육질의 젊은 남성은 모루나 선반 앞에서 전반적인 상황을 장악하는 분위기를 풍겼다. 이렇게 노동이 완전히 남성성으로 형상화되자, 임노동이라는 배경 속에서 일상현실마저도 가부장제의 색채를 띠게 되었다.

공장노동의 이런 측면을 사회주의적인 노동자 조직은 거의 진지하게 받아들이지 않았다. 임금의 형태가 아닌 자부심과 같은 인정은 의미 없는 '헛소리'로 취급되었다. 마찬가지로, 동료 간의 '장난'과 아집 부리기가 어디서나 공장의 일상이 되다시피 했지만 심각하게 여겨지지 않았다. 그래서 특히 노동조합은 오로지 임금만이 그들의 고객인 노동자를 움직이게 한다면서, 다수가 일상을 영위하는 모습을 엉뚱하게 이해했다. 오히려 다수의 일상에서는 수고와 위험, 근육과 '솜씨'를 인정(혹은 경멸!)하는 상징적 표현이 일상을 견뎌내게 하는 부분이었다. 나치의 '독일노동전선' 담당자는 '노동의 명예'에 대한 이러한 사회적 욕구를 인정했고 이용할 줄 알았다. 1933년 이후 임금이 조금밖에 오르지 않았음에도 산업노동자층 대다수가 정권에 동조했던 것은 지배층이 노동자의 상징적 취향에 맞게끔 여러 가지를 보상했기 때문이었다. 동독에서 공장의 '일꾼'으로 노동했던 남녀의 행동을 해명하는 데 이러한 시각에서 무엇을 얻어낼 수 있을까?[10]

---

10 내가 처음으로 분석하여 참고한 사료는 우선 통합사회당 중앙위원회 문서(특히 경제 분야와 관련자의 유

1. 전후복구의 토대로서 노동

1947년 4월 22일 라이프치히에 소재한 철제건축업체 그로만 운트 프로쉬 (Grohmann & Frosch)의 위탁경영자는 소련 군정 당국 기관지였던 베를린 『일간신

고 문서)와 국가중앙기구(각료회의와 노동사회부, 그리고 1958년 노동사회부 해체 이후에는 각각의 해당 부서와 국가계획위원회 관련 분야) 문서, 또한 통합사회당 라이프치히와 베를린 지구당 문서, 몇몇 기업 —베를린의 국영기업(VEB) 베르크만 보르직(Bergmann-Borsig, 중공업)과 라이프치히 국영기업 S.M. 키로 우(Kirow, 운송 및 크레인 제작업체), 몇몇 다른 기업과 인민소유협동기업(VVB) 베를린 바이쎈제(Berlin-weißensee)의 '5월 1일' 기계제작업체, 그리고 로스토크(Rostock)에 있는 인민소유협동기업 조선소—의 문 서였다. 이 밖에도 나는 '구 동독 국가안전부 문서고(BStU)' 자료 전체를 처음으로 조사했다. 그 과정에서 (물론 쓸 만한 것은 아주 적었지만) '중앙감사국(Zentrale Auswertungs-und Informationsgruppe, ZAIG)'이 작 성한 문서철 속에서 특이한 움직임과 노동거부에 대한 일련의 문서를 찾아냈다. 이들 보도문과 1960년대 부터 1980년대까지 작성된 소략한 보고서들은 관행상 호네커가 서명한 것이었다. 경제 및 사회생활과 연 관된 다른 문서철에서 나온 국가안전부 문서는 비록 중앙정부의 문서였지만, 지금까지는 거의 이렇다 할 가치가 없는 것으로 판명되었다. 지금까지 연구자들은 대체로 내가 여기서 다루는 주제에 관심이 없었다. 1960년대 중반 건설노동자에 대한 디터 포이크트(Dieter Voigt)의 연구는 방향전환을 제기한 '망망대해'에 떠 있는 첫 번째 섬과 같았다. Dieter Voigt, *Montagearbeiter in der DDR, Eine empirische Untersuchung über Industrie-Bauarbeiter in den volkseigenen Großbetrieben*, Darmstadt/Neuwied, 1973. pp. 57ff. 페터 휘브너(Peter Hübner)는 몇몇 개별 산업 부문과 기업을 연구하면서 노동자의 이해관계를 밝히고자 했는데, 비록 예전과 다른 자료를 사 용하긴 했지만 이해관계라는 개념을 비교적 좁게 사용하는 한계를 보였다(이 연구에서 휘브너는 노동 자가 어떻게 이해관계를 찾았고 그것을 차별화했는지 깊이 있게 다루었으며 무엇보다 당과 노동자의 이 해관계가 갈등을 빚는 측면을 보여주었다). Peter Hübner, *Soziale Interessen im Arbeiteralltag der Übergangsperiode, Fallstudien zur Sozialgeschichte der Arbeiterklasse in der DDR*, Diss. B., masch., Berlin, 1988. 그의 연구는 미하엘 호프만 보다 생활양식과 자기의미의 형태, 문화적 지향성을 전면에 부각시켰다(물론 노동과정은 다루지 않았다). Michael Hofman, *Die Leipziger Metallarbeiter—Etappen sozialer Erfahrungsgeschichte*, MS Leipzig, 1992. 1960년대 이후 등 장한 (부분)자동화에 따른 노동의 변화라는 관점에서 노동에 대한 동기부여와 가치평가의 문제를 다룬 개 괄적인 연구들은 다음과 같다. Katharina Belwe/Fred Klinger, "Der Wert der Arbeit, Aspekte des sozialen Wandels in der industriellen Arbeitswelt der DDR", in *Tradition und Fortschritt in der DDR*, 19. Tagung zum Stand der DDR-Forschung in der Bundesrepublik Deutschland, 20. 23. Mai 1986, Köln, 1986(Edition Deutchland-Archiv), pp. 61~86; Rudhard Stollberg, "Die Herausbildung und Festigung eines sozialistischen Verhältnisses der Werktätigen zur Arbeit im Sozialismus", Tl. 1, ed. Julantha Kulpinska, Rudhard Stollberg, Wissenschaftliche Beiträge der Martin-Luther-Universität Halle-Wittenberg, 1979, pp. 7~24; 특히 (계급) 내부의 분화에 대한 양적-체계적 연구는 다음의 특집호를 보 라. "Probleme einer Sozialgeschichte der Arbeiterklasse der DDR"(1945~1985), *WZ der Karl-Marx-Universität Leipzig*, 38, 1989, H. 5. 노동의 경험, 감흥, 의미에 대해서는 문학 텍스트, 특히 통속소설이 필수적이다. 다음을 참 조하라. Peter Zimmermann, *Industrieliteratur der DDR. Vom Helden der Arbeit zum Planer und Leiter*, Stuttgart, 1984; Günther Rüther, "Grief zur Feder, Kumpel", *Schriftsteller, Literatur und Politik in der DDR, 1949~1990*, Düsseldorf, 1991; 장르에 따른 영상자료, 즉 사진매체(신문, 화보 예술, 개인사진)는 물론이고, 무엇보다 1940년대와 1950년 대의 주말뉴스를 반드시 포함시켜야 한다.

보(Täglicher Rundschau)」에 독자 편지를[11] 보냈다. 이보다 2주 전에 이 신문에는 「노동윤리—공장의 문제」라는 기사가 실렸는데, 1945년 이후 근무시간에 빈둥거리고 늑장부리는 일이 급속히 확산되고 있다는 내용이었다. 그에 대한 조치나 징벌로 관련자의 배급표를 회수하거나 그들을 교도소에 보내야 한다고 주장하면서, 일 잘하는 사람에게 "장려금을 주고 인정을 해주는 것"만으로는 문제가 해결되지 않는다는 보도였다.

위탁경영자 하인리히 로쓰바허(Heinrich Roßbacher) 박사와 통합사회당 소속 직장위원회는 그것으로도 충분하지 않다고 보았다. 그 기사에 대해 여럿이 토론하여 의견의 일치를 본 결론에 따르면, 문제는 기본적으로 "독일 노동자 대부분이 동독 지역에서 앞으로 새로 들어설 체제가 자신에게 달려 있다는 책임감을 아직 제대로 통감하지 못한" 데 있었다. 더 들어보자. "독일이 언제 다시 건강해질 수 있을지는 무엇보다 이들의 노동에 달려 있다는 점을 대개 그들이 의식하지 못하고 있다."

처벌은 효과가 별로 없으니 스스로 알아서 깨우치도록 하는 게 좋겠다는 말도 나왔다. 전쟁이 끝난 지 2년 만에 "노동자는 독일의 장래를 짊어진 사람으로서 (…) 나치 정권의 과도한 규율에 대한 저항적 태도를 극복해야 할 터이고" "이제 그래서는 안 된다고만 하지 말고, 각자 느끼는 의무감을 자유롭게 고백해야 한다." 예전에 있었던 계급의식은 사라졌을 터이고, 무엇보다도 이제는 계급의식이 **'자기의 품질노동'**을 통해 '실현되는' 것이어야 하는데 많은 사람이 이를 모른다는 것이었다. 여기서 추구하자는 계급의식에는 '새로운 애사심'도 포함되었다. 애사심이란 노동자와 사무원 등 모든 직원을 망라하여 '공동으로 최고 성과를 내려는' 것이었다.

---

11   Staatsarchiv Leipzig(StAL), VEB Kirow Schwermaschinenbau, Nr. 744.

위탁경영자와 통합사회당 직장위원회의 불만은 두 가지였다. 우선 생산현장의 종사자 대다수가 자신의 안락에 골몰하고 있었다. 뿐만 아니라 굶주림, 추위, 병의 구제를 위한 생필품 공급이 계속 파국을 맞이하고 있음에도,[12] 직장이나 다른 '공동체'에서 노동과 제품의 '품질'을 높이는 '능력'에 대해서는 거의 아무도 관심을 두지 않았다. 그렇지만 이들 비판자들은 '품질노동'과 '새로운 애사심'을 요구하면서 사람들이 그에 동의해줄 거라고 기대했다. 이런 생각이 널려 퍼지면 '일 잘하는 것'이 도덕적 장점으로 작용할 수 있을 것이며, 그래서 '잘못된' 과거인 독일 파시즘과 소련에 대한 전멸전쟁을 정화하여 민족을 구제하는 수단이 될 것이라고 말이다.

2. '헨네케 일꾼'

동독의 공식 서술에 따르면, 1948년 10월 13일 츠비카우(Zwickau) 지역의 광부였던 아돌프 헨네케(Adolf Hennecke)는 작업시간에 기준량의 387%를 채굴하는 능력을 보여줌으로써 노동에 대한 사고의 전환을 이끌어냈다. 헨네케와 같은 당 활동가는 더 이상 자신의 힘을 아끼는 것이 아니라 '완전히 쏟아 붓는' 자세가 되어 있는 것 같았다. 당 관료와 공무원은 이를 공공매체에 떠들썩하게 홍보하여 '헨네케 운동'에 불을 지폈다. 이들 '일꾼'은 가장 빠른 시일 내에 산업생산성을 크게 향상시키는 데 도움을 주어 다른 사람의 모범이 되어야 했다.[13] 여기서 기준은 순전히 양(量)이었다. '질(質)'을 잊어서는 안 된다는 목

---

12 Wolfgang Zank, *Wirtschaft und Arbeit in Ostdeutschland 1945~1949*, München, 1987, pp. 62~80.

13 Klaus Ewers, "Aktivisten in Aktion, Adolf Hennecke und der Beginn der Aktivistenbewegung 1848/49", in *Deutschland Archiv* 14, 1981, pp. 947~970. 경제 전반의 노동력 상황과 연관된 것, 특히 소련 점령 지역의 '넘쳐나는 노동

인민 소유의 한 공장에서 '헨네케 일꾼'에 관한 선전 포스트를 배경으로 사진을 찍었다 (1948). 출처: Bundesarchiv, Bild 175-00118.

소리가 없진 않았지만, 당시 상황에서 생산물의 품질은 조직가와 선전가는 물론이고 아마도 최고 경제전문가조차 일차적인 관심사가 아니었다.[14]

개인의 기준노동량을 엄청나게 초과 달성해야 한다는 점을 명시적으로 의무화한 '헨네케 운동'은 전반적으로 규모가 그렇게 크지 않았다. '일꾼' 가운데 몇몇은 사기업에서 일하기도 했지만, 대다수는 국영기업(VEB) 및 인민소유 협동기업(VVB) 산하기관에 종사했다. 이 운동에 발맞춰 산업생산은 최소한 양적으로는 아주 빨리, 그리고 크게 증가했다. 하지만 이것을 '생산량 이데올로기(Tonnenideologie)'의 슬로건 정도로 오해해서는 안 된다. 또한 마찬가지로 '헨네케 운동'에 참여하여 최소한 직장에서 지도력을 발휘했거나 포상 대상자였던 노동자를 오해해서도 안 된다. '위에서 내린' 지시사항에 대해 '아래에서' 보인 반응이 그에 따르거나 아니면 거부하고 무시(혹은 방해)하는 것뿐이라는 이분법에 국한되지 않았다. 아무튼 석탄광부인 헨네케는 분명 (석탄) 채굴의 장인(Meister)일 뿐만 아니라, '산'과 주변 지역에 필요한 노동의 전문가를 자처했다. 실제로 그가 나중에 묘사한 바에 따르면, 그는 무엇보다도 '갱내'의 노동을 세심하게 조직했다.[15]

그렇지만 단위생산량을 증가시키기 위해서는 노동의 내용과 과정에 '무관심'으로 일관할 수 없었다. 각자의 숙련도와 노련미를 개선하는 것이 필수

력'과 몇몇 숙련노동자 분야를 제외하면 여성 비율이 높았던 것에 대해서는 다음을 보라. Zank, *Wirtschaft und Arbeit in Ostdeutschland*, pp. 39ff. pp. 42ff. 직장평의회의 역할과 노동조합의 기능 전환에 대해서는 다음을 보라. Dietrich Staritz, *Die Gründung der DDR*, 2. Aufl., München, 1987, pp. 132ff.

14 이에 대해 헨네케는 한 신문기사에서 (최소한 본인이 작성한 초고에서는) 비판적인 견해를 밝혔다. 비록 "노동 결과물의 양은 크게" 증가했지만, "그 품질에 대해서는 아쉬움이 많다." 그렇지만 "품질을 향상시키는 것이 필수적이라고 노동자들을 설득하는 데"는 성공했다. 그 증거가 '바로 자기가 만든 생산물의 품질을 향상시키는 것이 목표인 **품질군단**(Qualitätsbrigaden)의 창설과 수립이다"(강조—인용자). 그와 함께 수립된 '자기통제' 방식을 헨네케는 결정적인 것으로 꼽았다. Stiftung Archiv der Parteien und Massenorganisation der DDR im Bundesarchiv (Stiftung-BA) NL 177, Nr. 7.

15 Stiftung-BA, NL 177, Nr. 7.

적이었기 때문이다. 노동부가 작성한 목록에 '헨네케 일꾼'으로 기재된 선반 공 갑과 을을 예로 들어보자.[16] 두 사람은 각각 43세와 48세로서 위의 목록에 등록된 사람 가운데 가장 나이든 축에 속했다. 국영기업체 자나르(Sanar)의 쾨 닉스브뤼크(Königsbrück) 금속가공공장이 보고한 바에 따르면, 이들이 근무시간 에 달성한 작업량은 표준량의 304.3%와 359.7%에 달했다. 익명의 보고서 작 성자는 이렇게 기준량을 초과달성한 원인으로 '선반을 잘 다루는 법'을 들 었다. 어떤 사람은 '개선된 분업'을 원인으로 꼽기도 했다. 물론 그 이상의 설 명, 특히 개선방식이나 잘 완성된 제품에 대한 상세한 설명은 없다. 두 사람 이 초과달성한 수치는 중간 정도였다. 금속가공 부문에서 초과달성의 폭은 128~135%부터 500% 이상까지 걸쳐 있었다. **훌륭한 분업** 혹은 **준비작업**과 같은 추상적인 언급이 드문드문 등장할 뿐이었다. 대신 드레스덴의 운반차량제작 공장인 SAG에서 28세 전기용접공이 달성한 402%는 '간단한 아이디어'를[17] 이 용하여 올린 성과로 기록되었다. 그렇지만 더 드물게 언급된 사항이 정치적 독려였는데, 이를테면 나이가 서른 하나였던 어떤 사람은 '열심히 정치 활동 을 한 다음 날' 추가근무를 했다고 한다.

생산 그 자체, 다시 말해 구체적인 **노동과정**에는 다양한 사전준비와 사후

---

16 1949년 3월 14일자 노동사회부(노동부의 전신) 보고서에는 '작센주의 활동가 보고서'를 분석한 내용이 있다(BA-P/DQ2, Nr. 524). 그에 따르면, 활동가 864명 가운데 약 4분의 3(638명)이 남성이었다. 나머지 4분의 1에서는 여성이 절반(119명), 청년이 절반(107명)이었다. 약 3분의 1(294명)이 철강 및 금속 분야에 소속되어 있었고, 그 다음은 광산 분야로 237명이었다. 섬유 분야는 142명에 불과했다. 두드러진 사실은 '수많은 사례에서 누진적 성과급제'로 임금을 지불했다는 점이다. 그래서 추가로 지급된 임금인상분이 노동생산성이 향상된 비율보다 높았다. 이러한 임금형태가 섬유 부문에서 지배적(90% 이상)이었던 데 반해, 광산업에서는 오히려 단순성과급제가 훨씬 더 많았다(192: 37). 철강 및 금속 분야에서는 활동가 절반이 (누진적) 성과급제로 임금을 받았고, 다른 절반은 시간제 임금이었음이 분명하다.

17 헨네케 자신도 어떻게 그가 "모든 노동과정을 장악하게" 되었는지를 신문기사와 원고에서 자랑스럽게 강조했다. Stiftung-BA, NL 177, Nr. 7. 광산업에 대해서는 다음을 참조하라. Ewers, *Aktivisten in Aktion*, pp. 949ff.

작업, 보조적인 수작업—경험지식이 수반되는 현장실습—이 필요했다.[18] 물론 수공업이 아닌 산업에도 이러한 현장실습과 유사한 것이 존재했는데, 다만 전문적인 노동방식에 대한 실습이었다. 이것은 몇십 년 동안, 특히 1920년대와 1930년대 합리화에서 독일 산업의 특징으로 자리를 잡았고, 노동자층도 경영진도 그것을 대표적인 이미지와 태도로 고착시켰다.

이에 반하여 개인을 공식적으로 예우하는 전통은 계급과 정치 '진영'을 막론하고 전혀 존재하지 않았다. 다만 나치 시기에 시행되었던 '제국직업경진대회(Reichsberufswettkämpfe)'가 당시 젊은 노동자와 직업교육생의 직업적 능력을 언론에 널리 홍보하고 사회적 가치를 인정받고자 했던 적은 있었다. 소련 점령 시기와 그를 이은 동독 시절에는, 공식적인 명예에 대한 '보상'으로 당 관료를 증원하면서 많은 비당원이 채용되긴 했지만 그에 대한 관심은 줄어들었다. 그러던 차에 다시 칭호와 명예증을 통해 상징적 가치를 인정하고 그것을 물질적 보상과 결합시키려는 당과 정부의 전략이 나왔고, 큰 반향을 일으켰다. 측정 가능한 능력만을 기준으로 평가했던 '헨네케 일꾼'의 방식을 대신하여, 1950년 초부터 관료화된 평가 시스템이 도입되어 '직원'의 업무 전체가 평가 대상이 되었다. '노동법'의 틀 내에서 도입되었던 이러한 서훈등급제에 의거하여 해마다 탄생하는 '노동영웅'은 단지 몇 명에 불과했지만, '일꾼'(1959년부터 '사회주의노동 일꾼')과 경진대회에서 뛰어난 성적을 거둔 '(사회주의)협동노동' 우수자는 수만 명을 헤아렸다.[19] 그에 따라 단위생산량도 전반적으

---

18 산업노동의 다양한 면모, 특히 기계'에서' 하는 노동과 기계'로써'(도움을 받아) 혹은 기계를 통해 하는 노동이 어떻게 달라지는지에 대한 전반적인 사항은 다음을 보라. Heinrich Popitz, u. a. *Technik und Industriearbeit*, 3. Aufl, Tübingen, 1976. 특히 1920년대와 1930년대 기계제작업에 대해서는 Alf Lüdtke, "'Wo blieb die rote Glut', Arbeitererfahrungen und deutscher Faschismus", *Eigen-Sinn*, Hamburg, 1993, pp. 221~282, 239~257(한국어판, 알프 뤼트케, 『일상사란 무엇인가』, 제6장).

19 노동법(1950년 제정) 테두리 내에서 누구에게 어떤 칭호가 수여되었는지 1955년 초에 표가 하나 작성되었는데(Bundersarchiv Potsdam [BA-P]/DQ-2, Nr. 1813), 이 표에서 1950~1954년 사이의 칭호 수여에 대한 수치

로 크게 올랐다.[20]

3. 기준노동의 책정과 '노동회피'

'헨네케 운동'을 시작한 지 반년이 지난 1949년 초에 '이론가와 실천가'는 작업의 능률에 대해, 다시 말해 임금과 기준노동의 상관관계에 대해 토론했다.[21] 독일경제위원회(Deutsche Kommission für Wirtschaft, DWK) 소속 경제학자들이 통합사회당과 독일자유노조연맹(FDGB)의 관료들과 함께 모인 이 자리에서, '스타르크(Stark) 동지'가 인사말과 폐회사를 했다. 그는 1948년 4/4분기에 "기준량을 달성하지 못한 (…) 노동자의 수가 크게 증가"했다는 점을 일깨웠다. 물론 그는 다른 한편 "기준량을 125% 이상 달성했던" 사람의 수 역시 증가했다는 사실을 빠뜨리지 않았다. 이러한 엇갈린 현상으로 인해 '캠페인 일변도'의 방식이 충분하지 않다는 결론이 내려졌다. 생산량의 증가뿐만 아니라 동시에

상의 결론은 다음과 같았다. 5년 동안 '노동영웅'이 총 258명 탄생했고, 이들의 상금 총액은 258만 마르크(일인당 1만 마르크)였다. '공훈창조자'는 473명(상금 총액 180만 마르크), '공훈일꾼'으로 상을 받은 사람은 2,670명(상금 총액 260만 마르크)이었다. 150명이 '공훈기술자' 칭호를 받았고(상금 총액 88만 4천 마르크), '성과우수상'으로 434명이 20만 3천 마르크의 상금을 받았다. '노동영웅' 258명 중 20명이 여성이었고, '공훈일꾼' 2,670명 중 여성은 264명이었다(공훈기술자 가운데 여성은 없었다). 따라서 여성의 비율은 10%에도 미치지 못했다. 이들의 구성은 아주 뾰족한 피라미드형이었다. 1954년까지 '활동가' 및 '5개년 계획 일꾼' 명칭을 부여받은 인원은 65만 1,800명이었다. 덧붙여 13만 1,112명이 '성과우수자' 메달을 받았다(이들의 상금은 기록되지 않았다). 대략 78만 명에 달하는 이 수치는 국영 및 민간 분야 산업노동자의 4분의 1에 근접하고, VEB/VVB 종사자(1950년에 90만 명, 1953년에 170만 명)의 거의 절반이었다. 1987년까지 추이는 거의 변하지 않았다. *Statistisches Jahrbuch der Deutschen Demokratischen Republik 1988*, Berlin, 1988, p. 133.

20 이에 대해서는 Jörg Roesler/Veronika Siedt/Michael Elle, *Wirtschaftswachstum in der Industrie der DDR 1945~1970*, Berlin, 1986, 특히 제2장을 보라. 그렇지만 동독의 통계가 안고 있는 문제점에 대해서는 Zank, *Wirtschaft und Arbeit in Ostdeutschland*, p. 15와 그 이하를 참조하라.

21 Stiftung-BA, NL 182, 1165, pp. 23ff. 울브리히트(W. Ulbricht)의 유고 문서에 남아 있는 회의록 복사본에는 이 연설자의 이름(스타르크) 이외에 더 이상의 이름은 보이지 않는다.

노동생산성의 증가를 위해서도—이것이 더 결정적으로 중요했을 것이다—캠페인만으로는 충분하지 않다는 것이었다. 관건은 "공장에서 일꾼 운동을 뿌리내리도록" 하는 일이었다.

이 지적처럼 단기간 운동이 갖는 한계가 드러났다.[22] 이 운동은 분명 공장 직원이 성향, 이해관계, 욕구를 드러내는 습성과 사회적 관계망을 움직이지는 못했다. 노동자는—예컨대 기준량의 증가에 따른—압박이 증가하거나—예컨대 임금등급을 고정함으로써—임금이 축소될 때 계속해서 저항하는 행동 양식을 지니고 있었는데, 선전 활동가들이 대거 나서서 운동을 장려했을 때 그것이 간과되었다.

정책 입안자들은 이와 같이 공장 내부에서 멋대로 임금을 관리하려는 집단의 저항을 분쇄하고자 했다. 제1차 경제계획 시기(2년제)였던 1949/50년에 그 가능성은 두 가지에서 찾을 수 있었다. 첫째는 '성과급제' 내지 '누진적 성과급제'로의 전환이었고, 둘째는 자본주의 토대 가운데 하나인 전통적인 임금구조의 점진적 극복이었다.

첫 번째로 공장 내 **성과급제** 도입 요구에 대해 다음과 같이 반론이 있었다. 이 임금형태가 오래된 자본주의적 기원을 갖고 있는 '성과급'과 무슨 차이가 있는가?[23] 스타르크에 따르면, 임금이 더 이상 "[육체적] 힘을 얼마나 필요

---

22 1951년 기업 크룹그루존(Krupp-Gruson, 이 공장의 종업원 수는 1만 2천 명으로 그 가운데 여자는 1,600명이고, 공산당원은 2,010명, 당원후보자는 227명, 여성 가운데 당원은 90명이었다)에서 '노동시범단'을 한 공장 부서에 투입하자는 '제안'에 대해 이렇게 묘사되어 있다. "자벨(Zabel) 동지는 예고도 없는 불쑥 노동시범단을 데리고 나타나서 선반 앞에서 새로운 방법을 시연했다." 공장장은 "곧바로 선반공 동료와 가장 진보적인 선반공 일꾼이 참여하도록" 조직했으며 사내방송을 통해 정기적으로 자벨에 대해 보도했다. 1950년 이 공장은 민족 경제 및 소련 배상에 필요한 경제 계획에서 처음으로 목표치를 100% 달성했다. 1951년 초에 "그렇지만 공장의 생산에 정체가 생겼고 지금까지 극복하지 못하고 있다." 이에 대해서는 공장 당비서의 보고를 보라. Stiftung-BA, NL 182, Nr. 1162.

23 노동의욕을 고취시키는 수단으로 겉으로 보기에 성공적이었던 이러한 일꾼 운동이 관철되는 형태와 그것이 깊게 스며드는 '침투의 강도'에 대해서는 다음을 보라. Jörg Roesler, "Vom Akkordlohn zum Leistungslohn",

로 하는가에 따라" 산출되지 않는다는 점을 직원에게 이해시켜야 한다. 그렇게 산출하지 않으면, 운송노동자가 '숙련노동자'보다 더 많은 임금을 받게 될 것이었다. 물론 1945년 이전뿐만 아니라 그 이후에도 계속해서 단순노동자와 전문(혹은 숙련)노동자의 위상 차이가 임금에 반영되도록 등급을 나누었다. 소련군 점령 시기와 동독 시절 민간산업에서는 이러한 연속성이 중단되지 않았고 그 결과 '예전과' 차이가 없었다. 물론 차이가 있다면 스타르크가 연설 후반부에서 성과급제를 정당화한 부분이었다. 그가 강조한 것은 자본주의의 관습에서 벗어나는 근본적인 단절이 아니라 프롤레타리아트 정체성을 구성하는 예전의 요소와 단절하는 것이었다. 이제는 임금 구성에서 구체적인 과업의 내용은 무시될 것이었다. 오로지 "개별 노동의 국민경제적 의미"만이 '성과'에 대한 보상이자 금전적 보수의 기준이었다. 그리고 국민경제의 주도자는 "똑같은 금속노동자라면 현재 화학산업에 종사하는 노동자보다 금속산업에 종사하는 노동자가 보수를 더 높게 받아야 한다"라고 결정했을 것이다. 물론 그 결과는 맨체스터 자본주의와[24] 결정적으로 다르지 않았다. 결국 이렇게 외부에서 기준을 정해줌에 따라 '직접적인 생산자'(마르크스)는 '거대한 기계'의 부속품이 아니라 거대한 정치의 부속품으로 전락했다.

두 번째 사항은 장기적인 **연속성**을 제기한다. 스타르크는 "소련군 점령지에서 임금 변동은 (…) 일련의 사실에" 기반한다는 점을 상기시켰다. 그에 따르면, 중요한 사실은 "임금제의 토대가 (…) 나치 시기에 만들어졌고", 그것은 "전시경제를 촉진하는 데" 기여했다는 점이다. 그리고 이러한 임금제를 조심스럽게 바꾸어야 한다는 것이다. 그 전환에서 핵심은 임금의 평준화, 요컨대

Zeitschrift für Geschichtswissenschaft 32, 1984, pp. 778~795. 특히 p. 784 이하.

24 [역자주] 19세기 맨체스터에서 시작된 자유무역과 자유방임주의를 표방하는 자본주의로 시장에 바탕을 둔 경제적 자유주의의 극단적인 형태를 말한다.

청소년과 여성의 임금을 올리는 것이었다.[25] 덧붙여, 가령 광산노동자처럼 '소련 점령지구'의 발전에 아주 중요했던 집단의 임금도 인상해야 했다. 그것은 말할 나위 없이 조심스럽게 추진해야 했는데, 왜냐하면 임금 정책에 대한 나치 정권의 조치는 문화적으로 확고하게 자리 잡았던 위계질서를 오로지 현금가치로 확인해주었기 때문이다. 그에 따르면, 남성 노동은 여성 노동보다, 성인 노동은 청소년 노동보다 우위에 있었다. 특히 숙련노동은 '반숙련노동'이나 '미숙련노동'으로 평가되는 업무보다 더 가치가 높은 것으로 간주되었다. 말하자면 임금체계를 바꾸려는 노력에는 직장업무만이 아니라 그와 관련된 전반적인 생활영역과 의미방식까지, 더 나아가 사회 전체의 변화가 포함되어야만 했다.

스타르크는 연설 말미에서 눈앞에 닥친 문제를 이렇게 설명했다. "인민 소유의 공장에서도 (…) 노동을 회피하는 움직임"이 있었다. 반면 "몇몇 민간기업에서 (…) 일꾼 운동이 감지되었다."[26] 말하자면 소유형태가 공산주의식으로 변화하면 그에 따라 노동하는 사람의 태도도 변화할 것이라는 예상은 맞지 않았다. 그렇지만 이 연설자가 보기에 더 다급했던 문제는 물질적 보상을 얼마만큼 해주어야 하는가였다. 그러나 임금인상은 노동생산성이 높아질 때만 가능했다. 그렇다면 민간기업에는 어떻게 적용시켜야 하는가? 스타르크에 따르면, 민간기업은 '이익' 가운데 30~40%를 임금과 복지에 사용했는데, 이는 "노동자 집단의 도덕적 해이를 가져왔다."

스타르크가 보기에 '노동회피' 문제를 '해결하기 위해' 필요한 것은 새로

---

25 아주 비슷한 것이 이미 나왔다. 날짜는 없지만 추정컨대 1945년 말에 나온 '개별 산업 및 직업 집단의 임금 및 노동조건의 규정에 대한 지침'이 그것이다. Stiftung-BA, NL 1165, pp. 58~63. 임금협상의 연속성에 대해서는 Zank, *Wirtschaft und Arbeit in Ostdeutschland*, pp. 124ff을 보라.

26 개선을 위한 구체적인 조치가 국영기업과 민간기업 사이에서 어떤 모순을 가져오는지에 대해서는 다음을 참조하라. Zank, *Wirtschaft und Arbeit in Ostdeutschland*, pp. 123ff.

운 임금형태를 세밀하게 준비하는 것이었다. 뿐만 아니라 기준량도 새로 정해야 했다. "일정한 시간 내에 해야 하는 노동의 양과 품질"이 기술적인 근거와 함께 규정되어야 했다. 그러자면 노동 연구가 선행되어야 했다. 물론 그렇다고 해서 모든 것을 기술적 요소에만 의존할 수도 없었다. 이것을 어떻게 해야 하는지는 아무도 몰랐다. 스타르크도 솔직하게 자인했지만, 노동생산성이 구체적으로 어떻게 측정되어야 하는지, 그리고 이로 인해 '일터에 요구하는 지시사항'은 어떻게 될지, 또한 새로운 기준량의 도입이 어떠한 결과로 나타날지에 대해서는 '아주 애매하거나' '해명되지 않은 채' 남아 있었다. 그 점에서 이 토론에서 비판하고자 했던 "임금 정책적인 발전을 우연에 내맡기려는 경향성"이[27] 오히려 스스로 드러난 꼴이었다. 무엇보다도 국영기업에서 경영진과 노조 지도부가 표준노동량을 협상해서 정하거나 그것을 경험에 의거하여 도식적으로 규정한다는 것은 어불성설이었다.

노동과정에 대한 규정 그 자체에 대해 종업원들은 1940년대 후반이나 1950년대 전반에 걸쳐 다양한 태도를 보여주었는데, 그것은 이전부터 몇 년에 걸친 상부의 지도(와 선전), 그리고 많은 직접적인 통제와 '노동시범단'의 활동도 아무런 소용이 없었다는 것을 보여준다. 또한 기준량의 증가, 임금 억제, 비용 절감을 미리 정해주는 간접적인 통제방식으로 어떻게든 생산성을 올리려던 조치도 효과가 없었다.[28] 예컨대 그렇게 하려면 기존에 정해진 규정을 어기거나 개별 임금을 올려서 생산의 특정 단계와 시기마다 노동자를 새로 조정해

---

27 Stiftung-BA, NL 182, Nr. 1165, p. 31.

28 소련의 통제위원회(SKK) 명칭이 1954년 고위급위원회(Hohe Kommission)로 바뀐 뒤에도(소련은 1955년 9월에 동독의 '완전한 주권'을 인정했고 고위급위원회의 권한도 축소했다—역자), 분명 소련의 고문단은 세세한 부분까지 관여했다. 소련 고위급위원회는 1954년 11월 임금인상에 관한 규정을 위해서, 혹은 '평준화 요소'에 반대하는 투쟁을 위해서 노동장관 마허(Macher)와의 합의 혹은 제안을 내놓았다. 요컨대 개개인이 속한 임금등급을 고려하지 않은 채 머릿수에 따라 도식적으로 분류해서는 안 된다는 것이었다. 대안적인 계산방식도 포함되어 있었다. BA-P/DO 2, Nr. 573.

서 투입해야 했는데, 그것은 불가능했다. 이런 임금조항 때문에 '평준화 요구'
와 임금인상의 확대 사이에서 지속적인 균형을 유지하지 못했다. 대다수는
노동의 압박이 더 심해졌다고 느꼈고, 늘어난 기준량보다 상대적으로 더 높
은 임금을 요구하여 최소한 임금손실은 피하고자 했다. 바로 여기에서 노동
집단, 노동 군단, 종업원이 예방적인 압력을 가하면서 임금의 완전한 평준화
도 임금인상의 확대도 허사가 되었다. 이는 임금액이나 집단별 등급―예컨대
1950년대 초 이래 발전된 '경제 부문별 임금등급표(Wirtschaftszweiglohngruppenkatalog,
WLK)'[29]―에서뿐만 아니라 상여금에서도 마찬가지로 나타난 현상이었다.

기준노동과 경진대회를 담당하던 노동부 관리가 1953년 4월 29일에 작성
했던 보고서를 보면,[30] 종업원 다수의 반응은 주로 냉담했다. 거기에서 밝힌
바대로, 1953년 3월의 '자발적인 기준량 증가 운동'에도 불구하고, 통계에 따
르면 기준량 증가가 기술적으로 타당하게 정해졌다는 사람들은 전체의 약
38%를 넘지 못했다. 물론 이 문서의 작성자는 그러한 수치조차 현실성이 없
다고 보았다. 왜냐하면 '현장에서' '기술적으로 타당하다고 밝혔다는' 기준조
차 알고 보면 많은 경우 이미 정해진 "기술적으로 타당한 기준노동조차 지키
지 않았기"[31] 때문이다.

---

29 키로우(Kirow) 기계제작기업의 노조 지도부(Betriebsgewerkschaftsleitung, BGL)와 노무관리부가 1952년 12월
5일에 작성한 리스트에서도 그 점이 눈에 띈다. 그에 따르면 미리 작성해본 경제 부문별 임금등급표에서
는 생산노동자, 기초노동자, 보조노동자 각각 7백 명 가운데 10%가 등급이 낮아졌고, 3.5%는 등급이 상향될
수밖에 없었다. 등급 상향은 무엇보다도 등급 II에서 등급 IV까지 영역, 다시 말해 비숙련공 및 반숙련공 집
단에서 발생했고, 등급 V에서 등급 VII 사이에서도 61명이 하향 조정되는 것으로 나타났다. 여기 해당하는
직업군은 전기용접공, 건설 철물공, 보조노동자가 대표적이었다. StAL Schwermaschinenbau VEB S. M. Kirow,
Nr. 160.

30 BA-P/DO-2, Nr. 534.

31 이 보고서에 기입된 통계에서 기계제작산업 전체에서 기술적으로 합당한 표준시간이 전체 기준시간에서
차지하는 비율은 29.1%였다. 광석 및 제련 부문은 28%로 그 아래였다. 그에 비해 중공업기계는 36%였다. 전
자기술은 단지 22.2%, 기호품은 13.4%, 화훼는 14.1%에 그쳤다. 그러나 30%를 넘어 50%에 달한 경우도 있었
다. 건설, 섬유, 그리고 광산업이 그랬다. 어려움이 더욱 심각해진 이유는 공장장, 공장 지도부, 주임이 기준

이를 보더라도 기준량의 달성수준은 알려진 것과 달랐다. 예컨대 기계제작 부문에서 그것은 대체로 평균을 확실하게 웃도는 것으로 알려졌다. 그렇지만 이런 결과가 나타난 것은 작업공정에서 노동과정이 독특했기 때문이었다. 기계제작 부문에서는 부품도 적고 공정도 간단하게 끝나는 상품수가 아주 많았기 때문에 새롭게 표준화한다는 것이 특히 어려웠고, 그것이 곧바로 (생산)기술상의 한계에 봉착했기에 기준량의 설정에 여지가 많았다. 게다가 이처럼 기계제작 부문에서—그리고 경공업에서—기준량 달성이 상대적으로 쉬웠기 때문에, 적지 않은 근로자가 이 분야의 공장으로 몰려들었다. 그래서 1956년 폴켄로다(Volkenroda)의 칼리화학공장에서 임금등급 III과 IV에 속하는 노동자는 평균 매달 300마르크에서 310마르크를 받았지만, 그에 반해 뫼베(Möwe) 자전거공장의 동일 임금 집단은 10~20% 이상을, 말하자면 매달 340에서 400마르크를 받았다. 그러니 **이직**이 노동부에게 결코 뜻밖의 현상은 아니었고, 동시에 프롤레타리아트에게도 친숙한 행동이자 대응방식이었다.[32]

4. 노동과정: "우리 앞에 놓인 수고스러움", 그리고 끝이 안 보인다?

통합사회당의 각 직장 지부는 거의 매주 열리는 회의마다 당중앙위원회의 성명과 결의안에 대한 입장을 표명하곤 했다. 이는 베를린 빌헬름루(Berlin Wilhelmsruh)의 국영기업 베르그만 보르직(Bergmann-Borsig, 터빈공장)도 마찬가지였

노동을 정하는 사람을 거의 지지하지 않았기 때문이었다. 이는 특히 기계제작업체에 해당되었을 것이다.
32 BA-P/DO-2, Nr. 1690.

다. 그렇지만 이들 회의에서 더 논란이 되었던 것은 바로 해당 기업 내의 문제였다. 한 예가 1953년 3월 21일 회의에서 의제로 다루었던 "노동과정의 올바른 조직"이라는[33] 문제였다. 물론 여기서 주목할 것은 1952년 12월 23일 당 일간지 『새로운 독일(Neues Deutschland)』이 에너지 부문의 중추를 담당했던 발전기 제작공장이 '계획을 달성하지 못한 데' 대해 날카로운 비판을 가했다는 점이다.[34] 따라서 3월 31일 회의의 분위기는 이례적일 정도로 긴장되어 있었다. 그렇지만 이 주제에 대해 현장에 있었던 '당'은 공장의 일상이 정상이었던 것으로 감지했다.

논의의 시작은 기준량 문제였다—이후 1953년 6월 9일과 11일에 '새 노선'에 대한 정치국원 결의가 있었지만, 1954년 초까지 그 실시가 일시적으로 유예되었기 때문에, 그 전까지는 자발적으로 기준량 올리기를 위한 캠페인이 벌어지고 있었다. 토론에서는 원칙적으로 "기준량이 너무 낮게 책정되어 있어서 노동과정이 원활하지 못하다"는 점이 확인되었다. 그에 대한 첫 번째 조치는 무조건 "총비용을 아주 세심하게 통제하는 것"이었으며, 그 과정에서 속임수는 용납될 수 없었다. 이미 수많은 공장의 주임(Meister)이 처벌받았다. 그렇지만 8시간제 노동제를 철저하게 시행하는 것도 필요했다. 예컨대 '손 씻는 시간'이라는 명분으로 10분 전에 미리 업무를 종료하곤 했는데, 이제는 이 시간도 금지되었다. 병가기준도 엄격하게 정해졌다. 이제 환자라고 의사에게 왕진을 청하여 보살핌을 받으며 어슬렁거리던 사람은 해고될 것이었다. 그

---

33 Stiftung-BA/BPA, IV/7/109, Nr. 17.

34 Stiftung-BA/BPA, IV/7/109, Nr. 16. pp. 2ff. 1952년 12월 31일 직장의 당지부회의에서는 이와 직접 관련된 주제가 다루어졌는데, 특히 자재 구입과 자재 계획의 폐해가 거론되었다. 노동량을 조정하는 과정이 "아주 관료적이며", 특히 "우리 공장의 농땡이 부리기와 구태의주", 그리고 관료주의를 어디에서나 볼 수 있다는 것이다. 따라서 "기관 제작에서 자재를 줄여 수백만 마르크를 절약하자"는 개선안은 말을 꺼낼 수도 없는 분위기였다고 한다. 사진을 찍는 진공플래시장치를 조달하는 작업이 일주일 동안 불가능하기도 했다고 한다.

렇지만 생산 그 자체에도 문제가 있었다. 기술적으로 타당하다고 확인되었지만 '정당하지 않은 추가임금'도 있었고, "해당 기술 과정에 맞지 않는 노동 자격증을 지닌 노동자가 참여한 경우도 있었다." 결국 전반적으로 '성과의 원칙이 관철되어야만' 했다.

무엇보다도 '품질노동'에 대한 전제조건이 부실했다. 예컨대 야간근무 때 좋은 조명이 없었고 낮에도 항상 유리지붕이 아니었다. 그렇기에 기관설비를 제작할 때 "특히 설계와 정밀작업이 어려워" 동료들이 "제대로 성과를 낼 수 없었다." 엔진 제작에서도 지속적으로 성과가 나지 않았다. 만약 작업장에서 "무거운 연마기계가 작동하면, 다른 정밀기계가 멈춰 서곤 했다." 이렇게 말하는 의도는 분명했다. "발상의 전환이 있어도 비용절감이 어렵다"는 것이었다. 이 밖에도 '간첩 활동과 태업'을 반드시 제거해야 한다는 지적도 있었다. 그렇지만 논의의 핵심은 역시 "생산과정의 조직"이었다. 예컨대 기관을 제작하는 "공장의 설비를 갖추는 데 어느 특정한 부분이 [빠졌는지] 혹은 아예 필요 없는지조차 자주 몰랐다. 그래서 생산품이 때로는 2년 이상 늦게 나왔다." 이와 함께 또 문제였던 것은 가끔 원료가 공장에 제멋대로 배달되었다는 점이다. 다행히 반(半)제품 형태의 재료가 도착해도 마감작업을 다시 해야 하는 경우가 허다했다. 예컨대 '잘못 달구어진' 형강(形鋼) 같은 경우가 그랬다. "주물과 아연판의 경우, 아예 품질이 낮은 재료가 배달되기도 했다." 그래서 앞으로는 생산과정을 자체의 흐름에 더욱 맡겨야 한다는 새로운 주장도 나왔다. 그나마 이제라도 "모든 노동을 전반적으로 고려하는 계획"이 수립되었다. 왜냐하면 다음과 같이 답답한 또 다른 사례가 있었기 때문이다. "한 공장에서 채색공이 기계부품에 조심스럽게 서명한 뒤, 이것이 10미터 떨어진 다른 곳으로 이동하면 다른 채색공이 그 사인을 지우고 다시 정밀하게 사인했다."[35] 이렇게 노동을 이중으로 하게 되어 임금도 두 배로 들어가는 일이 계속 생겼고, 따라서 공장이 감당해야 하는 비용도 증가했다.

이 회의의 '협의사항'은 마치 부메랑처럼 두 가지 문제로 되돌아왔다. 첫째는 "기술적으로 타당한 기준노동과 기준량의 증가를 위한 투쟁"이었고, 둘째는 "구태와 나태를 막으려는 투쟁"이었다. 기준량의 내용을 정하고 그것을 높이려는 '기준노동'의 문제에서는 기준화에 적합한 노동이 존재하지 않고 그것을 해결할 단초가 없었다는 점이 기본적인 장애요소로 드러났다. '구태'를 일소하는 투쟁에서 무엇보다도 중요했던 것은 헛되이 보내는 시간이 무엇인지를 파악하는 것이었다. 이와 더불어 통합사회당 동지도 '사회주의적인 경쟁' 체제에서 부족함을 드러냈다. 설비공장만이 아니라 모든 공장에서 전반적으로 '사회주의적 경쟁'이라는 것이 존재하지 않았는데, 그것은 '동료 사이의 상호협조'라는 특성이 없었기 때문이었다.

몇 주 후 직장 종업원 다수는 1953년 6월 17일 시위에 참가했다. 거리로 나간 노동자들은 무엇보다도 임금 I등급부터 IV등급까지 속하는 사람, 말하자면 주로 미숙련노동자와 반(半)숙련노동자(집단 I~III)이었다.[36] 그 뒤 몇 주 동안 직장의 당지부는 집중적으로 주동자를 색출했다. '간첩으로 (…) 밝혀진'[37] 어느 공장의 감독관이 체포되었지만, 물론 여기에 만족하지 않았다. 노동계급의 적대자가 일으킨 음모뿐만 아니라 노동자 자신의 실책에도 눈을 감아서는 안 된다는 것이었다. 직장 당지부 서기—그도 8월 초에 체포되었다—는 바

35 Stiftung-BA/BPA, IV/7/109, Nr. 17. p. 4.

36 Stiftung-BA/BPA, IV/7/109, Nr. 18. 일반적으로 6월 17일에 대해서는 다음을 참조하라. Arnulf Baring, Der 17. Juni 1953, 2. Aufl., Stuttgart; Manfred Hagen, *DDR-Juni '53. Die erste Volkserhebung im Stalinismus*, Stuttgart, 1992; Arnim Mitter/Stefan Wolle, *Untergang auf Raten*, München 1993. 제1장.

37 Stiftung-BA/BPA, IV/7/109, Nr. 1.

드레스덴에 소재한 인민소유기업 미크로마트(Mikromat)의 노동군단 '동독창건'의 회의 장면(1970). 출처: Bundesarchiv, Bild 183-J1109-0032-001 / Häßler, Ulrich.

로 이 상황에서 "보통사람의 요구에 충분히 귀 기울이는" 것이 얼마나 필요한 일인지 역설했다. 그럼에도 공장에서는 7월 중순에 다음과 같은 말을 들을 수 있었다. "우리는 곧 스트라우스베르크 광장(Strausberger Platz)으로 가야 한다!"

문제는 정보부족이 아니었다. 물론 심각한 문제, 특히 노동조직과 노동준비에서 나타난 심각한 문제를 인식하여 '보통사람'의 요구를 반영한 결론을 이끌어낼 만한 관점이나 그것을 실현할 가능성은 없었다. 또한 '제대로' 노동할 수 있게 해달라는 노동자의 불만이나 제안에서도 그들의 요구가 그때마다 달라졌기 때문에, 직장 당지부는 이를 받아들일 수 있는 처지가 아니었다.

그 5년 후 1958년, 베르크만 보르직 직장노조 지부(Betriebsgewerkschaftsleitung,

BGL)는 노동조직, 노동생산성, 임금에 대한 보고서를 작성했다(혹은 이용했다).[38]
이는 1949년과 1953년에 제기된 것과 동일한 문제였다. 문제는 전혀 변하지
않은 것처럼 보였다. 1950년부터 1957년까지 생산노동자의 일 년 평균임금은
3,812마르크(1950)에서 6,191마르크(1957)로 약 62% 올랐다. 물론 이 증가량을 생
산성과 비교한다면, 기업이 충당한 임금액은 약 13%를 초과했다. 다른 경제
부문과 비교해봐도, 베르크만 보르직 기업의 상황은 특히 좋았다. 곧 중공업
분야의 노동자 임금은 1954년에서 1957년까지 광산노동자의 임금보다 아주
빨리(약 60%) 올랐다.

그렇지만 특정 기업을 산업 부문과 같은 '다른 외부의 것'과 비교할 때만
심한 불균형이 드러난 것은 아니었다. 기업 **내부**에도 임금격차가 존재했고
그것이 노동의 일상에서 훨씬 큰 갈등을 조장했다. 기계제작공장에서 성과
급 노동자의 경우 기준량 달성과 평균임금이 1954~1957년까지 각각 15% 정
도씩 증가했는데, 발전기 제작업체에서는 기준량 달성과 임금이 각각 59%씩
증가했다. 터빈 제작업체에서도 증가폭이 커서 약 33%가 증가했다. 이 보고
서 작성자가 밝힌 것처럼, 노동이 힘겹고 복잡한 경우에 '공평하지 못하고 이
기적인 측면이 두드러졌다.' 더 구체적으로 말하자면, 임금등급 V에 속한 한
선반공은 역시 동일한 임금등급에 속한 기계제작 노동자보다 임금을 약 28%
나 더 받았으며, 임금등급 VI에 속한 한 선반공은 마찬가지로 같은 등급으로
분류되었던 다른 기계제작 노동자보다 무려 42%나 더 많이 벌었다.[39]

---

38 Landesarchiv Berlin/Stadtarchiv (LAB/Stadtarchiv), 432-05, Nr. 159.
39 한 직장 내에서 기준량 달성의 정도도 천차만별이었다. 1960년 2월 15일에 국영기업 키로우의 승강기 제
    작부는 1959년 12월의 '기본노동 및 보조노동에 따른' 기준량 달성표를 작성했다. 기본노동의 기준량을 달
    성하는 지표가 129% 혹은 149%였던 부서가 여럿이었지만, 227% 혹은 209%를 기록한 부서도 있었다. 또 어
    떤 부서는 210% 혹은 239%를 달성하기도 했다. 이런 차이는 보조노동에서 더욱 두드러졌는데, 100%에서
    226% 혹은 227%에 달했다. 평균을 내면 기본노동은 118.3%였고, 보조노동은 174.6%였다. StAL, VEB S. M.
    Kirow, Nr. 785.

마찬가지로 주임(Meister)에게서도 임금의 현격한 차이가 나타났다. 터빈 제작소의 어느 주임은 월급 570마르크와 성과급 60마르크를, 그리고 매월 수당 35마르크를 받았다. 총 665마르크였다. 이에 반해 임금등급 VIII에 속한 어느 선반공은 1957년에 평균 매달 1,100마르크를 넘게 받았고, 임금등급 VII에 속한 다른 선반공은 평균 매월 925마르크를 손에 쥐었다. 그 결과 터빈 제작소 주임들 가운데 많은 이들이 감독직을 그만두고 다시 생산노동자로 일했다.[40]

동료 사이의 협조를 강조하여 생산성을 높이려는 노력은 이보다 5년이나 8년 전에 도입되었다. 도식적으로 표현하면 이랬다. "낭비되는 시간과 결근의 축소→노동생산성의 증가→생산의 증가→구매 가능성의 제고→생활수준의 향상."[41] 물론 이런 목표는 기업의 현실은 무시한 것이었다. 해당 계획서에 따르면, 질병과 '사회활동'—예컨대 '사회의 대중조직'에서의 활동—을 위한 시간, 전문 혹은 일반자격증 취득을 위한 시간, 대기 혹은 결손시간(휴가는 아니다!)이 약 15%를 넘는다고 했다. 총 임금 시간이 68만 3천 시간이어야 하는데, 79만 5천 2백 시간으로 '늘어났다'는 것이었다. 이에 대응하기 위해 취해진 조치는, 대다수가 보기에 직접적인 것보다는 간접적인 것에만 치중했다. 예컨대 원료 조달체계의 개선, 진료요건의 강화, 정당한 사유 없는 결근자 책임 추

---

40 이를 구제하기 위해 초과시간당 임금을 줄이는 방안이 기획되었다. 또 이미 기준량의 증가가 예고된 경우에는 지금까지 책정된 초과시간당 임금을 그에 맞게 줄이는 방안도 나왔다. 따라서 당시까지 수입이 좋았던 노동자는 이후 새로운 임금규정이 도입되면 성과에 따른 임금인상이 없을 것이라고 예상해야만 했다.

41 이에 대해서는 1961년 3월 로스토크 지역의 경제자문위원회가 개최한 회의를 보라. '노동과 임금위원회'의 대표자인 카셀(Kaschel)은 "여전히 편법의 가능성이 많이" 존재한다고 확신했다. 이미 수행된 노동의 약 15%만이 기준시간에 맞는다는 것이었다. 이렇게 "나아가야" 할 필요성이 제기되자 경제자문위원회 의장이었던 부흐퓌러(Buchführer) 박사는 중간에 이렇게 외쳤다. "우리는 1990년이 되어서야 그렇게 되겠죠!" 또한 기술적으로 타당한 노동시간을 조사한 경험에 관해서도 새로 보고되었는데, 사람은 "기준량을 잘 충족했음에도 불구하고 [여전히] 시간적 여유가 있었다. 그럼에도 그 여유시간을 제대로 사용하지 못했는데, 내일은 또 어떻게 될지 몰랐기 때문이었다." Vorpommersches Landesarchiv Greifswald, Rep. 200/3,3 Nr. 54; 다음도 보라. Memorandum des Staatssekretariats für Löhne zur "bisherigen Entwicklung von Arbeitsproduktivität und Lohn in der DDR" vom 10. April 1962, BA-P/DQ 3, Nr. 711.

궁 등이었다.

노동과정 자체가 논의되지 않은 것은 아니었다. 날마다 이로 인한 손실이 아주 컸기 때문이다. 에너지가 소비되는 움직임으로 미루어보건대, 노동이 시작된 후 한 시간―이것도 원래 '두' 시간이었는데 '한' 시간으로 개선되었다!―이 지나서야 비로소 생산이 본격적으로 이루어졌다. 휴식시간이 '그렇게 정확하게 준수되지 않았고' "마찬가지로 노동시간이 끝나기 전에 이미 기계의 전원이 꺼졌다." 보고서 작성자는 이렇게 지적했다. "그렇지만 사회주의적 방식의 노동이란 노동시간을 최대한 잘 활용하기 위해 모든 것을 한다는 뜻이다." 결국 '보증된 더 새로운 방식'도 아직―마치 특정한 용접방식이나 대패기술과 같은―일반적으로 누구나 알 수 있는 노동이 되지 못했다는 것이었다.[42]

멋대로 만든 규정―달리 말하면 '굼뜬 행동'과 불량품 생산―이 계속될 뿐만 아니라 높은 이직률과 비용이 기업 및 경제 전체에 전가되는 손실을 발생시킨 것도 노동이 제대로 조직되지 않아서 생긴 결과였다. '노동거부'라는 결과가 나타났을 경우에는, 아주 세심하게 주목하여 살펴보았다.[43] 하지만 기본

---

42 이것은 다른 대기업인 S. M. 키로우에서 나온 텍스트와도 일치한다. 이 회사의 직장노동대표부(BGL)가 작성한 '자이페르트(Seifert) 방안을 실행하기 위한' 지침서를 보라. StAL, VEB Schwermaschinenbau S.M. Kirow, Leipzig, Nr. 511, 3. Mai 1958; 자이페르트는 제국철도수리공장(Reichsausbesserungswerk)(이 공장의 명칭은 제국시대부터 있던 것으로 1951년에 다른 것으로 바뀌면서 사라졌다―역자)의 노동자였는데, 그의 이름을 딴 이 방안은 '숨겨진 예비시간을 찾기 위한 것'으로 당시 몇 주 전부터 선전되었다. 그는 "매일 생산에 투여되는 노동시간 중에서 낭비되는 시간을 그 원인에 따라" 분리하고 개선할 수 있는 방안이 무엇인지를 기계 옆면 7곳에 아주 상세하게 적어두었다. 여기서 아마도 가장 중요한 사항은 기준량 변화가 "오로지 해당 동료와의 합의에 의해서만 이루어져야 한다"는 점이었다. 이렇게 노동을 조직하고 기술적인 전제조건이 충족되어야만 '지금까지의 평균임금에 도달할 수' 있다는 것이었다.

43 Stiftung-BA. ZPA IV-2/1, Nr. 240, der FDGB-Vorsitzende Herbert Warnke auf der 9. ZK-Tagung vom 20.-23. Juli 1960 über "Arbeitsniederlegungen", fol. 169ff. 혹은 eine Notiz über (25) "Arbeitsniederlegungen" im ersten Quartal 1964 in den Unterlagen von Walter Ulbricht, BA-Stiftung, ZPA NL 182, Nr. 970, pp. 200ff. 이 가운데 금속 부문에서 7건, 건설 부문에서 9건이 기록되었다.

적으로 '이직' 가운데 많은 부분이 노동거부가 아닌 다른 형태로 분류되었다. "많은 경우 노동자가 (…) 단지 '제대로 노동하지 않으려고 한다는' 이유로 해고당했다"는 점은 공공연한 비밀이었다.[44]

5. '품질노동'의 전제조건은 무엇인가?

질적으로 뛰어난 우수한 제품을 만드는 '품질노동'은 동독의 '당 지도부'가 발표한 프로그램에서 핵심요소였다. 그렇지만 여기에서 '품질노동'은 특정한 '노동문화'를 뜻하지 않았다.[45] 우리가 관찰하는 시기에는 중앙지도부에게도, 지방과 기업의 책임자에게도 매한가지였다.

분명—물론 강조점이 시기마다 달랐지만—'고품질' 생산이라는 이상과 기업의 현실 사이에는 언제나 차이가 존재했고, 내가 여기서 분석한 텍스트에서도 마찬가지였다. 무엇보다도 '이미 진전을 이루었다'는 식의 주장은 늘 조롱당했다. 비록 따로 언급할 만한 아주 새로운 내용도 없었지만, 그런 식의 언급이 있고 나면 '아직도 여전히' 드러나는 오류의 모습이 항상 변함없이 뒤따랐다.

'고품질의 달성'이 아니라 여전히 임금에 대한 관심이 생산노동자의 태도를 결정했다. 최소한 베를린에 소재한 공장설비업체인 국영기업 '5월 8일' 내부의 당 지도부만큼은 이를 확신했다. 그 내용이 1962년 12월 한 보고서에 나

---

44 BA-P/DE-1, Nr. 11835, der stellvertretende Vorsitzende der Staatlichen Plankommission, Duscheck, am 25. Sept. 1956 "persönlich-vertraulich" in einem längeren Memorandum an den Vorsitzenden Bruno Leuschner.

45 이에 대해서는 포피츠(Popitz)와 뤼트케(Lüdtke)의 책을 참조하라. 주18을 보라.

와 있다.[46] 여기에는 품질이 낮거나 가치가 없는 노동과 임금손실 사이에 존 재하는 관련성을 종업원은 '아직 인식하지 못했다'고 적혀 있다. 특히 나이든 노동자는 "과거 자본주의적 기업에서 자기 노동의 품질을 어떻게 향상시켰 는지"를 '부분적으로'(이 보고서 초고에는 '완전히'라고 되어 있었다!) 잊어버렸다. 그 당시에는 '우수한 품질'이 필수적이었다. 생존과 일자리 유지를 위한 투쟁 때 문에 품질이 나쁘면 일자리를 잃을 것이라고 모두가 분명히 인식하고 있었 다. 하지만 이제는 달리 생각했다. 사회관계가 변화한 지금에는 누구나(초고에 는 '그들'이라고 되어 있었다) 생존권을 확보하고 있고, "품질노동이라는 규정을 무 시하는 몇몇 사람(초고에는 '그들'이라고 되어 있었다)"도 있었다.

보고서에 따르면, 그래서 두 가지가 필수적이었다. 첫째는 '우리 국가의 성격'과 그로부터 나온 책임을 명확하게 하는 것이고, 둘째는 새롭게 그리 고 지금보다 훨씬 더 강력하게 '사회주의에서 노동의 새로운 성격을 명료하 게' 하는 것이었다. 구체적으로 보자면, 노동시간을 남김없이 이용하는 것이 었다. 누군가가 그 텍스트에 손으로 이렇게 써놓기도 했다. "생산품을 위해서 그리고 과학기술상으로 최고 수준을 위해서 가장 합리적인 방안." 주목할 만 한 사실은 다시 상황과 태도를 명확하게 비교했다는 점이다. '이전에는' 그 누구도 "기계가 한참 돌아가면 그때 신문을 읽거나 기계 옆에 앉아서 그것이 돌아가는 것을 지켜볼" 생각을 하지 못했다. "손질해야 할 일이 있거나, 작업 장을 정리해야 할 일이 있었다." "이러한 자세를 우리는 다시 익혀야 한다. 누 구나 다음 날 일할 준비를 위해 자기 공구를 살펴보고 작업장을 청소해야 한 다. 작업을 쉽게 할 수 있도록 모든 준비를 마쳐야 한다."

개선을 촉구하는 이 텍스트의 내용을 보면, 말로는 모든 것을 '예전'과 구

---

46 Stiftung-BA. ZPA IV-2/604, Nr. 83, pp. 2ff.

분하려 하면서도 '지금'의 기준이 되는 것은 '예전'이다. 그나마 '착취사회'가 극복된 곳에서조차 노동자가 모범적으로 행동해야 할 어떤 기준을 소위 강요받았다는 점은 새로운 논란거리였다. 이것은 또한 달리 읽어낼 수도 있겠다. 곧 생산과정이 안정되고 특히 노동생산성이 높아져야 한다면, 모범적인 노동문화의 중요성은 여전히 유효하다. 그렇지만 이러한 일반적인 논거가 통합사회당의 구체적인 요구, 예컨대 기계공업을 핵심 산업으로 발전시키려는 요구로 이어져야 할 것이다. 이 익명의 저자는 어떤 결론을 내렸을까? 그는 일반적인 호소를 아주 실제적인 사례와 연관 지었다. "이로부터 우리에게는 동료가 직업에 대한 자부심과 직업적 명예를 다시 살리도록 해야 하는 또 다른 과업이 생긴다." 동료는 각자 "앞으로 자기의 모든 명예를 높은 품질노동을 구사하는 데서 찾아야 한다." 다른 말로 하자면, 지금까지는 "**직업의 명예가 불충분했다!**" 더 구체적인 사례를 들자면, 나사를 깨끗하게 죄어놓지 않았으며, 수압관을 동일한 크기로 만들지 않았다. 원래 규정에 따르면 특정한 핀을 박는 데 구리망치나 알루미늄망치를 사용해야 하는데 '동료'는 그것을 무시하고 쇠망치를 사용했다.

그렇지만 이 비판자의 눈에 띈 것은 고장이나 마무리 작업만이 아니었다. "또 다른 한편으로 여기에서 제기한 사례에서는 다른 작업장에서 행한 노동을 무시한다(!)는 점도 드러나지 않았던가?" 이에 따르면, 공구가 시멘트 바닥에 그대로 있거나, 대팻밥을 청소하는 삽이 깨끗하게 정돈되지 않은 채였으며, 많은 사람이 더러운 작업복을 입고 나타났다—그리고 어떤 주임도 그것을 지적하지 않았다. 무엇보다도 다음에 작업할 동료가 고장이 나거나 문제가 있는 기계를 만지지 않도록, 혹은 낡은 공구 때문에 어려움을 겪지 않도록 살피는 사람이 거의 없었다. 말하자면 최신기술만 급한 게 아니라는 지적이다. 왜냐하면 "우리가 여기서 지적한 모든 문제에서" 중요한 것은 역시 "뭐니

뭐니 해도 작업장의 청결"이었다. 물론 이것으로도 분명 충분하지 않았는지, 저자는 이렇게 덧붙였다. "개인의 청결 또한 한몫을 한다."

보고서에는 체념뿐만 아니라 친밀하게 훈계하는 듯이 '정신차려라!' 하는 느낌도 뒤섞여 있는데, 이러한 형식은 드물다. 아니 유일하다. 그럼에도 불구하고 이 문건의 내용은 저자 한 사람만의 생각이 아니었다. 기업에 소속된 통합사회당 동지 가운데 그를 지지하는 동조자가 있었다. 그렇지만 더 중요한 것은 보고서 저자나 그의 동조자가 동료들 사이에서 그런 주장이 반향을 얻었다고 생각했다는 점이다.

6. 모순되는 기억

1990년 라이프치히의 S. M. 키로우 회사에서 은퇴한 노동자 여섯과의 첫 만남에서[47] 그들이 우선 털어놓은 기억은 그 회사와 '그들이' 만든 생산품에 대한 자부심이었다. 그들은 "우리는 쓰레기를 보물로 만들었다"거나 "우리가 신사복 단추를" 생산했다고 말했다.

이들은 모두 전후에 두 기업이 통합 설립하여 만든 크레인과 수송장비 생산 업체에 1945~1950년 사이에 입사했다. 이들은 1945년 이전에 입사하여 그 공장에서 일했고 자신들을 교육시켰던 선임자들과 자신들이 구별되는 큰 차이점을 강조했다. 한 사람은 이렇게 말했다. "예전에는 노동자가 꼼수와 잔머리를 굴렸다. 그때는 슬쩍 일해야 했고 나이 먹은 사람과 드잡이를 해야 했

---

47 나는 이 여섯 명을 1993년 2월 18일 라이프치히에서 전문가면담에 초청하여 알게 되었다.

다."[48] 자기 시대에는 상황이 완전히 달라졌다는 것이다. 이들은 1948년에—그렇게 하도록 부추김을 받았는지, 그랬다면 누가 그랬는지 불분명하지만—청년단을 조직했다. 목표는 "더 빨리, 더 좋게" 하자는 것이었다. 그 결과, 서로 계속 지적했고 다른 사람의 어려움을 제거하고자 시도했다고 한다.

구술자들은 모두 통합사회당원이었다—그리고 이제는 이들이 강조한 것처럼 PDS의[49] 당원이었다. 그리고 이들은 기업에서 경력을 쌓았다. 그중 한 사람은 철물공에서 엔지니어(기술개혁부의 부서장)로, 다른 한 사람은 철물공에서 주임으로, 세 번째 철물공은 판매부서의 부서장으로, 또 다른 사람은 엔지니어로, 다섯 번째 사람은 1980년대에 기술통제부 부장으로 승진했다.

이들은 초기 노동조건이 '참담했고' 한마디로 '형편없었다'고 똑같이 회상했다. 난방시설도 없었고 시멘트 창고 바닥은 평평하지 않았으며, 크레인에 필요한 철골조 조립공은 다수가 밖에서 일해야 했다. 바닥을 다진 것은 획기적인 사건이었고,—그들과 대화에서 정확한 연월일이 나오진 않았다—그제야 반듯하게 안전하게 걷는 것이 가능해져, 무엇보다도 사고의 위험성이 줄어들었다. 게다가 이들이 강조했듯이, '나중에'는 사무실에서 일할 수 있었다. 이로써 과거에 사무직 노동자에게 느꼈던 차별을 극복했다.

그들은 주변에서 무엇이라도 배우고자 했기 때문에 어른들과 갈등만 있지는 않았다. 나이든 노동자들, 말하자면 아마도 약 1925년까지 태어난 사람 가운데 많은 이들은—여기에는 더 구체적인 설명이 없거니와 기억도 명확하

---

48 "어깨너머로 배우는" 방식은 1930년대의 실습 과정을 기억한 헨셸(Henschel) 기업의 한 노동자가 말한 것이다. 이에 대해서는 Lüdtke, "'Deutsche Qualitätarbeiter', 'Spielereien' am Arbeitsplatz und 'Fliehen' aus der Fabrik: industrielle Arbeitsprozesse und Arbeiterverhalten in den 1920er Jahren—Aspekte eines offenen Forschungsfeldes", in Friedhelm Boll ed., *Arbeiterkulturen zwischen Alltag und Politik*, Wien u. a., 1986, pp. 155~197, 특히 p. 191을 보라.

49 [역자주] 통독 후 새로 생겨난 민주사회주의정당(Partei des Demokratischen Sozialismus)인데 통합사회당의 후신이다. 2005년에 당명이 다시 바뀌고 이어 2007년에는 '좌파당(Die Linke)'과 통합했다.

지 않다―노동생산성의 증가와 기준노동량 증가에 관련된 모든 문제에 일단 관망하고 주저하는 태도를 보였다. '우선 살고 봐야지'라고 말이다. 그중 절반은 "몸을 사렸고, 다른 절반은 지지했다."

이들의 기억에 따르면, 16~18세 젊은이(이들은 1948년에 청년단을 구성했는데, 절반은 직업교육생으로, 절반은 젊은 숙련노동자로 채워졌다)와 '나이든 사람' 사이에는 아주 급격한 단절이 존재했다. 물론 현재를 이야기할 때는 그 사이가 가까웠지만 말이다. 이들은 승진해가면서 젊었던 그때의 '규율'이 느슨해지고 있음을 지켜보았고 불만을 표시했다. 다른 한편으로 특정한 규칙이나 지시사항을 따라야 하는 엄격한 노동만 있었던 것도 아니었다. 압박을 받아 일을 '가까스로 제시간에' 맞추거나 할 때면 공장장이 밤에 "술을 들고" 오기도 했다. 그와 같은 분위기에서 "그래도 우리는 항상 다 성공적으로 끝냈다!"라든가 '궁하면 통한다'라는 말이 여러 번 반복되었다. 이들 기억에 따르면, '빌리는 것은' 결코 문제가 아니었다. 누가 함석열판이 필요하면 일주일 동안 다른 부서에서 빌릴 수 있었다. 그렇게 빌린 부품을 되돌려주지 않으면 어쩌지 하는 근심을 이들은 전혀 하지 않았다. 물론 특별수당이 있긴 했지만, 그것이 사실상 결정적이지 않았다.

여기서 분명 제기해야 하는 물음이 있다. 기억 가운데는 관대하고 미화된 측면이 있는데 이것을 어떻게 이해해야 할까? 게다가 이 장면은 이 주제와 관련하여 결코 뺄 수 없는 부분이다. 이야기를 더 진행하다 보니, 특별대우도 없었고 누구의 보호도 없었으며, 누구도 뭔가 나은 곳에 배치된 적이 없다는 점이 강조되었다. 그리고 누군가가 첨언했듯이, "개선된 노동단의 방식을 널리 퍼지게 하는 데" 성공했다고 한다. 물론 그것은 '엉뚱하고 잘못된 길'이었다고 말하는 사람도 있었다. 많은 것이 '헛된 곳으로 흘러가지' 않았던가 하고 말이다. 말하자면 많은 것을 투입했지만 전혀 효과가 없지 않았을까라는 의미였다. 그렇지만 바로 여기에서—혹은 구술자를 처음 만나는 자리에서—그 내용을 명확하게 더 세세히 묻고 이야기할 수는 없었다.

물론 이들의 기억은 공장이나 그 일부에만 국한된 것은 아니었다. '큰 정 치'뿐만 아니라 "지멘스 기업이 공급하지 않아서"(지멘스가 승강기 부품인 조정장 비를 보내지 않았을 때를 말하는데, 어떤 배경에서 그랬는지는 말하지 않았다) 자기 노동에 직접적인 타격을 입힌 것도 이들은 기억했다. 그리고 공장과 자기의 업무영 역에 대해서뿐만 아니라 여타의 것에 대해서도 나름의 관점을 갖고 있었다. 예컨대 '서독'에 대해서도 자기 관점을 갖고 강화시켰다. "아, 립헤어(Liebherr) (경쟁하는 기중기 제작업체)[50] 회사는 물만 가지고 요리했다고."

임금에 대해 이야기한 것을 보면 이들의 작업 범위가 넓었음을 알 수 있 다. 이들이 전하는 바에 따르면, 작업의 난이도에 따라 원래는 제6등급의 봉 급을 받았던 사람이 이제 더 쉬운 제5등급으로 분류된 일을 할 경우에도—그 에 해당하는 사람은 예컨대 교량이나 교량부품의 용접을 담당했다—임금은 원래의 난이도에 따라 지급받았다. 그리고 제4등급으로 구분되었던 사람도 특수한 임무를 맡게 되면 제6등급으로 '기재되는 것'이 가능했다. 달리 말하 자면 임금등급이 낮춰지는 일은 결코 없었고, 아마도 유연성을 발휘해 상향 조정되었다.

각자 주임이나 부서장으로 승진한 경험을 회상할 때, 이들은 승진 장면보 다 다른 장면을 떠올렸다. 즉 누가 규율에서 어긋난 행동을 했다든지, '더 젊 은 사람'이 점점 더 상사를, 특히 주임을, 생산노동자의 꼭두각시처럼 대했던 장면이었다. 그래서 그런지 숙련노동자의 임금이 주임의 임금을 몇 배 상회 했다는 주장은 곧이곧대로 들리지 않았다. 이들은 대체로 굴욕적인 경험을

---

50 [역자주] 1949년 서독에서 설립되어 다국적 기업이 되었다.

기억했다. "우리는 동료의 쓰레받이에 불과했다."

7. 종합

통합사회당의 지배체제는 여러 번 심각한 위기에 처했다. '주도 세력'을 보장하는 실천 전략이 40년 넘게 유지되면서 변화하지 않은 것은 아니었다. 그럼에도 불구하고 1950년대에—1961년 중반까지—260만 명이 지속적으로 서독으로 이주했던 것이나, 1953년 6월 16/17일에 벌어진 노동자와 민중의 봉기도 지배체제가 흔들리는 표시는 아니었다. 그리고 1961년 베를린장벽이 세워진 후 몇십 년 동안 개별적으로 수많은 파업이 있었지만,[51] 그것도 통합사회당과 동독 국가가 계속해서, 혹은 더 심각하게 내적인 붕괴에 직면했다는 증거는 아니었다.

그렇지만 당, 국가, 경제를 움직이는 지배적인 관리자뿐만 아니라 주민에게도, 불만은 단골 주제였다.[52] 물론 국경 폐쇄에 불만을 터뜨린다고 해서 그것이 얼마나 독자적인 정치적 발언인지 또 그것이 행동으로 이어지는지에 대해서는 거의 알 수 없다.[53] 분명한 것은, 특히 '서독'에 대한 정보가 떠돌아

---

51 이에 대해서는 주43을 보라. 그리고 물론 여러 가지가 섞여 있지만 다음 보고서를 보라. Berichte der Zentralen Auswertungs- und Informationsgruppe (ZAIG) des MfS, Archiv–BStU.

52 해당 부처에서 받은 '청원서'와 정기적으로 내부에서 행한 자세한 '청원서 분석,' 그리고 통합사회당 중앙당 및 지구당 담당부서에서 나온 내용을 종합하면, 이에 대해서는 아주 명확한 그림이 그려진다.

53 미터(Armin Mitter)와 볼레(Stefan Wolle)의 테제, 곧 오로지 대대적인 탄압과 소련의 총검과 탱크를 과시하는 방법만이 동독을 유지시킬 수 있었다는 주장은 아주 의심스러운 전제조건에서 출발했다. 정치적 지배에는 '원래' 지배 내용의 합법화—말하자면 '정치적' 동의—가 필요하다는 전제 말이다. 그렇지만 지배체제를 견뎌내는 일은 피지배자가 지배 혹은 지배자에게 전혀 동의하지 않아도 가능하다. 게다가 그들 두 사람은 자신들이 비판하고자 했던 기관의 주장—국가안전부의 보고서, 다시 말해 이들 기관의 이해관계를 위해 만들어진 신화—에 완전히 속아 넘어갔다. 이에 대해서는 Arnim Mitter/Stefan Wolle, *Untergang auf*

다녔다는 점을 감안하면, '소비 부문'과 '사회보장'이 주민의 기대와 요구에 훨씬 못 미쳤다는 사실이다. 1958년 5월 지방, 고기, 설탕에 대한 배급제가 마침내 폐지되었는데, 이는 그 분야의 생산이 양적으로 크게 성장했음에도 '대중필수품'의 항목이 주민이 요구하는 것과 달랐기 때문이었다.[54]

임금의 구매력은 한계가 있었는데, 대중매체에서 선전하는 '체제경쟁'으로 많이 살 수 있는 것처럼 과장된 경험도 했다. '서독'과의 차이는 일상현실의 일부가 되었다는 점에서 의미가 있었다. 옷감의 섬유에서부터 커피에 이르기까지, 혹은 오렌지와 바나나의 결핍에서, 사람들은 그 차이를 느끼고 맛보았다. 그럼에도 불구하고 정치영역의 조직화로 인해 분명 개인은, 특히 '노동하는 사람'의 정당인 통합사회당에서 독자적인 활동공간을 찾을 수 없었다. 이와 달랐던 것이 산업 일자리였다. 지배정당의 자기정체성에서도 그렇지만, 계획경제에서도 '노동하는 사람'을 미래의 적극적인 '창조자'로 보았고 그들을 필요로 했다. 이러한 입장이 산업종사자에게, 특히 남녀 생산노동자에게 새로운 기회를 제공했는지에 대한 답변은 일단 유보할 수밖에 없다. 또한 생산에 참여하는 노동자 남녀가 생산과정을 장악하기 위해 요구되는 '솜씨'를 나름대로 발휘했기 때문에 지배층 핵심부에서 그러한 관행을 인정하는 것 외에 다른 대안이 없었는가라는 질문도 마찬가지로 답변하기 어렵다.[55]

직장에서, 그리고 기계 앞에서 행하는 노동이란 이중적인 것, 다시 말해

Raten, 예컨대 p. 161 이하. 이에 대해 다음 논문도 비교해서 참조하라. Albert O. Hirschman, "Abwanderung, Widerspruch und das Schicksal der Deutschen Demokratischen Republik", *Leviathan* 20, 1992, pp. 330~358.

54 Hermann Weber, *Von der SBZ zur DDR*, Hannover 1968, pp. 125ff.

55 이것은 예컨대 보스캄프와 비트케의 테제이다. Ulrich Voskamp/Volker Wittke, "Fordismus in einem Land, Das Produktionsmodell der DDR", *Sozialwissenschaftliche Informationen (SOWI)* 19, 1990, pp. 170~180. '계급' 및 사회집단 (기준업무와 임금에 따른)의 이해관철과 이익유지에 더 집중한 논문은 다음을 보라. Peter Hübner, "Balance des Ungleichgewichtes, Zum Verhältnis von Arbeiterinteressen und SED-Herrschaft", *Geschichte und Gesellschaft* 19, 1993, pp. 15~28.

한편으로 '위로부터'와 '아래로부터' 오는 부당한 요구에 맞서는 합법화의 도구이면서도, 동시에 '아집'을 발현하고 만족감을 찾을 수 있는 실천 행위였다.[56] 결정적인 것은 후자였다. 시간이 갈수록 추구한 생산량 달성과 '품질노동'에 대한 만족감이 점점 더 커지지 않았다.[57] 대신 상당수의 생산노동자는 분명 열악한 노동조건에도 **불구하고** 또한 여러 결정단계에서 흔히 있는 모순된 계획과 규정에도 **개의치 않고** 게다가 지속적인 운송 적체와 수많은 기계 고장에도 생산은 그나마 해냈다는 점에 만족을 느꼈다. 이러한 직접적인 영역에서 아주 고유한 자기의식이 더욱 더 발전될 수 있었다. 국제적으로 품질이 인정된 것처럼 보이는 생산품이 만들어졌을 때 이 점이 명백해졌고, 또한 지금까지도 기억되고 있다. 예컨대 국영기업 키로우가 1969년 동독 기념일인 10월 7일에 베를린 송전탑의 승강기를 '계획대로' 인도할 수 있었을 때, '노동'은 일상에서 주목받는 요소가 되었다. 동시에 '노동'은 '정치'나 소비의 영역에서 감수해야 했던 해악을 상쇄시켜주는 보장책이었다. 노동은 분명 아주 미약했던 통합사회당의 카리스마 지배력과 노력으로 가득 찬 노동자의 일상 세계 사이를 연결시켰다.

올바르고 '품질이 좋은' 노동, 아니 그보다는 '독일품질노동'이나 '가치노

---

56 여성 취업률이 최소한 '여성 산업 부문' 및 여성 직종 혹은 여성 일자리에서 나름의 행동양식을 보여주었는지, 아니면 동독에서 지속적으로 유효했던 남성 우위 혹은 남성 중심의 행동규범이 여기에도 해당하는 것인지에 대한 물음은 여기서 전혀 답변하지 못한 채 남아 있을 수밖에 없다. 이에 대해서는 다음을 보라. Bundesminister für Frauen und Jugend ed., *Gleichberechtigung von Frauen und Männern*, Bonn, 1992, pp. 71ff. 무엇보다도 다음을 참조하라. Hildegard Maria Nickel, "Geschlechtertrennung durch Arbeitsteilung, Berufs- und Familienarbeit in der DDR", *Feministische Studien* 8, 1990, pp. 10~21.

57 통합사회당 중앙위원회에 소속된 여론연구소(Institut für Meinungsforschung)가 1966년 말 생산노동자를 대상으로 한 전형적인 설문조사를 보라. 답변자 절반가량은 자기 회사의 생산품이 '품질과 비용' 면에서 '세계 최고수준'에 미치지 못한다고 했다(4분 1이 그렇다고 답했고, 나머지는 답하지 않았다). 단지 16.6%만 '주저하지 않고' 자기 공장에서 생산한 것을 구입할 것이라고 했고, 63.1%는 몇 개는 살 것이라고 답했으며, 13%는 아무것도 사지 않을 것이라고 했다(덧붙이자면, 베르크만 보르직 회사의 답변자들은 단지 6.7%만 자기 공장의 제품을 주저하지 않고 구입할 자세가 되어 있었다). Stiftung-BA, NL 182, Nr. 1033, 36쪽 이하.

동'의 기준은 (할)아버지세대의 폭넓은 요구가 만들어낸 것이었다. 무엇보다도 그러한 '노동'의 가치규범이 동독에서는 동료 사이의 실천에서 적용될 수 없었다. 1940년 후반에 이미 노동자 사이에 개인주의적인 '계산법'이 만연하여 계획과 의무도 그에 맞게 조정되었다. '훌륭하고' 쓸 만하고 내보일 만한 생산품을 만들고 제작하는 것도 일상의 가르침으로 더 이상 유효하지 않은 것처럼 보였다. 그럼에도 불구하고 그에 대한 이상형(理想型)은 사라지지 않았다. 기업에서 사회적으로 성공을 거두어 산업역군으로 선발되거나 '장인정신을 발휘한 사람'에게서 그것이 살아 있었다. 더욱 중요한 측면은 무엇보다도 1949년 무렵에 성인이 되었거나 성인이었던 전후복구 세대에게서 '독일품질노동'을 최소한 자기 의무의 기준으로 삼으려는 태도가 강해졌다는 점이다. 그들 세대는 자기보다 더 젊은 층의 노동도덕이 급격하게 해이해졌다고 보았다. 이에 반해 최소한 1960년대 후반에[58] 젊은 세대에 대한 설문조사에서 이들은 자기 노동뿐만 아니라 산업노동 전반의 내용과 결과에 그렇게 강한 관심을 드러내지 않았다.

1970년대에 많은 논평자는 구서독의 젊은 세대에서 특히 쾌락주의적 행동으로의 '가치전환'이 일어날 것으로 예측했지만, 실제로는 그보다 훨씬 적게 나타났다. 동독에서도 이런 모습은 분명 비슷한 평행선을 그린다. 물론 독일의 '품질노동'에 대한 개념은 동독에서 근본적으로 바뀌었다. **좋은 추가노동을 구하는 것**을 내적 만족으로 삼았던 것이다. 그나마 이러한 내적 만족 때문에 비관적인 일과 수많은 실패에도 불구하고 일상을 열심히 살아내려는

---

58 청소년 연구 중앙기관(Zentralinstitut für Jugendforschung)은 1978년 '청년 숙련노동자'에게 노동조직에서 받은 인상에 대해 물었다. 답변자였던 '청년 숙련노동자'는 '육체적 부담'을 부정적으로 평가하지 않았다. 그와 반대로 이들은 "노동과정에서 나타난 정신적인 부담" 때문에 불평과 이직이 생긴다며 이렇게 말했다. "젊은 숙련노동자의 거의 70%는 (…) 자신의 직접적인 업무를 다소간 정신없고 무계획적인 것으로 평가했다." Institut für zeitgeschichtliche Jugendforschung, JA, JB 6093.

노력이 남아 있었다. 이로부터 충성심이나 단순히 인내하는 무관심이 아니라, '상황'을 마지못해 수용하는 일이 벌어졌다. 휴일의 '틈새'로 피하지 못할 때는 추가노동을 수용함으로써 그런 상황에서 벗어날 수 있었다. 그렇지만 그 추가노동을 할 때도 마지못한 수용의 태도가 거의 항상 남아 있었다.

후기

한국과의 교류에서 얻은 단상

1.

이 책에 실린 글들은 내가 1990년대와 2000년대 초에 걸쳐 쓴 것으로 주로 독일어권의 상황과 행동을 다루었다. 그렇지만 동시에 중유럽, 남유럽, 북유럽은 물론이고 경우에 따라서는 북아메리카와 카리브해의 다른 지역이나 지방의 특성을 규명하려는 분석과 연구이기도 하다.

일상사의 목적은 인간의 인식과 행위양식의 다양한 측면을 해명하는 것이다. 이미 자주 이야기한 바 있지만, 일상사의 중심에 서 있는 것은 '지배적인 행동이나 국가의 행위'가 전혀 아니다. 오히려 그 초점은 인간이 온갖 조건 아래서—이를 '자발적으로 선택할 수는 없지만'[01]—살아가고 또 살아남으면서, 스스로 만들어가고 경험하는 일상의 실천에 맞추어져 있다. 항상 그렇다고 보기는 어려우나, 일상사에는 예상하거나 계획한 대로 이루어지는 것

---

01 Karl Marx, *Der achtzehnte Brumaire des Louis Bonaparte*(1852), in *Marx-Engels-Werke* Bd. 8, Berlin: Dietz Verlag, 1972, pp. 111~207, 여기서는 p. 115. "인간은 자신의 고유한 역사를 만들지만, 그것을 자발적으로, 곧 자기가 선택한 조건에서 만드는 것이 아니라 제 앞에 놓인, 주어진, 제시된, 그리고 전해 내려온 상황하에서 만든다."

보다 다양성과 동시성, 단절, 동요, 자극, 예측불허 등이 훨씬 더 자주 등장한다. 이를 연구하는 방식은 일반적으로 그 개별적인 순간이나 인물, 그리고 공장, 마을, 도시의 한 동네와 같은 장소에 집중한다. 이에 적절하게 접근할 때 비로소 제대로 된 인식과 서술뿐만 아니라 해석도 가능할 것이다. 일상사 연구와 서술은 미시적 차원에서 이루어진다. 그렇지만 동시에 몇몇 개별적인 사례를 통해, 또한 자주 그렇듯이 단 하나의 개별적인 사례만으로도, 각 연구는 서술방식의 새로움과 다층성으로 인해 거대한 형태를, 아마도 전체를 드러내야 한다. 이러한 연구작업은 최소한 현재나 최근의 일상사에서는 흔한 일이다. 그리고 여기에는 일반적으로 기어츠(Clifford Geertz)가 말했다는 문장이 통용된다. "인류학자는 마을을 연구하는 것이 아니라 (…) 마을에서 연구한다."[02] 특히 역사학과 사회인류학, 문화인류학이 (다시) 서로 밀접하게 교류하는 연구를 강력하게 시도한다면, 카탈로니아든 루르 지방이든, 서부 버지니아든, 아니면 필리핀이나 한국, 인도이든, 그런 '마을'이 존재할 수 있다는 점은 자명한 사실이다. 그런 차원에서 '서양'과 '비서양' 사이에 차이가 없다는 동일시 이론은 몇몇 연구서가 입증해준다.[03] 이러한 동일시에는 말할 것도 없이, 19세기 말부터 영국, 프랑스, 미국의 사회 및 문화인류학에서 특징적으로 나타났던 조사방법론이 영향을 미쳤다. 학과나 도서관(혹은 문서고)에서 나와

---

02 C. Geertz, *The Interpretation of Cultures*, NY, 1993, S. 22.

03 그렇지만 이에 대해서는 예컨대 다음의 글도 참조하라. Dipesh Chakrabarty, *Provincializing Europe*, Princeton, 2000. 차크라바티의 주장은 무엇보다 '서양'이 암묵적으로 주장하는 우월권이 흔들리고 있다는 데 초점을 맞추었다. 그렇지만 그가 여기서 강조했던 하나의 역설은 아마도 지금으로서는 그것이 해결되지 못하리란 점이었다. 그가 힘주어 말하고자 했던 것은 "서양 사상은 부적절하고 없어도 되는 것인가"라는 점이다 (p. 6, 16, 19도 보라). 그가 '서양적'이건 혹은 '반(反)서양적'이건 단선적인 입장에 대해 진지하게 숙고하며 그것에 반대하기로 방향을 바꾸었지만, 그의 이러한 주장은 많은 지지와 함께 날카로운 비판도 피하지 못했다. 엄정한 '서양식' 사고에 대해서는 다음을 보라. Vivek Chibber, *Postcolonial Theory and the Specter of Capital*, London, 2013.

서 특별한 목격자와 유물이나 여기저기 살아 있는 사람에 대한 지식을 통해 형성된 세계적 보편성으로서, 이는 결코 글로벌한 상호연계나 트랜스내셔널한 교류, 혹은 그것의 중단에서 나온 통찰의 산물이 아니다.

이러한 방식과 그에 의거해 형성된 관점을 뒷받침하고 있는 테제는 바로 이러한 연구방법이 보편적으로 통용될 것이라는 점이다. 물론 이렇게 다루는 사례는 당연히 개별적이다. 예컨대 기어츠의 연구는 전혀 다른 두 지역인 모로코와 특히 발리(Bali)에서 진행되었다.

달리 말하면, 각 경우마다 아주 특정한 지역인 셈이다. 로컬리티의 선택은 아마도 우연에 기대기 쉽다. 그럼에도 불구하고 특히 여러 해에 걸친 집중적인 현지조사의 경우 그 지역성 본연의 모습, 대응, 관계를 그대로 드러내고자한다. 여기서 핵심은 그곳에 들어가 살거나, 아예 '둥지를 트는' 것이다. 이렇게 한 지역에 온전히 집중할 경우, 그곳에 사는 것 자체가 오히려 명확한 목표가 된다. 그런 점에서 전문가 사이에서 일반적으로 '내' 마을 혹은 '그의/그녀의' 정착, 가족 등의 어휘를 구사하면서 이야기하는 방식은 아주 올바르다.

이와 동시에 이렇게 오랫동안 계속해서 자주 방문하는 사람의 위상을 어떻게 설정할지에 대한 논의가 늘어나고 이에 대해 곰곰이 따져보는 것 역시 중요하다. 연구자가 항상 방문객으로 머물지 않고 현지에 정착하려는 다양한 시도도 하지만, 여러 면에서 여전히 다시 떠날 수 있고 떠나야만 하는 여행객이기 때문이다. 연구자 위상에 대한 논의가 있은 다음에야 비로소 현지에서 기대되고 인식되며 토론되는 것을, 혹은 그래야만 할 것을, 특히 학술 집단과 그 범주에 있는 관계자에게 전해줄 수 있다.[04]

---

04 James Boon, "Cosmopolitan Moments: Echoey Confessions of an Ethnographer-Tourist", in Daniel Segal ed., *Crossing Cultures. Essays on the Displacement of Western Civilization,* Tucson, Arizona, London: University of Arizona Press, 1992, S. 226~253.

이러한 배경 때문에 일상사는 오로지 지방적인 것, 몇몇 개별적인 인물, 곧 그저 소규모 집단에만 관심을 두는 것으로 자주 이해되곤 한다. 그렇다면 초(超)국가적인 것, 지역 간의 관계, 무엇보다도 세계적인 것은 어떻게 포착할 수 있단 말인가?

2.

이와 유사한 물음이 제기되자, 사회적 문화적 실천과 그 행위자에 대한 탐구를 근본적으로 보여주려는 노력이 나타났다. 하지만 이와 동시에 중요한 것은 그것을 국가 간에, 문화권 사이에, 그리고 세계적 차원에서 체계적으로 얽혀 있는 연관성과 접목시키는 것이다. 내게 그런 기회가 온 계기는 2008년 여름 한양대학교의 임지현 교수가 한국학술진흥재단(현재의 한국연구재단)의 WCU(World Class University) 육성 프로그램에 해외 파트너로 참여할 의사가 있는지를 물어왔을 때였다. 우리는 이미 2005년부터 알고 지냈는데, 그때 나는 임교수가 제기한 20세기 '대중독재'의 조건과 현실에 대한 학술회의에 참석한적이 있었다. 나는 이 지배형태를 '인기독재(populare Diktatur)'라고[05] 부르는 편이 더 타당할 것이라고 생각했지만, 어쨌든 그것이 특히 20세기에 전 세계적으로 다양한 행태로 빈번하게 등장했음을 부인할 수 없었다. 물론 이를 폭넓게 비교하려는 연구는 없었다. 이 책 본문에 실린 연구도 오로지 일국사의 지평

---

05 [역자주] 이것을 굳이 '인기독재'라고 번역한 것은 '인민독재'라고 할 경우 사회주의적 함의가 들어갈 수 있기 때문이다. '인기독재'란 사람들이 '조직적으로' 참여하여 독재체제가 유지된다고 보는 것이 아니라 (대중독재에는 그러한 의미가 이미 내포되어 있다고 뤼트케는 생각했다) 사람들이 각자 그 독재에 동의해서 그것이 유지되었다는 뜻이다. 가령 나치 시대에 일반 사람이 독재체제를 지지한 방식이 근본적으로 조직적이었는가 아니면 개별적이었는가에 대한 질문인 셈이다.

에서만 비교가 이루어졌다. 그리고 이들을 비교하는 방식에는 한국(특히 1961년에서 1987년까지)뿐만 아니라 대만이나 중국(1949년 이후)과 같은 탈식민화 이후의 독재도 해당된다.

당시 WCU 프로그램에서 한국의 주최 측은 무엇보다도 독재에 동조하고 그것을 기억하는 것을 어떻게 연구할 수 있는가에 관심을 집중했다. 만약 많은 사람이 독재에 동조한 점을 무시하지 않고 그 다양한 면모를 더 면밀하게 해석해내고자 했다면 말이다. 독재의 수용과 적극적인 참여라는 형태만이 아니라 종종 맹아적인 형태를 띤 '아집'까지 한국 고유의 상황과 사회에 적용해보려는 시도가 과연 올바른가?

요컨대 여기서 긴요한 질문은 상대적 유사성에 출발한 것인가, 즉 개념과 방법을 적용할 수 있는가였다. 그때까지는 나도 이런 당연한 물음이 얼마나 긴요한지를 사실상 전혀 알지 못했고, 그래서 어리석을 정도로 일국사의 틀에 거의 안주해 있었다. 따라서 나로서도 개념의 적용 가능성을 직접 따져보지 않았다. 그렇지만 나는 곧바로 이 새로운 배경에서도, 비록 동북아시아의 식민지배와 탈식민적 독재가 주제라 하더라도, 근본적으로 '다를 바'가 결코 없다는 점을 수차례에 걸쳐 거의 확신에 가깝게 느꼈다. 2005년부터 2008년까지 세 번에 걸쳐 8일에서 10일에 걸쳐 학회와 그에 따른 답사에 참여하면서, 나는 이 문제의 비교가능성과 아마도 적용가능성까지 존재한다고 생각하게 되었다. 그리고 그에 대한 확신은 점점 더 커졌다. 그제야 비로소 질문이 서서히 떠올랐다. 이 질문을 더욱 발전시키기 위해서는 한국에 더 오랫동안 체류해야 했지만, 그래도 어쨌든 그것은 생산적인 경험이었다. 말하자면 여기에도 많은 일상성이 존재했다. 마치 '집에서' 그러했던 것과 비슷하게, 노동과 비(非)노동이 새로 뒤섞여서 그것이 전반적으로 많은 점에서 생활리듬을 규정했다.

3.

그렇지만 이 경우 '다른 것'은 무엇인가? 분명 다른 것은 최소한 문자를 전혀 모른다는 점이다. 말 그대로이다. 서울 도로명은 라틴어 글자가 더러 있긴 하지만 한국어이기 때문이다. 서울 외부는 더더욱 한국어뿐이다—서울에서도 상점이나 레스토랑이 관심을 끌고자 여러 형태의 간판을 설치했지만, 역시 '오로지' 한국어로만 적혀 있었고 지금도 그렇다.

두 번째 '다른 것'은 초청 내용, 곧 '20세기 대중독재'에 관한 학술회의였다. 내가 놀란 것은 모든 발표문을 책자로 엮어내기 위해 미리 비교적 짧은 기간 내에 영어로 된 텍스트를 제출하도록 요구받았다는 점이다. 행사 자체는 나흘 동안 오전 오후 각각 네 개씩 발표문을 계속해서 듣고서 그 후에 함께 토론하는 것이었는데, 나는 그것이 흥미로웠으나 또한 다소 곤혹스러웠다. 나 자신도 1960년대 후반에—최소한 튀빙겐대학에서—공식적인 세미나든 내 스스로 조직한 모임이든 발표자뿐만 아니라 참석자도 함께 집중적인 의견교환을 갖고 싶어서 빡빡한 일정을 짰던 경험이 있었는데, 물론 그것은 어쩌다 만나는 행운이었다는 점을 알고 있었기에 곤혹스러웠다. 게다가 앞에서 언급한 발표문 책자에 내가 제출한 글이 수록되어 있음에도 전체 분량을 모두 읽는 것도 나에게는 새로운 경험이었다. 두 개의 언어(한국어와 영어)가 각각 나름의 시공간을 차지한다는 점에서, 분명 이중언어의 문제를 해결할 뭔가 방법이 필요했다. 당장은 그럴 수 없으니 소통이 약간 지체될 뿐만 아니라 무엇보다도 질문을 번역하는 데 드는 시간 때문에, 더 이상 상세한 질문이나 토론자의 발언이 제약되었다. 내가 보기에는 동료관계와 위계질서에 대해서도 다른 인식이 드러났다. 그리고 이후에도 이 점은 사라지지 않았다.

세 번째 '다른 점'은 내가 서울에서 가르친 경험의 핵심과 관련되어 있다.

2009년부터 2013년 여름까지 WCU 교수로서 나는 해마다 두 번씩 6주간을 한국에서 정기적으로 강의하며 보냈다. 총 9번 체류했는데, 대학원생을 대상으로 한 강의가 서너 번을 넘어가자, 나이가 든 소위 '고학년', 특히 외국에서 온 사람과 석사나 박사논문을 쓰는 학생 사이의 간극이 최소한 줄어들 수 있었다. 내가 질문하면 학생은 놀라고 호기심어린 표정을 지었지만 답하는 경우는 거의 없었다. 지금도 그렇지만 누구를 호명하는 데 익숙하지 않았던 나는—일종의 압박을 가하려는 시도로—오래 기다려보기도 했지만 결국 포기하고 말았다. 대신 나는 논점을 새롭게 바꾸거나, 말하자면 새로운 질문을 던지거나 아예 직접 설명했다. 시간이 지나면서 나는 도움이 될 만한 요령을 체득했다. 주요 개념이나 의문이 나는 단어를 칠판에 적는 것이 그중 하나였다. 또 다른 방법은 모두 한 명씩 돌아가면서 질문과 답변을 하는 것이었다. 네 번째 체류할 때 고안했던 '구두 질문서'를 작성하는 것도 일종의 해법이었다. 모두가 이전 강의에서 특히 중요했거나 특히 불명료했거나 아니면 특히 답변이 되지 않았다고 생각하는 두세 가지 정도를 적어와 시계방향이나 그 반대 방향으로 돌아가면서 말하는 것, 아니 해야만 하는 것이었다. 더 효과만점이었던 것은 '전쟁을 한다는 것'이라는 세미나에서 모두가 언제 어디서 처음으로 한국전쟁에 대해 들었는지를 한 명씩 이야기한 것이었다. 여기저기서 발언, 질문, 반론이 쏟아져 나와 세미나가 아주 활발하게 진행되었고, 원래 예정된 세 시간을 훌쩍 넘겼다. 거의 다섯 시간이나 토론을 벌였다.

4.

강의와 함께 나는 서울에서 워크숍을 여럿 개최했다. 처음 두 워크숍은 거의 대부분 전통적인 형태의 식민지배에 관한 것이었다. 이것은 무엇보다도 1910년부터 1945년에 걸쳐 공식적으로 이루어진 일본의 한국 지배와 폭력을 다루었다. 특히 일본의 만주 진출과 그곳에서 한국인이 1930년대와 제2차 세계대전 당시 아주 적극적으로 참여한 사실, 즉 식민지 권력과의 긴밀한 협조와 협력에 대한 것이었다. 그렇지만 일본의 식민지배는 중국을 지배하려는 시도에서도 드러났다. 특히 일본이 1937년부터 치른 중일전쟁은 여러 측면에서 20세기 두 세계전쟁에 비견될 만큼 야만적이었다. 그러나 이렇게 크고 작은 형태의 식민지배와 관철, 그리고 부분적으로 한 세기에 걸친—인도와 같은!—지배의 형태에만 관심을 두는 것이 아니었다.

동시에 흥미로웠던 것은 식민지 경험과 흔적, 실천, 모델이 식민제국의 '중심'으로 이를 테면 재(再)수입되었다는 점이었다. 그 밖에도 자세하게 들여다보면, 식민화의 과정에서 나름의 지배체제와 관행이 나타났지만, 이와 무관하게 특히 유럽 근대국가에서도 똑같은 프로그램과 기제가 있었음을 알수 있다. 오데르브루흐(Oderbruch)와 같은 프로이센 지역의 토지획득, 프랑스나 독일뿐만 아니라 예컨대 이탈리아 국가에서도 이루어진 습지의 식민화, 폭넓은 운하개발 같은 기간산업 프로젝트, 나폴레옹 시대와 그 이후 프랑스의 언어 정책, 1871년 전후 프로이센 독일의 게르만화 프로그램과 그 실천, 이와 더불어 독일 여러 중대형 도시의 외곽에서 등장한 텃밭가꾸기(Gartenkolonien)가 이에 속한다. 이렇게 모국 내에 존재하던 식민지는 과시할 만한 낙원과 같은 것은 아니었지만, 커다란 재정적 여유나 다른 자금이 없는 사람에게는 의미가 있었고 정당한 것으로 여겨졌다.

중요한 것은 바로 물질적이고, 여러 차원에서 육체적인 실행방법과 경험 양식인데, 이것은 항상 명료하게 드러나지 않으며, 식민주의와 식민화는 물론이고 탈식민화와도 관계가 있을 수 있다. 혹은 달리 말하자면, 다른 사람과의 구체적인 교류가 일어나는 곳은 바로 육체에 관한 것으로, 이는 간접적으로 전달될 수 있지만 다른 것으로 대체될 수는 없다.

식민주의와 탈식민주의에 대한 토론과 연구에서 계속 제기되는 문제는 각각 분석했던 현상의 전체성이 무엇인가였다. 아니 이렇게 말하는 편이 더 옳겠다. 비록 아주 자주는 아니지만 기존 논의에서는 전체성이 어느 정도 불가피한 것으로 상정되었다. 이는 '서양식' 사고방식과 개념에서 벗어나고자 하는 관점에도 해당된다. 곧 '서양식' 사고방식의 영향력과 구체적으로 지배하는 상태에서 거리를 두고자 했음에도 불구하고 말이다. 이러한 관점으로 가장 눈에 띄는 사례의 하나가 '서발턴 연구'이다. 이것은 1970년대 후반부터 남아시아와 인도에서 급속하게 발전했지만, 동시에 세계적으로도 큰 반향을 얻었다. 최소한 대략 10년 동안 이것은 피지배층의 고유한 흔적과 목소리를 발굴하는 미래지향적인 시도로 간주되었다. 처음부터 이 연구는 정치적인 요구와 결합되었는데, 그것은 식민지 주민의 새로운 자화상을 구축하는 데 중요한 기여를 하고 동시에 식민지 본국에 비판을 가하는 것이었다.

물론 프레드 쿠퍼(Fred Cooper)는 자신의 책 『제국의 긴장(Tensions of empire)』(L.A., 1997, 서문은 앤 로러 스톨러Ann Laura Stoler가 썼다)에서 식민화 추진 세력과 피해자 사이의 갈등이 겉으로는 얼마나 분명하게 드러나지 않는지를 정밀한 미시적 분석을 통해 아주 상세하게 묘사했다. 이 책에서 식민화 추진자들은 명확한 프로그램을 갖고 일사분란하게 움직이는 세력이자 집단으로서 복속과 착취를 지향했던 반면, 식민화의 대상자는 정황상으로나 실제로도 저항 집단으로서 해방이나 전복을 꾀하거나 지배와 착취가 없는 세상을 꿈꾸었다. 그의 분석에서 핵심적인 문제로 지적된 것은 경계 짓기와 차이의 선명성이었다. 구체적이고 한눈에 볼 수 있는 각각의 여러 사례에서 쿠퍼는 억압과 착취를 지향하는 측면이 어느 정도인지, 또 그것이 식민화의 대상자에게서조차 발견되는지 혹은 그 반대인지를 보여주었다. 여러 경계가 서로 넘나들고 움직이며, 회색지대가 존재하고, 불분명한 지점과 '열린' 경계가 드러난다.

이러한 다양한 측면의 미묘함에도 불구하고 차크라바티(Chakrabarty)가 제기한 "서양 사상은 부적절하고 없어도 되는 것인가"라는 문제는 여전하다. 또한 서양 사상이 정말 그러하다면, 어떻게 해야 하는가? 첫 번째 단계는 거대 개념의 해체와 그것이 갖는 의미에 대한 문제제기라고 할 수 있다. 한 예로 노동이라는 개념을 들 수 있는데, 이곳과 저곳(동양과 서양)에서 그것은 어떻게 이해되고 있는가이다. 한국에서 노동은 비(非)노동(놀이, 사교)과 결합되어 있다. 중요한 점은 텍스트를 상세하고 정확하게 다시 읽어서 서양의 또 다른 개념들에서도 다양한 의미와 미묘함을 정확하게 짚어내는 데까지 도달해야 한다는 것이다. 다시 말해 긍정이냐 부정이냐, 서양의 것이냐 아니냐의 차원보다 더 밑바탕에 존재하는 두 번째 차원, 즉 결함이나 이질성이 잘 보이지 않는 차원에 도달해야 한다. 다르게 읽어내는 방식이 무시되거나 이상한 것으로 취급당해서는 안 된다.[06]

그 다음의 두 워크숍은 공식적인 식민지배의 차원을 넘어서 영향을 미쳤던 식민지의 실상과 경험의 측면을 집중적으로 다루었다. 당시 토론에서 우리가 곧바로 화제로 삼았던 것은 '식민성(coloniality)'과 '일상의 식민성(everyday coloniality)'이었다. 당연히 '일상의 식민성'에 집중하는 것으로 시작했다. 그 논의를 더욱 심화시킨 것은 월터 미뇰로(Walter Mignolo)의 연구였다. 그는 초기 에스파냐 식민지에서 지금까지 근 200년 동안 식민지배의 '이면에서' 살았던(살아남은) 사람과 주민이 겪었던 상황과 그들이 보여주었던 태도를 분석했다. 그

---

06 다음과 같은 것들을 참조하라. Sumit Sarkar, "The Decline of the Subaltern in Subaltern Studies"(최초 발표는 1997), Vinayak Chaturvedi ed., *Mapping Subaltern Studies and the Postcolonial*, London, 2000, pp. 300~323; Ruth Behar, *The Vulnerable Observer, Anthropology that breaks your Heart*, Boston, 1996.

의 연구는 최소한 두 가지 점을 지적한다. 첫째, 이들이 마주하는 현실에서는 식민지 권력의 요구가 비교적 은폐되어 존재한다. 그럴수록 원주민은 나름의 방식으로 살아남을 수 있는 가능성을 잘 이용했다. 이들이 권력에 '반대하여' 저항하는 경우는 아주 드물었다. 그보다 이들은 권력의 요구를 무시하고 우회하는 방법을 찾았다. 어쨌든 이들은 자신의 일상에서 '이것 아니면 저것'이라는 양분법에 매달리지 않았다.[07] 둘째, 미뇰로는 식민성이 계속하여 존재하는 형태에 주목했다. 그가 중요하게 생각한 점은 모두가 독립을 선언했음에도 일상행동을 구성하는 틀에서는 식민지 습관이 이어지면서 전혀 동요하지 않았고 최소한 깨지지 않은 것처럼 보였다는 사실이다. 식민지 모국의 언어가 지속적으로 나타나기도 했고, 신체의 습관과 신체의 경험이라는 폭넓은 영역에서는 여전히 편입과 종속이 이루어지는 것처럼 보인다. 이러한 관점에서 보자면, 식민성이란 지금까지 거의 직접 비판되지 않았거나 전혀 공격당한 적이 없는, 정신적이면서 동시에 육체적인 장치(Dispositiv)와 같은 것이다. 이러한 틀을 계속해서 인식하지 못하도록 막는 것은 개개인 각각의 '아집(Eigen-Sinn)'일 수 있다. 그런 한에서 각자 나름의 의미(der eigene Sinn)로 인해서 아마도 폭넓은 독립성은 형성되지 못할 것이다.

5.

그렇지만 가까움, 유사성, 아마도 친밀성에 대해, 차이와 타자에 대해, 그

---

07 이에 대해서는 Walter D. Mignolo, *The Darker Side of Western Modernity: Global Futures, Decolonial Options*, Durham, NC: Duke University Press, 2012.

리고 낯설음과 이해불가에 대해 어떻게 말하고 쓸 수 있는가? 모든 참여자가 확인할 수 있고 '이해할 수' 있는 방식이 가능한가?

이에 대해 한 가지 사례를 제공할 수 있는 것이 나치가 소위 '제국의 적대자'와 '인간이하'에게 가한 죽음의 폭력이다. 그래서 크리스토퍼 브라우닝은 1942년 독일이 점령한 폴란드 관할 구역에서 101 기동경찰대대 소속의 아주 평범한 사람이 저지른 대량학살을 해명하기 위해서 검찰조서와 다른 법원문서를 정밀하게 조사했다.[08] 그의 연구를 증언해줄 사람은 누구보다도 살아남은 가해자였다. 예컨대 연구의 핵심은 무기 사용에 관한 것, 곧 누가 총을 쏘았는지, 누가 사격을 주저했는지, 그렇지만 또한 누가 어떤 명령을 내렸는지, 누가 그 명령을 수행했는지, 누가 총을 쏘도록 '압력을 가했는지' 아니면 그것을 주저했는지 등이었다. 피해자가 저항했을까, 그랬다면 어떻게 했을까, 혹은 저항을 시도하기나 했을까? 이러한 물음에 답할 수 있기 위해서는 문서나 사진의 증거가 필요하지만, 또한 유물의 증거도 필요하다. 또한 빠뜨릴 수 없는 것은 문서를 분석하면서 온갖 미묘한 차이를 파악하고 성급한 결론을 단호하게 피하고자 하는 연구의 자세와 능력이다.

여전히 의문이 가시지 않은 점은, 만약 폭력이 우리의 일상적 관계에서 드러나지 않는다면 어떻게 존재하는 것일까? 다시 말해, 폭력이란 육체적이고 물리적 행동과 고통의 감수와 관련된 것인가, 아니면 사람들과 사람들 사이에서 일어나는 다른 행위양식 가운데 폭력으로 규정될 수 있고 고발당할 수 있는데도 인식될 수 없는 것은 없을까?

폭력에 관한 보고서나 재구성을 구체적으로 살펴보면 어떤 차이를 확인

---

08 Christopher Browning, *Ordinary Men: Reserve Police Battalion 101 and the Final Solution in Poland*, New York: HarperCollins, 1992.

할 수 있을지도 모른다. 최소한 1937년 난징학살에 대한 연구를—영어로 나온 연구서만 분석하거나 종합해본 것이지만—보건대, 개별적인 상황과 진행 과정, 특히 개개인이나 소집단의 구체적인 행동방식은 이야기되지 않은 듯하다. 그보다는 학살 행위에 대한 언급이 일반적이었다. 물론 제한된 일부의 참고문헌을 통해 접하게 된 문서이지만, 민간인에 대한, 특히 여성과 아이에 대한 폭력과 잔인함이 언급되었다. 목을 자르고 익사시킨 것 등에 대한 언급은 있지만, 구체적으로 서술되어 있지는 않다.[09]

다른 자료로는 제2차 세계대전 당시 일본군 고위 장교, 특히 1945년 초 이오지마에서 최후의 사령관이었던 사람의 편지가 있다.[10] 그가 부인과 딸에게 보낸 편지는 같은 시기에 독일 나치국방군이 계급에 상관없이 누구나 썼던 편지의 유형과 아주 흡사하다. 그 내용은 '변함없이 사랑하고 있다'거나 '자신은 잘 있다'는 등의 안부 확인이 주조를 이루었으며, 또한 이 편지에서도 누구나 기꺼이 기억하는, 특히 수신자가 기억할 만한 밝고 사랑스러운 장면에 대한 묘사가 중요한 역할을 했다. 반면 이들 장교와 병사가 명령을 내리는 구체적인 모습이나, 다치거나 죽을지도 모르는 위험, 특히 임박한 미국의 진격으로 일어날 전투에 대해서는 아무런 언급이 없다. 하지만 이들 편지는 단결심이나 인내심과 같은 것을 다른 사람뿐만 아니라 아마도 편지를 쓰는 스스로에게도 다시 다짐했거나 그렇게 할 수 있었다는 점에서, 어쩌면 보편적인 유형에 딱 들어맞는다.

그렇지만 익숙해 보이는 명칭의 사용에서 드러나는 유사성과 차이를 밝

---

09 이를 다음과 비교해보라. Bob Tadashi Wakabayashi, *The Nanking Atrocity, 1937~1938. Complicating the Picture*, New York /Oxford: Berghahn, 2007; Takashi Yoshida, *The making of the "Rape of Nanking": history and memory in Japan, China, and the United States*, Oxford University Press, 2009.

10 다다미치 구리바야시(Tadamich Kuribayashi)의 편지. Kumiko Kakehashi, *So Sad To Fall In Battle–An Account Of War*, New York: Ballantine Books, 2007.

히려는 이러한 질문은 산업노동의 현장에서도 마찬가지로 제기된다. 예컨대 한국어로 공장의 젊은 여성 노동자를 지칭하는 '여공'이라는 단어가 여기에 해당된다. 19세기와 20세기 독일의 공장 여성 노동자에 관한 보고서에서 사용되었던 단어는 '창녀'라는 뜻을 은연중에 포함했다. 그러나 한국에서는 달랐다. 김원이 한 논문에서 설득력 있게 제시한 것처럼, 이곳 여성 노동자는 갖은 어려움에도 불구하고 가족의 훌륭한 딸이자 동시에 적극적인 애국자라는 올바른 길에서 벗어나지 않고자 애썼다.[11]

이 두 사례를 통해 내가 던지고자 하는 물음은, 그렇다면 일본과 한국의 사회에 맞는 개별성이 어떻게 하면 잘 포착될 수 있는가 하는 점이다. 서양은 감정이 이입된 개별성을 이해하는 방식, 곧 소위 늘 이미 존재하는 주관성을 심하게 폄하하는 경향이 있다. 개인이란, 피히테와 헤겔에게서 또한 존 로크에서도 그렇듯이, 사회의 근간이다. 그렇다면 여기서 문제는 이러한 이해방식을 한국이나 일본에 전이시킬 수 있는가 하는 점이다. 동서양을 이렇게 동일시하는 태도에는 이 세상에서 세계와 인간의 최종적 근거는 오로지 주체뿐이라는 단연코 서양식 사고방식이 드러나지 않는가? 그렇지만 한국에서는 나, 가족, 친척이라는 세 요소가 강력하고 근본적으로 서로 결합관계에 있다.

6.

최근 '간(間, inter-)'이라는 접두사가 '트랜스(trans-)'로 많이 바뀌었다. 마치

---

11 [역자주] 김원, 「한국 산업화 시기 여성 노동자의 '일상'」, 이상록·이유재 편, 『일상사로 보는 한국근현대사 —한국과 독일 일상사의 새로운 만남』, 책과함께, 2006, 305~360쪽을 참조하라.

'학제간(interdisziplinär)'이라는 단어에서 볼 수 있는 것처럼, 학문, 연구 대상, 지역, 지방, 민족, 민족국가, 문화 등의 상호관계를 의미하고자 할 때 단어 앞에 이 접두사를 붙였다. 이제는 분명 그에 대한 관심이 줄어들었다. 대신 이제는 '트랜스내셔널,' '트랜스문화'—마찬가지로 '트랜스로컬,' '트랜스지역'—연구가 주목을 끌고 각광을 받고 있다. '경계를 넘어서는' 움직임을 통해, 우리는 다양한 교류관계에 대한 폭넓고 다양한 통찰력을 축적하고 있다. 분명 이러한 월경(越境)은 소위 국가나 공동체를 확고한 것으로 여겼던 전통적 관점에서 벗어나, 언어와 국경 등 다양한 형태의 장벽에도 방해받지 않거나 구애받지 않는다. 1900년경 유럽의 위생과 경찰의 기준에 대한 연구를 보면, 전문가 집단 자체는 물론이고 아마도 이들이 형성한 '전문가문화(Expertenkultur)'도 민족주의적이고 쇼비니즘적인 배제에 반대하는 운동을 펼쳤다. 최소한 이 분야와 다른 많은 영역—두 영역만 예로 들자면 조형과 건축—에서 '이곳 저곳을 넘나드는' 흐름이 부분적이었지만 아주 강력하고도 자명한 일상의 일부였다. 물론 방금 위에서 언급한 사례에서 이러한 움직임은 식민지와 제국 사이를 근간으로 이루어졌다는 점은 거의 자명하다. 이는 식민 모국과 각 총독관청 사이의 교류에서, 식민 건축에서도, 또한 식민지 해방과 평화유지기술에서도 여실히 드러난다.

그렇지만 한 곳에서 다른 곳으로 넘어가는 이런 움직임의 특수성, 곧 독특성은 어떻게 표현되는가? 말하자면 프로이센 독일의 학과나 실험실에서 행하는 수공업적, 산업적, 혹은 학문적 활동이 영국 옥스퍼드나 캠브리지대학의 그것과 다르거나 동일하게 되는 이유는 무엇인가? 요컨대 처음부터 이러한 시도에 속한 질문은 묘사, 의미, 분석의 단어가 적당한가 하는 것이었다. 물론 이제는 이런 특수성과 보편성을 적절하게 규정할 수 있는 필연적인 조건이 무엇인지를 점차 주목하게 되었다. 차크라바티는 자신의 저서 『유럽의 변경화』(2000년 출간본, 9쪽과 16쪽)에서 이를 명확하게 지적했다. 하지만 만약 겉으로 자명해 보이는 '서양 사상'의 우위가 그렇게 우월적이지 못하거나 최소한 의문시된다면, 벵골이나 베를린 혹은 상트페테르부르크, 니즈니 노브고로드, 혹은 켐니츠나 캘커타에서 담론을 표현해줄 단어는 존재하지 않을 것이다. 오히려 여기에서 중요한 점은 지방이나 사회의 특수한 국면과 형상을 더 정확하게 그려내는 일이다.

이런 배경에서 차이와 뉘앙스를 명확하게 드러내주는 잘 고안된 연구방법을 옹호하는 일 또한 필수적이다. 그렇지만 이것도 가끔은 비논리적인 추론일 따름이다. 왜냐하면 '간(間)/트랜스'에 대한 연구에서는 주로 연계나 연계가능성만을 찾을 뿐이고, 단절이나 차단에 대한 질문은 상대적으로 드물기 때문이다. 마찬가지로 번역될 수 없는 모든 것에 대해서는 관심조차 없다.[12] 말하자면 내부나 외부에 전혀 보이지 않은 층위와 불균형이 연구의 중심 대상이 되어야만 한다. 그런 점에서 '동심원' 형태의 모형도는 아주 적절하다. 왜냐하면 예컨대 '노동'이라는 단어에서 보듯이 여기에는 이미 여러 요소가 복잡하게 섞여 있어서 이것을 각각의 요소로 분해하여 그 근원까지 추적해보는 것이 시급하기 때문이다. 뿐만 아니라 이것과 접촉하지 않은 것에 대해서도 연구하고, 긴장이나 충돌과 마찬가지로 단절이나 완전한 소멸도 해명해야 한다.

그러한 작업에서 도움이 되는 것은 각 개인의 구체적인 행위를 그 자체로서 또한 동시에 집단 내에서 바라보는 관점이다. 19세기와 20세기 이주에 대한 사회사와 실제행위사(Praxisgeschichte)를 역설했던 회르더(Dirk Hoerder)는[13] 여러

---

12 Doris Bachmann-Medick, *Cultural Turns*, Reinbek: Rowohlt, 2006, p. 16.

13 Dirk Hoerder, "Transnational-transregional-translocal: transcultural", In: Carlos Vargas-Silva ed., *Handbook of Research Methods in Migration*, Cheltenham u.a.: Elgar, 2012, S. 69~91.

사례를 폭넓게 연구하여 각 개인이—가족과 친척으로서, 세대와 성별 집단으로서—어떻게 친하거나 반쯤 친한 관계를 따라 차근차근 '한 곳에서 다른 곳으로 옮겨가는지'를 보여주었다. 그에 따르면 일단, 황금의 아메리카에 대한 환상이 그 과정에서 이주의 자극제이자 위안으로 계속해서 등장했고, 등장할 수 있었다. 동시에 이주민 개개인이 반드시 구체적으로 밟아야만 하는 각 단계와 행동도 하나하나 드러나야 한다. 배를 타고 대서양을 넘어간다고 해서, 이주자 대다수가 상황을 잘 파악해 일을 잘하고자 항상 끈질긴 노력을 하는 성격으로 바뀌는 것은 아니기 때문이다. 이와 비슷하게, 이러한 움직임을 정확하게 포착하고자 했지만 더 이상 보여주지 못하는 단어들을 우리는 그 일반적인 의미와 다르게 읽어내야만 한다.

역사가는 각기 다른 측면의 고유한 특성을 보여주고 존중하려는 방법론을 더욱 더 채택해야 할 것이다. 여기서 생각해볼 수 있는 것이 케빈 드위어(Kevin Dwyer)의 『모로코 대화(Moroccan Dialogues)』이다.[14] 이 책에서 그는 현장에서 나온 결과에 대해 동료와 대화를 통해 의견을 나누었고, 동시에 '연구 대상이 된 사람'을 초대하여 진행된 과정에 대한 비판을 듣고 난 후에 연구를 계속했다. 중요한 것은 대화를 한다는 점인데, 이를 통해 연구자는 자신의 권위적인 역할에서 벗어난다. 나 스스로도 동독을 연구하면서 이를 경험한 적이 있었다. 라이프치히 노동자를 인터뷰했을 때였는데,[15] 나는 글을 쓰면서 그들이 일한 경력을 게재했다. 그런데 그들은 내 논문에서 '경력'이라는 단어를 보고 화를 냈다. 이들은 일은 잘하고 싶었지만 경력은 쌓고 싶지 않았다고 말했다.

---

14 Kevin Dwyer, *Moroccan dialogues: anthropology in question*, Waveland Press, 1987.

15 Alf Lüdtke, "'Helden der Arbeit' - Mühen beim Arbeiten. Zur missmutigen Loyalität von Industriearbeitern in der DDR", In: H. Kaelble & J. Kocka & H. Zwahr Hrsg., *Sozialgeschichte der DDR*, Stuttgart: Klett-Cotta, 1994, S. 188~213(이 책 11장이다—역자).

이들에게 경력이란 뭔가 서방 세계의 것이었다. 그것은 퇴폐적이고 다른 사람을 희생하면서 쌓는 것이었다. 그들이 내 논문에 대한 소감을 전해주고 비판해준 데 대해 나는 감사할 따름이다.

다른 형태의 대화는 옛 국가명이 네덜란드 기아나(Guyana)인 수리남공화국에 살고 있는 사라마카(Saramaka) 종족에 대한 리차드 프라이스(Richard Price)의 책 『처음(First-Time)』일 것이다.[16] 그는 수많은 인터뷰를 했고 자기 책 모든 면의 중앙에 옆으로 선을 그어 두 부분으로 나누었다. 위쪽에는 저자가 자기 텍스트를 쓰고, 아래쪽에는 인터뷰의 녹취록을 게재하여 위쪽의 텍스트와 상관없이 읽을 수 있도록 했다. 이러한 재래식 방식의 다중 목소리는 거기에서 드러나는 단일한 의미를 미리 방지하는 수단도 될 수 있다. 서술방식(프라이스)과 연구방식(드위어)의 다원화는 내 관점에서 볼 때 중요하다.

결론적으로 말해 나는 서양과 비서양의 대립을 약화시키고 싶다. 동양이든 서양이든 집단적인 단일성이란 없다. 중요한 것은 이런 거대한 개념으로부터 빠져나오는 것이다. 그러면서도 그 차이와 분절은 분명 찾아봐야 한다. 그렇게 하지 않은 채 그 거대한 개념을 정의해버리면 서양적인 것이든 동양적인 것이든 거기에 다시 묶이게 되거나, 구체적인 관찰의 현장에서 벗어난 결론을 내리게 된다. 확인해야 하는 것은 다름 아닌 관찰하는 상황의 그 순간이다.

— 2015년 11월 괴팅겐에서

---

16 Richard Price, *First-Time: The Historical Vision of an African American People*, 2nd ed., Univ. of Chicago Pr., 2002.

초출 일람

1장 헌화와 비석, 모든 전몰자를 위한 것인가

"Blumen und Grabsteine - für alle Kriegstoten? Gedenken, Erinnern und Beschweigen in der DDR. Beispiele aus dem Berliner Umland", Insa Eschebach et al. eds., *Die Sprache des Gedenkens. Zur Geschichte der Gedenkstätte Ravensbrück 1945-1995*, Berlin, 1999, pp. 163~183(이전에 영어로 출간됨: "Histories of Mourning: Flowers and Stones for the War Dead, Confusion for the Living", Gerald Sider and Gavin Smith, eds., Between History and Histories. The Making of Silences and Commemorations, Toronto, 1997, pp. 149~179).

2장 '과거와의 대면'—서독에서 나치즘을 기억한다는 환상, 그것을 잊는 방식

""Coming to Terms with the Past": Illusions of Remembering - Ways of Forgetting Nazism in West-Germany", *Journal of Modern History* 65, 1993, pp. 542~572.

3장 밀고—애정에서 우러난 정치?

"Denunziationen - Politik aus Liebe?", Michaela Hohkamp and Claudia Ulbrich, eds., *Der Staatsbürger als Spitzel. Denunziation während des 18. und 19. Jahrhunderts aus europäischer Perspektive*, Leipzig, 2001, pp. 397~407.

4장 '감정'의 힘, 생산력으로서의 '감정'—어려운 역사에 대한 단상

"Macht der Emotionen - Gefühle als Produktivkraft: Bemerkungen zu einer schwierigen Geschichte", in: Árpád von Klió, Malte Rolf, eds., *Rausch und Diktatur. Inszenierung, Mobilisierung und Kontrolle in totalitären Systemen*, Frankfurt a.M., 2006, pp. 44~55.

5장 노동으로서의 전쟁—20세기 전쟁에서 군인의 업무

"War as Work. Aspects of Soldiering in 20th Century Wars", A. Lüdtke and B. Weisbrod, eds., *No Man's Land of Violence. Extreme Wars in the 20th Century*, Göttingen, 2006, pp. 127~151.

6장 20세기 폭력과 일상

"Gewalt und Alltag im 20. Jahrhundert", Wolfgang Bergsdorf, Dietmar Herz, Hans Hoffmeister, eds., *Gewalt und Terror*, Weimar, 2003, pp. 35~52.

7장 국가에 대한 사랑, 권위에 대한 애착—20세기 유럽적 맥락에서 본 대중참여정치
"Love of State - Affection for Authority: Politics of Mass Participation in Twentieth Century European Contexts", Luisa Passerini, Liliana Ellena, Alexander C. T. Geppert, eds., *New Dangerous Liaisons: Discourses on Europe and Love in the Twentieth Century*, Berghahn Books, 2010, pp. 58~74.

8장 임금, 휴식, 장난—1900년경 독일 공장노동자의 '아집'과 정치
"Lohn, Pausen, Neckereien: Eigensinn und Politik bei Fabrikarbeitern in Deutschland um 1900", Alf Lüdtke, *Eigen-Sinn. Fabrikalltag, Arbeitererfahrungen und Politik vom Kaiserreich bis in den Faschismus*, Hamburg, 1993, pp. 120~161(먼저 영어로 출간됨 "Cash, Coffee-Breaks, Horseplay: Eigensinn and Politics among Factory Workers in Germany circa 1900", M. Hanagan and Ch. Stephenson, eds., *Confrontation, Class Consciousness, and the Labor Process*, New York et al., 1986, pp. 65~95).

9장 일하는 사람들—일상의 삶과 독일 파시즘
"People Working: Everyday Life and German Fascism", *History Workshop Journal* No. 50, 2000, pp. 75~92.

10장 역사로서의 동독
"Die DDR als Geschichte", *Aus Politik und Zeitgeschichte* Vol. 36/98, pp. 3~16(먼저 프랑스어로 출간됨: "La République Démocratique Allemande comme histoire. Réflexions historiographiques", *Annales HSS* 53, 1998, pp. 3~39).

11장 '노동영웅', 노동의 수고스러움—동독 산업노동자의 마지못한 충성심
"'Helden der Arbeit' - Mühen beim Arbeiten. Zur mißmutigen Loyalität von Industriearbeitern in der DDR", H. Kaelble, J. Kocka, H. Zwahr, eds., *Sozialgeschichte der DDR*, Stuttgart, 1994, pp. 188~213.